常见疾病最新诊治指南解读丛书

总主编◎ 吴尚洁

THE COCHRANE
COLLABORATION®

U0719780

恶性肿瘤常见疾病
最新诊治指南解读

主　编◎　刘湘国　刘晓红

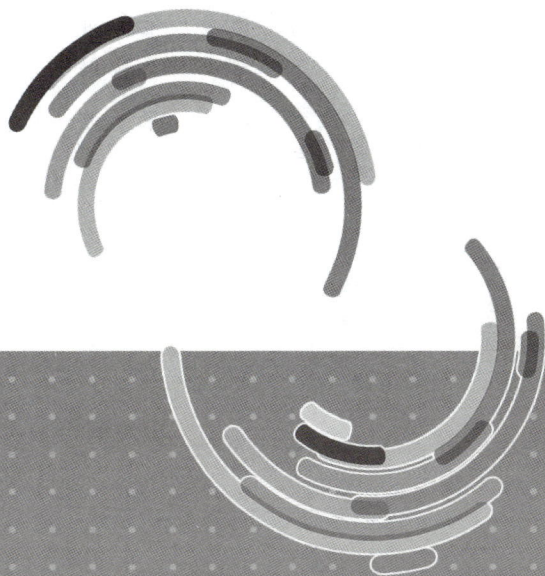

中南大学出版社
www.csupress.com.cn
·长沙·

编写人员名单

主编　刘湘国　刘晓红

编者　（按姓氏笔划排序）

王云启	王　晖	王　静	文忢霓
邬　麟	杨　农	杨　硕	杨　辉
李先安	李　赞	肖高明	吴宏伟
吴　晖	邹　然	张乐蒙	张永昌
张百华	陈亦乐	陈建华	欧阳取长
易平勇	金和坤	周　辉	胡英斌
娄　繁	聂少麟	唐　洁	黄旭芬
黄　钢	梁　慧	彭小伟	彭望连
童　菲			

出版说明

由于医疗资源分布的不平衡,我国基层临床医生医学知识的更新频率低,获取信息的渠道少,导致目前基层医生对于常见疾病的诊疗欠规范,对于罕见疾病的诊疗更加陌生。尤其是相比于大型教学医院,中、小型医院以及专科医院发展不足。因此,提高基层医生、全科医生对于专科疾病的诊治水平,加强临床工作者执业继续教育迫在眉睫。

全国或全球通用的《临床常见疾病诊治指南》(以下简称指南)是政府机构或学术组织形成的医疗文件,这些医疗文件是以循证医学为基础,规范化与个体化医疗相结合所形成的指南及专家共识,是规范行医、提高医疗质量、临床工作者决策的指南针。临床医生学会解读指南、科学应用指南,是目前提高我国基层医院医疗诊治水平的关键;这一执业继续教育工作,也是隶属于湖南省卫健委的学术组织"湖南省循证医学中心"的责任和义务。

基于此,湖南省循证医学中心携手省内外临床学科专家,编写了临床各专业《常见疾病最新诊治指南解读丛书》,并推广普及到基层医院,为我省基层医生、全科医生送去执业继续教育的方法和规范行医的锦囊。

本套丛书中归纳了各种疾病的分类,出版时我们对于大多数诊治指南中出现的推荐分类做了以下说明:

Ⅰ类:已经证实和/或一致公认有益、有用和/或有效的操作和治疗;

Ⅱ类:有用性和/或有效性的证据相矛盾或存在不同观点的操作和治疗;

Ⅱa类:有关证据/观点倾向于有用和/或有效;

Ⅱb类：有关证据/观点不能充分说明有用和(或)有效；

Ⅲ类：已证实和/或一致公认无用和/或无效，并对有些病例来说可能是有害的操作和治疗。

推荐的证据级别：

A级：证据资料来源于多个随机的临床试验，并包括大量病例；

B级：资料来源于资料有限的试验，且包含的病例数相对较少，或来源于设计合理的非随机试验的资料分析或者是观察性注册资料；

C级：以专家们的一致意见作为建议的主要依据。

为了避免重复，本书所列出指南中的推荐分类和证据均是基于上述原则。

由于各种疾病的自身特点，以及不同指南格式并不完全一样，所以其解读的方式不尽相同。此外，作者对指南的理解程度和角度也存在差别，所以本书中的解读内容很可能是不全面的，错误之处也在所难免，敬请广大读者提出宝贵意见或建议。

湖南省循证医学中心

前　言

　　恶性肿瘤作为难以攻克的顽疾之一，威胁着越来越多人的生命和健康。但是，随着肿瘤专家们的不断探索和研究，恶性肿瘤的诊治已经取得了较大的进展，国家卫生和健康委员会针对肺癌、胃癌、结直肠癌等多个恶性肿瘤病种已颁布了规范化诊治指南(简称《指南》)。为了推进医改，促进分级诊疗和医联体建设，进一步推广恶性肿瘤的规范化诊治，为基层肿瘤专科医生更好地识别、诊断和治疗恶性肿瘤，我们以《指南》为基础，参考了相关文献资料，并结合湖南省肿瘤医院多位临床专家多年来丰富的临床医疗、科研和教学经验，组织团队编写了《恶性肿瘤常见疾病最新诊治指南解读》，供临床医师查阅与参考。

　　本书的每章都分为常见肿瘤的规范化诊治专家共识和专家共识解读。此外，本书还纳入了肿瘤的中医诊疗和肿瘤心理部分。

　　由于恶性肿瘤的诊治发展日新月异，书中恐难避免不足之处，敬请各位读者提出宝贵意见。我相信本书能为肿瘤专科医生的临床工作提供参考和帮助。

刘湘国

目　录

发性肺癌诊疗专家共识(2016 年版)》进行解读。

一、流行病学

【专家共识要点】　原发性支气管肺癌（以下简称肺癌）是我国最常见的恶性肿瘤之一。2010 年，我国新发肺癌病例居恶性肿瘤首位（男性居首位，女性第 2 位），占恶性肿瘤新发病例的 19.59%[4]。

【专家共识解读】　全国肿瘤登记中心 2014 年发布的数据显示，2010 年我国新发肺癌病例 60.59 万人（男性 41.63 万人，女性 18.96 万人），居恶性肿瘤首位（男性居首位，女性第 2 位），占恶性肿瘤新发病例的 19.59%（男性 23.03%，女性 14.75%）。

肺癌发病率为 35.23/10 万人（男性 49.27/10 万人，女性 21.66/10 万人）。同期，我国肺癌病死人数为 48.66 万人（男性 33.68 万人，女性 16.62 万人），占恶性肿瘤死因的 24.87%（男性 26.85%，女性 21.32%）。肺癌病死率为 27.93/10 万人（男性 39.79/10 万人，女性 16.62/10 万人）。肺癌已超过癌症死因的 20%，且发病率及病死率均迅速增长。自 2000 年至 2005 年，我国肺癌的发病患者人数增加了 11.6 万人，病死人数增加了 10.1 万人。英国肿瘤学家 R.Peto 预言：如果中国不及时控制吸烟和空气污染，到 2025 年中国每年肺癌发病患者人数将超过 100 万人，成为世界肺癌第一大国[17]。

二、肺癌筛查及早期诊断

【专家共识要点】　在高危人群中开展肺癌筛查有益于发现早期肺癌，提高治愈率。胸部低剂量 CT（low-dose computed tomography，LDCT）发现早期肺癌的敏感度是常规 X 线胸片检查的 4~10 倍，可以检出早期周围型肺癌[5,6]。美国国立综合癌症网络（National Comprehensive Cancer Network，NCCN）指南中提

第一章　原发性支气管肺癌诊疗规范及专家共识解读

　　原发性支气管肺癌（primary bronchogenic carcinoma），简称肺癌（lung cancer），是起源于支气管黏膜或腺体的恶性肿瘤。肺癌发病率居于男性恶性肿瘤疾病的首位，由于早期诊断不足，致使该病的预后差。目前，随着诊断方法进步、新药以及靶向治疗药物出现，肺癌有序的诊断、分期得到规范，而且使肺癌根据其临床表现进行多学科治疗，患者的生存期已经有所延长。然而，要想大幅度地提高生存率，仍有赖于对肺癌的早期发现、早期诊断和早期规范治疗。

　　为进一步规范我国肺癌的诊疗行为，提高医疗机构对肺癌的诊疗水平，改善肺癌患者的生活质量及预后，保障医疗质量和医疗安全，原国家卫生和计划生育委员会（现国家卫生和健康管理委员会）医政医管局委托中国抗癌协会肿瘤临床化疗专业委员会制定了《中国原发性肺癌诊疗规范（2015 年版）》[1]。此外，中国医师协会肿瘤医师分会和中国抗癌协会肿瘤临床化疗专业委员会组织全国专家，结合近年来肺癌病理、分子遗传学及诊断和治疗的最新研究成果，制定了《中国晚期原发性肺癌诊疗专家共识（2016 年版）》[2]。2016 年版诊疗专家共识，还参考了 2014 年由中华医学会呼吸病学分会肺癌学组、中国肺癌防治联盟制定的《原发性支气管肺癌早期诊断中国专家共识》[3]，使肺癌肿瘤治疗更加规范和完善。为更好地帮助广大临床医生，尤其是基层医生加强对肺癌的诊疗规范及专家共识的理解，特对《中国晚期原

出的肺癌筛查风险评估因素包括吸烟史(现在和既往)、氡暴露史、职业史、患癌史、肺癌家族史、疾病史(慢性阻塞性肺疾病或肺结核)、烟雾接触史(被动吸烟暴露)。

【专家共识解读】

(1)在高危人群中开展肺癌筛查有益于发现早期肺癌,提高治愈率。LDCT 发现早期肺癌的敏感度是常规 X 线胸片的 4~10 倍,可以检出早期周围型肺癌。国际早期肺癌行动计划数据显示,LDCT 年度筛查能发现 85% 的 I 期周围型肺癌,发现后立即进行手术,其术后 10 年预期生存率达 92%。美国肺癌筛查试验证明,LDCT 筛查可降低 20% 的肺癌病死率,是目前最有效的肺癌筛查工具。我国目前在少数地区开展的癌症筛查与早诊早治试点技术指南中推荐采用 LDCT 对高危人群进行肺癌筛查[18]。

(2)肺癌筛查风险评估因素包括吸烟史、氡暴露史、职业史、患癌史、肺癌家族史、疾病史(慢性阻塞性肺疾病或肺结核)、烟雾接触史(被动吸烟暴露)。根据风险状态可以分为 3 组:①高危组:年龄 55~74 岁,吸烟史≥30 包/年,戒烟史<15 年(1 类),或年龄≥50 岁,吸烟史≥20 包/年。另外,具有被动吸烟除外的多项危险因素(2B 类);②中危组:年龄≥50 岁,吸烟史或被动吸烟接触史≥20 包/年,无其他危险因素;③低危组:年龄<50 岁,吸烟史<20 包/年。NCCN 指南建议高危组人群进行肺癌筛查,不建议低危组和中危组人群进行筛查。

三、病因和发病机制

【专家共识要点】 虽然肺癌的病因和发病机制尚未明确,但通常认为与下列因素有关。

(1)吸烟:吸烟是肺癌发病率及病死率进行性增加的首要原因;被动吸烟或环境吸烟也是肺癌的病因之一。戒烟后肺癌发病危险性逐年减少[71]。

（2）职业致癌因子：已被确认，致人类肺癌的职业因素包括石棉、砷、铬、镍、铍、煤焦油、芥子气、三氯甲醚、氯甲甲醚、烟草的加热产物以及铀、镭等放射性物质衰变时产生的氡和氡子气，电离辐射和微波辐射等。

（3）空气污染：空气污染包括室内小环境和室外大环境污染，室内被动吸烟、燃料燃烧和烹调过程中的油渍气均可能产生致癌物。

（4）电离辐射：接触大剂量电离辐射可引起肺癌。

（5）饮食与营养：较少食用含 β 胡萝卜素的蔬菜和水果，肺癌发生的危险性升高。

（6）其他诱发因素：美国癌症学会将结核列为肺癌的发病因素之一。病毒感染、真菌毒素等对肺癌的发生可能也起一定作用。

（7）遗传因素和基因改变也可引起肺癌的发生。

【专家共识解读】

（1）吸烟：大量研究表明，吸烟是肺癌发病率及病死率进行性增加的首要原因。烟雾中的苯并芘、尼古丁、亚硝胺和少量放射性元素钋等均有致癌作用，尤其易致鳞状上皮细胞肺癌和未分化小细胞肺癌。与不吸烟者比较，吸烟者发生肺癌的危险性平均高 4～10 倍，重度吸烟者可达 10～25 倍。吸烟量与肺癌之间存在着明显的量效关系，开始吸烟的年龄越小，吸烟时间越长，吸烟量越大，肺癌的发病率越高。一支烟的致癌危险性相当于 0.01～0.04 mGy 的放射线，每天吸 30 支香烟，相当于 1.2 mGy 的放射线剂量。

被动吸烟或环境吸烟也是肺癌的病因之一。丈夫吸烟与非吸烟妻子中，发生肺癌的危险性为夫妻均不吸烟家庭中妻子的 2 倍，而且其危险性随丈夫的吸烟量而升高。令人鼓舞的是戒烟后肺癌发病危险性逐年减少，戒烟 1～5 年后可减半。美国研究结果表明，戒烟后 2 ~ 15 年期间肺癌发生的危险性进行性减少，此后的发病率相当于终生不吸烟者[19]。

（2）职业致癌因子：已被确认的致人类肺癌的职业因素包括石棉、砷、铬、镍、铍、煤焦油、芥子气、三氯甲醚、氯甲甲醚、烟草的加热产物以及铀、镭等放射性物质衰变时产生的氡和氡子气，电离辐射和微波辐射等[20]，这些因素可使肺癌发生危险性增加 3 ~ 30 倍，其中石棉是公认的致癌物质，接触者肺癌、胸膜和腹膜间皮瘤的发病率明显增高，潜伏期可达 20 年或更久。接触石棉的吸烟者的肺癌病死率为非接触吸烟者的 8 倍。此外，铀暴露和肺癌发生之间也有很密切的关系，特别是小细胞肺癌，吸烟可明显加重这一危险。

（3）空气污染：空气污染包括室内小环境和室外大环境污染，室内被动吸烟、燃料燃烧和烹调过程中均可能产生致癌物。有资料表明，室内用煤、接触煤烟或其不完全燃烧物为肺癌的危险因素，特别是对女性肺腺癌的影响较大[21]。烹调时加热所释放出的油渍气也是不可忽视的致癌因素。在重工业城市大气中，存在着 3，4 - 苯并芘、氧化亚砷、放射性物质、镍、铬化合物以及不燃的脂肪族碳氢化合物等致癌物质。污染严重的大城市居民每日吸入空气含有的苯并芘量可超过 20 支香烟的含量，并增加香烟的致癌作用。大气中苯并芘含量每增加 $1\mu g/m^3$，肺癌的病死率可增加 1% ~ l5% 。

（4）电离辐射：大剂量电离辐射可引起肺癌，不同射线产生的效应也不同，如在日本广岛原子弹释放的是中子和 α 射线，长崎则仅有 α 射线，前者患肺癌的危险性高于后者。美国 1978 年报道一般人群中电离辐射约 49.6% 来源于自然界，44.6% 为医疗照射，来自 X 线诊断的电离辐射可占 36.7% [22]。

（5）饮食与营养：一些研究已表明，较少食用含 β 胡萝卜素的蔬菜和水果，肺癌发生的危险性升高。血清中 β 胡萝卜素水平低的人，肺癌发生的危险性也高。流行病学调查资料也表明，较多地食用含 β 胡萝卜素的绿色、黄色和橘黄色的蔬菜和水果及含维生素 A 的食物，可减少肺癌发生的危险性，这一保护作用对于正在吸烟的人或既往吸烟者特别明显[23]。

（6）其他诱发因素：美国癌症学会将结核列为肺癌的发病因素之一。有结核病者患肺癌的危险性是正常人群的 10 倍[24]。其主要组织学类型是肺腺癌。此外，病毒感染、真菌毒素等，对肺癌的发生可能也起一定作用。

（7）遗传和基因改变：经过长期探索和研究，现在已经逐步认识到肺癌可能是一种外因通过内因发病的疾病。上述的外因可诱发细胞的恶性转化和不可逆的基因改变，包括原癌基因的活化、抑癌基因的失活、自反馈分泌环的活化和细胞凋亡的抑制，从而导致细胞生长的失控。这些基因改变是长时间内多步骤、随机产生的。许多基因发生癌变的机制还不清楚，但这些改变最终涉及细胞关键性生理功能的失控，包括增殖、凋亡、分化、信号传递与运动等。与肺癌关系密切的癌基因主要有 RAS 和 myc 基因家族、cerbB 2、Bcl-2、c-fos 以及 c-jun 基因等。相关的抑癌基因包括 P53、Rb、CDKN2、FHIT 基因等。与肺癌发生、发展相关的分子改变还包括错配修复基因，如 hMSH2 及 hPMSl 的异常、端粒酶的表达[25]。

四、临床表现

【专家共识要点】

（1）肺癌早期可无明显症状，当病情发展到一定程度时，常出现以下呼吸道症状：刺激性干咳、痰中带血或血痰、胸痛、发热、气促等。当呼吸道症状超过 2 周，经对症治疗不能缓解，尤其是痰中带血、刺激性干咳，或原有的呼吸道症状加重，要高度警惕肺癌存在的可能性[8]。

(2)当肺癌侵及周围组织或转移时,可出现如下症状:声音嘶哑;面部、颈部水肿等上腔静脉梗阻综合征表现;引起胸膜腔积液,往往为血性;大量积液可以引起气促;持续剧烈的胸痛,上肢静脉怒张、上肢水肿、臂痛和上肢运动障碍,同侧上眼睑下垂、瞳孔缩小、眼球内陷、面部无汗等颈交感神经综合征(Horner征)表现。

近期出现的头痛、恶心、眩晕或视物不清等神经系统症状和体征应当考虑肺癌脑转移的可能。持续固定部位的骨痛、血浆碱性磷酸酶或血钙升高应考虑肺癌骨转移的可能。右上腹痛、肝大、丙氨酸氨基转移酶(ALT)或门冬氨酸氨基转移酶(AST)或胆红素升高,应考虑肺癌肝转移的可能。肺癌皮下转移时可在皮下触及结节。肺癌血行转移到其他器官可出现转移器官的相应症状。

(3)肺癌非转移性胸外表现,被称为副癌综合征(para neoplastic syndrome)[9、10],主要可出现以下方面表现:肥大性肺性骨关节病、异位促性腺激素、分泌促肾上腺皮质激素样物、分泌抗利尿激素、神经肌肉综合征、高钙血症、类癌综合征等。

(4)多数早期肺癌患者无明显相关阳性体征。临床表现高度怀疑肺癌的患者,体检发现声带麻痹、上腔静脉梗阻综合征、Horner征、肺上沟瘤(pancoast)综合征等提示局部侵犯及转移的可能。

【专家共识解读】

(1)肺癌的临床表现与肿瘤大小、类型、发展阶段、所在部位、有无并发症或转移有密切关系。有5%~15%的肺癌患者无症状,仅在常规体检、胸部影像学检查时发现[11]。当病情发展到一定程度时,常出现以下症状:刺激性干咳、痰中带血或血痰、胸痛、发热、气促、体重下降等。当呼吸道症状超过2周,经对症治疗不能缓解,尤其是痰中带血、刺激性干咳,或原有的呼吸道症状加重,要高度警惕肺癌存在的可能性。

刺激性干咳为早期症状，常为无痰或少痰。当肿瘤引起支气管狭窄后可加重咳嗽，多为持续性，呈高调金属音性咳嗽或刺激性呛咳。细支气管－肺泡细胞癌可有大量黏液痰。伴有继发感染时，痰量增加，且呈黏液脓性。痰中带血或血痰多见于中央型肺癌。肿瘤向支气管管腔内生长者可有间歇性或持续性痰中带血，如果表面糜烂严重侵蚀大血管，则可引起大咯血。

近半数患者可有模糊或难以描述的胸痛或钝痛，可由于肿瘤细胞侵犯所致，也可由于阻塞性炎症波及部分胸膜或胸壁引起。若肿瘤位于胸膜附近，则产生不规则的钝痛或隐痛，疼痛于呼吸、咳嗽时加重。肋骨、脊柱受侵犯时可有压痛点，而与呼吸、咳嗽无关。肿瘤压迫肋间神经，胸痛可累及其分布区。

肿瘤向支气管内生长，或转移到肺门淋巴结致使肿大的淋巴结压迫主支气管或隆突，或引起部分气道阻塞时，可有呼吸困难、气促、喘息，偶尔表现为喘鸣。肿瘤组织坏死可引起发热，多数发热的原因是由于肿瘤引起的阻塞性肺炎所致，抗生素治疗效果不佳。消瘦为恶性肿瘤的常见症状之一，肿瘤发展到晚期，由于肿瘤毒素和消耗的原因，并有感染、疼痛所致的食欲减退，可表现为消瘦或恶病质。

（2）当肺癌侵及周围组织或转移时，可出现如下症状：声音嘶哑；咽下困难；面、颈部水肿等上腔静脉梗阻综合征表现；胸膜腔积液，往往为血性；大量积液可以引起气促；持续剧烈的胸痛；上肢静脉怒张、水肿、臂痛和上肢运动障碍，同侧上眼睑下垂、瞳孔缩小、眼球内陷、面部无汗等颈交感神经综合征表现。

当肺癌侵及周围组织或转移时可导致：①癌肿直接压迫或转移致纵隔淋巴结压迫喉返神经（多见左侧），可发生声音嘶哑；②癌肿侵犯或压迫食管，可引起咽下困难，尚可引起气管－食管瘘，导致肺部感染；③肿瘤侵犯上腔静脉，出现面、颈部水肿等上腔静脉梗阻综合征表现，主要是由于上腔静脉被附近肿大的转移性淋巴结压迫或右上肺的原发性肺癌侵犯，以及腔静脉内癌栓阻塞静脉回流引起。上腔静脉梗阻综合征表现为头面部和上半身淤血水肿，颈部肿胀，颈静脉扩张，患者常主诉领口进行性变紧，可在前胸壁见到扩张的静脉侧支循环；④约10%的患者有不同程度的胸水，通常提示肿瘤转移累及胸膜或肺淋巴回流受阻[26]。胸膜腔积液往往为血性；大量积液可以引起气促；⑤肿瘤侵犯胸膜及胸壁，可以引起持续剧烈的胸痛；⑥上叶肺尖部肺癌又称肺上沟瘤（pancoast瘤），可侵入和压迫位于胸廓入口的器官组织，如第1肋骨、锁骨下动、静脉、臂丛神经、颈交感神经等，产生剧烈胸痛，上肢静脉怒张、水肿、臂痛和上肢运动障碍，同侧上眼睑下垂、瞳孔缩小、眼球内陷、面部无汗等颈交感神经综合征表现。也常有肿瘤压迫臂丛神经造成以腋下为主、向上肢内侧放射的火灼样疼痛，在夜间尤甚。

　　肺癌胸腔外转移的症状、体征可见于3%～10%的患者。以小细胞肺癌居多，其次为未分化大细胞肺癌、肺腺癌、肺鳞癌[27]。①近期出现的头痛、恶心、眩晕或视物不清等神经系统症状和体征应当考虑脑转移的可能。肺癌转移至中枢神经系统可引起颅内压增高，如头痛，恶心，呕吐，精神状态异常。少见的症状为癫痫发作，偏瘫，小脑功能障碍，定向力和语言障碍。此外还可有脑病，小脑皮质变性，外周神经病变，肌无力及精神症状；②持续固定部位的骨痛、血浆碱性磷酸酶或血钙升高应考虑骨转移的可能。肺癌转移至骨骼可引起骨痛和病理性骨折。大多为溶骨性病变，少数为成骨性。肿瘤转移至脊柱后可压迫椎管引起局部压迫和受阻症状。此外，也常见股骨、肱骨和关节转移，甚至引起关节腔积液；③右上腹痛、肝大、碱性磷酸酶（AKP）、ALT或AST、乳酸脱氢酶（LDH）或胆红素升高应考虑肝转移的可能。部分小细胞肺癌可转移到胰腺，表现为胰腺炎症状或阻塞性黄疸。其他细胞类型的肺癌也可转移到胃肠道、肾上腺和腹膜后淋巴结，多无临床症状，依靠 CT、MRI 或 PET－CT 作出诊断；④皮下转移时可在皮下触及结节。血行转移到其他器官可出现转移器官的相应症状。锁骨上淋巴结是肺癌转移的常见部位，可毫无症状。典型者多位于前斜角肌区，固定且坚硬，逐渐增大、增多，可以融合，多无痛感。

（3）肺癌非转移性胸外表现，被称为副癌综合征（paraneoplastic syndrome），主要有以下方面表现：①增生性肺性骨关节病（hypertrophic pulmonary osteoarthropathy）：常见于肺癌，也见于局限性胸膜间皮瘤和肺转移癌（胸腺、子宫、前列腺转移）。多侵犯上肢、下肢长骨远端，发生杵状指（趾）和增生性骨关节病[28]；②异位促性腺激素：合并异位促性腺激素的肺癌不多，大部分是大细胞肺癌，主要为男性轻度乳房发育和增生性骨关节病；③分泌促肾上腺皮质激素样物：小细胞肺癌或支气管类癌是引起库欣综合征的最常见细胞类型，很多患者在瘤组织中甚至血中可测到促肾上腺皮质激素（ACTH）增高；④分泌抗利尿激素：不适当的抗利尿激素分泌可引起厌食、恶心、呕吐等水中毒症状，还可伴有逐渐加重的神经并发症。其特征是低钠（血清钠 < 130 mmol/L），低渗（血浆渗透压 < 280 mOsm/kg）；⑤神经肌肉综合征：包括小脑皮质变性、脊髓小脑变性、周围神经病变、重症肌无力和肌病等，发生原因不明确。这些症状与肿瘤的部位和有无转移无关。它可以发生于肿瘤出现前数年，也可与肿瘤同时发生；在手术切除后尚可发生，或原有的症状无改变，可发生于各型肺癌，但多见于小细胞未分化肺癌；⑥高钙血症：可由骨转移或肿瘤分泌过多甲状旁腺素相关蛋白引起，常见于肺鳞癌。患者表现为嗜睡、厌食、恶心、呕吐和体重减轻及精神变化。切除肿瘤后血钙水平可恢复正常；⑦类癌综合征：类癌综合征的典型特征是皮肤、心血管、胃肠道和呼吸功能异常。主要表现为面部、上肢躯干的潮红或水肿，胃肠蠕动增强，腹泻，心动过速，喘息，

瘙痒和感觉异常。这些阵发性症状和体征与肿瘤释放不同的血管活性物质有关，除了 5 - 羟色胺外，还包括缓激肽、血管舒缓素和儿茶酚胺；⑧此外，还可有黑色棘皮症及皮肌炎、掌跖皮肤过度角化症、硬皮症，以及栓塞性静脉炎、非细菌性栓塞性心内膜炎、血小板减少性紫癜、毛细血管病性渗血性贫血等肺外表现。

（4）体格检查方面，多数早期肺癌患者无明显相关阳性体征。当患者出现原因不明、久治不愈的肺外征象，如杵状指（趾）、非游走性关节疼痛、男性乳腺增生、皮肤黝黑或皮肌炎、共济失调和静脉炎等，需考虑副瘤综合征可能。临床表现高度可疑肺癌的患者，体检发现声带麻痹、上腔静脉梗阻综合征、Horner 征、Pancoast 综合征等提示局部侵犯及转移的可能。此外，临床表现高度可疑肺癌的患者，体检发现肝大伴有结节、皮下结节、锁骨上窝淋巴结肿大等提示远处转移的可能。

五、影像学检查

【专家共识要点】　肺癌的影像检查方法主要包括 X 线胸片、CT、磁共振成像（magnetic resonance imaging，MRI）、超声、放射性核素显像、正电子发射计算机断层扫描（positron emission tomography/computed tomography，PET-CT）等方法。这些检查方法主要用于肺癌诊断、分期、再分期、疗效监测及预后评估等。在肺癌的诊治过程中，应根据不同的检查目的合理、有效地选择一种或多种影像学检查方法[11]。

【专家共识解读】

（1）胸部 X 线检查：摄 X 线胸片是肺癌治疗前后基本的影像学检查方法，通常包括胸正位、侧位 X 线片。当对 X 线胸片基本影像有疑问，或需要了解胸片显示影像的细节，或寻找其他对影像诊断有帮助的信息时，应有针对性地选择进一步的影像检查方法。

（2）胸部 CT 检查：胸部 CT 能够显示许多在 X 线胸片上难以发现的影像信息，包括小病灶和位于心脏后、脊柱旁、肺尖、近膈面及肋骨头部位的病灶以及早期肺门和纵隔淋巴结肿大。可以有效地检出早期周围型肺癌，进一步验证病变所在的部位和累及范围，也可鉴别其肿瘤是否为良性、恶性，是目前肺癌诊断、分期、疗效评价及治疗后随诊中最重要和最常用的影像手段。

对于肺癌初诊患者胸部 CT 扫描范围应包括双侧肾上腺。对于难以定性诊断的胸部病变，可采用 CT 引导下经皮肺穿刺活检来获取细胞学或组织学诊断。对于高危人群的肺癌筛查，推荐采用胸部 LDCT 扫描。

建议用螺旋 CT 以≤10 mm 的层厚扫描，无禁忌证的患者一般应予静脉对比增强，以区别肿瘤病灶与邻近的血管和软组织。如用于疗效评估，原则上要求最小病灶不应小于 2%（约 2 倍）层厚扫描；且每次必须在相同的窗位测量病灶。CT 和薄层重建是肺结节最主要的检查和诊断方法。对于肺内≤2 cm 孤立性结节，应常规进行薄层重建和多平面重建；对于初诊不能明确诊断的结节，视结节大小、密度不同，给予 CT 随诊定期检查；随诊中关注结节大小、密度变化，尤其是部分实性结节中的实性成分增多和非实性结节中出现实性成分[29]。

（3）MRI 检查：MRI 检查在胸部可选择性地用于以下情况：判定胸壁或纵隔是否受侵；显示肺上沟瘤与臂丛神经及血管的关系；区分肺门肿块与肺不张、阻塞性肺炎的界限；对禁忌注射碘造影剂的患者，是观察纵隔、肺门大血管受侵情况及淋巴结肿大的首选检查方法；对鉴别放疗后肺纤维化与肿瘤复发亦有一定价值。扫描要求与 CT 检查相同。

MRI 特别适用于判定脑、脊髓有无转移，脑增强 MRI 应作为肺癌术前常规分期检查。MRI 对骨髓腔转移敏感度和特异度均很高，可根据临床需求选用。MRI 与 CT 相比，在明确肿瘤与大血管之间的关系上有优越性，而在发现小病灶（<5 mm）方面则不如 CT 敏感。

（4）超声检查：主要用于发现腹部实性重要器官以及腹腔、腹膜后淋巴结有无转移，也用于双侧锁骨上窝淋巴结的检查；对于邻近胸壁的肺内病变或胸壁病变，可鉴别其囊性、实性以及进行超声引导下穿刺活检；超声还常用于胸腔积液及心包积液抽取定位。

（5）骨扫描检查：用于判断肺癌骨转移的常规检查。当骨扫描检查提示骨可疑转移时，对可疑部位进行 MRI、CT 或 PET – CT 等检查验证。

（6）PET – CT 检查：有条件者推荐使用。是肺癌诊断、分期与再分期、疗效评价和预后评估的最佳方法。与正常细胞相比，肺癌细胞的代谢及增殖加快，对葡萄糖的摄取增加，注入体内的18 – 氟 – 2 – 脱氧 D 葡萄糖（FDG）可相应地在肿瘤细胞内大量积聚，其相对摄入量可以反映肿瘤细胞的侵袭性及生长速度，故可用于肺癌及淋巴结转移的定性诊断，诊断肺癌骨转移的价值也优于 MRI、CT。PET – CT 扫描对肺癌的敏感性可达 95%，特异性可达 90%，对发现转移病灶也很敏感，但对肺泡细胞癌的敏感性较差，评价时应予考虑[30]。

六、内镜检查及其他检查技术

【专家共识要点】

（1）支气管镜检查技术：是诊断肺癌最常用的方法，包括支气管镜直视下刷检、活检、针吸以及支气管灌洗获取细胞学和组织学诊断。经支气管针吸活检术（trans-bronchial needle aspiration, TBNA）和超声支气管镜引导的经支气管针吸活检术（endobronchial ultrasound-guided trans-bronchial needle aspiration, EBUS-TBNA）实时进行胸内病灶的穿刺，对肺癌病灶及淋巴结转移能够获得精确病理及细胞学诊断，且更具有安全性和可靠性[12]。经支气管肺活检术（trans-bronchial lung biopsy，TBLB）是非外科诊断肺部结节的重要手段。纵隔镜检查是目前临床评价肺癌从纵隔淋巴结转移扩散状态的金标准。胸腔镜检查可以准确地进行肺癌诊断和分期。

（2）其他检查技术，包括痰细胞学检查、经胸壁肺肿物穿刺针吸活检术、胸腔穿刺术、胸膜活检术和浅表淋巴结及皮下转移结节活检术、剖胸肺活检术。

【专家共识解读】

（1）纤维支气管镜检查：纤维支气管镜检查技术（简称纤支镜术）是诊断肺癌最常用的方法，包括支气管镜直视下刷检、活检、针吸以及支气管灌洗获取细胞学和组织学诊断。上述几种方法联合应用可以提高检出率。对诊断、确定病变范围、明确手术指征与方式有帮助。纤支镜术可见的支气管内病变，刷检的诊断率可达92%，活检诊断率可达93%[11]。

（2）经支气管针吸活检术（TBNA）和超声支气管镜引导的经支气管针吸活检术（EBUS – TBNA）：可以穿刺气管或支气管旁的淋巴结和肿块，有助于肺癌诊断和淋巴结分期。传统TBNA根据胸部CT定位操作，对术者要求较高，不作为常规推荐的检查方法，有条件的医院应当积极开展。EBUS – TBNA实时进行胸内病灶的穿刺，对肺癌病灶及淋巴结转移能够获得精确病理及细胞学诊断，且更具有安全性和可靠性。

（3）经支气管肺活检术（TBLB）：可在X线、CT、气道超声探头、虚拟支气管镜、电磁导航支气管镜和细支气管镜引导下进行，适合诊断中外2/3的肺外周病变（peripheral pulmonary lesions，PPL），在诊断PPL的同时检查了管腔内情况，是非外科诊断肺部结节的重要手段。对于直径大于4 cm的病变，诊断率可达到50%~80%。但对于直径小于2 cm的病变，诊断率仅20%

左右[31]。

（4）纵隔镜检查：作为确诊肺癌和评估淋巴结分期的有效方法，是目前临床评价肺癌纵隔淋巴结状态的金标准。

（5）胸腔镜检查：主要用于确定胸腔积液或胸膜肿块的性质，可以准确地进行肺癌诊断和分期，对于 TBLB 和经胸壁肺肿物穿刺针吸活检术（transthoracic needle aspiration，TTNA）等检查方法无法取得病理标本的早期肺癌，尤其是肺部微小结节病变行胸腔镜下病灶楔形切除，可达到明确诊断及治疗目的。

对于中晚期肺癌，胸腔镜下可以行淋巴结、胸膜和心包的活检，胸水及心包积液的组织和细胞学检查，为制订全面治疗方案和个体化治疗方案提供可靠依据。

（6）其他检查技术：①痰细胞学检查：是目前诊断肺癌简单方便的无创伤性诊断方法之一。如果痰标本收集方法得当，3 次以上的系列痰标本可使中央型肺癌的诊断率提高到 80%，周围型肺癌的诊断率达 50%。其他影响痰细胞学检查准确性的因素有：痰中混有脓性分泌物可引起恶性肿瘤细胞液化；细胞病理学家识别恶性肿瘤细胞的能力；②TTNA：可在 CT 或超声引导下进行胸内肿块或淋巴结的穿刺。病变靠近胸壁者可在超声引导下针吸活检，病变不紧贴胸壁时，可在透视或 CT 引导下穿刺针吸或活检。由于针刺吸取的细胞数量有限，可出现假阴性结果。为提高诊断率，可重复检查。约 29% 的病变最初细胞学检查为阴性，重复检查几次后发现恶性肿瘤细胞。经皮针吸细胞学检查的常见并发症是气胸，发生率为 25%～30%[32]；③胸腔穿刺术：胸腔穿刺术可以获取胸腔积液，进行细胞学检查；④胸膜活检术：对于诊断不明的胸腔积液，胸膜活检可以提高阳性检出率；⑤浅表淋巴结及皮下转移结节活检术：对于伴有浅表淋巴结肿大及皮下转移结节者，应常规进行针吸或活检，以获得病理学诊断。可在局部麻醉甚至不麻醉时对锁骨上或腋下肿大的浅表淋巴结做针吸细胞学检查。对于质地较硬，活动度差的淋巴结可得到很高的诊断率；
⑥剖胸肺活检术：若经痰细胞学检查、支气管镜检查和针刺活检
等项检查均未能确立细胞学诊断，则考虑剖胸肺活检，但必须根
据患者的年龄、肺功能等仔细权衡利弊后决定。

七、实验室检查

【专家共识要点】

（1）实验室一般检测：包括血常规、肝肾功能等检测及其他
必要的生化检查；凝血功能检测等。

（2）血清学肿瘤标志物检测：癌胚抗原（CEA），神经元特异
性烯醇化酶（NSE），细胞角蛋白片段19（CYFRA21-I）和胃泌素
释放肽前体（Pro-GRP），以及鳞状上皮细胞癌抗原（SCC）等。
以上肿瘤标志物联合使用，可提高其在临床应用中的敏感度和特
异度。

（3）血清表皮生长因子受体（epidermal growth factor receptor，
EGFR）基因突变检测。血液（血浆）标本评估EGFR基因突变状
态是选择EGFR-酪氨酸激酶抑制药（tyrosine kinase inhibitors，
TKIs）治疗的补充手段。

【专家共识解读】

（1）实验室一般检测：患者在治疗前，需要行实验室常规检
测，以了解患者的一般状况以及是否适于采取相应的治疗措施。
①血常规检测；②肝肾功能等检测及其他必要的生化检查；③如
需进行有创检查或手术治疗的患者，还需进行必要的凝血功能
检测。

（2）血清学肿瘤标志物检测：目前美国临床生化委员会和欧
洲肿瘤标志物专家组推荐常用的原发性肺癌标志物有：癌胚抗原
（CEA），神经元特异性烯醇化酶（NSE），细胞角蛋白片段19
（CYFRA21-I）和胃泌素释放肽前体（Pro-GRP），以及鳞状上皮

细胞癌抗原(SCC)等。以上肿瘤标志物联合使用,可提高肺癌在临床应用中的敏感度和特异度。

(3)辅助诊断:临床诊断时可根据需要检测肺癌相关的肿瘤标志物,行辅助诊断和鉴别诊断,并了解肺癌可能的病理类型。

小细胞肺癌(small cell lung cancer, SCLC):NSE 和 Pro – GRP 是诊断 SCLC 的理想指标。非小细胞肺癌(non-small cell lung cancer, NSCLC):在患者的血清中,CEA、SCC 和 CYFRA21 – 1 水平的升高有助于 NSCLC 的诊断。SCC 和 CYFRA21 – I 一般认为其对肺鳞癌有较高的特异性。若将 NSE、CYFRA21 – 1、Pro – GRP、CEA 和 SCC 等指标联合检测,可提高鉴别 SCLC 和 NSCLC 的准确率。

(4)疗效监测:治疗前(包括手术前、化疗前、放疗前和分子靶向治疗前)需要进行首次检测,选择对患者敏感的 2～3 种肿瘤标志物作为治疗后疗效观察的指标。患者在接受首次治疗后,根据肿瘤标志物半衰期的不同可再次检测。SCLC 患者在接受化疗后 NSE 和 Pro – GRP 较之前升高,提示可能预后不良,或生存期较短;而治疗后明显下降则提示预后可能较好。仅有血清标志物升高而没有影像学进展的依据时,不要改变肺癌原有的治疗策略。

(5)随访观察:建议患者在治疗开始后 1～3 年内,应每 3 个月检测 1 次肿瘤标志物;3～5 年内每半年检测 1 次;5 年以后每年检测 1 次。随访中若发现肿瘤标志物明显升高(超过 25%),应在 1 个月内复测 1 次,如果仍然升高,则提示可能复发或存在转移。NSE 和 Pro – GRP 对 SCLC 的复发有较好的预测价值,超过 50% 的患者复发时 NSE 和 Pro – GRP 水平升高(定义:连续 2 次检测 NSE 和 Pro – GRP 升高水平较前次测定增加 >10%,或 1 次测定较之前增加 >50%);对于 NSCLC 患者,术后 CEA 水平仍升高提示预后不良,应密切随访[33]。

(6)注意事项:肿瘤标志物检测结果与所使用的检测方法密

切相关，不同检测方法得到的结果不宜直接比较。在治疗观察过程中，如果检测方法变动，必须使用原检测方法同时平行测定，以免产生错误的医疗解释。各实验室或研究所使用的检测方法，应建立适当检测值的参考区间（表1-1）。

表1-1 原发性肺癌相关的肿瘤标志物

检测项目	生物半衰期	样本稳定性	注意事项
NSE	1天	2℃~8℃可保存24小时，-20℃可保存3个月，只可冻融1次	溶血影响检测结果，静脉采血尽量一次成功，避免在同一部位反复穿刺
Pro-GRP	19-28天	2℃~8℃可保存72小时，-20℃可保存12周，样本可冷冻2次	—
CYFRA21-1	1天	2℃~8℃可保存4周，-20℃可保存6个月，只可冻融1次	建议样本在检测前使用回旋混匀器混匀（时间小于或等于5分钟）
CEA	2-3天	2℃~8℃可保存7天，-20℃可保存6个月	—
SCC	20分钟	2℃~8℃可保存7天	汗液、唾液污染可使检测结果升高

（7）血清表皮生长因子受体（epidermal growth factor receptor, EGFR）基因突变检测：与肿瘤组织相比，循环肿瘤DNA（circulating tumor DNA, ctDNA）中EGFR基因突变检测具有高度特异性（IPASS、IFUM和IGNITE研究中的特异性分别为100%、

99.8%和97.2%），但敏感度相对较低（分别为43.1%、65.7%和49.6%）[34-36]。这可能与肿瘤分期、血液标本的处理、检测方法差异等相关。欧洲药品管理局2014年9月25日批准当难以获取肿瘤组织样本时，可采用外周血ctDNA作为补充标本评估EGFR基因突变状态，以明确可能从吉非替尼治疗中获益的非小细胞肺癌（NSCLC）患者。中国食品与药品监督管理局（Chinese Food and Drug Administration，CFDA）于2015年2月13日批准吉非替尼说明书进行更新，在推荐所有NSCLC患者的肿瘤组织都应进行EGFR基因突变检测基础上，补充了如果肿瘤标本不可评估，可使用从血液（血浆）标本中获得的ctDNA进行评估，以尽可能明确最可能从吉非替尼治疗中受益的NSCLC患者。因此，血液（血浆）标本检测ctDNA评估EGFR基因突变状态是选择EGFR－酪氨酸激酶抑制药（TKIs）治疗的补充手段。

八、病理诊断评估

【专家共识要点】

（1）小活检组织标本病理检测：主要解决有无肿瘤及肿瘤类型，手术切除大标本肺癌组织学类型应根据国际最新病理分类标准（2011年国际多学科肺腺癌分类或世界卫生组织（WHO）即将更新的肺癌分类标准版本）[14]进行评估。

（2）免疫组化、特殊染色和分子病理检测：肺腺癌与肺鳞状细胞癌鉴别的免疫组化标记物宜选用TTF-1、Napsin-A、P63、P40和CK5/6检测；神经内分泌肿瘤标记物宜选用CD56、Syn、CgA、Ki-67和TTF-1[15]检测。

（3）基因检测：对于晚期非小细胞肺癌（NSCLC）、肺腺癌或含肺腺癌成分的其他类型肺癌，应在诊断的同时常规进行表皮生长因子受体（EGFR）基因突变和间变性淋巴瘤激酶（anaplastic lymphoma kinase，ALK）融合基因等检测[2]。

【专家共识解读】

（1）小活检组织标本肺癌病理诊断主要解决有无肿瘤及肿瘤类型，对于形态学不典型的病例或晚期不能手术的患者病理诊断需结合免疫组化染色尽可能进行亚型分类，尽量避免使用非特殊类型（NSCLC-NOS）的诊断。手术切除大标本肺癌组织学类型应根据国际最新病理分类标准（2011年国际多学科肺腺癌分类或即将更新的WHO肺癌分类标准版本）。原位肺腺癌、微小浸润性腺癌和大细胞肺癌不能在小活检标本、术中冷冻病理诊断中完成，需手术切除标本肿瘤全部或充分取材后方可诊断[14]。

（2）免疫组化、特殊染色和分子病理检测：肺腺癌与鳞状细胞癌鉴别的免疫组化标记物宜选用 TTF-1、Napsin-A、P63、P40和CK5/6；神经内分泌肿瘤标记物宜选用 CD56、Syn、CgA、Ki-67和TTF-1，在具有神经内分泌形态学特征基础上，至少有一种神经内分泌标记物明确阳性，阳性细胞数应 >10% 肿瘤细胞量才可诊断神经内分泌肿瘤。细胞内黏液物质的鉴别宜进行黏卡、AB-PAS特殊染色；可疑累及胸膜时应进行弹力纤维特殊染色确认。

（3）对于晚期 NSCLC、肺腺癌或含腺癌成分的其他类型肺癌，应在诊断的同时常规进行表皮生长因子受体（EGFR）基因突变和间变性淋巴瘤激酶（ALK）融合基因等检测。如有必要可进行 c-ros 原癌基因1酪氨酸激酶（c-ros oncogene 1 receptor tyrosine kinase，ROS1）基因及 RET 基因融合、K-RAS 基因和 BRAF 基因 V600E 突变、人类表皮生长因子受体2（human epidermal growth factor receptor-2，HER2）基因扩增、MET 基因高水平扩增及 MET 基因14号外显子跳跃缺失突变检测。检测前应有送检标本的质控（包括亚型确认及样本量确认）。检测标本类型包括活检组织、细胞学标本和细胞蜡块，检测方法推荐使用获国家食品药品监督管理总局批准的检测方法或试剂[37]。

（4）EGFR 基因突变检测：推荐所有病理诊断为肺腺癌、含有腺癌成分和具有腺癌分化的 NSCLC 患者进行 EGFR 基因突变检测，建议对于小活检标本诊断的或不吸烟的肺鳞癌患者也进行检测。

EGFR 基因突变检测的标本和处理方法：手术切除和活检的组织标本是最常见的用于 EGFR 基因突变检测的标本类型，建议优先选择组织标本进行检测，规范处理的组织标本可以满足检测要求。原发灶和转移灶的组织标本均可用于 EGFR 基因突变检测，细胞学标本也可以用于检测。

应规范不同标本的处理方法，组织标本的固定应使用 4% 中性缓冲甲醛固定液或 10% 中性缓冲甲醛固定液，避免使用酸性及含有重金属离子的固定液。活检组织标本一般固定 6~12 小时，手术切除标本需固定 6~48 小时。

肿瘤组织切片应由病理医师审阅复核，评估肿瘤细胞含量，必要时在显微镜下定位标出肿瘤组织区域进行人工切割刮取组织，以保证有足量的肿瘤细胞提取 DNA。对于肿瘤细胞数量不达标的样本应重新采集。

EGFR 基因突变检测方法：目前，检测 EGFR 基因突变最常用的方法是直接测序法和扩增阻遏突变系统（amplification refractory mutation system，ARMS）。建议使用权威机构批准上市的 EGFR 基因突变检测试剂盒。

检测信息应包括患者的基本个人信息、病历号、病理诊断、标本类型、肿瘤细胞含量（如肿瘤细胞数量或百分比）、检测方法、检测结果，同时标明标本接收日期和报告日期，由检测员和另一位有经验的医师审核并出具报告。检测结果中 EGFR 基因突变类型应用国际通用的人类基因组变异协会（Human Genome Variation Society，HGVS）命名法则命名。

（5）ALK 融合基因检测：推荐所有病理诊断为肺腺癌、含有腺癌成分和具有腺癌分化的 NSCLC 患者进行 ALK 融合基因检测。ALK 融合基因检测的标本类型：肿瘤原发或转移部位的组织或细胞学标本均可进行 ALK 融合基因检测，标本处理的要求与 EGFR 基因突变检测相同。无论采用哪种标本类型，均应保证足够的肿瘤细胞，尽量剔除非肿瘤组织和细胞。石蜡组织切片厚度一般为 $(5 \pm 1) \mu m$。

ALK 融合基因检测方法：目前用于 ALK 融合基因的检测方法主要有荧光原位杂交(fluorescence in situ hybridization，FISH)、IHC 和逆转录聚合酶链反应(reverse transcriptase-polymerase chain reaction，RT - PCR)等。FISH 能特异和灵敏地检测出 ALK 融合基因，是目前检测 ALK 融合基因的经典方法，在克唑替尼上市时被美国食品药品管理局(Food and Drug Administration，FDA)批准为 EML4 - ALK 阳性 NSCLC 的伴随诊断方法。FISH 探针包括分离探针和融合探针，分离探针与克唑替尼疗效显示较好的相关性。RT-PCR 能够灵敏地检测出已知类型的融合基因。CFDA 批准的 IHC 技术平台与 FISH 具有高度的检测一致性。

分离探针标记的 FISH 技术、经权威机构批准的 RTPCR 及 IHC 技术平台均可用于 ALK 融合基因的检测，其他 IHC 检测平台可作为 ALK 融合基因的初筛手段，建议以 FISH 或 RT-PCR 方法确认。

在检测报告中需要注明检测方法、检测平台，FISH 法需要注明肿瘤细胞数及阳性细胞比例。对患者和标本等基本信息的要求同 EGFR 基因检测部分。EGFR 基因突变和 ALK 融合基因检测时标本的处理和质量控制均应由有经验的病理科医师负责，所有标本均应在尽量短的时间内进行检测，在进行切片时应有措施避免不同病例病理组织间的交叉污染。

(6)EGFR-TKI 耐药后的分子病理检测：EGFR - TKI 治疗失败的患者在条件允许的情况下应再取肿瘤组织活检，明确病变组织类型，如果为 NSCLC，建议进行 T790M 突变、MET 基因扩增、HER2 基因扩增、PIK3CA 突变、BRAF 基因 V600E 突变、ERK 扩增等检测。

（7）肺癌的标本固定标准：使用 4% 甲醛固定液，避免使用含有重金属的固定液，固定液量应为所固定标本体积≥10 倍，常温固定。标本从离体到固定时间不宜超过 30 分钟。活检标本直接放入固定液，肺叶或全肺切除标本可从支气管注入足量固定液，也可插入探针沿着支气管壁及肿瘤切开肺组织固定。固定时间：支气管镜活检 标本为 6－24 小时；手术切除标本为 12－48 小时。

细胞学标本（痰液、胸水）固定应采用 95% 乙醇固定液，时间不宜少于 15 分钟，或采用非妇科液基细胞学固定液（固定时间和方法可按说明书进行操作）；当需制成脱落细胞蜡块时，则可用 95% 乙醇固定，时间≥2 小时。所有细胞学标本应尽量制作甲醛固定石蜡包埋（formalin-fixed and parrffin-enbedded，FFPE）细胞学蜡块。将细胞学标本离心沉淀置于包埋盒中，后续操作同组织学标本制作蜡块流程。

（8）标本大体描述及取材要求：活检标本核对无误后将送检组织全部取材。

局部肺切除标本：①去除外科缝合线或金属钉；②记录标本的大小以及胸膜表面的情况；③垂直切缘切取肺实质组织块，描述肿块的大小、切面情况（伴有无出血、坏死、空洞形成）及其与胸膜和肺实质的关系，以及肿块边缘与切缘的距离；④根据病变的部位和大小切取肿瘤、肿瘤与胸膜、肿瘤与肺实质切缘等部位，当肿瘤<3 cm 时需将瘤体全部取材；⑤切取非肿瘤部位肺组织。

肺叶切除标本：①检查肺的五大基本结构：气道、肺实质、胸膜、血管和淋巴结。测量大小，以肺门给标本定位；②取支气管切缘、血管切缘及肿瘤与胸膜最近处，或与其他肺叶的粘连处;③查找肺门淋巴结;④按照肿瘤的部位和状态,可有 2 种选择:一是沿着支气管壁及肿瘤切开肺组织(可借助于插入气管内的探针)的标本,打开支气管及其分支,以便最好地暴露病变与各级支气管及周围肺组织的结构关系。二是对主支气管内注入甲醛的标本,每隔 0.5~1.0 cm 切开,切面应为额平面,垂直于肺门;⑤描述肿瘤大小、切面情况(伴有无出血、坏死、空洞形成)、在肺叶和肺段内的位置以及与支气管的关系、病变范围(局灶或转移)和远端或局部继发性改变。取材块数依据具体病变大小(<3 cm 的肿瘤应全部取材)、具体部位、是否有伴随病变而定(与临床分期相关),应包含肿瘤与胸膜、肿瘤与肺叶或段支气管(以标本而不同)、肿瘤与周围肺或继发病变、肿瘤与肺断端或支气管断端等;跨肺叶标本取材还应包括肿瘤与所跨肺叶的关系部分。临床送检 N2 或其他部位淋巴结应全部计数取材。推荐取材组织块体积不大于 2.5 cm×1.5 cm×0.3 cm。

(9)取材后标本处理原则和保留时限:取材剩余组织保存在标准固定液中,并始终保持充分的固定液量和甲醛浓度,以备在病理诊断报告签发后接到临床反馈信息时复查大体标本或补充取材。剩余标本处理的时限建议在病理诊断报告签发 1 个月后,未接到临床反馈信息,未发生因外院会诊意见分歧而要求复审等情形后,由医院自行处理。

(10)病理报告内容:临床信息包括姓名、性别、年龄、病历号、送检科室、病变部位、活检方式或手术方式、相关肿瘤史和治疗史。大体描述内容包括标本类型、肿瘤大小、与支气管(不同类型标本)或胸膜的关系、其他伴随病变或多发病变、切缘。

诊断内容包括肿瘤部位、组织学亚型、累及范围(支气管、胸膜、脉管、神经、伴随病变类型、肺内播散灶、淋巴结转移情况等)、切缘及必要的特殊染色、免疫组化结果或分子病理检测结果。包含的信息应满足临床分期的需要,并给出 pTNM 分期。

九、临床分期

【专家共识要点】

（1）NSCLC 的 TNM 分期采用国际肺癌研究协会（International Association for the Study of Lung Cancer，IASLC）2009 年第七版分期标准。

（2）SCLC：对于接受非手术治疗的患者采用美国退伍军人肺癌协会的局限期和广泛期分期方法，对于接受外科手术的局限期 SCLC 患者采用 IASLC 2009 年第七版分期标准。

【专家共识解读】

（1）NSCLC 的 TNM 分期采用国际肺癌研究协会（IASLC）2009 年第七版分期标准。

IASLC 2009 年第七版分期标准中 M1a 包括胸腔/心包积液、对侧或双侧肺结节或胸膜结节；M1b 指远处转移[16]。IASLC 2015 年第八版分期标准中 M1a 包括胸腔/心包积液、对侧或双侧肺结节或胸膜结节；M1b 包括单个器官的孤立转移；M1c 包括单个器官的多处转移或多个器官的多处转移[38]。

（2）SCLC：对于接受非手术治疗的患者采用美国退伍军人肺癌协会（Veterans Administration Lung Study Group，VALG）的局限期（limited disease，LD）和广泛期（extensive disease，ED）分期方法，对于接受外科手术的局限期 SCLC 患者采用 IASLC 2009 年第七版分期标准。

广泛期为病变超出同一侧胸腔，包括恶性胸腔积液、心包积液及远处转移[39]。近年来，IASLC 建议 SCLC 同时采用 NSCLC 的 TNM 分期，广泛期患者均为Ⅳ期（Tany，Nany，M1a/M1b；包括 T3、T4 多发肺结节）。

十、治疗

【专家共识要点】 肺癌应当采取多学科综合治疗与个体化治疗相结合的原则，根据患者的机体状况、肿瘤的病理组织学类型和分子分型、侵及范围和发展趋向，采取多学科综合治疗的模式，有计划、合理地应用手术、化疗、放疗和分子靶向治疗等手段，以期达到最大程度地延长患者的生存时间、提高生存率、控制肿瘤进展和改善患者的生活质量。

【专家共识解读】 肺癌应当采取多学科综合治疗与个体化治疗相结合的原则，根据患者机体状况、肿瘤的病理组织学类型和分子分型、侵及范围和发展趋向，采取多学科综合治疗的模式，有计划、合理地应用手术、化疗、放疗和分子靶向治疗等手段，以期达到最大程度地延长患者的生存时间、提高生存率、控制肿瘤进展和改善患者的生活质量。肺癌的治疗包括外科手术治疗、放疗、药物治疗和姑息治疗，并采取分期治疗模式。

十一、外科手术治疗

【专家共识要点】 解剖性肺切除术是早期肺癌的主要治疗手段，也是目前临床治愈肺癌的重要方法。肺癌手术分为完全性切除、不完全性切除和不确定性切除。应力争完全性切除，以期达到完整地切除肿瘤，减少肿瘤转移和复发，并且进行精准的病理 TNM 分期，力争分子病理分型，指导术后综合治疗。对于可手术切除的肺癌应当遵守外科手术的原则。

【专家共识解读】

1.手术治疗原则

解剖性肺切除术是早期肺癌的主要治疗手段，也是目前临床治愈肺癌的重要方法。肺癌手术分为完全性切除、不完全性切除和不确定性切除。应力争完全性切除，以期达到完整地切除肿瘤，减少肿瘤转移和复发，并且进行精准的病理 TNM 分期，力争分子病理分型，指导术后综合治疗。对于可手术切除的肺癌应当遵守下列外科原则。

（1）全面的治疗计划和必要的影像学检查（临床分期检查，特别是精确的 N 分期）均应当在手术治疗前完成。充分评估决定手术切除的可能性并制订手术方案。

（2）尽可能做到肿瘤和区域淋巴结的完全性切除，同时尽量保留有功能的正常肺组织。

（3）电视辅助胸腔镜外科（video-assisted thoracic surgery, VATS）是近年来已经成熟的胸部微创手术技术，在没有手术禁忌证的情况下，推荐使用 VATS 及其他微创手段[40]。

（4）根据患者身体状况，可行解剖性肺切除术（肺叶切除、支气管及血管袖状肺叶切除或全肺切除术）。如果身体状况不允许，则行亚肺叶切除，其中首选解剖性肺段切除，也可行楔形切除。

（5）解剖性肺段切除术或肺楔形切除术的指征为：患者高龄或低肺功能，或有行肺叶切除术的主要风险；CT 提示肺内周围型病变（指位于肺实质外侧 1/3），且病变直径≤2 cm，并具备以下一个特征：病理证实为腺癌；CT 随诊 1 年以上高度可疑癌；CT 提示肺部磨玻璃样影（grund glass opacity，GGO）中实性成分≤50%。切除肺组织切缘距离病变边缘≥2 cm 或切缘距离≥病变直径，术中快速病理为切缘阴性；在决定亚肺叶切除术之前，应对肺门和纵隔淋巴结进行系统采样。目前，早期肺癌亚肺叶切除术式尚属临床研究阶段，鼓励参与临床研究，不能作为标准术式推广[41]。

（6）完全性切除手术（R0）除完整切除原发病灶外，应当常规进行系统性肺门和纵隔各组淋巴结（N1 和 N2 淋巴结）切除，并标明位置送病理学检查。最少对 3 个纵隔引流区（N2 站）的淋巴结进行清扫或采样，尽量保证淋巴结整块切除。建议右胸淋巴结清除范围为：2R、3a、3p、4R、7～9 组淋巴结和周围软组织；左胸淋巴结清除范围为：4L、5～9 组淋巴结和周围软组织。

（7）通常情况下术中应依次处理肺静脉、肺动脉，最后处理支气管，或依据术中实际情况决定处理顺序。

（8）支气管袖状肺叶切除术是在术中快速病理检查保证（包括支气管、肺动脉或静脉断端）切缘阴性的情况下，尽可能保留更多肺组织及肺功能所行的切除范围，术后患者生活质量优于全肺切除术患者。

（9）肺癌完全性切除术后 6 个月复发或孤立性肺转移者，在排除肺外远处转移及心肺功能等机体状况允许的情况下，可行复发侧余肺切除或肺转移病灶切除。

（10）心肺功能等机体状况经评估无法接受手术的Ⅰ期和Ⅱ期的 NSCLC 患者，可选择根治性放射治疗、射频消融治疗和药物治疗等。

（11）晚期 NSCLC 化疗或靶向治疗效果好的患者，残存病灶可考虑手术切除。对于孤立性转移的晚期 NSCLC 患者，应采取适当的有针对性的治疗措施。部分有单发对侧肺转移、单发脑或肾上腺转移的晚期 NSCLC 患者也可行手术治疗。单发性脑转移患者可能会从手术治疗中获益，术后可行全脑放疗（whole brain radiotherapy，WBRT）或立体定向放射外科（stereotactic radiosurgery，SRS）治疗。对于有孤立性肾上腺转移而肺部病变又可切除的 NSCLC 患者，肾上腺病变也可以考虑切除[42]。

2. 手术适应证

（1）Ⅰ期、Ⅱ期和部分ⅢA期（T1－2N2M0；T3N1－2M0；T4N0－1M0 可完全性切除）NSCLC 和Ⅰ期 SCLC（T1－2N0M0）。

（2）部分Ⅳ期 NSCLC，有单发对侧肺转移，单发脑或肾上腺转移者。

（3）临床高度怀疑肺癌的肺内结节，经各种检查无法定性诊断，可手术探查。

3.手术禁忌证

(1)全身状况不佳,心、肺、肝、肾等重要脏器功能不能耐受手术者。

(2)绝大部分诊断明确的Ⅳ期、大部分ⅢB期和部分ⅢA期NSCLC。

十二、放射治疗

【专家共识要点】　肺癌射治疗(简称放疗)包括根治性放疗、姑息放疗、辅助放疗和预防性放疗等。放疗的原则:①根治性放疗适用于因医源性或(和)个人因素不能手术的早期NSCLC、不可切除的局部晚期NSCLC和局限期SCLC;②姑息性放疗适用于对晚期肺癌原发灶和转移灶的减症治疗;③辅助放疗适应于术前放疗、术后放疗切缘阳性(R1和R2)的患者;外科探查不够的患者或手术切缘近者;④预防性放疗适用于全身治疗有效的SCLC患者全脑放疗(WBRT);⑤同步放化疗适用范围:不能手术的ⅢA及ⅢB期患者。

【专家共识解读】

(1)肺癌放疗包括根治性放疗、姑息放疗、辅助放疗和预防性放疗等。放疗的原则:①根治性放疗适用于Karnofsky功能状态评分标准评分≥70分的患者,包括因医源性或(和)个人因素不能手术的早期NSCLC、不可切除的局部晚期NSCLC和局限期SCLC;②姑息性放疗适用于对晚期肺癌原发灶和转移灶的减症治疗。对于NSCLC单发脑转移灶手术切除患者可以进行术后全脑放疗,广泛期SCLC的胸部放疗;③辅助放疗适应于术前放疗、术后放疗切缘阳性(R1和R2)的患者;外科探查不够的患者或手术切缘近者;对于术后pN2阳性的患者,鼓励参加术后放疗的临床研究[43];④术后放疗设计应当参考患者手术病理报告和手术记录;⑤预防性放疗适用于全身治疗有效的SCLC患者全脑放疗;

⑥同步放化疗适用范围：不能手术的ⅢA期及ⅢB期患者，建议同步放化疗方案为EP方案(足叶乙苷＋顺铂)、NP方案(长春瑞滨＋顺铂)和含紫杉类方案。如果患者不能耐受，可以行序贯化放疗；⑦接受放化疗的患者，潜在毒性及不良反应会增大，治疗前应当告知患者。放疗设计和实施时，应当注意对肺、心脏、食管和脊髓的保护。治疗过程中应当尽可能避免因毒性作用及不良反应处理不当导致的放疗非计划性中断；⑧采用三维适形放疗、调强放疗技术或图像引导放疗等先进的放疗技术，建议在具有优良的放射物理技术条件下，开展立体放射治疗(stereotactic body radiation therapy，SBRT)；⑨放疗靶区勾画时，推荐增强CT定位或PET－CT定位。可以参考PET－CT的肿瘤生物影像，在增强CT定位影像中勾画肿瘤放疗靶区；⑩接受放疗或放化疗的患者，治疗休息期间应当予以充分的监测和支持治疗。

(2)NSCLC放疗的适应证：放疗可用于因身体原因不能手术治疗的早期NSCLC患者的根治性治疗、可手术患者的术前及术后辅助治疗、局部晚期病灶无法切除患者的局部治疗和晚期不可治愈患者的重要姑息治疗手段。

Ⅰ期NSCLC患者因医学条件不适合手术或拒绝手术时，大分割放射治疗是有效的根治性治疗手段，推荐SBRT。分割原则应是大剂量、少分次、短疗程，分割方案可根据病灶部位、距离胸壁的距离等因素综合考虑，通常给予总剂量≥100 Gy。制订SBRT计划时，应充分考虑、谨慎评估危及器官组织，如脊髓、食管、气管、心脏、胸壁及臂丛神经等的放疗耐受剂量。

对于接受手术治疗的NSCLC患者，如果术后病理手术切缘阴性而纵隔淋巴结阳性(pN2期)，除了常规接受术后辅助化疗外，建议加用术后放疗，采用先化疗后序贯放疗的顺序。对于切缘阳性的pN2期肿瘤，如果患者身体许可，建议采用术后同步化疗。对切缘阳性的患者，放疗应当尽早开始[44]。

对于因身体原因不能接受手术的 Ⅱ ~ Ⅲ 期 NSCLC 患者，如果身体条件许可，应当给予适形放疗结合同步化疗。对于有临床治愈希望的患者，在接受放疗或同步放化疗时，通过更为适形的放疗计划和更为积极的支持治疗，尽量减少治疗时间的中断或治疗剂量的降低。

对于有广泛转移的 Ⅳ 期 NSCLC 患者，部分患者可以接受原发灶和转移灶的放射治疗以达到姑息减症的目的。姑息性放疗适用于对晚期肺癌原发灶和转移灶的减症治疗，以减轻局部压迫症状、骨转移导致的疼痛以及脑转移导致的神经症状等。当患者全身治疗获益明显时，可以考虑采用 SBRT 技术治疗残存的原发灶和(或)寡转移灶，争取获得潜在根治效果。

(3)SCLC 放疗的适应证：放化疗综合治疗是局限期 SCLC 的标准治疗。局限期患者建议初始治疗就行同步化放疗或先行 2 个周期诱导化疗后行同步化放疗。如果患者不能耐受，也可行序贯化放疗。如果病情允许，局限期 SCLC 的放射治疗应当尽早开始，可以考虑与第 1 或第 2 个周期化疗同步进行。如果病灶巨大，放射治疗导致肺损伤的风险过高的话，也可以考虑在第 3 个周期化疗时同步放疗。

对于广泛期 SCLC 患者，远处转移灶经化疗控制后加用胸部放疗也可以提高肿瘤控制率，延长生存期。

(4)预防性脑照射：局限期 SCLC 患者，在胸内病灶经治疗达到完全缓解后推荐行预防性脑照射，达到部分缓解的患者也推荐行预防性脑照射[45]。广泛期 SCLC 在化疗有效的情况下，行预防性脑照射亦可降低 SCLC 脑转移发生的风险。预防性脑照射推荐时间为所有化放疗结束后 3 周左右进行，之前应行增强脑磁共振检查以排除脑转移，建议全脑放疗剂量为 25 Gy，2 周内分 10 次完成。SCLC 全脑预防照射的决定应当是医患双方充分讨论，根据每例患者的情况权衡利弊后确定。

（5）晚期肺癌患者的姑息放疗：晚期肺癌患者姑息放疗的主要目的是为了解决因原发灶或转移灶导致的局部压迫症状、骨转移导致的疼痛以及脑转移导致的神经症状等。对于此类患者可以考虑采用低分割照射技术，使患者更方便得到治疗，同时可以更迅速地缓解症状。

（6）治疗效果：放射治疗的疗效评价按照世界卫生组织（WHO）实体瘤疗效评价标准（response evaluation criteria in solid tumors，RECIST）进行。

（7）防护：采用常规的放疗技术，应当注意对肺、心脏、食管和脊髓的保护，以避免对身体重要器官的严重放射性损伤。急性放射性肺损伤参照国际肿瘤放射治疗协作组急性放射损伤分级标准。

十三、药物治疗

【专家共识要点】　肺癌的药物治疗包括化疗和分子靶向治疗。化疗分为姑息化疗、辅助化疗和新辅助化疗。应当严格掌握化疗的适应证，在肿瘤内科医师主导下进行。化疗应当充分考虑患者的病情、体力状况，评估患者可能的获益和对治疗的承受能力，及时评估疗效，密切监测并有效防治不良反应。

【专家共识解读】　肺癌的药物治疗包括化疗和分子靶向治疗。化疗分为姑息化疗、辅助化疗和新辅助化疗，应当严格掌握治疗的适应证，在肿瘤内科医师主导下进行。化疗应当充分考虑患者的病情、体力状况，评估患者可能的获益和对治疗的承受能力，及时评估疗效，密切监测并有效防治不良反应。化疗的适应证为：美国东部肿瘤协作组（Eastern Cooperative Oncology Group，ECOG）体力状况（performance status，PS）评分≤2分，重要脏器功能可耐受化疗，对于SCLC的化疗，PS评分可放宽到3分。鼓励患者参加临床试验。

1. 晚期 NSCLC 患者的药物治疗

晚期 NSCLC 的治疗原则是以全身治疗为主的综合治疗。在一线治疗前应首先获取肿瘤组织，明确病理分型和分子遗传学特征，根据检测结果决定治疗方案。在全身治疗基础上针对具体的局部情况，可以选择恰当的局部治疗方法以求改善症状、提高生活质量。

(1) 一线药物治疗。含铂两药方案是标准的一线化疗方案，在化疗基础上可联合血管内皮抑素[46]。在我国，长春瑞滨、吉西他滨、多西他赛、紫杉醇联合铂类是最常见的含铂两药联合化疗方案[47]。对于非鳞癌 NSCLC，培美曲塞联合顺铂方案疗效明显优于吉西他滨联合顺铂方案，并且耐受性更好。2014 年 5 月 4 日，CFDA 批准培美曲塞联合顺铂应用于局部晚期或转移性非鳞癌 NSCLC 患者的治疗。

EGFR 基因敏感突变或 ALK 融合基因阳性患者，可以有针对性地选择靶向药物治疗。目前可选用的治疗药物见表 1-2、表 1-3。

表 1-2　非小细胞肺癌常用的一线化疗方案

化疗方案	剂量	用药时间	时间及周期
NP 方案			
长春瑞滨	$25mg/m^2$	第 1、8 天	21 天一周期
顺铂	$75 \sim 80\ mg/m^2$	第 1 天	4～6 周期
TP 方案			
紫杉醇	$135 \sim 175\ mg/m^2$	第 1 天	21 天一周期
顺铂或卡铂			4～6 周期
顺铂	$75\ mg/m^2$	第 1 天	
卡铂	$AUC = 5-6$	第 1 天	
GP 方案			21 天一周期

续表 1-2

化疗方案	剂量	用药时间	时间及周期
吉西他滨	$1000 \sim 1250$ mg/m^2	第1、8天	$4 \sim 6$ 周期
顺铂或卡铂			
顺铂	75 mg/m^2	第1天	
卡铂	AUC = $5 - 6$	第1天	
DP 方案			21 天一周期
多西他赛	75 mg/m^2	第1天	$4 \sim 6$ 周期
顺铂或卡铂			
顺铂	75 mg/m^2	第1天	
卡铂	AUC = $5 \sim 6$	第1天	
AP 方案			21 天一周期
培美曲塞(非鳞癌)	500 mg/m^2	第1天	$4 \sim 6$ 周期
顺铂或卡铂			
顺铂	75 mg/m^2	第1天	
卡铂	AUC = $5 - 6$	第1天	

表 1-3　非小细胞肺癌常用的抗血管新生药物和靶向治疗药物

药物	剂量(mg)	用药时间
抗血管新生药物		
血管内皮抑素	15	第 $1 \sim 14$ 天 21 天为一周期
靶向治疗药物		
吉非替尼	250	1 次/d
厄洛替尼	150	1 次/d
埃克替尼	125	3 次/d
克唑替尼	250	2 次/d

对一线治疗达到疾病控制(完全缓解、部分缓解和稳定)的患者,可选择维持治疗。按照是否沿用一线化疗方案中的药物,将维持治疗分为同药维持治疗和换药维持治疗两种方式。目前同药维持治疗有循证医学证据支持的药物有培美曲塞(非鳞癌)和吉西他滨;有循证医学证据支持的换药维持治疗的药物有培美曲塞(非鳞癌),培美曲塞用于晚期 NSCLC 换药维持治疗的研究显示,一线含铂方案化疗后培美曲塞维持治疗可延长无进展生存率(PFS)及总生存率(OS),晚期非鳞癌 NSCLC 患者培美曲塞联合顺铂化疗后培美曲塞同药维持治疗较安慰剂明显延长 OS[48]。多西他赛用于维持治疗的研究仅显示 PFS 获益,并未获得 OS 的延长[49]。对于 EGFR 基因敏感突变患者可以选择表皮生长因子受体酪氨酸激酶抑制药(EGFR – TKI)进行维持治疗。

(2)二线药物治疗。二线治疗可选择的药物包括多西紫杉醇、培美曲塞和 EGFR-TKI。EGFR 基因敏感突变且不合并耐药突变的患者,如果一线和维持治疗时没有应用 EGFR-TKI,二线治疗时应优先应用 EGFR-TKI;对于 EGFR 基因敏感突变阴性的患者,应优先考虑化疗(表 1 – 4)。

表 1 – 4　非小细胞肺癌常用的二线化疗方案

化疗方案	剂量(mg/m^2)	用药时间	时间及周期
多西他赛	75	第一天	21 天为一周期
培美曲赛(非鳞癌)	500	第一天	21 天为一周期

(3)三线药物治疗:可选择 EGFR-TKI 或参加临床试验。

2.不能手术切除的局部晚期 NSCLC 患者的药物治疗

不能手术切除的局部晚期 NSCLC 患者的药物治疗推荐放疗、化疗联合,根据具体情况可选择同步或序贯化放疗。

3. 术后辅助治疗

完全切除的Ⅱ期~Ⅲ期 NSCLC 患者，推荐含铂两药方案术后辅助化疗4个周期。具有高危险因素的 IB 期患者可以考虑选择性地进行辅助化疗。高危因素包括：分化差、神经内分泌（除外分化好的神经内分泌癌）、脉管受侵、楔形切除、肿瘤直径>4 cm、脏层胸膜受累和淋巴结清扫不充分等。辅助化疗一般在术后3~4周开始，患者术后体力状况需基本恢复正常。

4. 新辅助化疗

对可切除的Ⅲ期 NSCLC 患者可选择2个周期的含铂两药方案行术前短程新辅助化疗。手术一般在化疗结束后2~4周进行。

5. SCLC 患者的药物治疗

局限期 SCLC 患者推荐化疗、手术和放疗为主的综合治疗。一线化疗方案推荐 EP 方案或 EC 方案（足叶乙苷＋卡铂）。由于 SCLC 的生物学特性与其他组织学类型不同，诊断时广泛期占2/3。广泛期 SCLC 患者推荐化疗为主的综合治疗。对于 PS 评分0~2分者，推荐的一线化疗方案有 EP 方案、EC 方案、IP 方案（顺铂＋伊立替康）或 IC 方案（卡铂＋伊立替康）。临床试验已证实对于未经治疗的广泛期 SCLC 患者，IP 方案在疗效上不劣于 EP 方案[50]。广泛期 SCLC、ECOG PS 评分3~4分者，可在最佳支持治疗的基础上，根据患者的肿瘤情况、机体状况、患者及其亲属的意愿等进行综合分析，权衡利弊，谨慎地选择治疗方案，可能的选择包括单药化疗、减少剂量的联合化疗、必要时联合局部放疗等。一线化疗后如果全身播散病灶少、治疗后疾病控制良好、ECOG PS 评分为0~2分者，经选择的患者可进行胸部放疗；一线治疗达 CR、ECOG PS 评分为0~2分者，可考虑预防性脑照射（PCI）。

一线化疗后或化疗期间出现疾病进展的广泛期 SCLC 患者，选择二线化疗或参加临床试验。临床上将复发患者分为3类：

①难治性复发：一线化疗过程中疾病进展；②耐药复发：一线化疗结束后 3 个月内疾病进展；③敏感复发：一线化疗结束 3 个月以后疾病进展。3 个月内疾病复发进展患者推荐进入临床试验。3~6 个月内复发者推荐拓扑替康、伊立替康、吉西他滨或紫杉醇治疗。6 个月后疾病进展者可选择初始治疗方案。常用的 SCLC 化疗方案见表 1-5。

表 1-5 小细胞肺癌常用的化疗方案

化疗方案	剂量	用药时间	时间及周期
EP 方案			
足叶乙苷	100 mg/m²	第 1~3 天	21 天一周期
顺铂	75~80 mg/m²	第 1 天	4~6 周期
EC 方案			
足叶乙苷	100 mg/m²	第 1-3 天	21 天一周期
卡铂	AUC=5~6	第 1 天	4-6 周期
IP 方案			
伊立替康	60 mg/m²	第 1、8、15 天	21 天一周期
顺铂	60 mg/m²	第 1 天	4~6 周期
IP 方案			
伊立替康	65 mg/m²	第 1、8 天	21 天一周期
顺铂	30 mg/m²	第 1、8 天	4~6 周期
IC 方案			
伊立替康	50 mg/m²	第 1、8、15 天	21 天一周期
卡铂	AUC=5~6		4~6 周期

二线化疗的疗效与患者对一线化疗的反应及从一线化疗到疾病复发的时间有关。总体上，二线化疗的有效率和缓解期均不如一线化疗，一线化疗有效者病情进展后再次化疗更可能获益，难治或耐药复发患者对大多数药物的疗效差，有效率≤10%，敏感复发者的预期有效率约为25%。

6. 化疗的原则

（1）Karnofsky 功能状态评分 <60 分或 ECOG PS >2 分的患者不宜进行化疗。

（2）白细胞 $<3.0 \times 10^9/L$，中性粒细胞 $<1.5 \times 10^9/L$，血小板 $<6 \times 10^9/L$，红细胞 $<2 \times 10^{12}/L$，血红蛋白 <8.0 g/dl 的患者原则上不宜化疗。

（3）患者肝、肾功能异常，实验室指标超过正常值上限的 2 倍，或有严重并发症和感染、发热、出血倾向者不宜化疗。

（4）在化疗过程中，如果出现以下情况应当考虑停药或更换方案：治疗 2 个周期后病变进展，或在化疗周期的休息期间病情恶化者，应当停止原方案治疗，酌情选用其他化疗方案或治疗方式；出现美国国家癌症研究所常见不良反应事件评价标准(4.0 版)≥3 级不良反应，对患者生命有明显威胁时，应当停药，并在下次治疗时改用其他方案。

（5）必须强调治疗方案的规范化和个体化。必须遵循化疗的基本原则和要求。

（6）化疗的疗效评价按照 RECIST 标准进行。

十四、肺癌采用分期治疗模式

【专家共识要点】　NSCLC 和 SCLC 根据不同临床分期，采用分期治疗模式。

【专家共识解读】

1. Ⅰ期 NSCLC 患者的综合治疗

(1)首选外科手术治疗，包括肺叶切除加系统性肺门和纵隔淋巴结清除术，可采用 VATS 或剖胸等术式。

(2)对于高龄或低肺功能的部分 IA 期 NSCLC 患者可以考虑行解剖性肺段或楔形切除术加系统性肺门、纵隔淋巴结清除或采样术。

(3)完全切除的ⅠA 期、ⅠB 期 NSCLC 肺癌患者不推荐常规应用术后辅助化疗、放射治疗及靶向药物治疗等。但具有高危险因素的ⅠB 期患者可以选择性地考虑进行辅助化疗。

(4)切缘阳性的Ⅰ期肺癌推荐再次手术，任何原因无法再次手术的患者，推荐术后化疗联合放疗。

(5)对于有严重的内科合并症、高龄、拒绝手术的患者可采用大分割根治性放射治疗。

2. Ⅱ期 NSCLC 患者的综合治疗

(1)首选外科手术治疗，解剖性肺切除加系统性肺门和纵隔淋巴结清除或采样术。

(2)对高龄或低肺功能的患者可以考虑行解剖性肺段或楔形切除术加系统性肺门和纵隔淋巴结清除或采样术。

(3)完全性切除的Ⅱ期 NSCLC 患者推荐术后辅助化疗。

(4)当肿瘤侵犯壁层胸膜或胸壁时应当行整块胸壁切除。切除范围至少距病灶最近的肋骨上、下缘各 2 cm，受侵肋骨切除长度至少应当距肿瘤 5 cm。

(5)切缘阳性的Ⅱ期肺癌推荐再次手术，任何原因无法再次手术的患者，推荐术后化疗联合放疗。

3. Ⅲ期 NSCLC 患者的综合治疗

局部晚期 NSCLC 是指 TNM 分期为Ⅲ期的患者。多学科综合治疗是Ⅲ期 NSCLC 的最佳选择。局部晚期 NSCLC 分为可切除和不可切除两大类。

（1）可切除的局部晚期 NSCLC 包括：①T3 N1 期的 NSCLC 患者，首选手术治疗，术后行辅助化疗；②N2 期 NSCLC 患者，影像学检查发现单组纵隔淋巴结肿大并且直径 < 3 cm 或两组纵隔淋巴结肿大但没有融合，并且估计能完全切除的病例，应接受以外科手术治疗为主的综合治疗；有条件的医院推荐行术前纵隔镜、EBUS – TBNA 或超声内镜引导下细针穿刺活检术（EUS guided fine needle aspiration，EUS – FNA）检查，明确 N2 分期后行术前新辅助化疗，然后行手术治疗。对于纵隔淋巴结融合、固定的患者，应行化疗、放疗或同步化放疗；治疗后 N2 降期特别是降至 N0、且经重新分期评估排除远处转移者，结合患者的机体状况，推荐手术治疗；③一些 T4N0 ~ 1 期的 NSCLC 患者：（a）相同肺叶内存在卫星结节的患者：首选治疗为手术切除，也可选择术前新辅助化疗，术后进行辅助化疗。（b）其他可切除的 T4N0 ~ 1 期 NSCLC 患者：可酌情首选新辅助化疗，也可选择手术切除。如为完全性切除，考虑术后辅助化疗。如切缘阳性，术后行放疗和辅助化疗；④肺上沟瘤的治疗：部分可手术患者，建议可考虑先行术前新辅助同步放化疗，经再评估有手术指征的患者给予手术治疗和术后辅助化疗；对于不能手术的肺上沟瘤，则行根治性放疗联合化疗。

（2）不可切除的局部晚期 NSCLC 患者包括：①影像学检查提示纵隔融合状肿大淋巴结，纵隔镜、EBUS – TBNA 或 EUS – FNA 检查证实为阳性的 NSCLC；②T4N2 – 3 的患者；③胸膜转移结节、恶性胸水和恶性心包积液的患者，新分期已经归类为 M1，不适于手术切除的患者，部分病例可采用胸腔镜胸膜活检或胸膜固定术；④不可切除的局部晚期 NSCLC 首选治疗为同步化放疗。

4. Ⅳ期 NSCLC 患者的治疗

Ⅳ期 NSCLC 患者在开始治疗前，应先获取肿瘤组织进行

EGFR 和 ALK 基因的检测，根据 EGFR 和 ALK 基因状况决定相应的治疗策略。Ⅳ期 NSCLC 以全身治疗为主要手段，治疗目的是提高患者生活质量、延长生存期。

（1）孤立性脑转移的Ⅳ期 NSCLC 患者的治疗：①孤立性脑转移而肺部病变又可切除的 NSCLC 患者，脑部病变可手术切除或采用立体定向放射治疗，胸部原发病变则按分期治疗原则进行；②孤立性肾上腺转移而肺部病变又可切除的 NSCLC 患者，肾上腺病变可考虑手术切除，胸部原发病变则按分期治疗原则进行；③对侧肺或同侧肺其他肺叶的孤立结节，可分别按 2 个原发瘤各自的分期进行治疗。

（2）Ⅳ期 NSCLC 患者的全身治疗：①EGFR 基因敏感突变的Ⅳ期 NSCLC 患者推荐 EGFR - TKI 一线治疗，ALK 融合基因阳性患者推荐克唑替尼一线治疗；②EGFR 基因敏感突变和 ALK 融合基因阴性或突变状况未知的Ⅳ期 NSCLC 患者，如果 ECOG PS 评分为 0~1 分，应当尽早开始含铂两药的全身化疗。对不适合铂类药物治疗的患者，可考虑非铂类两药联合方案化疗；③ECOG PS 评分为 2 分的晚期 NSCLC 患者应给予单药化疗，但对 ECOG PS 评分 >2 分的患者不建议使用细胞毒类药物化疗；④二线治疗可选择的药物包括多西紫杉醇、培美曲塞和 EGFR - TKI。EGFR 基因敏感突变的患者，如果一线和维持治疗时没有应用 EGFR - TKI，二线治疗时应优先应用 EGFR - TKI；对于 EGFR 基因敏感突变阴性的患者，应优先考虑化疗；⑤ECOG PS 评分 >2 分的Ⅳ期 NSCLC 患者，一般不能从化疗中获益，建议采用最佳支持治疗；⑥在全身治疗基础上针对具体的局部情况，可以选择恰当的局部治疗方法以求改善症状、提高生活质量。目前的证据不支持将年龄因素作为选择化疗方案的依据。

5. Ⅰ期 SCLC 患者的治疗

手术＋辅助化疗（EP 方案或 EC 方案，4~6个周期）。术后推荐行预防性脑照射(prophylactic cranial irradiation, PCI)。

6. Ⅱ期～Ⅲ期 SCLC 患者的治疗

化疗、放疗联合。①可选择序贯或同步化放疗;②序贯治疗推荐 2 个周期诱导化疗后同步化放疗;③达到疾病控制者,推荐行 PCI。

7. Ⅳ期 SCLC 患者的治疗

化疗为主的综合治疗。一线推荐 EP 方案或 EC 方案、IP 方案、IC 方案。3 个月内疾病复发进展患者推荐进入临床试验。3 –6 个月内复发者推荐拓扑替康、伊立替康、吉西他滨或紫杉醇治疗。6 个月后疾病进展可选择初始治疗方案。化疗有效患者建议行 PCI。

十五、姑息治疗

【专家共识要点】　姑息治疗的目的是缓解症状、减轻痛苦、改善生活质量。所有肺癌患者都应全程接受姑息医学的症状筛查、评估和治疗。

【专家共识解读】　姑息治疗的目的是缓解症状、减轻痛苦、改善生活质量、提高抗肿瘤治疗的依从性。所有肺癌患者都应全程接受姑息医学的症状筛查、评估和治疗。筛查的症状既包括疼痛、呼吸困难、乏力等常见躯体症状,也应包括睡眠障碍、焦虑抑郁等心理问题。生活质量评价应纳入肺癌患者的整体评价体系和姑息治疗的疗效评价中。推荐采用欧洲癌症研究与治疗组织生活质量测定量表(european organization for research and treatment of cancer quality of life – C30, EORTC QLQ – C30)(V3.0)中文版进行整体评估,还可采用生命质量测定量表 EORTC QLQ – LC13 筛查和评估晚期肺癌患者的常见症状。疼痛和呼吸困难是影响晚期肺癌患者生活质量的最常见症状[51]。

1.疼痛评估

患者的主诉是疼痛可作为评估的金标准,镇痛治疗前必须评估患者的疼痛强度。首选数字疼痛分级法,儿童或有认知障碍的老年人可用脸谱法。疼痛强度分为 3 类,即轻度、中度和重度疼痛;不仅要记录患者评估当时的疼痛强度,还要了解过去 24 小时以内的最重、最轻和平均疼痛强度,了解静息和活动状态下的疼痛强度变化。

应对疼痛进行全面评估。评估内容包括疼痛的病因、特点、性质、加重或缓解因素、疼痛对患者日常生活的影响、镇痛治疗的疗效和不良反应等。推荐采用简明疼痛量表进行评估。

评估时还要明确患者是否存在肿瘤急症所致的疼痛,以便立即进行有关治疗。常见的肿瘤急症包括病理性骨折或承重骨的先兆骨折;脑实质、硬脑膜或软脑膜转移癌;与感染相关的疼痛;内脏梗阻或穿孔等。

2.疼痛治疗

疼痛治疗的目标是使疼痛强度降至轻度以下,甚至无痛,同时要尽可能实现镇痛效果和不良反应间的最佳平衡。WHO 按阶梯镇痛原则仍是临床镇痛治疗应遵循的最基本原则,阿片类药物是癌痛治疗的基石,对乙酰氨基酚和非甾体类抗炎镇痛药物是重要的辅助镇痛药物。镇痛药物可缓解80%以上患者的癌痛,少数患者可能需要非药物镇痛手段,包括外科手术、放疗止痛或神经阻断,故应动态评估镇痛效果,积极开展学科间的协作[52]。

(1)基本原则:WHO 三阶梯止痛原则仍是目前癌痛治疗的最基本原则,其主要内容包括下述 5 个方面:

首选口服给药:应尽量选择无创、简便、安全的给药途径;口服是首选给药途径,可酌情考虑透皮吸收、皮下注射或静脉输注等途径给药。

按阶梯给药:根据疼痛程度按阶梯选择止痛药物。轻度疼痛选择对乙酰氨基酚或非甾体类抗炎镇痛药，中度疼痛选择弱阿片类药物，如可待因、曲马多；重度疼痛选择强阿片类药物，如吗啡、羟考酮、芬太尼等。低剂量强阿片类药物也可用于治疗中度疼痛。

按时给药：适于慢性持续性癌痛，按时给药后患者出现爆发性疼痛时，还应及时给予镇痛治疗，建议选择起效快的即释型药物。

个体化治疗：制订止痛方案前应全面评估患者的一般情况，如基础疾病、心肝肾功能、伴随症状和合并用药等，选择适宜的药物和剂量。

注意细节：镇痛治疗时的细节是指可能影响镇痛效果的所有因素。要重视疼痛评估获得的信息，要关注患者的心理、精神、经济状况、家庭及社会支持等因素。

（2）阿片类药物是癌痛治疗的核心药物：阿片治疗前应判断患者是否存在阿片耐受。对阿片耐受的判断参照美国食品药品监督管理局标准，即患者目前至少每天口服吗啡 60 mg、氢吗啡酮 8 mg、羟考酮 30 mg、羟吗啡酮 25 mg、芬太尼透皮贴剂 25 μg/h 或其他等量的阿片类药物，连续服用时间至少为 1 周；不符合此标准视为阿片未耐受。

在阿片类药物的选择上应注意：不用哌替啶控制癌痛；尽量选择纯受体激动药；肾功能不全的患者避免应用吗啡镇痛。阿片镇痛治疗分为短效滴定阶段和长效维持阶段。短效滴定是阿片治疗的初始阶段，目的是尽快确定满意镇痛所需的阿片剂量。推荐按时给予短效阿片，初始剂量视患者有无耐受而定。此阶段还应按需给药缓解爆发痛，单次给药剂量按每天阿片总量的 10% ~ 20% 计算，阿片未耐受者可按起始剂量给予。

经阿片滴定实现疼痛缓解后，可将短效阿片转换为控缓释剂型，延长给药间隔，简化治疗。要积极防治阿片的不良反应。所有阿片使用者均需防治便秘,缓泻药中至少包括刺激胃肠蠕动的成分,如番泻叶、比沙可啶等;镇痛治疗全程动态观察恶心呕吐、眩晕、瞻妄和呼吸抑制等不良反应,一旦出现则积极干预。

(3)神经病理性疼痛的治疗:镇痛药物仅能缓解部分神经病理性疼痛。推荐采用强阿片类药物联合辅助药物治疗。可能有效的辅助药物包括:

加巴喷丁:100~300 mg 口服,1 次/d,逐步增量至 300~600 mg,3 次/d,最大剂量为 3600 mg/d。

普瑞巴林:75 mg 口服,2 次/d,可增量至 150 mg,2 次/d,最大剂量为 600 mg/d。

三环抗抑郁药:阿米替林,10~25 mg 口服,每晚 1 次,常用剂量为 25 mg,2 次/d,可逐步增量至最佳治疗剂量,最大剂量为 150 mg/d;美沙酮、氯胺酮对部分神经病理性疼痛有效。

3.疼痛宣教

应告诉患者及亲属,镇痛治疗是肿瘤整体治疗的重要内容,忍痛对患者百害无益。吗啡及其同类药物是癌痛治疗的常用药物,罕见成瘾;要在医务人员指导下进行镇痛治疗,患者不能自行调整治疗方案和药物剂量;要密切观察疗效和药物的不良反应,随时与医务人员沟通,定期复诊。

4.呼吸困难

呼吸困难是晚期肿瘤患者最常见的症状之一。晚期肿瘤患者中 70% 可有呼吸困难,肺癌患者死亡前 90% 有呼吸困难。呼吸困难是主观的呼吸不适感,患者的主诉是诊断的金标准。呼吸困难临床表现为呼吸频率、节律和幅度的改变,严重者还有濒死感,恐惧和焦虑均会加重呼吸困难。

应充分认识到肺癌患者呼吸困难的复杂性,尽可能祛除可逆病因。可有针对性地给予抗肿瘤、抗感染治疗;慢性阻塞性肺部疾病给予支气管扩张药、糖皮质激素;上腔静脉和支气管阻塞者应用糖皮质激素、放疗或置入支架等；胸腔积液时给予胸腔穿刺引流术等。

非药物治疗包括吸氧、呼吸锻炼、姿势和体位训练、心理疗法等，宜在症状出现的早期就予以实施。

阿片类药物是治疗癌症患者呼吸困难的最常用药物。及早给予阿片类药物，能减少患者的生理和心理负担，延长生存期。

吗啡是首选药物，治疗呼吸困难时的使用方法与镇痛治疗一致。建议小剂量起始，按时给药，缓慢增量，严密观察和防治不良反应。老年患者的增量更应谨慎。

镇静药是阿片以外的有效药物，有助于缓解急性或重度呼吸困难。

十六、主要特殊转移部位的治疗

【专家共识要点】

1. 脑转移的治疗

肺癌最常见的远处转移部位之一是脑部，肺癌脑转移患者预后差，目前的治疗方式主要有手术治疗、WBRT、SRS、化疗以及分子靶向治疗。

2. 骨转移的治疗

肺癌骨转移严重影响患者的生活质量，预示患者生存期缩短，应采用以全身治疗为主的综合治疗，包括化疗、分子靶向治疗、手术、放疗和双膦酸盐治疗。

【专家共识解读】

1. 脑转移的治疗

肺癌最常见的远处转移部位之一是脑部，20%～65%的肺癌患者会发生脑部转移，是脑转移性肿瘤中最常见的类型[53,54]。肺癌脑转移患者预后差，自然平均生存时间仅1～2个月[55]。目前的治疗方式主要有手术治疗、WBRT、SRS、化疗以及分子靶向治疗。

（1）手术治疗：手术切除肿瘤可解除肿瘤对脑组织压迫，降低颅内压，从而缓解患者症状，提高生活质量，为放化疗创造条件，延长生存期。尤其是占位效应明显、引起颅内压增高或梗阻性脑积水的单发 NSCLC 脑转移患者可以从手术中获益。手术治疗适用于下列患者：颅内为孤立性病灶或相互靠近的多个病灶；病灶位置较表浅、位于非重要功能区；患者的全身状态良好；肺部病灶控制良好，无其他远处转移灶。

（2）放射治疗：WBRT 可以缓解晚期肺癌脑转移患者的神经系统症状，改善肿瘤局部控制情况。WBRT 用于单发病灶的术后放疗、不宜手术的单个病灶的放疗、多发病灶的放疗的患者等。虽然 WBRT 在一定程度上提高了生存数据（DCR），治疗总有效率为 60% ~ 80%，但患者中位生存期仅为 3 ~ 6 个月[56]。

SRS 具有定位精确、剂量集中、损伤相对较小等优点，能够很好地保护周围正常组织，控制局部肿瘤进展，缓解神经系统症状，逐渐成为脑转移瘤的重要治疗手段。SRS 适用于转移瘤直径 <3 cm、数目较少、位置较深及全身情况差不适合手术的患者，可与 WBRT 联合应用。

（3）化疗：化疗是 NSCLC 脑转移不可或缺的治疗手段。以铂类药物为基础，联合培美曲塞、长春瑞滨等药物可给 NSCLC 脑转移患者带来生存获益[57, 58]。

（4）分子靶向治疗：分子靶向药物为 NSCLC 脑转移提供了新的治疗选择。对于 EGFR 基因敏感突变的 NSCLC 脑转移患者，EGFR - TKIs 治疗的客观缓解率较高[59, 60]。EGFR - TKIs 联合 WBRT 治疗 NSCLC 脑转移患者具有一定疗效[61, 62]，EGFR 基因敏感突变的 NSCLC 患者出现脑转移时可使用 EGFRTKIs 治疗。

2. 骨转移的治疗

肺癌骨转移可引起骨痛、骨痛加剧或出现新的骨痛、病理性骨折、椎体压缩或变形、脊髓压迫、因骨痛或防治病理性骨折或脊髓压迫进行的骨放疗、骨转移病灶进展及高钙血症等骨相关事件(skeletal related events,SRE)的发生,严重影响患者的生活质量,预示患者生存期缩短,肺癌骨转移后患者的中位生存时间仅6~10个月[63]。肺癌骨转移应采用以全身治疗为主的综合治疗,包括化疗、分子靶向治疗、手术、放疗和双膦酸盐治疗。在控制原发疾病的同时,积极预防和治疗SRE尤为重要。合理的局部治疗可以更好地控制SRE,双膦酸盐可以预防和延缓SRE的发生。

(1)放射治疗:放射治疗能够减轻或消除骨痛症状、预防病理性骨折和脊髓压迫的发生、缓解脊髓压迫症状并改善患者生活质量。放射治疗适用于有疼痛症状的全身各处骨转移灶,以缓解疼痛并恢复功能,出现椎体转移有脊髓压迫时首选放疗。姑息性放疗可用于脊柱或股骨等负重部位发生的骨转移的治疗[64],治疗剂量通常为Dt 30 Gy/10次。每次3 Gy。

(2)外科治疗:手术可缓解肺癌骨转移患者的疼痛、防止或固定骨折、恢复或维持肢体的运动功能、减少或避免运动系统功能受损或脊髓压迫症所引发的并发症并提高生活质量。对于诊断不明患者亦可通过手术获得骨转移病灶的组织学诊断。

(3)双膦酸盐治疗:双膦酸盐是治疗肺癌骨转移的基础用药,可以和化疗、靶向治疗、放疗和外科治疗联合使用。肺癌患者明确诊断骨转移后,如无双膦酸盐应用禁忌,均推荐应用双膦酸盐治疗。第一代双膦酸盐药物(羟乙膦酸、氯膦酸)、第二代双膦酸盐药物(帕米膦酸)及第三代双膦酸盐药物(伊班膦酸钠、唑来磷酸)均能改善肺癌骨转移患者的疼痛、控制病情、预防和延缓SRE发生并提高患者生活质量。

十七、诊疗流程和随访

【专家共识要点】　肺癌诊断与治疗的一般流程见图1-1。

对于新发肺癌患者应当建立完整病案和相关资料档案，诊治后定期随访和进行相应检查。

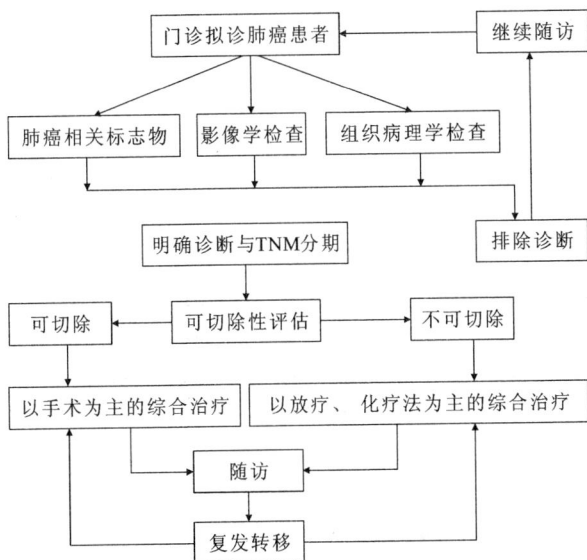

图1-1　肺癌诊断与治疗的一般流程

【专家共识解读】　对于新发肺癌患者应当建立完整病案和相关资料档案，诊治后定期随访和进行相应检查。

具体检查方法包括病史、体检、血生化和血液肿瘤标志物检查、影像学检查和内镜检查等，旨在监测疾病复发或治疗相关不良反应、评估生活质量等。术后患者随访频率为治疗后 2 年内每 3~6 个月随访 1 次，2~5 年内每 6 个月随访 1 次，5 年后每年随访 1 次[65]。

（张乐蒙　张永昌　陈建华　邬麟　王晖）

参考文献

[1] 支修益, 石远凯, 于金明. 中国原发性支气管肺癌诊疗规范(2015 年版)[J]. 中华肿瘤杂志, 2015, 31(1): 67 – 76.

[2] 石远凯, ㈠孙燕, 于金明, et al. 中国晚期原发性肺癌诊治专家共识(2016 年版)[J]. 中国肺癌杂志, 2016, 01): 1 – 15.

[3] 中华医学会呼吸病学分会肺癌学组. 原发性支气管肺癌早期诊断中国专家共识(草案)[J]. 中华结核和呼吸杂志, 2014, 03(37): 172 – 176.

[4] ZHENG R, ZENG H, ZHANG S, et al. National estimates of cancer prevalence in China, 2011[J]. Cancer letters, 2016, 370(1): 33 – 38.

[5] MCWILLIAMS A, TAMMEMAGI M C, MAYO J R, et al. Probability of cancer in pulmonary nodules detected on first screening CT[J]. The New England journal of medicine, 2013, 369(10): 910 – 919.

[6] ABERLE D R, ADAMS A M, BERG C D, et al. Reduced lung-cancer mortality with low-dose computed tomographic screening [J]. The New England journal of medicine, 2011, 365(5): 395 – 409.

[7] HACKSHAW A K, LAW M R, WALD N J. The accumulated evidence on lung cancer and environmental tobacco smoke[J]. BMJ (Clinical research ed), 1997, 315(7114): 980 – 988.

[8] SIMOFF M J, LALLY B, SLADE M G, et al. Symptom management in patients with lung cancer: Diagnosis and management of lung cancer, 3rd ed: American College of Chest Physicians evidence-based clinical practice guidelines[J]. Chest, 2013, 143(5 Suppl): e455S – 97S.

[9] ARRIETA O, GUZMAN-DE ALBA E, ALBA-LOPEZ L F, et al. [National consensus of diagnosis and treatment of non-small cell lung cancer] [J]. Revista de investigacion clinica; organo del Hospital de Enfermedades de la Nutricion, 2013, 65 Suppl 1: S5 – 84.

[10] HONNORAT J, ANTOINE J C. Paraneoplastic neurological syndromes[J]. Orphanet journal of rare diseases, 2007, 2(22.

[11] COLLINS L G, HAINES C, PERKEL R, et al. Lung cancer: diagnosis and management[J]. American family physician, 2007, 75(1): 56 – 63.

[12] FIELDING D I, KURIMOTO N. EBUS-TBNA/staging of lung cancer[J]. Clinics in chest medicine, 2013, 34(3): 385 – 394.

[13] I H, CHO J Y. Lung Cancer Biomarkers [J]. Advances in clinical chemistry, 2015, 72: 107 – 70.

[14] ZUGAZAGOITIA J, ENGUITA A B, NUNEZ J A, et al. The new IASLC/ATS/ERS lung adenocarcinoma classification from a clinical perspective: current concepts and future prospects [J]. Journal of thoracic disease, 2014, 6(Suppl 5): S526 – 36.

[15] TAN D, ZANDER D S. Immunohistochemistry for assessment of pulmonary and pleural neoplasms: a review and update[J]. International journal of clinical and experimental pathology, 2008, 1(1): 19 – 31.

[16] GOLDSTRAW P, CROWLEY J, CHANSKY K, et al. The IASLC Lung Cancer Staging Project: proposals for the revision of the TNM stage groupings in the forthcoming (seventh) edition of the TNM Classification of malignant tumours[J]. Journal of thoracic oncology: official publication of the International Association for the Study of Lung Cancer, 2007, 2(8): 706 – 714.

[17] RIDGE C A, MCERLEAN A M, GINSBERG M S. Epidemiology of lung cancer[J]. Seminars in interventional radiology, 2013, 30(2): 93 – 98.

[18] MOYER V A. Screening for lung cancer: U. S. Preventive Services Task Force recommendation statement[J]. Annals of internal medicine, 2014, 160(5): 330 – 338.

[19] SECRETAN B, STRAIF K, BAAN R, et al. A review of human carcinogens—Part E: tobacco, areca nut, alcohol, coal smoke, and salted fish[J]. The Lancet Oncology, 2009, 10(11): 1033 – 1034.

[20] STRAIF K, BENBRAHIM-TALLAA L, BAAN R, et al. A review of human carcinogens—Part C: metals, arsenic, dusts, and fibres[J]. The Lancet Oncology, 2009, 10(5): 453 – 454.

[21] LOOMIS D, GROSSE Y, LAUBY-SECRETAN B, et al. The carcinogenicity

of outdoor air pollution[J]. The Lancet Oncology, 2013, 14(13): 1262
-1263.

[22] EL GHISSASSI F, BAAN R, STRAIF K, et al. A review of human
carcinogens—part D: radiation[J]. The Lancet Oncology, 2009, 10(8):
751 -752.

[23] THUN M J, CARTER B D, FESKANICH D, et al. 50 - year trends in
smoking-related mortality in the United States[J]. The New England journal
of medicine, 2013, 368(4): 351 -364.

[24] TIAN D, WEN H, ZHOU Y, et al. Pulmonary chondroma: A
clinicopathological study of 29 cases and a review of the literature[J].
Molecular and clinical oncology, 2016, 5(3): 211 -215.

[25] HILEY C T, LE QUESNE J, SANTIS G, et al. Challenges in molecular
testing in non-small-cell lung cancer patients with advanced disease[J].
Lancet (London, England), 2016, 388(10048): 1002 -1011.

[26] SEE K C, LEE P. Advances in the diagnosis of pleural disease in lung
cancer[J]. Therapeutic advances in respiratory disease, 2011, 5(6): 409
-418.

[27] SIEGEL R L, MILLER K D, JEMAL A. Cancer statistics, 2015[J]. CA: a
cancer journal for clinicians, 2015, 65(1): 5 -29.

[28] YAO Q, ALTMAN R D, BRAHN E. Periostitis and hypertrophic pulmonary
osteoarthropathy: report of 2 cases and review of the literature[J]. Seminars
in arthritis and rheumatism, 2009, 38(6): 458 -466.

[29] GOULD M K, DONINGTON J, LYNCH W R, et al. Evaluation of
individuals with pulmonary nodules: when is it lung cancer? Diagnosis and
management of lung cancer, 3rd ed: American College of Chest Physicians
evidence-based clinical practice guidelines [J]. Chest, 2013, 143 (5
Suppl): e93S -120S.

[30] MADSEN P H, HOLDGAARD P C, CHRISTENSEN J B, et al. Clinical
utility of F - 18 FDG PET-CT in the initial evaluation of lung cancer[J].
European journal of nuclear medicine and molecular imaging, 2016, 43
(11): 2084 -2097.

[31] ZARIC B, STOJSIC V, CARAPIC V, et al. Radial Endobronchial Ultrasound (EBUS) Guided Suction Catheter-Biopsy in Histological Diagnosis of Peripheral Pulmonary Lesions[J]. Journal of Cancer, 2016, 7 (1): 7 - 13.

[32] YARMUS L B, ARIAS S, FELLER-KOPMAN D, et al. Electromagnetic navigation transthoracic needle aspiration for the diagnosis of pulmonary nodules: a safety and feasibility pilot study[J]. Journal of thoracic disease, 2016, 8(1): 186 - 194.

[33] WOJCIK E, KULPA J K, SAS-KORCZYNSKA B, et al. ProGRP and NSE in therapy monitoring in patients with small cell lung cancer[J]. Anticancer research, 2008, 28(5b): 3027 - 3033.

[34] BH H, S T, K H. Determining the prevalence of EGFR mutations in Asian and Russian patients (pts) with advanced non-small-cell lung cancer (aNSCLC) of adenocarcinoma (ADC) and non-ADC histology: IGNITE study[J]. Ann Oncol, 2015, 26(suppl 1): 29 - 44.

[35] GOTO K, ICHINOSE Y, OHE Y, et al. Epidermal growth factor receptor mutation status in circulating free DNA in serum: from IPASS, a phase III study of gefitinib or carboplatin/paclitaxel in non-small cell lung cancer [J]. Journal of thoracic oncology: official publication of the International Association for the Study of Lung Cancer, 2012, 7(1): 115 - 121.

[36] DOUILLARD J Y, OSTOROS G, COBO M, et al. Gefitinib treatment in EGFR mutated caucasian NSCLC: circulating-free tumor DNA as a surrogate for determination of EGFR status[J]. Journal of thoracic oncology: official publication of the International Association for the Study of Lung Cancer, 2014, 9(9): 1345 - 1353.

[37] LYNCH T J, BELL D W, SORDELLA R, et al. Activating mutations in the epidermal growth factor receptor underlying responsiveness of non-small-cell lung cancer to gefitinib[J]. The New England journal of medicine, 2004, 350(21): 2129 - 2139.

[38] EBERHARDT W E, MITCHELL A, CROWLEY J, et al. The IASLC Lung Cancer Staging Project: Proposals for the Revision of the M Descriptors in

the Forthcoming Eighth Edition of the TNM Classification of Lung Cancer [J]. Journal of thoracic oncology: official publication of the International Association for the Study of Lung Cancer, 2015, 10(11): 1515 – 1522.

[39] ARGIRIS A, MURREN J R. Staging and clinical prognostic factors for small-cell lung cancer[J]. Cancer journal (Sudbury, Mass), 2001, 7(5): 437 – 447.

[40] RUETH N M, ANDRADE R S. Is VATS lobectomy better: perioperatively, biologically and oncologically? [J]. The Annals of thoracic surgery, 2010, 89(6): S2107 – 11.

[41] DONINGTON J, FERGUSON M, MAZZONE P, et al. American College of Chest Physicians and Society of Thoracic Surgeons consensus statement for evaluation and management for high-risk patients with stage I non-small cell lung cancer[J]. Chest, 2012, 142(6): 1620 – 1635.

[42] 吴一龙, 蒋国樑, 廖美琳, et al. 孤立性肺结节的处理[J]. 循证医学, 2009, 9(4): 243 – 246.

[43] MARTINS R G, D'AMICO T A, LOO B W, JR., et al. The management of patients with stage ⅢA non-small cell lung cancer with N2 mediastinal node involvement[J]. Journal of the National Comprehensive Cancer Network: JNCCN, 2012, 10(5): 599 – 613.

[44] DOUILLARD J Y, ROSELL R, DE LENA M, et al. Impact of postoperative radiation therapy on survival in patients with complete resection and stage Ⅰ, Ⅱ, or ⅢA non-small-cell lung cancer treated with adjuvant chemotherapy: the adjuvant Navelbine International Trialist Association (ANITA) Randomized Trial[J]. International journal of radiation oncology, biology, physics, 2008, 72(3): 695 – 701.

[45] PAUMIER A, CUENCA X, LE PECHOUX C. Prophylactic cranial irradiation in lung cancer[J]. Cancer treatment reviews, 2011, 37(4): 261 – 265.

[46] 王金万, 孙燕, 刘永煜, et al. 重组人血管内皮抑素联合 NP 方案治疗晚期 NSCLC 随机、双盲、对照、多中心Ⅲ期临床研究[J]. 中国肺癌杂志, 2005, 8(4): 283 – 290.

[47] XUE C, HU Z, JIANG W, et al. National survey of the medical treatment status for non-small cell lung cancer (NSCLC) in China[J]. Lung cancer (Amsterdam, Netherlands), 2012, 77(2): 371 –375.

[48] CIULEANU T, BRODOWICZ T, ZIELINSKI C, et al. Maintenance pemetrexed plus best supportive care versus placebo plus best supportive care for non-small-cell lung cancer: a randomised, double-blind, phase 3 study[J]. Lancet (London, England), 2009, 374(9699): 1432 –1440.

[49] FIDIAS P M, DAKHIL S R, LYSS A P, et al. Phase III study of immediate compared with delayed docetaxel after front-line therapy with gemcitabine plus carboplatin in advanced non-small-cell lung cancer [J]. Journal of clinical oncology: official journal of the American Society of Clinical Oncology, 2009, 27(4): 591 –598.

[50] SHI Y, HU Y, HU X, et al. Cisplatin combined with irinotecan or etoposide for untreated extensive-stage small cell lung cancer: A multicenter randomized controlled clinical trial[J]. Thoracic cancer, 2015, 6(6): 785 –91.

[51] KELLEY A S, MEIER D E. Palliative care—a shifting paradigm[J]. The New England journal of medicine, 2010, 363(8): 781 –782.

[52] SIMONE C B, 2ND, VAPIWALA N, HAMPSHIRE M K, et al. Palliative care in the management of lung cancer: analgesic utilization and barriers to optimal pain management[J]. Journal of opioid management, 2012, 8(1): 9 –16.

[53] PREUSSER M, CAPPER D, ILHAN-MUTLU A, et al. Brain metastases: pathobiology and emerging targeted therapies[J]. Acta neuropathologica, 2012, 123(2): 205 –222.

[54] BARNHOLTZ-SLOAN J S, SLOAN A E, DAVIS F G, et al. Incidence proportions of brain metastases in patients diagnosed (1973 to 2001) in the Metropolitan Detroit Cancer Surveillance System [J]. Journal of clinical oncology: official journal of the American Society of Clinical Oncology, 2004, 22(14): 2865 –2872.

[55] SAJAMA C, LORENZONI J, TAGLE P. [Diagnosis and treatment of brain

metastasis] [J]. Revista medica de Chile, 2008, 136(10): 1321 - 1326.

[56] MAHMOOD U, KWOK Y, REGINE W F, et al. Whole-brain irradiation for patients with brain metastases: still the standard of care[J]. The Lancet Oncology, 2010, 11(3): 221 - 2; author reply 3.

[57] BARLESI F, GERVAIS R, LENA H, et al. Pemetrexed and cisplatin as first-line chemotherapy for advanced non-small-cell lung cancer (NSCLC) with asymptomatic inoperable brain metastases: a multicenter phase II trial (GFPC 07 - 01)[J]. Ann Oncol, 2011, 22(11): 2466 - 2470.

[58] BAILON O, CHOUAHNIA K, AUGIER A, et al. Upfront association of carboplatin plus pemetrexed in patients with brain metastases of lung adenocarcinoma[J]. Neuro-oncology, 2012, 14(4): 491 - 495.

[59] PARK S J, KIM H T, LEE D H, et al. Efficacy of epidermal growth factor receptor tyrosine kinase inhibitors for brain metastasis in non-small cell lung cancer patients harboring either exon 19 or 21 mutation[J]. Lung cancer (Amsterdam, Netherlands), 2012, 77(3): 556 - 560.

[60] IUCHI T, SHINGYOJI M, SAKAIDA T, et al. Phase II trial of gefitinib alone without radiation therapy for Japanese patients with brain metastases from EGFR-mutant lung adenocarcinoma [J]. Lung cancer (Amsterdam, Netherlands), 2013, 82(2): 282 - 287.

[61] FAN Y, HUANG Z, FANG L, et al. A phase II study of icotinib and whole-brain radiotherapy in Chinese patients with brain metastases from non-small cell lung cancer[J]. Cancer chemotherapy and pharmacology, 2015, 76(3): 517 - 523.

[62] WELSH J W, KOMAKI R, AMINI A, et al. Phase II trial of erlotinib plus concurrent whole-brain radiation therapy for patients with brain metastases from non-small-cell lung cancer[J]. Journal of clinical oncology: official journal of the American Society of Clinical Oncology, 2013, 31(7): 895 - 902.

[63] TSUYA A, KURATA T, TAMURA K, et al. Skeletal metastases in non-small cell lung cancer: a retrospective study[J]. Lung cancer (Amsterdam, Netherlands), 2007, 57(2): 229 - 232.

［64］LUTZ S, BERK L, CHANG E, et al. Palliative radiotherapy for bone metastases: an ASTRO evidence-based guideline ［J］. International journal of radiation oncology, biology, physics, 2011, 79(4): 965 – 976.

［65］COLT H G, MURGU S D, KORST R J, et al. Follow-up and surveillance of the patient with lung cancer after curative-intent therapy: Diagnosis and management of lung cancer, 3rd ed: American College of Chest Physicians evidence-based clinical practice guidelines ［J］. Chest, 2013, 143 (5 Suppl): 437 – 454.

第二章   食管癌规范化诊治指南解读

食管癌是全世界高发恶性肿瘤之一[1]，尤其是在中国，其发病和死亡人数均占到全世界的一半以上。据统计，2015年中国有新发食管癌病例47.79万例，位列全部恶性肿瘤的第三位；而死亡37.5万例，居第四位[2]，食管癌已成为严重危害我国人民健康的重大疾病。但迄今为止，我国在食管癌的诊治和预后方面仍未取得令人满意的效果。因此，对于食管癌的诊治，越来越强调规范化的诊治方案和管理。目前我国主要有《卫生部标准化(2011版)食管癌规范化诊治指南(试行)》和中国抗癌协会食管癌专业委员会主编的《食管癌规范化诊治指南》，我们在此指南的基础上，结合日本和美欧的相关指南以及最新的研究进展进行解读，以方便临床医生进一步理解和应用食管癌的诊治规范。

一、专业术语和定义

【指南要点】

1. 食管癌

食管癌(oesophageal cancer)是起源于下咽到食管胃结合部之间食管上皮的恶性肿瘤。

2. 食管胃交界癌

国际抗癌联盟(UICC)规定，食管胃交界癌(oesophagogastric junction cancer)是起源于食管胃交界部位的恶性肿瘤，肿瘤中心部位位于食管下段、食管胃交界处或胃近端距食管胃交界5 cm以内且累及食管下段或食管胃交界处，则按照食管腺癌TNM分期系统标准进行分类；发生于胃近端 5 cm 以内但未累及食管胃交界处，或发生于胃距食管胃交界处 5 cm 以外者，则按照胃癌 TNM 分期系统标准进行分类。

3. 食管的癌前疾病和癌前病变

食管癌前疾病（precancerous diseases）包括慢性食管炎、Barrett 食管炎、食管白斑症、食管憩室、食管失弛缓症、反流性食管炎和食管良性狭窄。

食管癌前病变（precancerous lesions）指鳞状上皮不典型增生，包括轻度、中度和重度不典型增生。在食管癌高发区，成人食管上皮的不典型增生尤其常见，癌前病变是癌症发生的基础。

4. Barrett 食管

Barrett 食管（Barrett esophagus）指食管下段的复层鳞状上皮被单层柱状上皮所代替，其本质是食管黏膜的胃化生或肠化生，多数研究认为是反流性食管炎的后期表现。基于病理学改变，一般分为三型：①胃底上皮型（完全胃化生）；②交界上皮型（不完全胃化生）；③特殊型柱状上皮型（不完全肠化生）。其中伴有肠上皮化生者为食管腺癌的癌前病变，癌变率为 2.5% ~41%。

5. 早期食管癌

早期食管癌（early stage esophageal cancer）其癌组织局限于食管黏膜和黏膜下层，且不伴淋巴结转移，包括原位癌、食管黏膜内癌和黏膜下癌。大体分型包括隐伏型、糜烂型、斑块型、乳头型等。

6. 进展期食管癌或中晚期食管癌

除了早期食管癌以外的食管癌，病变呈浸润性生长，累及肌层或纤维膜，有/无淋巴结转移，都应属于进展期食管癌或中晚期食管癌（progressive esophageal cancer），其大体分型包括：髓质型（占 60% 左右）、蕈伞型（占 10% ~17%）、溃疡型（占 10% ~12%）、缩窄型（占 5% ~8%）和腔内型（占 3% 左右）。

【指南解读】 我国是全世界食管癌高发地区之一，发病率及病死率均居世界前列。食管癌是指起源于食管黏膜上皮的癌，最常见病理类型为鳞状上皮癌和腺癌，其中鳞癌的癌前病变为鳞状上皮不典型增生。一项在我国食管癌高发区观察 13.5 年的研究显示，轻度、中度不典型增生的癌变率分别为 25% 和 50%，重度不典型增生的癌变率则达到 75%[3]。而伴有肠上皮化生的 Barrett 食管为食管腺癌的癌前病变[4]，在国内较少见。研究显示，低级别不典型增生的 5 年癌变率为 4%，高级别不典型增生 5 年癌变率为 59%[5]。根据 AJCCS 2009 年第七版食管癌 TNM 分期，食管自上至下主要分为以下几段：①食管颈段：上接下咽，下达胸廓入口即胸骨上切迹平面，内镜下为距上切牙 15 ~ <20 cm 之间的食管；②食管胸上段：上自胸廓入口，下接奇静脉弓下缘，内镜下距上切牙 20 ~ <25 cm；③食管胸中段：自奇静脉弓下缘至下肺静脉下缘，内镜下距上切牙 25 ~ <30 cm；④食管胸下段：自下肺静脉下缘至食管胃交界处，内镜下距上切牙 30 ~ 40 cm。食管癌的部位以肿瘤上界所在的位置确定。

　　食管胃交界区域是指距离食管胃交界线上下各 5 cm 的范围[6]。德国医生 Siewert 等曾将该区域发生的腺癌分为三型：Ⅰ型：肿瘤表面中心点位于食管胃交界上方 1 ~ 5 cm 之间的区域，分为食管远端的腺癌，可能从上累及食管胃交界线；Ⅱ型：肿瘤表面中心点位于食管胃交界上方 1 cm、下方 2 cm 之间的区域，即通常所称的贲门癌；Ⅲ型：肿瘤表面中心点位于食管胃交界下方 2 ~ 5 cm 之间的区域，可从下方浸润食管胃交界部及食管下段的腺癌。但新版的食管癌 TNM 分期规定，起源于食管胃交界部位的癌，肿瘤中心部位位于食管下段、食管胃交界处或胃近端距食管胃交界 5 cm 以内且累及食管下段或食管胃交界处，则按照食管腺癌 TNM 标准进行分类；发生于胃近端 5 cm 以内但未累及食管胃交界处、或发生于胃距食管胃交界处 5 cm 以外者则按照胃癌 TNM 标准进行分类。目前关于该部位的肿瘤分型仍存在一定的争议。

食管壁的解剖主要分为黏膜层、黏膜下层及肌层。黏膜层又包括上皮层（M1）、固有层（M2）和黏膜肌层（M3）。黏膜下层本身没有明确的解剖分界，但内镜超声下有人将其分为内（SM1）、中（SM2）、外（SM3）三层。肌层包括内侧环形的肌肉和外侧纵行的肌肉。食管没有浆膜层，其外部有纤维结缔组织膜直接覆盖在肌层表面。早期食管癌组织局限于食管黏膜和黏膜下层，且不伴淋巴结转移。研究显示[7-9]，病变局限于黏膜层时，其区域淋巴结转移率5%～10%，而病变累及黏膜下层时，淋巴结转移率可达20%以上[9]。治疗开始前对食管癌进行准确的临床分期，主要包括腔内超声和CT检查，有利于后续治疗方案的选择，对于部分早期食管癌，可通过内镜下切除获得良好的长期疗效。

二、流行病学

【指南要点】　全世界恶性肿瘤中，食管癌新发病例数在男性患者中排名第7位，而死亡数排第6位。中国为食管癌高发区，其发病和死亡人数均占到全世界的一半以上。据估计，2015年中国有新发食管癌病例47.79万例，位列全部恶性肿瘤的第三位；而死亡37.5万例，居第四位，其发病率和病死率近年来呈逐渐下降趋势。

【指南解读】　食管癌在全世界属于高发肿瘤之一，据估计，食管癌每年新发病例数在男性患者中排名第7位，而死亡数排第6位。世界各地的发病率相差在60倍以上，发病率最高的为东亚国家、法国北部、东非和南非国家，发病率最低的为西非国家。世界食管癌发病率最高的地区：伊朗北部、中亚和中国中北部，连成了所谓的"食管癌带"。男性发病率为女性的3～4倍，食管癌主要包括两种病理类型：食管鳞癌和食管腺癌。在食管癌高发区，90%以上为食管鳞癌，而低发，比如美国74%为食管腺癌，且发病率呈上升趋势。我国是世界食管癌高发区之一，数据显示，2015 年中国有新发食管癌病例 47.79 万例，位列全部恶性肿瘤的第三位；而死亡 37.5 万例，居第四位，其发病率和病死率近年来呈逐渐下降趋势。我国食管癌发病高峰年龄在 55～79 岁之间，男女比例为 1.96∶1，但在高发区，男女发病率相近。国内食管癌高发地区包括山西、河南和河北交界的太行山区、四川北部、湖北和安徽所在的大别山区、福建南部和广东东北部及新疆哈萨克地区[10]。

三、危险因素与食管癌筛查

【指南要点】　食管癌的病因和发病机制尚未完全明确，目前研究较多的可能危险因素包括重度吸烟和饮酒、酸菜、含亚硝胺的食物、物理和化学因素慢性损伤、营养缺乏、遗传和基因改变等。

推荐在高危人群中自 40 岁开始进行食管鳞癌筛查。食管镜是目前常用的有效检查手段，但仅限于高发区作为筛查手段，有条件者还可行色素内镜检查及电子染色内镜检查，早期食管癌具体筛查流程见图 2 - 1。

【指南解读】

1. 吸烟和饮酒

吸烟和饮酒是中国食管鳞癌发病的主要原因之一，在高发区的研究显示[11]，遗传因素、喜食酸菜和吸烟是食管癌最主要的高发因素。刘伯齐等[12] 在中国 103 个地区（1.5 亿人口）进行的吸烟与食管癌风险病例对照研究显示，吸烟是食管癌重要危险因素，吸烟量与食管癌死亡风险存在显著剂量 - 效应关系。其他一些地区的流行病学调查均显示[13-15]，吸烟在食管癌发生发展过程中起到了重要的作用，停止吸烟后食管鳞癌的发病风险降低。其机制可能是焦油和一氧化碳等烟草中的成分可以致癌。重度饮酒同样增加食管癌的发病风险[14]，研究显示，每日饮酒 3 次以上

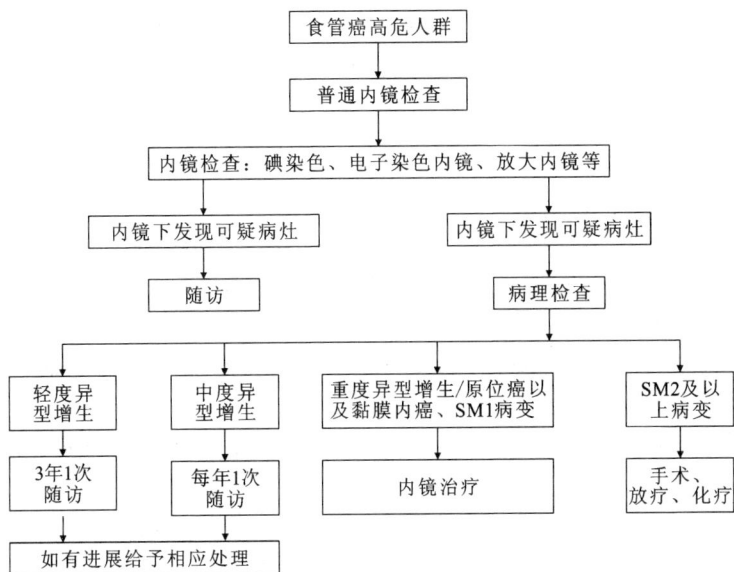

图 2-1 早期食管癌筛查流程图[20]

者发生食管癌的风险比不饮酒者高 10 倍,但在一些食管癌高发区研究也显示,饮酒对食管癌的发生影响不明显[10]。乙醇本身对人体上消化道有强烈刺激性,容易诱发癌症,也可能增强致癌物对黏膜的损害作用。

2. 饮食因素

酸菜曾被列为我国食管癌高发区的主要危险因素之一,河南林县的研究显示,食管癌病死率与当地居民酸菜食用量有一定关系。酸菜中可检出大量的硝酸盐、亚硝酸盐和真菌产生的毒素等,食管癌高、低发区居民胃内亚硝胺暴露水平有明显差异,且与食管癌死亡水平一致[10]。常食用烟熏食物、霉变、油炸食物也可能增加食管癌发病风险。

3. 物理和化学因素慢性损伤

热烫饮食、进食速度快可能擦伤或烫伤食管黏膜上皮，发生溃疡炎症反应，反复发生后可能刺激黏膜上皮增生活跃，逐渐发生癌变。辣椒长期大量食用也可能导致食管黏膜损伤，严重者诱发癌变。

4. 营养缺乏

大蒜、新鲜水果、肉蛋奶类及豆类食物对食管具有保护作用[11, 14]，这可能与其中含有丰富的维生素 C、维生素 E、类胡萝卜素、类黄酮等抗氧化成分，阻断亚硝胺对 DNA 等的损伤作用，抑制体内自由基形成，保护细胞、增强免疫功能有关。流行病学调查显示，摄入上述食物较少的地区，食管癌的发病率和病死率较高，而补充上述营养后，可逆转高危人群的食管癌发展进程。

5. 生活行为因素

有研究显示，不良的一些生活行为，如情绪抑郁等心理因素，与食管癌的发病增加有一定相关性[14]。

6. 遗传和基因改变

有多项研究显示，有食管癌家族史者，食管癌的发病风险是无家族史者的 2.5~8 倍[11, 16, 17]。这可能与某些遗传物质的传递有关，导致染色体发生突变、修复能力受损、后代的遗传易感性增加，也可能与家族相似的生活习惯有关，或是两者的共同作用导致食管癌发病风险增加。近年的测序技术有了高速的发展，已发现某些基因改变与食管鳞癌发生发展相关，但尚未发现一致的高频突变，现有结果仍有待进一步研究证实。人类表皮生长因子受体 2 基因（HER2）的扩增和过表达在食管鳞癌中发生率为 5%~13%，而食管腺癌中达 15%~30%，其过表达可能提示食管癌预后不良[18, 19]。

《中国早期食管鳞状细胞癌及癌前病变筛查与诊治共识（2015 年 北京）》[9]指出，食管鳞癌高风险人群是指有以下任何一条者：长期居住于食管鳞癌高发区，一级亲属有食管鳞癌史，既往有食管病变史（食管上皮内瘤变），本人有癌症史，长期吸烟史，长期饮酒史，不良生活习惯如进食快、热烫饮食、高盐饮食、进食腌菜者，推荐在高危人群中自40岁开始进行食管鳞癌筛查。但目前食管癌尚无理想的筛查手段，拉网脱落细胞学检查由于依从性和耐受性不高，应用逐渐减少。食管镜是目前常用的有效检查手段，但仅限于高发区作为筛查手段，有条件者还可行色素内镜检查及电子染色内镜检查。

四、临床表现

【指南要点】

（1）早期食管癌：症状往往不明显，易被患者忽略。

（2）进展期食管癌：典型症状为进行性吞咽困难，其次可出现呕吐黏液或食物，胸骨后出现吞咽疼痛。当食管肿瘤出现溃疡、炎症或外侵可出现持续性疼痛，如出现穿孔则表现为剧烈疼痛并伴有发热。再者，长期进食困难可出现体重减轻、贫血、营养不良表现。

（3）晚期食管癌：临床表现与肿瘤压迫、累及周围组织器官或远程转移有关。

（4）食管癌的临床体征：大多数食管癌患者无明显阳性特征。部分晚期患者可出现锁骨上或颈部淋巴结肿大，远处转移可于相应部位出现体征。

【指南解读】 食管癌的临床表现与肿瘤所在部位、大小、大体分型、有无并发症或转移有密切关系。

（1）早期食管癌：症状往往不明显，易被患者忽略。比较特征性的早期症状有：吞咽时胸骨后出现烧灼感、轻微疼痛感、食物通过缓慢或滞留感、异物感、闷胀感，咽部干燥发紧感、轻度哽噎感等，症状可间断出现，也可持续数年。

（2）进展期食管癌：典型症状为进行性吞咽困难，随着肿瘤浸润发展造成管腔狭窄，吞咽困难逐渐加重，出现进食半流或流食都出现困难，病程长短常与肿瘤生长速度有关。有时候会出现短暂的吞咽困难缓解，可能与局部肿瘤脱落、水肿减轻、扩张有关，但随后又会出现症状加重。其次可出现呕吐黏液或食物，胸骨后出现吞咽疼痛。当食管肿瘤出现溃疡、炎症或外侵可出现持续性疼痛，如出现穿孔则表现为剧烈疼痛并伴有发热。再者，长期进食困难可出现体重减轻、贫血、营养不良表现。

（3）晚期食管癌：临床表现与肿瘤压迫、累及周围组织器官或远程转移有关。肿瘤或转移淋巴结累及喉返神经可出现声音嘶哑、呛咳症状。肿瘤累及气管支气管时，可表现为咳嗽、咳血，晚期发生食管支气管瘘，出现进食呛咳，反复肺炎等。食管纵隔瘘时出现剧烈胸痛伴有发热，纵隔炎或纵隔脓肿、胸腔感染等。食管主动脉穿孔是由于肿瘤直接浸润所造成，常有胸骨后疼痛，少量吐血病史，有时会有大吐血而死亡。食管癌骨转移可出现相应部位疼痛，肝脏转移可伴有肝脏肿大、黄疸，腹腔转移可出现局部包块，皮下转移可出现局部痛性结节。此外，晚期食管癌患者常伴有贫血、低蛋白、营养不良症状，严重者表现为恶病质。

（4）食管癌的临床体征：由于食管位置在躯体深部，大多数食管癌常为腔内及管壁生长，早期患者无明显阳性特征。部分晚期患者可出现锁骨上或颈部淋巴结肿大，远处转移可于相应部位出现体征。其他全身体征包块贫血、水肿、营养不良等。

五、实验室检查

【指南要点】　食管癌尚无特异性的血液生化检查，伴有肝转移的患者可能出现血液碱性磷酸酶（AKP）、AST、乳酸脱氢酶或胆红素升高；骨转移患者可出现 AKP 或血钙升高。

血液肿瘤标志物：血癌胚抗原（CEA）、鳞癌相关抗原（SCC-antigen)、组织多肽抗原(TPA)、细胞角质素片段19(cyfra21 – 1)等,可用于部分食管癌患者的辅助诊断和疗效监测,但特异性和敏感性均不高。

【指南解读】　通常认为食管是一个乏血供的器官,因此,常用的血液肿瘤标志物如 CEA、SCC-antigen、TPA 等,用于食管癌诊断的敏感性和特异性均不高,但术前标志物水平升高对食管鳞癌预后有一定提示作用[21]。而一些新型的病理分子标志物、基因或蛋白质组学标志物尚停留在实验室研究阶段,尚未能用于临床[22]。

六、影像学检查

【指南要点】　最常用的影像学检查有上消化道 X 线钡餐造影、增强 CT、超声、PET – CT 检查,MRI 检查并不常规用于食管癌的诊断。各种检查方法各有利弊,通常需要联合应用,有助于更全面的诊断和分期。

1. 上消化道 X 线钡餐造影

上消化道 X 线钡餐造影包括食管和胃的 X 线钡餐造影是食管癌和食管胃交界癌诊断最常用的方法。

2. 增强 CT 检查

通常以胸部 CT 检查为主,颈部和上腹部也可选择行 CT 检查。作为食管癌治疗前的常规检查,CT 可用于食管癌的临床分期、手术指征评估、手术方式的选择和术后随访。

3. 超声检查

B 型超声常规用于下颈部、锁骨上区域淋巴结检查,用于上腹部脏器和淋巴结转移情况的筛查,当腹部怀疑有转移时需加做 CT 或 MRI 检查进一步确认。对于颈部淋巴结,必要时可在超声引导下行穿刺活检。

4. PET – CT 检查

PET – CT 检查对食管癌远处转移、发现早期食管癌和评估放化疗效果方面，其诊断效率高于普通 CT。

5. 磁共振检查

由于食管邻近心脏大血管，其搏动和呼吸运动严重影响 MRI 对食管的观察，因此尚未常规用于食管癌的诊断。

【指南解读】

1. 上消化道 X 线钡餐造影

上消化道 X 线钡餐造影是目前常用的检查方法，简便又实用，但不推荐作为食管癌筛查手段。因为早期食管癌检查中病变不易显示，需仔细观察其黏膜改变，常见的 X 线征象有：黏膜皱襞增粗、迂曲或虚线状中断、排列紊乱；小的充盈缺损；小的溃疡龛影；局部管壁轻微僵硬或钡剂残留。气钡双重造影有利于提高早期食管癌的诊断率[23, 24]。进展期食管癌的 X 线改变较明显，多为局部食管管腔狭窄、充盈缺损，管壁僵硬、蠕动消失，黏膜增粗、中断，局部溃疡龛影及周围软组织影，病变以上食管管腔扩张，食管纵轴扭曲、成角等。钡餐检查在鉴别食管其他病变中具有重要意义，比如食管憩室、食管裂孔疝、贲门失弛缓症及一些功能性疾病等。

2. 增强 CT 检查

通常以胸部 CT 检查为主，颈部和上腹部也可选择行 CT 检查。作为食管癌治疗前的常规检查，CT 可用于食管癌的临床分期、手术指证评估、手术方式的选择和术后随访。CT 检查可从横断面、冠状面和矢状面三个角度观察食管病变情况，在肿瘤局部生长浸润情况评价、肿瘤外侵、与邻近结构关系、纵隔、上腹部和颈部淋巴结转移、肺和肝脏转移情况评估等方面，CT 检查具有优越性，但对于早期食管癌的诊断价值不高。CT 判断食管癌 T 分期的准确性较低，鉴别 T1、T2、T3 病变存在一定困难，主要通过观察食管周围脂肪界线的消失、模糊、临近器官的形态改变等进行判断（T4），敏感度为 71% ~ 77.4%，特异性为 74.8% ~

76%[25-27]；判断 N 分期准确性低于超声内镜，评判胸部淋巴结转移的敏感度仅 33%~35%，特异性 75%~93%，而腔内超声敏感性为 42%~68%，特异性 58%~91%[26,28]。当超声内镜与 CT 联合应用时，其敏感性得到明显提高，可达 83%[29]。

3. PET-CT 检查

PET-CT 检查能从细胞代谢和形态学方面同时反映肿瘤的情况，因此在食管癌远处转移、发现早期食管癌和评估放化疗效果方面，其诊断效率高于普通 CT。PET-CT 对 T 分期的准确性有限，虽然有 FDG 摄入增高，但对判断肿瘤浸润深度帮助有限，尤其是早期食管癌的判断存在困难。N 分期准确性可达 90%，敏感性 51%~96%，特异性 81%~84%[29]。PET-CT 对远处转移的评估具有一定优势，其敏感性和特异性分别达 67%~70%、90%~97%[27]，此外，PET-CT 对同期发生的第二原发癌也有提示意义。对于评估新辅助放化疗后的病例，PET-CT 发现原发灶残留情况的敏感性为 57%，特异性 46%，阳性预测值 39%~91.7%[30-32]。但考虑 PET-CT 价格较高，国内尚未有大样本的临床研究数据，目前多为食管腺癌的研究结果。

4. 磁共振检查（MRI）

以往认为，磁共振由于邻近器官的运动和血流搏动，其成像容易形成伪影，从而影响判断。但随着成像技术的改进，近来有研究显示，联合 T2 成像和弥散加权成像技术（DWI）的磁共振检查诊断准确性有所提高，T1 可达 33%、T2 达 58%、T3 96% 和 T4 100%，其准确性甚至与腔内超声相近（81% vs 81%~92%）。全身 PET 与全身 MRI 检查在诊断 T 分期的准确性为 98%、94%，N 分期 67%、59%，均显示出 MRI 具有良好的应用前景[27]。有研究将 PET 与 MRI 结合，用于食管癌 T 分期的准确性达 80%~86.7%，N 分期的准确性达 83.3%[33]。

七、内镜检查

【指南要点】

1. 纤维内镜检查

纤维内镜检查目前已作为食管癌诊断中的常规检查，对于食管癌的定性、定位诊断和治疗方案的选择有重要作用，在进行食管癌诊断的同时，还可对作为食管替代器官的胃进行内镜评估。在早期的食管癌中，胃镜联合局部 Lugol's 碘化液染色可进一步提高阳性检出率，还叮在内镜下行早期肿瘤的黏膜切除或剥除治疗。

2. 食管内镜超声

食管内镜超声目前已成为食管癌临床分期最重要的检查手段，对 T 和 N 分期的准确性优于 CT 检查，在大型医院已成为常规检查手段。推荐内镜超声联合增强 CT 用于食管癌的术前分期。

3. 纤维支气管镜检查

纤维支气管镜检查对于病变部位在气管隆突平面以上的食管癌，术前检查时应常规行支气管镜检查，排除气管、支气管膜部受侵。

【指南解读】

1. 纤维内镜检查

纤维内镜检查可直观了解食管黏膜改变，评估肿瘤状态，并可通过染色、放大等方法评估病变范围、边界和性质等，并可同时取活检进行确诊。在我国，内镜食管黏膜碘染色加指示性活检已成为最有效最实用的食管癌筛查方法。目前常用的内镜技术分为白光内镜、色素内镜（碘液、甲苯胺蓝、碘液 – 亚甲蓝联合染色等）、电子染色内镜（窄带成像技术 NBI、智能分光比色技术 FICE）、放大内镜、共聚焦激光显微内镜（CLE）及自发荧光内镜（AFI）等。早期食管癌的内镜检查以普通白光内镜检查为基础，必要时联合染色内镜、色素内镜等技术，以便更好地观察病变情况，发现更多的早期病变，指导活检。其中，窄带成像技术 NBI

对早期食管癌的诊断价值已得到公认，随机对照研究显示其检测早期病变的准确性为97%，高于白光内镜的55%，还有研究认为其准确性优于碘染色内镜，已成为早期食管癌检查的重要手段[9, 20, 27]。

2002年和2005年的巴黎分型标准将表浅型食管癌和癌前病变(Type 0)分为隆起型病变(0-Ⅰ)、平坦型病变(0-Ⅱ)和凹陷型病变(0-Ⅲ)，每型根据各自特点进一步细分。黏膜内癌病变局限于上皮层内未突破基底膜者为M1(原位癌/重度不典型增生, Tis)；黏膜内癌突破基底膜浸入黏膜固有层为M2；黏膜内癌浸润黏膜肌层为M3。黏膜下癌浸润黏膜下层上1/3为SM1，浸润黏膜下层中1/3为SM2，浸润黏膜下层下1/3为SM3。黏膜内癌通常表现为0-Ⅰ型，黏膜下癌多表现为0-Ⅱ型和0-Ⅲ型。

内镜下黏膜活检要求标本足够大，并且要求多点取材、深度尽量达到黏膜肌层。必要时可利用色素内镜等技术进行指示性活检。内镜下黏膜切除既可作为治疗手段(详见治疗部分)，必要时也可作为活检手段。

2. 食管内镜超声(EUS)

可清楚显示食管壁层次结构，对肿瘤浸润深度和病变与邻近脏器的关系判断准确，T分期的敏感性可达82%~93.3%，特异性86%~87%，明显优于CT、PET-CT等检查；对于N分期的准确性达到69%~84%，受制于邻近脏器的影响。对于食管癌腹腔淋巴结转移的敏感性和特异性均高于CT检查。EUS还可指导进行邻近淋巴结的细针穿刺活检(FNA)，研究显示，EUS-FNA对N分期的敏感性96.7%，特异性95.5%，高于单独EUS的84.7%和84.6%[20, 27, 33]。NCCN指南推荐在EUS-FNA检查之前行CT或PCT-CT，以判断对肿大淋巴结是否需要行EUS-FNA。内镜超声在部分管腔堵塞严重的患者中由于难以通过，所以无法进行检查。

3.纤维支气管镜检查

纤维支气管镜主要用于排除气管支气管内其他病变及是否受食管癌累及，但在食管癌浸润不严重的情况下，由于气管支气管黏膜正常，可能出现假阴性的情况。食管内镜超声在判断气管支气管是否受侵方面准确性更高。

八、世界卫生组织(WHO)对食管癌组织学分类

【指南要点】 食管癌常见的病理类型主要包括两种：食管鳞癌和食管腺癌。在食管癌高发区比如我国，90%以上为食管鳞癌；而低发区比如美国，74%为食管腺癌，且发病率呈上升趋势。其他少见的上皮来源肿瘤包括腺鳞癌、小细胞癌、肉瘤样癌、神经内分泌癌等。间叶组织来源肿瘤中，良性最常见为平滑肌瘤，恶性最常见为平滑肌肉瘤。WHO对食管癌详细的病理组织学分型见表2-1。

表2-1 WHO食管癌组织学分类(2000)(未在文本中有体现)

上皮性肿瘤 Epithelial tumours	
鳞状细胞乳头状瘤 Squamous cell papilloma	8052/0
上皮内瘤变 Intraepithelial neoplasia	
鳞状上皮 Squamous	
腺上皮(腺瘤) Glandular(adenoma)	
癌 Carcinoma	
鳞状细胞癌 Squamous cell carcinoma	8070/3
疣状(鳞状细胞)癌 Verrucous (squamous)carconoma	8051/3
基底鳞状细胞癌 Basaloid squamous cell carcinoma	8083/3
梭形细胞(鳞状细胞)癌 spindle cell(squamous)carconoma	8074/3
腺癌 Adenocarcinoma	8140/3

续表 2-1

腺鳞癌 Adenosquamous carcinoma	8560/3
黏液表皮样癌 Mucoepidermoid carcinoma	8430/3
腺样囊性癌 Adenoid cystic carcinoma	8200/3
小细胞癌 Small cell carcinoma	8041/3
未分化癌 Undifferentiated carcinoma	8020/3
其他 Others	
类癌 Carcinoid tumor	8240/3
非上皮性肿瘤 Non-epithelial tumors	
平滑肌瘤 Leiomyoma	8890/0
脂肪瘤 Lipoma	8850/0
颗粒细胞瘤 Granular cell tumor	9580/0
胃肠间质瘤 Gastrointestinal stromal tumor	8936/1
良性 benign	8936/0
不确定,恶性倾向 uncertain malignant potential	8936/1
恶性 malignant	8936/3
平滑肌肉瘤 Leiomyosarcoma	8890/3
横纹肌肉瘤 Rhabdomyosarcoma	8900/3
Kaposi 肉瘤 Kaposi sarcoma	0140/3
恶性黑色素瘤 Malignant melanoma	
其他 others	
继发性肿瘤	

【指南解读】

1. 食管鳞状细胞癌

食管鳞状细胞癌是食管癌高发区最常见病理类型,我国90%以上食管癌为此类型。其特点在于瘤细胞呈多角形,细胞核呈圆形或卵圆形,深染,可见多少不等的角化或细胞间桥。根据细胞分化程度,通常分为高分化、中分化和低分化三级。在手术切除病例中,高分化约占26.1%,中分化约占65.2%(最多见),低分化8.6%[10]。

2. 食管腺癌

在美国及西欧国家,食管腺癌占70%以上,而在我国不到5%。食管腺癌好发于食管下段,常累及食管胃交界处,其发病率在西方国家呈缓慢上升趋势。肥胖和体重指数超标被认为是食管腺癌的强相关因素,体重指数高的人群中食管腺癌发病率是体重指数低人群的7.6倍。胃食管反流性疾病和Barrett食管也是食管腺癌的危险因素,患有Barrett食管者发生食管腺癌的概率是正常人群的30～60倍。吸烟与食管腺癌有中度相关性,且发病率不是戒烟而下降。食管腺癌多数来自腺导管,少数来自腺泡,可分为管状腺癌(单纯腺癌)、腺样囊性癌和黏液表皮样癌等。管状腺癌为最多见,又可分为高、中、低分化三级,其他两型少见[10]。

3. 管腺棘癌和腺鳞癌

同时含有腺癌和鳞癌两种成分者为腺鳞癌,只含有腺癌成分而鳞状细胞成分为良性者为腺棘癌。这两型在食管癌中均少见。

4. 食管基底细胞样鳞癌

食管基底细胞样鳞癌被认为是食管鳞癌中的亚型,主要有基底细胞样细胞构成,细胞呈立方形,胞浆稀少,嗜碱性,癌组织呈巢状,有时为条索状、小叶状,可呈假腺样结构,部分同时有鳞癌成分。也有研究认为食管基底细胞样癌为独立类型,具有不同的分子特点和恶性行为,其预后较典型鳞癌差。

5. 食管未分化癌

食管未分化癌主要为小细胞癌,占食管癌的1%～2%,其中大部分为燕麦细胞癌,来自嗜银细胞,属于APUD瘤之一,此种肿瘤恶性程度高，生长快，预后差。

6.其他类型食管癌

其他类型食管癌包括梭形细胞癌、黑色素瘤、转移瘤等，均极为少见。

九、食管癌的分期

【指南要点】　美国癌期划分联合委员会（American Joint Commission for Cancer Staging，AJCCS）和国际抗癌联盟（IUCC）共同制定的恶性肿瘤 TNM 分期系统是目前应用最为广泛的分期标准[34]。目前最新的第七版食管癌 TNM 分期标准主要包含以下几个指标：T 指原发肿瘤大小和侵犯范围，N 指区域淋巴结转移情况，M 指远处转移情况，G 指肿瘤细胞的分化程度，H 指肿瘤的组织学类型，此外，食管癌的病变位置对预后也有影响。食管鳞状细胞癌和食管腺癌的分期不完全相同，而食管腺鳞癌及其他病理类型的食管癌均按照食管鳞状细胞癌标准进行分期，详见表 2－2～3 所示。食管鳞状细胞癌不同分期患者的预后不同，以 0 期预后最佳，Ⅲ～Ⅳ期预后最差，见图 2－2 所示。

表 2－2　食管鳞状细胞癌及其他非腺癌 TNM 分期（AJCCS 2009）

TNM 分期	T 分期	N 分期	M 分期	G 分期	肿瘤部位
0 期	Tis（HGD）	N0	M0	G1，X	Any
ⅠA 期	T1	N0	M0	G1，X	Any
ⅠB 期	T1	N0	M0	G2－3	Any
	T2－3	N0	M0	G1，X	Lower，X
ⅡA 期	T2－3	N0	M0	G1，X	Upper、Middle
	T2－3	N0	M0	G2－3	Lower，X

续表 2 - 2

TNM 分期	T 分期	N 分期	M 分期	G 分期	肿瘤部位
ⅡB 期	T2 - 3	N0	M0	G2 - 3	Upper、Middle
	T1 - 2	N1	M0	Any	Any
ⅢA 期	T1 - 2	N2	M0	Any	Any
	T3	N1	M0	Any	Any
	T4a	N0	M0	Any	Any
ⅢB 期	T3	N2	M0	Any	Any
ⅢC 期	T4a	N1 - 2	M0	Any	Any
	T4b	Any	M0	Any	Any
	Any	N3	M0	Any	Any
Ⅳ 期	Any	Any	M1	Any	Any

注：肿瘤部位按肿瘤上缘在食管的位置界定；X 指未记载肿瘤部位。

表 2 - 3　食管腺癌 TNM 分期(AJCCS 2009)

TNM 分期	T 分期	N 分期	M 分期	G 分期
0 期	Tis(HGD)	N0	M0	G1, X
ⅠA 期	T1	N0	M0	G1 - 2, X
ⅠB 期	T1	N0	M0	G3
	T2	N0	M0	G1 - 2, X
ⅡA 期	T2	N0	M0	G3
ⅡB 期	T3	N0	M0	Any
	T1 - 2	N1	M0	Any
ⅢA 期	T1 - 2	N2	M0	Any
	T3	N1	M0	Any
	T4a	N0	M0	Any
ⅢB 期	T3	N2	M0	Any

续表 2 - 3

TNM 分期	T 分期	N 分期	M 分期	G 分期
ⅢC 期	T4a	N1 - 2	M0	Any
	T4b	Any	M0	Any
	Any	N3	M0	Any
Ⅳ期	Any	Any	M1	Any

注：肿瘤部位按肿瘤上缘在食管的位置界定；X 指未记载肿瘤部位

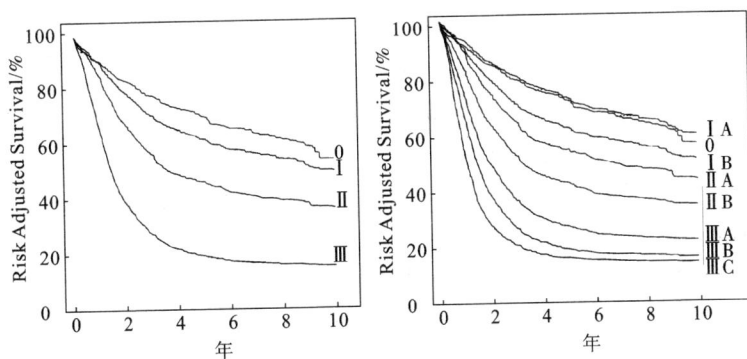

图 2 - 2　A、B. 食管鳞状细胞癌生存曲线，基于世界食管癌联盟数据[35]

【指南解读】

1. 临床分期(cTNM)

目前，对食管癌的临床分期主要联合应用 CT、纤维内镜和超声检查进行分期，主要确定病变局部侵犯范围、淋巴结和远处脏器转移情况，有助于合理治疗方案的选择和制定。

2. 病理分期(pTNM)

病理分期是基于手术切除标本进行的分期，是目前肿瘤分期的"金标准"。

3. 食管癌 TNM 分期中 T、N、M 的定义（AJCCS 2009）

（1）T 分期标准——原发肿瘤

　　Tx：原发肿瘤不能确定；

　　T0：无原发肿瘤证据；

　　Tis：重度不典型增生；

　　T1：肿瘤侵犯黏膜固有层、黏膜肌层或黏膜下层；

　　Tla：肿瘤侵犯黏膜固有层或黏膜肌层；

　　T1b：肿瘤侵犯黏膜下层；

　　T2：肿瘤侵犯食管肌层；

　　T3：肿瘤侵犯食管纤维膜；

　　T4：肿瘤侵犯食管周围结构；

　　T4a：肿瘤侵犯胸膜、心包或膈肌，可手术切除；

　　T4b：肿瘤侵犯其他邻近结构，如主动脉、椎体、气管等，不能手术切除。

（2）N 分期标准——区域淋巴结

　　Nx：区域淋巴结转移不能确定；

　　N0：无区域淋巴结转移；

　　N1：1-2 枚区域淋巴结转移；

　　N2：3-6 枚区域淋巴结转移；

　　N3：≥7 枚区域淋巴结转移。

　　注：必须将转移淋巴结数目与清扫淋巴结总数一并记录。

（3）M 分期标准——远处转移

　　M0：无远处转移；

　　M1：有远处转移。

（4）G 分期标准——肿瘤分化程度

　　Gx：分化程度不能确定；

　　Gl：高分化癌；

　　G2：中分化癌；

G3：低分化癌；

G4：未分化癌——按 G3 分期。

（5）肿瘤细胞类型

H1：鳞状细胞癌；

H2：腺癌。

AJCCS 第七版 TNM 分期对食管癌的区域淋巴结进行了定义、分组和编码，自颈部食管周围一直到腹腔干淋巴结共包括 20 组，以方便手术清扫时进行标记，同时，食管癌进行放疗时，射野可以不受这个区域限制。食管癌的区域淋巴结分组与编码见表 2 - 4 所示。

表 2 - 4　食管癌的区域淋巴结分组与编码

编码	名称	部位描述
1	锁骨上淋巴结	位于胸骨切迹上与锁骨上
2R	右上气管旁淋巴结	位于气管与无名动脉根部交角与肺尖之间
2L	左上气管旁淋巴结	位于主动脉弓顶与肺尖之间
3P	后纵隔淋巴结	位于气管分叉之上，也称上段食管旁淋巴结
4R	右下气管旁淋巴结	位于气管与无名动脉根部交角与奇静脉头端之间
4L	左下气管旁淋巴结	位于主动脉弓顶与隆突之间
5	主肺动脉窗淋巴结	位于主动脉弓下、主动脉旁及动脉导管侧面
6	前纵隔淋巴结	位于升主动脉和无名动脉前方
7	隆突下淋巴结	位于气管分叉的根部
8M	中段食管旁淋巴结	位于气管隆突至下肺静脉根部之间

续表 2 - 4

编码	名称	部位描述
8L	下段食管旁淋巴结	位于下肺静脉根部与食管胃交界之间
9	下肺韧带淋巴结	位于下肺翻带内
10R	右气管支气管淋巴结	位于奇静脉头端与右上叶支气管起始部之间
10L	左气管支气管淋巴结	位于隆突与左上叶支气管起始部之间
15	膈肌淋巴结	位于膈肌膨隆面与膈脚之间(膈上)
16	贲门周围淋巴结	位于胃食管交界周围的淋巴结(膈下)
17	胃左淋巴结	位于胃左动脉走行区
18	肝总淋巴结	位于肝总动脉走行区
19	脾淋巴结	位于脾动脉走行区
20	腹腔淋巴结	位于腹腔动脉周围

注:11 - 14 属于肺的区域淋巴结分组,本表未列出。

十、食管癌的诊断流程

【指南要点】　根据患者的临床症状和体征,食管造影或 CT 检查提示食管占位或增厚,应高度怀疑食管肿瘤可能。最终确诊需行食管内镜活检或锁骨上淋巴结等转移灶的活检或细胞学检查明确。食管癌诊断与治疗的一般流程见图 2 - 3 所示。

【指南解读】

1. 临床症状和体征

临床上患者出现吞咽食物时有哽噎感、异物感、胸骨后疼痛或出现明显的吞咽困难,进食干硬食物时明显,经观察后无缓解或逐渐加重,即应高度怀疑食管肿瘤可能。病程长者常有消瘦、营养不

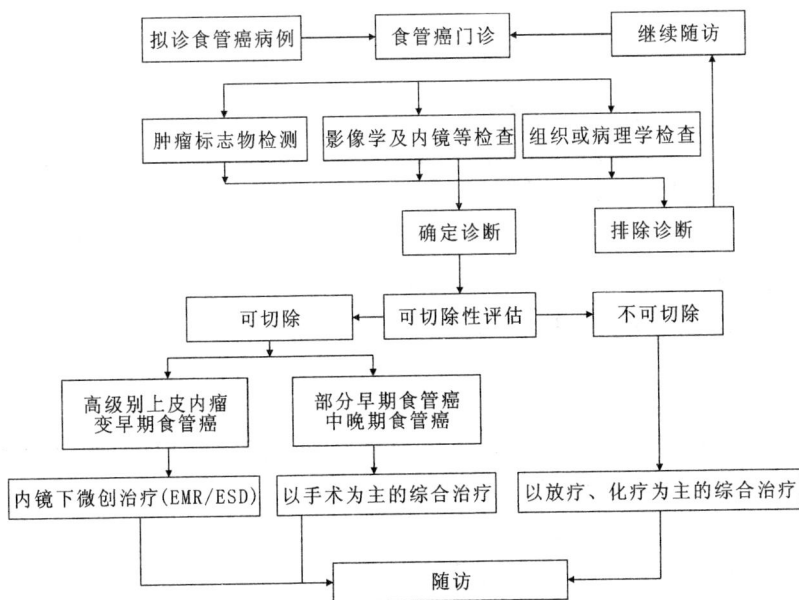

图 2-3 食管癌规范化诊疗流程[36]

良，低蛋白、贫血等症状。多数食管癌患者体征不明显，晚期可伴有锁骨上淋巴结肿大，肿瘤转移所至部位有相应的临床表现。

2.影像学检查

食管造影发现食管黏膜局限性增粗、局部管壁僵硬、充盈缺损或龛影等表现。CT 检查发现食管管壁的环形增厚或不规则增厚。

3.内镜检查＋活检为食管癌诊断的金标准

纤维内镜下检查食管，并在可疑病灶处取标本做病理切片检查，是所有临床诊断食管癌病例的金标准。另外，临床诊断为食管癌，食管外病变(锁骨上淋巴结、皮肤结节)经活检或细胞学检查亦可明确诊断。

4. 鉴别诊断

（1）食管良性狭窄：一般有吞酸碱引起食管化学性烧伤或长期性食管反流引起炎症瘢痕狭窄，前者以儿童及年轻人较多，一般有误服强酸或强碱的历史，后者病变一般位于食管下段，常伴有食管裂孔疝或先天性短食管。X线检查可发现食管狭窄、黏膜紊乱、皱褶消失、管壁僵硬等，后者可发现食管裂孔疝和下段食管轻度狭窄。结合患者病史及辅助检查，常能提示食管良性狭窄可能，最终诊断主要靠食管内镜及取样病理活检，需警惕长期炎症瘢痕狭窄引起癌变的可能。

（2）贲门失弛缓症：患者多数年龄较轻，主要为反复发生的吞咽困难，病程长，饮热水后可缓解，食管造影可显示食管下段有鸟嘴样狭窄，黏膜光滑，可用药物缓解。

（3）食管外压改变：食管周围病变可引起食管狭窄，导致吞咽困难，有时容易误诊为食管癌。

（4）食管憩室：食管中段的憩室常有吞咽障碍、胸骨后疼痛等症状，而吞咽困难较少。食管憩室有发生癌变的机会，因此在诊断食管憩室的时候应避免漏诊。

（5）食管结核：比较少见，可有吞咽困难，影像学检查见病变部位稍狭窄发僵，有较大溃疡，食管黏膜破坏，鉴别主要靠纤维内镜加病理活检。

（6）食管其他肿瘤：以平滑肌瘤最常见，多数症状较轻，进展缓慢，X线检查表现为"涂抹征"，进一步鉴别主要依靠食管内镜检查，一般不取活检。食管其他恶性肿瘤，如食管肉瘤，临床表现不易与食管癌鉴别，鉴别诊断主要依靠X线检查和食管内镜检查。

（7）其他需鉴别诊断的疾病：如功能性吞咽困难，重症肌无力，食管功能性痉挛以及食管静脉曲张等，均需根据患者病史、症状、体征以及 X 线检查和食管内镜检查来鉴别。

十一、食管癌的治疗

【指南要点】　食管癌应当采取多学科综合治疗与个体化治疗相结合的原则，根据患者的机体状况、肿瘤的病理组织学类型和分子分型、侵及范围和发展趋向，采取多学科综合治疗的模式，有计划、合理地应用手术、化疗、放疗和分子靶向治疗等手段，以期达到最大程度地延长患者的生存时间、提高生存率、控制肿瘤进展和改善患者的生活质量。对拟行放疗、化疗的患者，应做 Karnofsky 或 ECOG 评分（见附录 A）。治疗开始前应根据诊断要求完成必要的影像学等辅助检查，并对食管癌进行 TNM 分期和临床分期（cTNM），以便于制订全面、合理和个体化的治疗方案。并由外科、放疗科、肿瘤内科及影像科医师等共同研究和讨论后制订系统的食管癌治疗方案和目前推行的多学科综合查房（MDT）。

（一）外科治疗指南解读

在任一非急诊手术治疗前，应由以胸外科为主要专业的外科医师来决定手术切除的可能性和制订手术方案。尽量做到肿瘤和区域淋巴结的完全性切除。目前，手术切除率已达到 90% 以上，吻合口瘘发生率为 0.8% ~ 3.6%，手术病死率为 0% ~ 3.5%，5年生存率为 30.0% ~ 55.5%。近年来，手术朝着微创化的方向发展，大量研究报道显示，胸腔镜联合腹腔镜食管癌切除手术能明显降低患者近期并发症发生率，但目前仅限于剖胸手术经验丰富的医疗中心开展[36]。

1.食管癌手术适应证及禁忌证

在赫捷院士主编的《食管癌规范化诊治指南（第 2 版）》中定义的手术适应证包括[36]：①病变未侵及重要器官（T0 - 4a），淋巴结无转移或转移不多（N0 - 2），身体其他部位未发现转移灶

（M0）；②放射治疗未控或复发病例，无局部明显外侵或远处转移征象；③少数虽高龄（＞80 岁），但身体较好无伴随疾病者也可慎重考虑手术；④无严重心脑等重要脏器疾病，身体状况可耐受剖胸手术。手术禁忌证：①一般营养状况很差，呈恶病质样；②病变外侵严重（T4b），多野（两野以上）和多个淋巴结转移（N3），全身其他器官转移（M1）；③合并严重心脑肺等脏器功能障碍不能耐受手术。相对手术禁忌证：食管癌伴有穿孔至肺内形成肺脓肿，胸下段食管癌出现颈部淋巴结转移或颈部食管癌出现腹腔淋巴结转移，提示治疗预后差。

2. 围术期准备

拟行手术治疗的患者，首先要注意其营养状况，由于多数患者长期进食差，所以可能不仅有低蛋白血症表现，其他营养成分如维生素、微量元素甚至电解质都处于缺乏状态，术前需注意纠正。其次要注意患者的心肺功能状态，食管癌手术对肺功能影响较大，术后容易出现肺部并发症。对于肺功能较差的患者，术前需加强呼吸道的处理进行预防。其他术前准备还包括口腔护理、戒烟、梗阻严重的食管局部清洁消炎、肠道准备等。

3. 手术方式选择

食管癌手术方式的选择[15, 36]：可分为左侧剖胸、右侧剖胸及不剖胸三者主要入路。左侧剖胸入路包括：左后外侧剖胸一切口（Sweet 入路）、左侧剖胸＋左颈入路、左侧胸腹联合入路、左侧剖胸＋剖腹入路等。右侧剖胸入路包括：右后外剖胸一切口（经食管裂孔游离胃）、右侧剖胸＋腹正中切口（Ivor-Lewis 切口）、右侧剖胸＋腹正中切口＋左颈切口（Mckeown 切口）。不剖胸入路包括：不剖胸颈腹二切口食管拔脱术、纵隔镜辅助不剖胸食管剥脱术。左侧剖胸入路在我国应用时间最为长久，也是目前国内食管癌手术采用最多的术式，通常适用于食管中下段病变不伴有上纵隔淋巴结转移的病例，因为有主动脉弓的阻挡，不适合弓后及以上病变的切除，不利于清扫上纵隔淋巴结[37]。而右侧入路因为没有主动脉的阻挡，对上纵隔淋巴结清扫充分，又由于腹部开口，对腹腔淋巴结清扫更彻底，同时没有切开膈肌，对术后咳嗽和呼吸功能影响要比左侧入路轻。有随机对照研究显示[38]，右侧入路术后早期并发症发生率低于左侧入路，而清扫淋巴结数量更多。文献报告结果显示，右侧入路有利于提高术后长期生存率，其 5 年生存率可达 49%～52%，优于左侧入路的 30%～40%[36]，因此，右侧入路逐渐引起重视并得到推广。手术入路的选择应当根据患者全身状况、心肺功能、病变部位、淋巴结转移、局部手术条件及外科医师的经验进行综合考虑。

近年来，微创手术在部分大型医院得到开展，其中最常用的术式为右侧胸腔镜联合腹腔镜食管癌根治术，近期的研究结果显示[39,40]，微创手术有利于减轻对身体的打击，有效减少术后早期的心肺功能并发症，促进患者早期康复，并且淋巴结清扫与剖胸手术的效果相当或更好。最近，机器人手术在食管癌外科治疗中逐渐得到应用，并显示出良好的应用前景[41]。不剖胸经颈腹二切口食管剥脱术或纵隔镜辅助食管剥脱术均仅用于心肺功能低下不能耐受剖胸手术、病变早期的食管癌患者，或头颈部肿瘤需切除食管的患者。以上两种剥脱术由于不符合外科暴露的要求，也不符合肿瘤根治性切除的原则，其应用受到明显限制。

4. 食管替代器官的选择

手术时，食管替代器官的选择原则上应选择血运良好、物理强度高、黏膜上皮与食管上皮良好相容性、长度充分及取用简便的器官[10]。目前最适用的为胃，特别是管状胃的制作和应用，有效减轻了胸胃对于心脏和肺的压迫，减少了对胸腔容积的占据，术后并发症得到了明显降低。结肠是另一个常用的器官[42,43]，但由于取用结肠手术较繁琐，并发症发生率较高，目前多用于不能使用胃作为替代物的手术中。空肠是另一个可用的替代器官，但其血运脆弱，长度有限，故应用较少。

5. 食管癌根治性手术

对食管癌根治性手术通常认为上切缘应距肿瘤上缘 5 cm 以上，以减少切缘癌残留的概率，但研究显示，仅在切缘有浸润癌的时候才对预后有不良影响，切缘原位癌对预后影响不大[10]。对于淋巴结清扫，AJCCS 分期推荐至少清扫淋巴结 12 – 22 枚以上，并建议尽量多清扫[34]。也有研究认为，T1 期清扫淋巴结 10 枚以上，T2 期清扫淋巴结 20 枚以上，T3 和 T4 期清扫淋巴结 30 枚以上为宜。手术时应权衡淋巴结清扫与并发症之间的平衡，尽量减少并发症的发生。此外，根据淋巴结清扫范围可分为传统二野淋巴结清扫(中下纵隔＋上腹部)、现代二野淋巴结清扫(加行上纵隔及双侧喉返神经淋巴结清扫)、三野淋巴结清扫(颈、胸、腹淋巴结清扫)，清扫范围应根据病变深度和部位、术前检查情况等来决定。

(二)放射治疗指南要点及指南解读

【指南要点】　食管癌放疗具有重要治疗意义，尤其对于不适合或不愿意手术的局部晚期食管癌或局限于区域淋巴结的转移性病变，放疗是主要的治疗手段；对于有广泛远处转移的食管癌，姑息性放疗能够减轻肿瘤相关症状，缓解进食困难，提高患者生活质量，并在一定程度上延长患者生存期。放疗可分为根治性放疗、姑息性放疗、术前和术后放疗等，通常认为放疗与化疗进行联合治疗可提高疗效，且目前主张同步放化疗效果优于序贯放化疗。

【指南解读】

(1)放射治疗：是目前食管癌主要的、有效的治疗手段之一，其适应证包括[44]：肿瘤病变虽能手术切除，但因其他疾病无法耐受手术或患者拒绝手术者；局部晚期仍有手术可能的患者可行术前放疗，提高手术切除率和长期生存；失去手术机会的中晚期患者，可根据情况给予根治性放疗、姑息性放疗，并可与化疗联合应用以提高疗效；术后放射治疗，适用于有淋巴结转移或姑息性切除患者，选择性行术后放疗对部分获得根治性切除的患者有益（如食管癌Ⅲ期），但有食管穿孔和恶病质的患者是放射治疗的禁忌证。

（2）放疗技术：常规放疗对食管癌的长期生存率没有明显提高，5年生存率8%～16%，且存在严重的不良反应，故目前已弃用。近年来，三维适形放疗（3DCRT）、调强放疗、图像引导放疗（IMRT）、TOMO放疗技术的应用，使食管癌放疗的准确性得到大大提高，使受照射的靶体积达到所给的处方剂量，并能准确计算正常组织和累及器官受照射的剂量和体积，在提高疗效的同时降低了不良反应。最近，质子放疗技术备受关注，并显示出更好的疗效和更低的不良反应，但目前仅限于超大型的肿瘤治疗中心应用。

三维适形放疗勾画靶区的标准：

GTV：长度为影像学（如食管造影片、CT等）和内镜（食管内镜和/或腔内超声）检查确定的肿瘤长度。由CT片（纵隔窗和肺窗）显示原发肿瘤的（左右前后）大小确定GTV范围。

CTV1（原发肿瘤的CTV范围）：在GTV左右前后方向均放0.5～0.8 cm（平面），外放后将解剖屏障做调整。

PTV1：CTV1 + 0.3 cm。

CTV2：包括下列所述的预防照射的淋巴引流区。

上段食管癌：锁骨上淋巴引流区、食管旁、2区、4区、5区、7区；

中段食管癌：食管旁、2区、4区、5区、7区的淋巴引流区；

下段食管癌：食管旁、4区、5区、7区和胃左、贲门周围的淋巴引流区。

病变上下（在GTV上下方向）各外放3～5 cm。

PTV2：在 CTV 基础上各外放 0.5～0.7 cm。

放疗剂量：

单纯放疗的根治剂量为 60～70Gy/30～35f/6～7w，姑息放疗剂量为 50Gy/25f/5w。同步放化疗时放疗剂量国内一般采用 60Gy/30£/6w，但文献报道剂量＞50Gy 未显著提高疗效。

（3）术前放疗：Sjoquist 等对 2006—2011 年发表的随机对照研究进行了 Meta 分析，结果显示，与单纯手术相比，新辅助放化疗或化疗提高了根治性切除率（R0），联合手术可使患者得到更好的长期生存，提高 2 年生存率 8.7%，并且没有明显增加手术风险；而且新辅助放化疗比化疗有更多获益的趋势，但差异尚未达到有统计学意义（HR 0.88，$p = 0.07$）。Gebski 等的 Meta 分析显示，与单纯手术相比，术前放疗、化疗可使食管癌患者的 2 年生存率提高 13%，而且对食管鳞癌和食管腺癌患者均有获益，但对于食管鳞癌，只有术前同步放化疗才能达到生存获益。总结近年来的文献，术前放疗、化疗的病理完全缓解率 pCR 率达 25.8%～32%。pCR 率是评价食管癌新辅助治疗预后的独立因子，获得 pCR 患者的术后 5 年生存率可得到明显提高。广州中山肿瘤医院开展的食管鳞癌术前放化疗同样取得了很好的疗效。因此，基于已有的研究结果，术前新辅助治疗尤其是放疗、化疗在局部晚期食管癌治疗中的意义已逐步得到了公认[45,46,47,48,49]。中国抗癌协会食管癌专业委员会的《中国食管癌规范化诊治指南》中建议：临床分期为 T1－2 期伴淋巴结转移、T3－4 期伴或不伴淋巴结转移的可切除胸段食管癌患者，可采用术前放疗、化疗。

（4）术后放疗：姑息性手术切除或探查手术是放疗的适应证，但根治性术后的预防性照射的意义尚有一定争议。国内中国医学科学院肿瘤医院肖泽芬等的研究显示，对于伴有淋巴结转移及Ⅲ期食管鳞癌患者，术后放疗可以改善其长期生存[50]。浙江省肿瘤医院的研究同样显示，术后放疗改善Ⅲ期食管鳞癌（T1－

2N2M0、T3N1 - 2M0、T4N1 - 3M0）的预后，而对ⅡB期（T1 - 2N1M0）无影响[51]。福建省肿瘤医院的研究显示，对于行三野淋巴结清扫的食管癌手术患者，术后放疗对淋巴结转移个数≥3枚、上纵隔或锁骨上淋巴结转移、纵隔和腹腔同时淋巴结转移患者的预后改善作用最为明显[52]。美国一组纳入683例单纯手术、363例手术+放疗的回顾性研究显示，术后放疗在Ⅲ期食管癌（T3N1M0、T4N0 - 1M0）中能明显改善3年总生存和无病生存率，而对Ⅱ期病变的生存改善不明显[53]。目前研究认为同步放化疗疗效更好。

（5）根治性放疗：对于早期食管癌未行手术治疗的患者，根治性放疗可取得良好治疗效果，应积极进行治疗。对于失去手术机会的食管癌患者，根治性放化疗的疗效优于单纯放疗，有研究显示，根治性放化疗中位无病生存时间31个月，长于单纯放疗的13～16个月[54 - 56]。

（6）治疗效果：放射治疗的疗效评价参照WHO实体瘤疗效评价标准或RECIST疗效评价标准（见附录B）。采用常规的放疗技术，应注意对肺、肾、心脏和脊髓的保护，以避免对它们的严重放射性损伤。急性放射性肺损伤及急性食管炎参照RTOG分级标准（见附录C）。三维适形放疗技术（3DCRT）是目前较先进的放疗技术。如条件允许可用于食管癌患者，并用CT机来进行放疗计划的设计，确认和实施。

（三）化学治疗指南要点及指南解读

【指南要点】　食管癌化疗多采用含铂方案的联合化疗方案，分为姑息性化疗、新辅助化疗（术前）、辅助化疗（术后）。对于晚期、复发、转移的食管癌，随机临床研究显示，化疗与最佳支持治疗相比没有显示生存优势，所以治疗强度不宜过分。凡是分期超过T2期及有任何淋巴结阳性的局部晚期食管癌患者均可以考虑行术前新辅助化疗，单纯化疗在食管腺癌中疗效较好，但在食管鳞癌中越来越倾向于放疗化疗联合。辅助化疗的对象一般是Ⅱ期以上有高危复发因素的食管癌患者，宜在术后 3~4 周开始术后辅助化疗，采用联合化疗方案，一般用 4~6 周期。

【指南解读】

（1）术前化疗：日本的 JCOG9907 研究显示[57]，对于Ⅱ期、Ⅲ期（排除 T4）的食管鳞癌，术前予以 2 周期的顺铂 +5 - 氟尿嘧啶（5 - Fu）治疗，可提高 RO，其 5 年生存率亦优于术后的辅助化疗（55% vs 43%）。另一个英国的研究同样显示[58]，对于可手术切除的食管癌患者，术前行 2 周期的新辅助化疗比单纯手术可获得更好的长期生存。但美国的研究则发现[59, 60]，术前的顺铂 +5 - Fu 化疗并未提高根治性手术切除率，也未能明显改善患者的长期生存。Gebski 等的研究[46]则显示，新辅助化疗仅对食管腺癌患者有益，而对食管鳞癌的预后并无改善。总结近年来的文献，食管鳞癌术前化疗的 pCR 率仅为 5%~8%[61, 62]，远低于术前放化疗。指南认为，对于分期超过 T2 期及淋巴结阳性的局部晚期食管癌，可考虑行术前新辅助化疗[36]。

（2）术后化疗：日本 JCOG9204 研究显示[63]，手术 + 术后 2 周期的顺铂 +5 - Fu 化疗 5 年无病生存率为 55%，优于单纯手术组的 45%，术后化疗在伴有淋巴结转移的食管鳞癌中获益明显。韩国的一项前瞻性研究显示[64]，在淋巴结阳性的食管癌根治术后，辅助化疗有利于提高无病生存和总生存。NCCN 指南认为下列情况应考虑化疗：

①癌症侵及食管黏膜下层的 T1N0M0，如食管切除长度不足，伴有低分化或未分化，年龄小于 40 岁者。

②癌侵及食管肌层的 T2N0 患者，伴有淋巴管、血管及神经浸润或切缘阳性者。

③外侵严重或淋巴结转移者：T3 - 4N0 或 T1 - 2N1 - 3 患者。

④发现或可疑有远处转移的 M1 患者。

术后辅助治疗的对象为Ⅱ期以上有高危复发因素(低分化、年轻、有淋巴管或血管神经侵犯等)的食管癌患者,术后3~4周左右开始化疗。对于外侵明显或伴有淋巴结转移者如T1-4N1患者,可术后3~4周开始行同步放化疗。一般认为术后放化疗后需再化疗4周期。

(3)化疗方案:目前尚无公认的标准化疗方案,现有联合化疗均是由单药治疗有效的药物组成。含铂的DDP-5-Fu和DDP-CF-5-Fu被认为是一线治疗食管癌的基本方案,对食管鳞癌有较好的疗效。NCCN指南推荐以下方案:DCF(DOC+DDP+5-Fu)方案或其改良方案;ECF(EPI+DDP+5-Fu)或其改良方案;CPT-11联合DDP或5-Fu/CAP方案;OXA联合5-Fu/CAP方案;PTX为基础方案。其中ECF或其改良方案和DCF方案为Ⅰ类证据。DCF改良方案和其他方案为2B类证据。单独的化疗没有显示明显延长患者生存,故目前仍推荐与手术、放疗等联合用于治疗。

DDP+5Fu(顺铂加5-氟尿嘧啶)是最常用的化疗方案,其他可选择的有:

DDP+TXT(顺铂+多西紫杉醇)

DDP+PTX(顺铂+紫杉醇)

Oxaliplatin+5Fu(奥沙利铂+5-氟尿嘧啶)

对于食管腺癌,常用的方案是:

ECF方案(表阿霉素+顺铂+5-氟尿嘧啶)

化学治疗的疗效评价参照WHO实体瘤疗效评价标准或RECIST疗效评价标准。

(四)早期食管癌内镜治疗的指南要点及指南解读

【指南要点】 早期食管癌内镜下治疗的主要方式是内镜下病变切除,其他方法包括内镜下冷冻消融、射频消融和光动力治疗等。内镜下黏膜切除(endoscopic mucosal resection, EMR)主要用于食管重度不典型增生、原位癌和黏膜内癌；内镜黏膜下切除（endoscopic submucosal dissection，ESD）主要强调黏膜下剥离的过程，能切除范围更大的病变。EMR 和 ESD 手术治疗后的 5 年生存率可达 70% ~ 100%。

【指南解读】

（1）早期食管癌内镜治疗具有简便、创伤小、恢复快、疗效确切等的优点，因此备受关注。但需严格把握适应证以保证疗效，其适应证包括：治疗前评估为高级别瘤变（HGN）、M1/M2 期癌为内镜治疗的绝对适应证；M3 期癌经术前评估没有淋巴结转移、累及食管 3/4 周以上为内镜治疗相对适应证。内镜治疗禁忌证：患者不同意或不配合；有严重出血倾向；严重心肺功能异常不能耐受内镜治疗者；生命体征不平稳；食管静脉曲张或静脉瘤，无有效出血预防对策者；病变位于食管憩室或波及憩室者；术前评估有淋巴结转移的 M3 及 SM1 期癌；低分化或未分化癌[9, 15, 20]。

（2）内镜治疗技术：①ESD：推荐对于食管 HGN、M1/M2 期癌及术前评估无可疑淋巴结转移的 M3 期癌首选 ESD 治疗。ESD 切除病变完整，有利于术后病理评估，更好地确定疗效及是否需要进一步治疗；②隧道式黏膜剥离术，是经典 ESD 技术上的改进，主要针对环周病变的切除，术后容易出现食管狭窄；③EMR：推荐对于可一次性完全切除的食管 HGN、M1/M2 期癌及术前评估无可疑淋巴结转移的 M3 期癌。EMR 通过黏膜下注射液体使病变抬高，再一次性切除，常用技术如透明帽辅助法黏膜切除、结扎式 EMR 术、多环套扎黏膜切除术等，所能切下的病变较小。

（3）内镜下手术后处理：内镜切除后以下情况需追加内镜或外科手术处理[9]：①切除标本侧切缘阳性建议再次内镜或手术切除；②有以下任意 1 条者均建议行外科手术：a、基底切缘阳性；b、浸入至黏膜下层 200 um 以上；c、脉管侵袭阳性；d、低分化及未分化鳞癌。

（4）食管癌内镜下非切除治疗[20]：包括光动力疗法（PDT）、APC、激光疗法、热探头治疗和冷冻治疗等，这些方法导致肿瘤毁损，不能获得组织标本进行后续病理评估，无法明确肿瘤是否完整切除，也不能判断肿瘤的转移风险，因此需密切观察随访。

（五）食管癌分期治疗模式

治疗前完善全身检查，尽可能的进行临床 TNM 分期，再根据患者病情和全身状况，经多学科联合查房制订个体化的治疗方案。根据不同的分期，治疗的侧重点不完全相同[35、36]。

1. 食管癌 I 期

首选手术治疗。如心肺功能差或不愿手术者，可行根治性放疗。完全性切除的 I 期食管癌，术后不行辅助放疗或化疗。内镜下黏膜切除仅限于黏膜癌，而黏膜下癌应该行标准食管癌切除术。

2. 食管癌 II 期

首选手术治疗。如心肺功能差或不愿手术者，可行根治性放疗。完全性切除的 T2N0M0，术后不行辅助放疗或化疗。对于完全性切除的 T3N0M0 和 T1 - 2N1M0 患者，术后行辅助放疗可能提高 5 年生存率。对于食管鳞癌，不推荐术后化疗。对于食管腺癌，可以选择术后辅助化疗。

3. 食管癌 III 期

对于 T3N1 - 3M0 和部分 T4N0 - 3M0（侵及心包、膈肌和胸膜）患者，目前仍首选手术治疗，有条件的医院可以开展新辅助放化疗（含铂方案的化疗联合放射治疗）的研究，与单一手术相比，术前同步放化疗可能提高患者的总生存率（OS）。

与单纯手术相比较，不推荐术前化疗。术前放疗也不能改善生存率，但是对于术前检查发现肿瘤外侵明显，外科手术不易彻底切除的食管癌，通过术前放疗可以增加切除率。

对于不能手术的食管癌Ⅲ期患者，目前的标准治疗是放射治疗或同步放疗化疗，有条件的医院可以开展同步放疗化疗的研究（含铂方案的化疗联合放射治疗）。

对于以上食管癌Ⅲ期患者，术后行辅助放疗可能提高5年生存率。对于食管鳞癌，不推荐术后常规化疗，但对于N1～N2和有脉管瘤栓的患者可以考虑加用术后化疗。对于食管腺癌，建议可以选择术后辅助化疗。

4. 食管癌Ⅳ期

食管癌Ⅳ期患者以姑息治疗为主要手段，能直接化疗者，首选化疗，治疗目的为延长生命，提高生活质量。姑息治疗主要包括内镜治疗（包括食管扩张、食管支架等治疗）、姑息放疗、止痛对症和最佳支持治疗。

（六）姑息治疗/最佳支持治疗

对于晚期食管癌患者，只适合姑息治疗/最佳支持治疗，目的是减轻痛苦，提高生活质量，尽可能延长高生存质量条件下的生存期。可以给予姑息化疗或姑息放疗加支持治疗，对不能耐受放化疗和不能手术切除的患者，加强支持治疗是一个合理的选择，必要时可行食管支架植入、胃/空肠造口等。并积极治疗各种并发症或合并症，减轻症状。

对于晚期食管癌患者的营养支持是食管癌治疗中重要的一环，其原则是：优先选择肠内营养，尤其是在长时间营养支持的情况下；肠内营养不足时，积极加用肠外营养；营养需要量较高、短期内应用、肠道功能紊乱或不能利用时可用肠外营养；肠内营养与肠外营养可相互补充。

（七）治疗后复发与转移的食管癌治疗原则

治疗后90%复发出现在前3年内，食管癌的复发主要分为局部复发、远处转移和手术野种植等，可同时出现多处复发。治疗主要是延长生存，改善生活质量。针对可治愈的病灶如局部复

发，可再次采用根治手段以期达到根治的目的；针对不可治愈如
远处转移，则采用姑息治疗手段以减轻症状为目的。

十二、食管癌随访

　　对于新发食管癌患者应建立完整病案和相关资料档案，治疗
后定期随访和进行相应检查。无症状者头两年每 3～4 个月 1 次，
两年后每 6 个月 1 次，直到 5 年，以后每年 1 次。有症状者应随
时予以相应检查。食管癌患者治疗后应终生复查。

（张百华　肖高明　王文祥）

参考文献

[1] Torre, L. A. , F. Bray, R. L. Siegel, J. Ferlay, J. Lortet-Tieulent, and A.
Jemal, Global cancer statistics, 2012. CA Cancer J Clin, 2015, 65(2): 87
－108.

[2] Chen, W. , R. Zheng, P. D. Baade, S. Zhang, H. Zeng, F. Bray, A. Jemal,
X. Q. Yu, and J. He, Cancer statistics in China, 2015. CA Cancer J Clin,
2016, 66(2): 115－132.

[3] Wang, G. Q. , C. C. Abnet, Q. Shen, K. J. Lewin, X. D. Sun, M. J. Roth,
Y. L. Qiao, S. D. Mark, Z. W. Dong, P. R. Taylor, and S. M. Dawsey,
Histological precursors of oesophageal squamous cell carcinoma: results from
a 13 year prospective follow up study in a high risk population. Gut, 2005,
54(2): 187－192.

[4] Cossentino, M. J. and R. K. Wong, Barrett's esophagus and risk of esophageal
adenocarcinoma. Semin Gastrointest Dis, 2003, 14(3): 128－135.

[5] Reid, B. J. , D. S. Levine, G. Longton, P. L. Blount, and P. S. Rabinovitch,
Predictors of progression to cancer in Barrett's esophagus: baseline histology
and flow cytometry identify low- and high-risk patient subsets. Am J
Gastroenterol, 2000, 95(7): 1669－1676.

[6] Monig, S. P. , W. Schroder, K. T. Beckurts, and A. H. Holscher, Classification, diagnosis and surgical treatment of carcinomas of the gastroesophageal junction. Hepatogastroenterology, 2001, 48 (41): 1231 –1237.

[7] Othman, M. O. and M. B. Wallace, Endoscopic mucosal resection (EMR) and endoscopic submucosal dissection (ESD) in 2011, a Western perspective. Clin Res Hepatol Gastroenterol, 2011, 35(4): 288 –294.

[8] Dubecz, A. , M. Kern, N. Solymosi, M. Schweigert, and H. J. Stein, Predictors of Lymph Node Metastasis in Surgically Resected T1 Esophageal Cancer. Ann Thorac Surg, 2015, 99(6): 1879 –85; discussion 1886.

[9] 中华医学会消化内镜学分会消化系早癌内镜诊断与治疗协作组, 中国早期食管鳞状细胞癌及癌前病变筛查与诊治共识(2015 年, 北京). 中华消化内镜杂志, 2016, 01.

[10] 董志伟, 临床肿瘤学. 人民卫生出版社, 2006, 731 –813.

[11] 韩书婧, 食管癌高发地区人群危险因素的调查研究. 中国全科医学, 2012, 32(15).

[12] 刘伯齐, 中国 103 个地区吸烟与食管癌风险研究: 死因调查中的病例对照方法学研究. 中华医学杂志, 2006, 06(86).

[13] 赣榆县食管癌流行影响因素病例对照研究. 中华疾病控制杂志, 2009, 05(13).

[14] 刘志强, 济宁地区居民生活行为方式与食管癌关系研究. 中华临床医师杂志(电子版), 2011, 21(05).

[15] Kuwano, H. , Y. Nishimura, T. Oyama, H. Kato, Y. Kitagawa, M. Kusano, H. Shimada, H. Takiuchi, Y. Toh, Y. Doki, Y. Naomoto, H. Matsubara, T. Miyazaki, M. Muto, and A. Yanagisawa, Guidelines for Diagnosis and Treatment of Carcinoma of the Esophagus April 2012 edited by the Japan Esophageal Society. Esophagus, 2015, 12: 1 –30.

[16] Wong, V. C. , J. M. Ko, R. Z. Qi, P. J. Li, L. D. Wang, J. L. Li, Y. P. Chan, K. W. Chan, E. J. Stanbridge, and M. L. Lung, Abrogated expression of DEC1 during oesophageal squamous cell carcinoma progression is age- and family history-related and significantly associated with lymph node

metastasis. Br J Cancer, 2011, 104(5): 841 –849.

[17] Chen, T., H. Cheng, X. Chen, Z. Yuan, X. Yang, M. Zhuang, M. Lu, L. Jin, and W. Ye, Family history of esophageal cancer increases the risk of esophageal squamous cell carcinoma. Sci Rep, 2015, 5: 16038.

[18] Yoon, H. H., W. R. Sukov, Q. Shi, C. A. Sattler, A. E. Wiktor, R. B. Diasio, T. T. Wu, R. B. Jenkins, and F. A. Sinicrope, HER2/neu gene amplification in relation to expression of HER2 and HER3 proteins in patients with esophageal adenocarcinoma. Cancer, 2014, 120 (3): 415 –424.

[19] Kato, H., T. Arao, K. Matsumoto, Y. Fujita, H. Kimura, H. Hayashi, K. Nishiki, M. Iwama, O. Shiraishi, A. Yasuda, M. Shinkai, M. Imano, H. Imamoto, T. Yasuda, K. Okuno, H. Shiozaki, and K. Nishio, Gene amplification of EGFR, HER2, FGFR2 and MET in esophageal squamous cell carcinoma. Int J Oncol, 2013, 42(4): 1151 –1158.

[20] 中华医学会消化内镜学分会, 中国早期食管癌筛查及内镜诊治专家共识意见精简版(2014 年, 北京). 中华消化杂志, 2015, 05(35).

[21] 毛友生, 食管癌患者血清 CEA、SCC 和 Cyfra21 –1 含量检测及临床意义. 中华肿瘤杂志, 2003, 05(25).

[22] 宋琦, 食管鳞状细胞癌的分子生物学研究进展. 中华病理学杂志, 2016, 03(45).

[23] Gallina, F., V. Piga, M. S. Gallina, A. Gori, S. Grazzini Bucci, M. Marianelli, L. Sapori, N. Taverni, and A. Vannucchi, [Double-contrast with insufflated barium-meal technic in the routine radiological study of the esophagus]. Radiol Med, 1985, 71(11): 777 –781.

[24] Skucas, J., The routine double-contrast examination of the esophagus. CRC Crit Rev Diagn Imaging, 1978, 11(2): 121 –143.

[25] Umeoka, S., T. Koyama, G. Watanabe, T. Saga, M. Kataoka, K. Togashi, and H. Hatabu, Preoperative local staging of esophageal carcinoma using dual-phase contrast-enhanced imaging with multi-detector row computed tomography: value of the arterial phase images. J Comput Assist Tomogr, 2010, 34(3): 406 –412.

[26] Choi, J. , S. G. Kim, J. S. Kim, H. C. Jung, and I. S. Song, Comparison of endoscopic ultrasonography (EUS), positron emission tomography (PET), and computed tomography (CT) in the preoperative locoregional staging of resectable esophageal cancer. Surg Endosc, 2010, 24(6): 1380 - 1386.

[27] Luo, L. N. , L. J. He, X. Y. Gao, X. X. Huang, H. B. Shan, G. Y. Luo, Y. Li, S. Y. Lin, G. B. Wang, R. Zhang, G. L. Xu, and J. J. Li, Evaluation of preoperative staging for esophageal squamous cell carcinoma. World J Gastroenterol, 2016, 22(29): 6683 - 6689.

[28] Takizawa, K. , T. Matsuda, T. Kozu, T. Eguchi, H. Kato, Y. Nakanishi, A. Hijikata, and D. Saito, Lymph node staging in esophageal squamous cell carcinoma: a comparative study of endoscopic ultrasonography versus computed tomography. J Gastroenterol Hepatol, 2009, 24 (10): 1687 - 1691.

[29] Bruzzi, J. F. , R. F. Munden, M. T. Truong, E. M. Marom, B. S. Sabloff, G. W. Gladish, R. B. Iyer, T. S. Pan, H. A. Macapinlac, and J. J. Erasmus, PET - CT of esophageal cancer: its role in clinical management. Radiographics, 2007, 27(6): 1635 - 1652.

[30] Anderegg, M. C. , E. J. de Groof, S. S. Gisbertz, R. J. Bennink, S. M. Lagarde, J. H. Klinkenbijl, M. G. Dijkgraaf, J. J. Bergman, M. C. Hulshof, H. W. van Laarhoven, and M. I. van Berge Henegouwen, 18F - FDG PET-CT after Neoadjuvant Chemoradiotherapy in Esophageal Cancer Patients to Optimize Surgical Decision Making. PLoS One, 2015, 10 (11): p. e0133690.

[31] Kukar, M. , R. M. Alnaji, F. Jabi, T. A. Platz, K. Attwood, H. Nava, K. Ben-David, D. Mattson, K. Salerno, U. Malhotra, K. Kanehira, J. Gannon, and S. N. Hochwald, Role of Repeat 18F-Fluorodeoxyglucose Positron Emission Tomography Examination in Predicting Pathologic Response Following Neoadjuvant Chemoradiotherapy for Esophageal Adenocarcinoma. JAMA Surg, 2015, 150(6): 555 - 562.

[32] Bruzzi, J. F. , S. G. Swisher, M. T. Truong, R. F. Munden, W. L. Hofstetter, H. A. Macapinlac, A. M. Correa, O. Mawlawi, J. A. Ajani, R.

R. Komaki, N. Fukami, and J. J. Erasmus, Detection of interval distant metastases: clinical utility of integrated CT-PET imaging in patients with esophageal carcinoma after neoadjuvant therapy. Cancer, 2007, 109 (1): 125 - 134.

[33] Lee, G., H. I, S. J. Kim, Y. J. Jeong, I. J. Kim, K. Pak, D. Y. Park, and G. H. Kim, Clinical implication of PET/MR imaging in preoperative esophageal cancer staging: comparison with PET - CT, endoscopic ultrasonography, and CT. J Nucl. Med. , 2014, 55(8): 1242 - 1247.

[34] Stephen B. edge, AJCC cancer staging manual seventh edition. 2010.

[35] Rice, T. W. , V. W. Rusch, H. Ishwaran, and E. H. Blackstone, Cancer of the esophagus and esophagogastric junction: data-driven staging for the seventh edition of the American Joint Committee on Cancer/International Union Against Cancer Cancer Staging Manuals. Cancer, 2010, 116(16): 3763 - 3773.

[36] 赫捷, 食管癌规范化诊治指南(第 2 版). 中国协和医科大学出版社, 2013.

[37] Ma, J. , C. Zhan, L. Wang, W. Jiang, Y. Zhang, Y. Shi, and Q. Wang, The sweet approach is still worthwhile in modern esophagectomy. Ann Thorac Surg, 2014, 97(5): 1728 - 1733.

[38] Li, B. , J. Xiang, Y. Zhang, H. Li, J. Zhang, Y. Sun, H. Hu, L. Miao, L. Ma, X. Luo, S. Chen, T. Ye, and H. Chen, Comparison of Ivor-Lewis vs Sweet esophagectomy for esophageal squamous cell carcinoma: a randomized clinical trial. JAMA Surg, 2015, 150(4): 292 - 298.

[39] Xie, M. R. , C. Q. Liu, M. F. Guo, X. Y. Mei, X. H. Sun, and M. Q. Xu, Short-term outcomes of minimally invasive Ivor-Lewis esophagectomy for esophageal cancer. Ann Thorac Surg, 2014, 97(5): 1721 - 1727.

[40] Guo, W. , X. Ma, S. Yang, X. Zhu, W. Qin, J. Xiang, T. Lerut, and H. Li, Combined thoracoscopic-laparoscopic esophagectomy versus open esophagectomy: a meta-analysis of outcomes. Surg Endosc, 2016, 30(9): 3873 - 3881.

[41] Suda, K. , M. Nakauchi, K. Inaba, Y. Ishida, and I. Uyama, Robotic

surgery for upper gastrointestinal cancer: Current status and future perspectives. Dig Endosc, 2016.

[42] Furst, H., T. P. Huttl, F. Lohe, and F. W. Schildberg, German experience with colon interposition grafting as an esophageal substitute. Dis Esophagus, 2001, 14(2): 131 – 134.

[43] Doki, Y., K. Okada, H. Miyata, M. Yamasaki, Y. Fujiwara, S. Takiguchi, T. Yasuda, T. Hirao, H. Nagano, and M. Monden, Long-term and short-term evaluation of esophageal reconstruction using the colon or the jejunum in esophageal cancer patients after gastrectomy. Dis Esophagus, 2008, 21 (2): 132 – 138.

[44] 殷蔚伯, 余子豪, 徐国镇, 胡逸民, 肿瘤放射治疗学(第4版). 中国协和医科大学出版社, 2008, 546 – 577.

[45] Sjoquist, K. M., B. H. Burmeister, B. M. Smithers, J. R. Zalcberg, R. J. Simes, A. Barbour, and V. Gebski, Survival after neoadjuvant chemotherapy or chemoradiotherapy for resectable oesophageal carcinoma: an updated meta-analysis. Lancet Oncol, 2011, 12(7): 681 – 692.

[46] Gebski, V., B. Burmeister, B. M. Smithers, K. Foo, J. Zalcberg, and J. Simes, Survival benefits from neoadjuvant chemoradiotherapy or chemotherapy in oesophageal carcinoma: a meta-analysis. Lancet Oncol, 2007, 8(3): 226 – 234.

[47] Berger, A. C., J. Farma, W. J. Scott, G. Freedman, L. Weiner, J. D. Cheng, H. Wang, and M. Goldberg, Complete response to neoadjuvant chemoradiotherapy in esophageal carcinoma is associated with significantly improved survival. J Clin Oncol, 2005, 23(19): 4330 – 4337.

[48] Diaz, R., G. Reynes, A. Tormo, M. de Juan, R. Girones, A. Segura, J. Aparicio, P. Richart, H. de la Cueva, and J. Garcia, Long-term results of neoadjuvant chemotherapy and combined chemoradiotherapy before surgery in the management of locally advanced oesophageal cancer: a single-centre experience. Clin Transl Oncol, 2009, 11(12): 835 – 841.

[49] Courrech Staal, E. F., B. M. Aleman, H. Boot, M. L. van Velthuysen, H. van Tinteren, and J. W. van Sandick, Systematic review of the benefits and

risks of neoadjuvant chemoradiation for oesophageal cancer. Br J Surg, 2010, 97(10): 1482 - 1496.

[50] Xiao, Z. F. , Z. Y. Yang, J. Liang, Y. J. Miao, M. Wang, W. B. Yin, X. Z. Gu, D. C. Zhang, R. G. Zhang, and L. J. Wang, Value of radiotherapy after radical surgery for esophageal carcinoma: a report of 495 patients. Ann Thorac Surg, 2003, 75(2): 331 - 336.

[51] Xu, Y. , J. Liu, X. Du, X. Sun, Y. Zheng, J. Chen, B. Li, W. Liu, H. Jiang, and W. Mao, Prognostic impact of postoperative radiation in patients undergoing radical esophagectomy for pathologic lymph node positive esophageal cancer. Radiat Oncol, 2013, 8: 116.

[52] Chen, J. , J. Pan, X. Zheng, K. Zhu, J. Li, M. Chen, J. Wang, and Z. Liao, Number and location of positive nodes, postoperative radiotherapy, and survival after esophagectomy with three-field lymph node dissection for thoracic esophageal squamous cell carcinoma. Int J Radiat Oncol Biol Phys, 2012, 82(1): 475 - 482.

[53] Schreiber, D. , J. Rineer, D. Vongtama, A. Wortham, P. Han, D. Schwartz, K. Choi, and M. Rotman, Impact of postoperative radiation after esophagectomy for esophageal cancer. J Thorac Oncol, 2010, 5(2): 244 - 250.

[54] Fulton, B. A. , J. Gray, A. McDonald, D. McIntosh, V. MacLaren, A. Hennessy, and D. Grose, Single centre outcomes from definitive chemoradiotherapy and single modality radiotherapy for locally advanced oesophageal cancer. J Gastrointest Oncol, 2016, 7(2): 166 - 172.

[55] Worni, M. , J. Martin, B. Gloor, R. Pietrobon, T. A. D'Amico, I. Akushevich, and M. F. Berry, Does surgery improve outcomes for esophageal squamous cell carcinoma? An analysis using the surveillance epidemiology and end results registry from 1998 to 2008. J Am Coll Surg, 2012, 215(5): 643 - 651.

[56] Sasaki, Y. and K. Kato, Chemoradiotherapy for esophageal squamous cell cancer. Jpn J Clin Oncol, 2016, 46(9): 805 - 810.

[57] Ando, N. , H. Kato, H. Igaki, M. Shinoda, S. Ozawa, H. Shimizu, T.

Nakamura, H. Yabusaki, N. Aoyama, A. Kurita, K. Ikeda, T. Kanda, T. Tsujinaka, K. Nakamura, and H. Fukuda, A randomized trial comparing postoperative adjuvant chemotherapy with cisplatin and 5 - fluorouracil versus preoperative chemotherapy for localized advanced squamous cell carcinoma of the thoracic esophagus (JCOG9907). Ann Surg Oncol, 2012, 19(1): 68 - 74.

[58] Surgical resection with or without preoperative chemotherapy in oesophageal cancer: a randomised controlled trial. Lancet, 2002, 359 (9319): 1727 - 1733.

[59] Kelsen, D. P., K. A. Winter, L. L. Gunderson, J. Mortimer, N. C. Estes, D. G. Haller, J. A. Ajani, W. Kocha, B. D. Minsky, J. A. Roth, and C. G. Willett, Long-term results of RTOG trial 8911 (USA Intergroup 113): a random assignment trial comparison of chemotherapy followed by surgery compared with surgery alone for esophageal cancer. J Clin Oncol, 2007, 25 (24): 3719 - 3725.

[60] Kelsen, D. P., R. Ginsberg, T. F. Pajak, D. G. Sheahan, L. Gunderson, J. Mortimer, N. Estes, D. G. Haller, J. Ajani, W. Kocha, B. D. Minsky, and J. A. Roth, Chemotherapy followed by surgery compared with surgery alone for localized esophageal cancer. N Engl J Med. 1998, 339 (27): 1979 - 1984.

[61] Urschel, J. D., H. Vasan, and C. J. Blewett, A meta-analysis of randomized controlled trials that compared neoadjuvant chemotherapy and surgery to surgery alone for resectable esophageal cancer. Am J Surg, 2002, 183(3): 274 - 279.

[62] Burmeister, B. H., J. M. Thomas, E. A. Burmeister, E. T. Walpole, J. A. Harvey, D. B. Thomson, A. P. Barbour, D. C. Gotley, and B. M. Smithers, Is concurrent radiation therapy required in patients receiving preoperative chemotherapy for adenocarcinoma of the oesophagus? A randomised phase II trial. Eur J Cancer. 2011, 47(3): 354 - 360.

[63] Ando, N., T. Iizuka, H. Ide, K. Ishida, M. Shinoda, T. Nishimaki, W. Takiyama, H. Watanabe, K. Isono, N. Aoyama, H. Makuuchi, O. Tanaka,

H. Yamana, S. Ikeuchi, T. Kabuto, K. Nagai, Y. Shimada, Y. Kinjo, and H. Fukuda, Surgery plus chemotherapy compared with surgery alone for localized squamous cell carcinoma of the thoracic esophagus: a Japan Clinical Oncology Group Study—JCOG9204. J Clin Oncol, 2003, 21(24): 4592 - 4596.

[64] Lee, J., K. E. Lee, Y. H. Im, W. K. Kang, K. Park, K. Kim, and Y. M. Shim, Adjuvant chemotherapy with 5 - fluorouracil and cisplatin in lymph node-positive thoracic esophageal squamous cell carcinoma. Ann Thorac Surg. 2005, 80(4): 1170 - 1175.

附录 A　患者状况评分

附录表 1　Karnofsky 评分

100	正常,无症状和体征,无疾病证据
90	能正常活动,有轻微症状和体征
80	勉强可进行正常活动,有一些症状或体征
70	生活可自理,但不能维持正常生活或工作
60	生活能大部分自理,但偶尔需要别人帮助,不能从事正常工作
50	需要一定帮助和护理,以及给与药物治疗
40	生活不能自理,需要特别照顾和治疗
30	生活严重不能自理,有住院指征,尚不到病重
20	病重,完全失去自理能力,需要住院和积极的支持治疗
10	重危,临近死亡
0	死亡

附录表 2　Zubrod-ECOG-WHO 评分（ZPS，5 分法）评分

0	正常活动
1	症轻状,生活自理,能从事轻体力活动
2	能耐受肿瘤的症状,生活自理,但白天卧床时间不超过 50%
3	肿瘤症状严重,白天卧床时间超过 50%,但还能起床站立,部分生活自理
4	病重卧床不起
5	死亡

附录 B　放射治疗及化学治疗疗效判定标准

a) WHO 实体瘤疗效评价标准(1981):

——完全缓解(CR),肿瘤完全消失超过 1 个月。

——部分缓解(PR),肿瘤最大直径及最大垂直直径的乘积缩小达 50%,其他病变无增大,持续超过 1 个月。

——病变稳定(SD),病变两径乘积缩小不超过 50%,增大不超过 25%,持续超过 1 个月。

——病变进展(PD),病变两径乘积增大超过 25%。

b) RECIST 疗效评价标准(2000):

B.1.1　靶病灶的评价

——完全缓解(CR),所有靶病灶消失。

——部分缓解(PR),靶病灶最长径之和与基线状态比较,至少减少 30%。

——病变进展(PD),靶病灶最长径之和与治疗开始之后所记录到的最小的靶病灶最长径之和比较,增加 20%,或者出现一个或多个新病灶。

——病变稳定(SD),介于部分缓解和疾病进展之间。

B.1.2　非靶病灶的评价

——完全缓解(CR),所有非靶病灶消失和肿瘤标志物恢复正常。

——未完全缓解/稳定(IR/SD),存在一个或多个非靶病灶和/或肿瘤标志物持续高于正常值。

——病变进展(PD),出现一个或多个新病灶和/或已有的非靶病灶明确进展。

B.1.3　最佳总疗效的评价

　　最佳总疗效的评价是指从治疗开始到疾病进展或复发之间所测量到的最小值。通常，患者最好疗效的分类由病灶测量和确认组成。

附录 C　急性放射性肺损伤和急性
食管炎分级标准

a) 急性放射性肺损伤 RTOG 分级标准:

——0 级:无变化。

——1 级:轻度干咳或劳累时呼吸困难。

——2 级:持续咳嗽需麻醉性止咳药/稍活动即呼吸困难,但休息时无呼吸困难。

——3 级:重度咳嗽,对麻醉性止咳药无效,或休息时呼吸困难/临床或影像有急性放射性肺炎的证据/间断吸氧或可能需类固醇治疗。

——4 级:严重呼吸功能不全/持续吸氧或辅助通气治疗。

——5 级:致命性。

b) 急性食管炎诊断 RTOG 标准

——0 级:无变化。

——1 级:轻度吞咽困难,需要表面麻醉或止痛药或软食。

——2 级:中度吞咽困难,需要麻醉药或流食。

——3 级:重度吞咽困难,或脱水,或体重减轻 15% 需要管饲饮食。

——4 级:完全梗阻、溃疡或穿孔。

——5 级:致命性。

第三章　胃癌规范化诊治指南及解读

　　胃癌(gastric carcinoma)是最常见的恶性肿瘤之一,在我国消化道恶性肿瘤中居第二位,好发年龄在50岁以上,男女发病率之比约为2：1。目前我国胃癌每年有近30万新发病例,其特点是发病率高、早诊率低(<10%)、进展期胃癌占90%左右、诊疗不规范、患者5年生存率长期在30%左右。鉴于我国国情、胃癌病期及生物学类型和治疗的特殊性,为规范我国胃癌诊疗行为,提高医疗机构胃癌诊疗水平,改善胃癌患者预后,保障医疗质量和医疗安全,我国优化整合了NCCN及欧洲肿瘤内科学会的胃癌相关指南要点,并形成专家共识于2013年发布了新的胃癌诊断治疗指南。为更好的帮助临床医生对指南的理解,我们特邀了医学专家对专家共识以及新的胃癌诊断治疗指南进行解读。

一、流行病学

　　【专家共识要点】　胃癌的发病特点:胃癌的发病有明显的地域性,地区差异很大,其发病农村高于城市,男性高于女性,胃癌的总体发病率正在降低。

　　【专家共识解读】　我国属于胃癌高发国家。虽然部分地区发病率有下降的趋势,但在全国仍居十大常见恶性肿瘤第二位。总体上胃癌的发病,农村高于城市,男性高于女性。胃癌的病死率方面存在着地区分布差异,我国西北部及东南沿海地区的胃癌病死率,远高于南方和西南各省。胃癌的发病率随着年龄的增加而显著升高,男性患胃癌的概率为女性的1.5～2.5倍。

二、病因学

【专家共识要点】 胃癌的病因迄今尚未阐明，但多种因素会影响胃癌的发生。目前所知，胃癌的发病主要与下列因素相关：①幽门螺杆菌(HP)感染；②饮食因素；③吸烟；④胃的癌前疾病和癌前病变；⑤遗传因素与基因；⑥免疫监控机制失调。

【专家共识解读】 胃癌的发生可能是多种因素，长时间协同作用的结果。

1. 幽门螺杆菌感染

幽门螺杆菌(HP)感染是引发胃癌的重要因素。HP 致胃癌的可能机制如下：

(1)HP 诱发同种生物毒性炎症反应，促进胃黏膜上皮细胞过度增殖和增加自由基形成而致癌。

(2)HP 的代谢产物直接转化胃黏膜和诱导胃黏膜细胞凋亡。

(3)HP 的 DNA 转换到胃黏膜细胞中致癌。

防治 HP 感染在近年来一直被作为降低胃癌发病率的关键措施。

2. 饮食因素

烟熏和煎炸可使食物产生多环芳香烃类化合物，如 3，4 - 苯并芘可促使胃癌发生。发霉的食物，如花生、玉米等含有黄曲霉素、杂色曲霉素等，可诱发肝癌和胃癌。加盐腌制的蔬菜中含有的亚硝酸盐可转化为亚硝胺诱发胃癌。另外，高盐可损伤胃黏膜而增加黏膜与致癌物的接触，起促癌作用。

3. 吸烟

目前已经明确，吸烟是导致胃癌发生的重要因素之一。吸烟男性死于胃癌的人数是不吸烟男性的 2 倍。吸烟所致的胃癌病例中以分化较好的胃下部癌较为常见。

4. 胃的癌前疾病和癌前病变

易发生胃癌的胃疾病包括胃息肉、慢性萎缩性胃炎、残胃。胃息肉可分为炎性息肉、增生性息肉和胃腺瘤，前两者恶变的可能性很小，胃腺瘤的癌变率在 10% ~20%，直径超过 2 cm 时癌变机会加大。癌前病变是指容易发生癌变的胃黏膜病理组织变化，本身尚不具备恶性特征，是从良性上皮组织转变为癌过程中的病理变化。胃黏膜上皮的异型增生根据细胞的异性程度可分为轻、中、重三度，重度异型增生与分化较好的早期胃癌有时很难区分。

5. 遗传因素与基因

遗传因素包括家族胃癌史，遗传性非息肉性肠癌，家族性腺瘤性息肉等遗传性疾病等。胃黏膜的癌变是一个多因素、多步骤、多阶段发展过程，涉及癌基因、抑癌基因、凋亡相关基因与转移相关基因等的改变，如抑癌基因 P53、APC、Rb 等发生基因缺失或突变，而癌基因如 K - ras, c - met, EGFR 等明显扩增且过度表达。不同的基因可能在胃癌发展的不同阶段发挥作用。

6. 免疫监控机制失调

长期增性疾病未能得到控制或治愈造成机体免疫功能低下；细胞外自由基的增加造成自身免疫监控失调均可诱发肿瘤发生。特别是老年人机体系统功能退化也容易在上述基础疾病上突发细胞变异。

三、胃癌的病理学分期

【专家共识要点】　胃癌好发部位以胃窦部为主，占胃癌的一半，其次为胃底贲门部约占 1/3，胃体部发生癌变的较少。胃癌大体可分为：①早期胃癌；②进展期胃癌，绝大多数为胃腺癌。癌性浸润深度一般分为 7 个层次。胃癌通过淋巴道转移是最主要的转移方式。临床病理分期目前主要采用 UICC 和 AJCCS 于 2009年共同公布的胃癌 TNM 分期法（表 3 - 1）。

T 分期

Tx：原发肿瘤无法评估。

T0：无原发肿瘤证据。

Tis：原位癌，上皮内肿瘤，未侵及固有层。

T1：肿瘤侵犯固有膜、黏膜肌层或黏膜下层。

T1a 肿瘤侵犯固有膜或黏膜肌层。

T1b 肿瘤侵犯黏膜下层。

T2：肿瘤侵犯固有肌层。

T3：肿瘤穿透浆膜下结缔组织，而未侵犯脏层腹膜或临近结构。

T4：肿瘤侵犯浆膜（脏层腹膜或临近结构）。

T4a：肿瘤侵犯浆膜（脏层腹膜）。

T4b：肿瘤侵犯邻近结构。

注：①肿瘤穿透肌层，进入胃结肠或肝胃韧带，或进入大网膜、小网膜，但未穿透覆盖这些结构的脏层腹膜，这种情况的胃癌就为 T3，如果穿透了这些结构的脏层腹膜肿瘤就为 T4；②胃的邻近结构包括脾、横结肠、肝、膈肌、胰腺、腹壁、肾上腺、肾、小肠和后腹膜；③肿瘤由胃壁延伸到十二指肠或食管，肿瘤由包括胃在内的最严重处的浸润深度决定。

N 分期

Nx：区域淋巴结无法评估。

N0：区域淋巴结无转移。

N1：1 - 2 枚区域淋巴结转移。

N2：3 - 6 枚区域淋巴结转移。

N3：7 个或 7 枚以上区域淋巴结转移。

N3a：7 - 15 个区域淋巴结转移。

N3b：16 个或 16 个以上区域淋巴结转移。

注：不论切除及检查的淋巴结总数，若所有淋巴结都没有转移，定为 pN0。

M 分期

　　M0：无远处脏器和淋巴结转移。

　　M1：已转移至远处淋巴结和（或）其他脏器。

表 3 - 1　　AJCCS 对胃癌 TNM 分期表（2009 年第七版）

0 期	Tis	N0	M0
Ⅰ A 期	T1	N0	M0
Ⅰ B 期	T2	N0	M0
	T1	N1	M0
Ⅱ A 期	T3	N0	M0
	T2	N1	M0
	T1	N2	M0
Ⅱ B 期	T4a	N0	M0
	T3	N1	M0
	T2	N2	M0
	T1	N3	M0
Ⅲ A 期	T4a	N1	M0
	T3	N2	M0
	T2	N3	M0
Ⅲ B 期	T4b	N0	M0
	T4b	N1	M0
	T4a	N2	M0
	T3	N3	M0
Ⅲ C 期	T4b	N2	M0
	T4b	N3	M0
	T4a	N3	M0
Ⅳ 期	任何 T	任何 N	M1

【专家共识解读】　对胃癌患者进行分期的目的是衡量患者病情的早晚，便于对胃癌患者的临床管理及个体化治疗，便于临床医师总结和交流治疗经验以及对胃癌进行协作性研究，指导医生选择合理的治疗方案，正确判断疗效及预后，进一步遴选出更佳的治疗方案。研究结果表明，相对于 AJCCS 第六版对胃癌 TNM 分期系统，第七版 TNM 胃癌分期系统分期更加合理、更加细化，使得个体化差异更明显，能更好地预测胃癌患者的预后。

1. 早期胃癌

早期胃癌指癌细胞局限于黏膜层或黏膜下层而不管肿瘤大小和有无淋巴结转移，分为三个基本型和一个混合型。

Ⅰ型(隆起型)：肿瘤突出于胃腔内，隆起高度超过周围黏膜 2 倍约 5 mm 以上。

Ⅱ型(浅表型)：肿瘤平坦，或轻微隆起，或轻微低洼，其高度或深度在 5 mm 以内。其分为三个亚型：Ⅱa 型(浅表隆起型)，Ⅱb 型(浅表平坦型)和ⅡC 型浅表凹陷型)。

Ⅲ型(凹陷型)：又称溃疡型，肿瘤明显凹陷或溃疡，深度超过 5 mm。

混合型为Ⅱ型和Ⅲ型的组合。

上述分型源于日本胃肠道内镜学会，现已为国际公认并广泛应用于 X 线钡餐和纤维内镜检查。日本学者与 1978 年还正式命名直径 <5 mm 胃癌为微小胃癌，5.1 ~ 10 mm 胃癌为小胃癌。如果胃黏膜活检病理诊断为癌，而手术切除标本经连续组织切片病理学检查未见癌者为一点癌，是微小胃癌的特殊类型。

2. 进展期胃癌

胃癌细胞已经侵入胃壁肌层、浆膜层，不论病灶大小或有无淋巴结转移，按 Borrmann 分类法分为四型。

Ⅰ型(结节蕈伞型)：肿瘤呈结节、息肉状，表面有浅溃疡，向胃腔突出生长，边界清楚，细胞分化好，转移较晚，该型占 3% ~ 5%。

Ⅱ型(局部溃疡型):溃疡较深,边缘隆起呈堤状,周围浸润不明显,边界尚清楚,细胞分化较差,可早期出现转移,该型占30%~40%。

Ⅲ型(浸润溃疡型):溃疡较大,边缘隆起不明显,呈坡状型,边界不清楚,细胞分化差,易早期出现转移,预后差,该型占50%。

Ⅳ型(弥漫浸润型):癌细胞在胃壁各层浸润生长,引起广泛性纤维组织增生,使胃壁增厚,皱襞消失,胃壁变窄,僵硬,若累及全胃则称为皮革胃。该型细胞分化差,多见印戒细胞癌,易早期发生转移,预后很差,该型约占10%。

3. 特殊类型胃癌

另外还有一些特殊类型的胃癌:①表浅扩散型胃癌;②多发癌;③残胃癌。

4. 胃癌的浸润

胃癌的浸润深度与预后关系密切。一般将浸润深度分为7个层次:①黏膜层,包括黏膜肌层;②黏膜下层;③肌层,并可进一步分为浅肌层(即不超过固有肌层的1/2)和深肌层(已超过固有肌层的1/2,但未穿透);④浆膜下层;⑤浆膜层,即浸润至浆膜而未穿出浆膜;⑥浆膜外,即已出浆膜;⑦浸入周围结缔组织或其他器官等。

5. 胃癌的转移

(1)直接蔓延:是胃癌主要扩散方式之一。当胃癌侵犯浆膜层后,可直接侵入腹膜、邻近器官或组织(肝、胰腺、大网膜、横结肠等)。癌细胞也可沿黏膜下层蔓延,向上侵犯食管下段,向下侵犯十二指肠。

(2)淋巴管转移:是胃癌最主要的转移方式。淋巴结转移率=受累淋巴结数目/受检淋巴结数目。早期胃癌淋巴结转移率可达10%,进展期胃癌淋巴结转移率可达70%左右。癌细胞侵入淋巴管后,按淋巴流向转移至所属淋巴结。各站的淋巴结转移,随着癌细胞侵犯的深度和广度的增加而增加。另外，胃癌可发生"跳跃式"淋巴转移，如沿胸导管转移到左锁骨上淋巴结；当淋巴管有癌栓时，还可发生逆向转移。

（3）血道转移：癌细胞通过血行播散到肝、肺、骨、脑等处，亦可经脐静脉转移到脐周围皮肤。

（4）腹腔种植：肿瘤侵及胃浆膜后，癌细胞可脱落种植于腹腔和盆腔，引起广泛性腹膜、肠系膜的转移，并出现腹水，行直肠指检时，可于 Douglas 窝触及种植结节。

（5）卵巢转移：Krukenberg 瘤，是单侧或双侧卵巢转移癌的总称。胃癌有卵巢转移的倾向，胃的卵巢转移癌占全部卵巢转移癌的 50% 以上。转移途径除由腹腔种植转移外，也可由血道转移或淋巴道转移。胃源性 Krukenberg 瘤，易被误诊为卵巢癌。

（6）胃癌微转移：是近年来提出的新概念，定义为治疗时已经存在但目前常规病理学诊断技术还不能确定的转移。

四、临床表现

【专家共识要点】　胃癌患者从发病到就诊时间，在 3 个月之内者占 10%，在 3 个月至 2 年之间者占 70%，在 2 年以上者占 20%。胃癌早期没有特异性症状，可无任何体征。早期症状以消瘦为最多，中晚期胃癌以上腹压痛最常见。当有远处转移时，有时可摸到 Virchow 淋巴结，质硬而不能移动；肛门指检在直肠膀胱间凹陷可摸到肿块，并发 Krukenberg 瘤时阴道指检可扪到两侧卵巢肿大。

【专家共识解读】

（1）主要症状：没有特异性表现。癌症早期几乎不会有症状，以消瘦为最多，其次为胃区疼痛、食欲不振、呕吐等。初诊时患者多已属晚期。早期胃癌的首发症状，可为上腹不适（包括上腹痛，多偶发），或饱食后剑突下胀满、烧灼或轻度痉挛性痛，可自行缓解；或食欲减退，稍食即饱。癌发生于贲门者有进食时哽噎感，位于幽门部者食后有饱胀痛，偶因癌破溃出血而有呕血或柏油便，或因胃酸低，胃排空快而腹泻，或患者原有长期消化不良病史，致发生胃癌时虽亦出现某些症状，但易被忽略。少数患者因上腹部肿物或因消瘦，乏力，胃穿孔或转移灶而就诊。

（2）主要体征：早期胃癌可无任何体征。中晚期胃癌以上腹压痛最常见。1/3 患者可扪及结节状肿块，坚实而移动、多位于腹部偏右相当于胃窦处，有压痛。胃体肿瘤有时可触及，但位于贲门者则不能扪到。

（3）转移性体征：转移到肝脏可使肝肿大并可扪及结节，腹膜有转移时可发生腹水，出现移动性浊音。有远处淋巴结转移时可摸到 Virchow 淋巴结，质硬而不能移动。肛门指检在直肠膀胱间凹陷可摸到肿块。在脐孔处也可扪到坚硬结节，并发 Krukenberg 瘤时阴道指检可扪到两侧卵巢肿大。

（4）伴癌综合征：包括反复发作性血栓静脉炎（Trousseau 征）、黑棘皮病（皮肤皱摺处有色素沉着，尤其在两腋）、皮肌炎、膜性肾病、微血管病性溶血性贫血等。

五、胃癌的诊断

【专家共识要点】

1. 临床诊断

主要诊断依据：①早期可无症状和体征，或出现上腹部疼痛、饱胀不适、食欲减退；或原有胃溃疡症状者，上腹部疼痛加剧，腹痛为持续性或失去节律性，按溃疡病治疗症状不缓解，可出现呕血、黑便；②晚期体重下降，进行性贫血、低热，上腹部可触及包块并有压痛，可有左锁骨上淋巴结肿大、腹水及恶病质；③贲门部癌侵犯食管，可引起咽下困难；幽门部癌可出现幽门梗阻症状和体征；④实验室检查早期可疑胃癌，游离胃酸低度或缺乏,血细胞比容、血红蛋白、红细胞下降,大便潜血试验(+);肿瘤标志物异常增高;⑤影像学检查提示胃癌(胃气钡双重对比造影、CT 扫描)。

2. 病理学诊断

主要依据纤维内镜活检组织病理学诊断。有条件的医疗卫生机构,应行免疫组化检查鉴别肿瘤的组织学分型或确定肿瘤的神经内分泌状况。近年来,临床更重视胃癌的术前分期,根据术前分期制定合理治疗方案。

【专家共识解读】《胃癌规范化诊断治疗指南》指出,临床医生应当结合患者的临床表现及内镜、影像学及组织病理学检查结果等进行胃癌的诊断和鉴别诊断,在定性基础上,尽可能做到分期与分型诊断。

1. 胃癌诊断

纤维内镜检查是确诊胃癌的必要手段,可确定肿瘤位置,获得组织标本进行病理检查。超声内镜有助于判定胃癌浸润深度、胃周淋巴结转移状况。目前胃癌术前分期诊断主要依靠超声内镜和螺旋 CT 扫描,超声内镜对 T/N 分期诊断价值有限,主要对 T1 ~ T3 和 N1 期病例的敏感性和特异性较好,但对于 T4a 和 N2 期以上病例,螺旋 CT 优于超声内镜。

CT 扫描为术前分期的常规检查方法,首选增强 CT 扫描,对过敏体质等不适合增强 CT 检查,或怀疑腹膜或肝脏有转移者,可考虑行磁共振(MRI)检查。上消化道钡餐造影也是常用检查方法,当怀疑有梗阻时,可用造影剂代替钡剂。腹腔镜和正电子发射体层摄影 PET – CT 不推荐作为常规分期方法,如怀疑有腹膜转移或腹腔内播散,可考虑采用。对于怀疑有远处转移者,可考虑活检,并建议在确诊基础上行人表皮生长因子受体 – 2(HER2)的检测,以决定是否选择靶向治疗。

组织病理学诊断是胃癌确诊和治疗的依据,《胃癌规范化诊断治疗指南》将早期病变的胃黏膜活检病理诊断标准细化为：
①低级别上皮内肿瘤（轻度异型性）；②高级别上皮内肿瘤（重度
异型性/腺上皮原位癌）；③黏膜内癌；④黏膜下癌。因活检取材
的限制，活检病理不能确定肿瘤浸润深度。对报告为癌前病变或
可疑性浸润的患者，建议重复活检或结合影像学检查结果，进一
步确诊后选择治疗方案。《胃癌规范化诊断治疗指南》制定了胃
癌病理报告标准模板及病理取材要求，如强调于肿瘤浸润最深处
充分取材，以确定病灶基底部最大浸润深度；对于早期癌应对全
部标本行连续切片检查，且必须包含手术切缘远端和近端；建议
外科医师根据局部解剖和术中所见，分组送检淋巴结，对术前未
治疗的病例，检取淋巴结应≥15 枚。

　　2. 胃癌的分期

　　确切的外科病理分期对指导后续辅助治疗、疗效判定及患者
预后评估十分重要，《胃癌规范化诊断治疗指南》特别强调了 T/N
病理分期质量控制。对 T 分期的判定，需进行规范的病理取材和
必要的连续切片（2～10 mm），镜下确定病灶中最大的浸润深度。
对早期癌必须行连续切片检查，这对特殊类型的早期胃癌，如微
小癌、多发癌及浅表广泛型癌尤为重要；胃癌浆膜受侵与否对患
者预后影响甚大，尤其是浆膜下癌（T3）与浆膜受侵（T4a）的鉴别
更为重要，需连续切片确定。对 N 分期的判定，提倡淋巴结由手
术医生亲自检取，分组送检。因为淋巴结清扫数目的增加，有助于
提高患者远期生存率，淋巴结检取数目越多，pN 分期的准确性越
佳，有助于避免分期偏移的问题。对于准确的 N 分级应检取的最
少淋巴结数目，研究结果表明以 IA 期≥10 枚，IB 期≥15 枚，Ⅱ期、
ⅢA 期≥20 枚，ⅢB 期、ⅢC 期≥30 枚为宜。

六、胃癌的综合治疗

　　【专家共识要点】　临床上应采取综合治疗的原则。根据患

者的机体状况,肿瘤的病理类型、侵犯范围(病期)和发展趋向,有计划地、合理地应用现有的治疗手段,以期最大幅度地根治、控制肿瘤和提高治愈率,改善患者的生活质量。对拟行放疗、化疗的患者,应做 Karnofsky 或 ECOG 评分(表 3 -2、表 3 -3)。

表 3 -2　Karnofsky 评分

100	正常,无症状和体征,无疾病证据
90	能正常活动,有轻微症状和体征
80	勉强可进行正常活动,有一些症状或体征
70	生活可自理,但不能维持正常生活或工作
60	生活能大部分自理,但偶尔需要别人帮助,不能从事正常工作
50	需要一定帮助和护理,以及给与药物治疗
40	生活不能自理,需要特别照顾和治疗
30	生活严重不能自理,有住院指征,尚不到病重
20	病重,完全失去自理能力,需要住院和积极的支持治疗
10	重危,临近死亡
0	死亡

表 3 -3　Zubrod - ECOG - WHO

0	正常活动
1	症轻状,生活自理,能从事轻体力活动
2	能耐受肿瘤的症状,生活自理,但白天卧床时间不超过 50%
3	肿瘤症状严重,白天卧床时间超过 50% ,但还能起床站立,部分生活自理
4	病重卧床不起
5	死亡

胃癌的治疗主要分为手术治疗、放射治疗和化学治疗及其相关治疗。

1. 手术治疗原则

手术切除是胃癌的主要治疗手段，也是目前能治愈胃癌的唯一方法。外科手术的病灶完整切除及胃断端 5 cm 切缘，远侧部癌应切除十二指肠第一段 3~4 cm，近侧部癌应切除食管下端 3~4 cm，已被大多数学者认可。现常以 D 表示淋巴结清除范围，如 D1 手术指清除至第 1 站淋巴结，如果达不到第 1 站淋巴结清除的要求则为 D0 手术，D2 手术指第 2 站淋巴结完全清除。对于远端胃癌，次全胃切除较全胃切除并发症少；对于近端胃癌，肿瘤较早的可考虑行近端胃大部切除术；多数进展期近端胃癌宜施行全胃切除。减状手术和姑息性切除的主要目的：①减状，如解决肿瘤引起的梗阻、出血、穿孔等；②减瘤，如将肉眼可见肿瘤尽可能切除，减少肿瘤负荷，便于术后进一步治疗（如放疗、化疗等）；③晚期胃癌患者治疗的目的是改善生活质量。

2. 手术治疗模式及适应证

可切除的肿瘤：①T1a~T3，应切除足够的胃，并保证显微镜下切缘阴性（一般距肿瘤已边缘≥5 cm）；②T4 肿瘤需将累及组织整块切除；③胃切除术需包括区域淋巴结清扫术（D），推荐 D2 手术，切除至少 15 个或以上淋巴结；④常规或预防性脾切除并无必要，当脾脏或脾门受累时可考虑行脾切除术；⑤部分患者可考虑放置空肠营养管（尤其是推荐术后进行放化疗者）。

3. 无法切除的肿瘤（姑息治疗）

（1）若无症状则不进行姑息性胃切除术。

（2）不需要淋巴结清扫。

（3）短路手术有助于缓解梗阻症状。

（4）胃造口术和/或放置空肠营养管。

4.无法手术治愈的标准

（1）影像学证实或高度怀疑或活检证实 N3 以上淋巴结转移。

（2）肿瘤侵犯或包绕大血管。

（3）远处转移或腹膜种植。

（4）腹水细胞学检查阳性。

5.手术禁忌证

（1）全身状况恶化无法耐受手术。

（2）局部浸润过于广泛无法切除。

（3）有远处转移的确切证据，包括多发淋巴结转移、腹膜广泛播散和肝脏多灶性转移等。

（4）心、肺、肝、肾等重要脏器功能有明显缺陷，严重的低蛋白血症和贫血、营养不良无法耐受手术者。

胃癌放射治疗的专家共识

放射治疗主要用于胃癌术后的辅助治疗，不可手术局部晚期胃癌的同步放化疗，以及晚期转移性胃癌的姑息减症治疗。对于不具备放疗条件者可转上级医院放射治疗。

1.放射治疗的原则

（1）胃癌无论术前或术后放疗均建议采用顺铂 + / - 氟尿嘧啶及其类似物为基础的同步放化疗。

（2）胃癌 D0 - D1 根治性切除术后病理分期为 T3，T4 或 N + 但无远处转移的病例应给予术后同步放化疗；标准 D2 根治术后病理分期为 T3，T4 或区域淋巴结转移较多的建议行术后同步放化疗。

（3）非根治性切除局部有肿瘤残存病例（R1 或 R2），只要没有远处转移均应考虑给予术后局部区域同步放化疗。

（4）无远处转移的局部晚期不可手术切除胃癌。如果患者一般情况允许，到具备相应资质的医院给予同步放化疗，期望取得可手术切除的机会或长期控制的机会。

（5）术后局部复发病例如果无法再次手术，之前未曾行放疗，身体状况允许，可考虑同步放化疗。放化疗后 4～6 周评价疗效，期望争取再次手术切除，如无法手术建议局部提高剂量放疗并配合辅助化疗。

（6）不可手术的晚期胃癌出现呕血、便血、吞咽不顺、腹痛、骨或其他部位转移灶引起疼痛，严重影响患者生活质量时，如果患者身体状况允许，通过同步放化疗或单纯放疗可起到很好的姑息减症作用。

（7）放疗使用常规或转入具备条件的医院采用适形调强放疗技术。

（8）需要术后辅助放疗的病例在放疗前要求肝肾功能和血象基本恢复正常。

2. 放射治疗疗效评价

放射治疗的疗效评价参照 WHO 实体瘤疗效评价标准或 RECIST 疗效评价标准。

放射及化学治疗疗效判定标准

（1）WHO 实体瘤疗效评价标准（1981）

①完全缓解（CR）：肿瘤完全消失超过 1 个月。

②部分缓解（PR）：肿瘤最大直径及最大垂直直径的乘积缩小达 50%，其他病变无增大，持续超过 1 个月。

③病变稳定（SD）：病变两径乘积缩小不超过 50%，增大不超过 25%，持续超过 1 个月。

④病变进展（PD）：病变两径乘积增大超过 25%。

（2）RECIST 疗效评价标准（2000）

1）靶病灶的评价

①完全缓解（CR）：所有靶病灶消失。

②部分缓解（PR）：靶病灶最长径之和与基线状态比较，至少减少 30%。

③病变进展(PD)：靶病灶最长径之和与治疗开始之后所记录到的最小的靶病灶最长径之和比较，增加20％，或者出现一个或多个新病灶。

④病变稳定(SD)：介于部分缓解和疾病进展之间。

2）非靶病灶的评价

①完全缓解(CR)：所有非靶病灶消失和肿瘤标志物恢复正常。

②未完全缓解/稳定(IR/SD)：存在一个或多个非靶病灶和/或肿瘤标志物持续高于正常值。

③病变进展(PD)：出现一个或多个新病灶和/或已有的非靶病灶明确进展。

(3)最佳总疗效的评价：最佳总疗效的评价是指从治疗开始到疾病进展或复发之间所测量到的最小值。通常，患者最好疗效的分类由病灶测量和确认组成。

3. 重要器官保护

采用常规放疗技术或调强适形放疗技术时，应注意对胃周围脏器特别是肠道、肾脏、和脊髓的保护，以避免产生严重的放射性损伤。

4. 放射治疗技术

三维适形放疗技术(3DCRT)和调强放疗技术(IMRT)是目前较先进的放疗技术。如医院具备此条件，可用于胃癌治疗，并用CT或PET-CT进行放疗计划设计。

胃癌化学治疗的专家共识

胃癌化疗分为新辅助化疗(不具备条件者转上级医院实施)、术后辅助化疗和姑息性化疗。对于根治术后病理分期为Ⅱ期和Ⅲ期的患者，建议术后采用顺铂和5-氟尿嘧啶为主的方案行辅助化疗。对于术后复发、或局部晚期不可切除、或转移性胃癌患者，采用以全身姑息性化疗为主的综合治疗。

1. 化学治疗原则

（1）掌握临床适应证。

（2）强调治疗方案的规范化和个体化。

（3）所选方案及使用药物可参照规范，并根据当地医院具体医疗条件实施。

2. 化学治疗疗效评价

化学治疗的疗效评价参照 WHO 实体瘤疗效评价标准或 RECIST 疗效评价标准。

3. 常用药物和方案

（1）胃癌常用的化疗药物：5 - 氟尿嘧啶、卡培它滨、替吉奥、顺铂、依托泊苷、阿霉素、表阿霉素、紫杉醇、多西他赛、奥沙利铂、伊立替康等。

（2）常用化疗方案：

①CF 方案（顺铂/5 - 氟尿嘧啶）

②ECF 方案（表阿霉素/顺铂/5 - 氟尿嘧啶）及其改良方案（卡培他滨代替 5 - 氟尿嘧啶）

③XP 方案（卡培它滨/顺铂）

④SP 方案（替吉奥/顺铂）

【专家共识解读】《胃癌规范化诊断治疗指南》（简称指南）强调，对于进展期胃癌应采取以手术为主的综合治疗，即根据肿瘤病理学类型及临床分期，结合患者一般状况和器官功能状态，采取多学科综合治疗模式，有计划地合理应用手术、化疗、放疗和生物靶向等治疗手段，达到 R0 切除或最大限度地控制肿瘤生长，延长患者生存期，改善生活质量。

1. 根治性手术治疗

第 2 站淋巴结完全清除（D2）标准根治术是指胃切除范围在 2/3 以上，包括第 1 站、第 2 站区域淋巴结的完整清扫。以前针对淋巴结清扫范围，东方（亚洲地区）与西方（欧美地区）一直存在争论。近年来,随着多项大型随机临床研究结果的问世以及东西方学者沟通的逐步深入,对进展期胃癌采用 D2 淋巴结清扫术正逐步为西方学者所认同,其作为胃癌的标准根治术,也已逐步达成共识。最近,美国、荷兰的联合研究也证明,D2 手术可使Ⅱ期、Ⅲ期胃癌患者获得良好的远期生存。对于局部进展期胃癌是否需要行扩大淋巴结清扫的问题,日本临床肿瘤学协作组(JCOG)9501 研究结果证明,与单纯 D2 淋巴结清扫相比,D2 + 腹主动脉旁淋巴结清扫(PAND)不能显著延长进展期胃癌患者的术后生存时间,因此不提倡行预防性扩大淋巴结清扫(D3),最新版日本胃癌治疗的指南中也取消了 D3 淋巴结清除术的定义。

(1)内镜下黏膜切除术与内镜下黏膜剥离术。早期胃癌是指病变仅限于黏膜及黏膜下层,不论其范围大小和有无淋巴结转移,内镜下黏膜切除术(EMR)、内镜下黏膜下剥离术(ESD)在日本与韩国已确立为早期胃癌的标准治疗方法,并在越来越多的国家被推广和使用。尽管随着对 ESD 应用研究的深入,已有学者提出其适应证应扩展至:①无溃疡、分化型、直径 >2 cm 的黏膜内癌;②有溃疡、分化型、直径 <3 cm 的黏膜内癌;③无溃疡、未分化型、直径 <2 cm 的黏膜内癌;④分化型、直径 <3 cm 的黏膜下浅层癌(深度 <300 μm)。但关于 ESD 应用的研究尚缺乏大样本量的循证医学证据,有待进一步研究结果确认。此外,第 7 版《美国癌症联合委员会(AJCC)癌症分期手册》关于转移淋巴结分期较第 6 版更适用于早期胃癌。

(2)以前一直认为早期印戒细胞癌(signet ring cell carcinoma, SRCC)属于不良生物学行为的胃癌,实际上早期印戒细胞癌与高分化癌淋巴结转移率相似,如符合上述条件,亦为 ESD 切除适应证。

(3)类似早期癌的进展期胃癌,淋巴结转移多位于 N1 和 N2,或 8a,9 组淋巴结,亦为缩小手术适应证。若达到 R0 切除,胃切除的范围需保证从切缘到肿瘤边缘具有足够的距离：T2 以上的局限性肿瘤切缘距离至少需 3 cm；浸润型肿瘤的切缘距离至少需 5 cm 以上。推荐术中常规行快速冷冻病理切片检查以明确切缘状态，如术中病理证实切缘阳性时，务必进行二次切除以保证切缘阴性。对于术后病理报告切缘阳性者，应根据肿瘤的病期合理选择相应治疗方案。经验推荐：①对于 T1、T2、T3 及淋巴结转移小于 N2 的患者，腹膜复发及远处转移危险较低，为避免复发危险，可考虑行补充手术达 R0 切除；②对于 T4a/b 或淋巴转移 ≥ N2 的患者，腹膜或血行转移危险甚大，可考虑采用以系统放疗、化疗为主的治疗手段。

2. 胃癌腹腔镜手术

腹腔镜手术是新近出现的一种外科手术方法，对于胃癌患者，它比其他剖腹手术有更多重要的优势，如术中出血少、术后疼痛轻、恢复快、肠道功能恢复早以及患者住院时间缩短。《指南》关于胃癌腹腔镜手术仍限于早期病例。

（1）手术适应证：然而最新的《胃癌腹腔镜手术操作指南（2016）》中明确提出胃癌腹腔镜手术已被认可并应用于临床实践的手术适应证：①胃癌探查及分期；②胃癌肿瘤浸润深度 < T4a 期并可达到 D2 根治性切除术；③胃癌术前分期为Ⅰ期、Ⅱ期、ⅢA 期；④晚期胃癌短路手术。

可作为临床探索性手术适应证：①胃癌术前评估肿瘤浸润深度为 T4a 期并可达到 D2 根治性切除术；②晚期胃癌姑息性胃切除术。

（2）手术禁忌证

①肿瘤广泛浸润周围组织。

②胃癌急诊手术（如上消化道大出血）。

③有严重心、肺、肝、肾疾病，不能耐受手术。

④凝血功能障碍。

⑤妊娠期患者。

⑥不能耐受 CO_2 气腹。

3. 机器人胃癌手术

我国 2006 年引进机器人手术系统并应用于临床以来，国内部分医院先后成功开展了机器人胃癌根治术，《机器人胃癌手术专家共识(2015 版)》指出机器人胃癌手术的适应证是 T4a 期以内的胃癌患者，其禁忌证与腹腔镜胃癌手术相同。

4. 辅助治疗

《指南》的主辅助化疗部分主要包括术前和术后的化疗，转移性胃癌或局部晚期胃癌的一线和二线治疗。

《指南》指出，术后辅助化疗适于术后病理分期为ⅠB期伴淋巴结转移或Ⅱ期及以上胃癌患者。一般术后 3~4 周开始，联合化疗在 6 个月内完成，单药化疗不宜超过 1 年。对于ⅠB 期、体能状态差、高龄、不耐受两种药化疗联合方案的胃癌患者，考虑采用口服氟尿嘧啶类药物的单药化疗。日本临床肿瘤协作组的临床实验(JCOG 8801)表明，T1 肿瘤患者根治术后可以获得显著的生存。最近亚洲的两项研究(ACTS—GC 和 CLASSIC 研究)也表明，胃癌患者能够从 D2 根治术后的化疗取得生存获益。

对于局部进展期胃癌，首选诊疗计划要求术前进行多学科评估，以确定是否行新辅助治疗。《指南》推荐对于无远处转移的局部进展期胃癌(T3/4、N+)，采用新辅助化疗，选择 2 种化疗药或 3 种化疗药联合方案，推荐采用表柔比星 + 顺铂 + 5 - 氟尿嘧啶及其改良方案。化疗时限一般不超过 3 个月，应当及时评估疗效，以决定手术或采取其他治疗方案。一般化疗后 3 周施行手术为宜，手术切除范围与淋巴结切除范围应以术前诊断和 cTNM 分期为依据，不应因新辅助化疗后癌灶缩小而缩小手术范围，辅助化疗应根据新辅助化疗疗效调整方案。在一项 FNCLCC/FFCD 研究中报道，以 5 - 氟尿嘧啶和顺铂的围术期化疗可显著提高根治性手术切除率以及提高其根治术后的无病生存率和总生存率。5年生存率在手术 + 围术期化疗组为 38%，在单纯手术组为 24%（$P=0.02$），相对应的无进展生存率分别为 34% 和 19%。姑息化疗及放疗的目的是缓解症状、改善患者生活质量及延长其生存期，适用于全身状况良好，但肿瘤无法切除、转移复发或姑息性切除术后的患者。应依病情及患者体能状态选择 2 种化疗药或 3种化疗药化疗方案，对人表皮生长因子受体 2（HER2）阳性者，可联合分子靶向治疗。辅助放疗应以联合放化疗为主，以氟尿嘧啶类或紫杉类药物为基础，主要适用于：①对 T3、T4 期或淋巴结阳性者，如未行标准 D2 手术，且术前未行放化疗，建议行术后同步放化疗或单纯放疗；②对局部晚期不可手术切除的胃癌，可考虑行术前同步放化疗，治疗后重新评估，争取行根治性手术；③对于胃癌非根治性切除（R1 或 R2）患者，建议行术后同步放化疗。对于胃癌术后放化疗的意义，INT - 0116 研究结果表明，在 T3 - T4、N0 及任何 T 伴有淋巴结阳性的患者接受了根治性切除（D0或 D1 淋巴结切除），术后放化疗可以取得显著生存获益。而 T2、N0 患者在同样治疗方法中的有效性仍不明确，因在该研究中这类患者太少。此外，这项研究同样未能评估 D2 根治术后放化疗的作用。INT - 0116 研究结果建立了未接受术前治疗的胃癌完全切除术后放化疗为标准治疗的模式，但 INT - 0116 研究所使用的化疗方案具有较高的 3 度和 4 度的血液学毒性和胃肠道不良反应（分别为 54% 和 33%）。Ⅲ期临床研究（ARTIST）对胃癌的术后辅助放化疗（卡培他滨、顺铂联合放疗）与辅助化疗（卡培他滨加顺铂）进行了比较，结果显示，根治性 D2 切除患者（$n=458$，分期IB ~ Ⅳ，M0）术后放化疗并没有延长生存时间。

5. 靶向治疗

靶向治疗包括曲妥珠单抗（抗 HER2 抗体）、贝伐珠单抗（抗 VEGFR 抗体）和西妥昔单抗（抗 EGFR 抗体），对晚期胃癌的治疗有一定效果。

七、胃癌术后并发症及其处理

【专家共识要点】
（一）术后早期并发症
1. 术后出血

术后出血包括胃肠道腔内出血和腹腔内出血。前者包括胃或十二指肠残端出血、吻合口出血等。腹腔内出血多为周围结扎血管或网膜血管结扎线松脱出血。胃肠道腔内出血可以通过内镜检查明确出血部位，通过喷洒止血粉，上血管夹等保守措施止血。如果出血无明显缓解应再次手术止血。腹腔内出血可以通过腹腔穿刺抽得不凝固血液或腹腔引流管引流液性状明确诊断。

2. 术后胃瘫

术后胃瘫是胃手术后以胃排空障碍为主的综合征，也见于胰腺手术和其他腹部手术，包括妇科手术。胃瘫通常发生在术后2～3天，多发生在饮食由禁食改为流质或流质改为半流质时。患者出现恶心、呕吐，呕吐物多呈绿色。需放置胃管进行引流、胃减压。一般胃管需要放置1～2周，时间长者可达数月余。由于长期禁食和胃肠液丢失，如不及时补充调整，可导致脱水、水电解质与酸碱紊乱和营养障碍。胃管引流量减少，引流液由绿转黄、转清是胃瘫缓解的标志。

3. 术后胃肠壁缺血坏死、吻合口破裂或漏

胃大部切术需注意适当保留残胃大弯的胃短血管。十二指肠残端或空肠袢的血供不足也会引起肠壁缺血坏死，造成吻合口破裂或肠瘘。发现胃肠壁坏死应立即禁食，放置胃管进行胃肠减

压，并严密观察。一旦发生坏死穿孔，出现腹膜炎体征应立即手术探查并进行相应处理。

4. 十二指肠残端破裂

十二指肠残端破裂见于十二指肠残端处理不当或毕罗Ⅱ式输入袢梗阻。患者上腹部剧烈疼痛，伴发热。腹部检查有腹膜刺激体征，腹腔穿刺可得腹腔液中有胆汁。一旦确诊立即手术。术中应尽量关闭十二指肠残端，并行十二指肠造口和腹腔引流。如因输入袢梗阻所致需同时解除输入袢梗阻。

5. 术后肠梗阻

（1）术后肠梗阻多见于毕罗Ⅱ式吻合。又分为输入袢梗阻和输出袢梗阻。急性输入袢梗阻由于梗阻近端为十二指肠残端，因此是一种闭袢性梗阻，易发生肠绞窄。患者表现为上腹部剧烈疼痛伴呕吐，呕吐物不含胆汁。上腹部常可扪及肿块。

（2）输出袢梗阻：多见于术后肠粘连或结肠后方式系膜压迫肠管所致。患者表现为上腹部饱胀不适，严重时有呕吐，呕吐物含胆汁。

（3）吻合口梗阻：多见于吻合口过小或吻合时内翻过多，加上术后吻合口水肿所致。处理方法是胃肠减压，消除水肿。经非手术治疗后症状通常可以缓解，如非手术治疗失败，需要再次手术。

（二）术后远期并发症

1. 倾倒综合征

胃大部切除术后，由于失去了幽门的节制功能，导致胃内容物排空过快，产生一系列临床症状，称为倾倒综合征，多见于毕罗Ⅱ式吻合。根据进食后出现症状的时间，可以分为早期和晚期两种类型。

（1）早期倾倒综合征：进食后半小时出现心悸、出冷汗、乏力、面色苍白等短暂血容量不足的相应表现。并伴有恶心和呕吐、腹部绞痛和腹泻。病理机制可能与高渗性胃内容物快速进入肠道导致肠道内分泌细胞大量分泌血管活性物质有关。非手术治疗为调整饮食，少食多餐，避免过甜的高渗食品。症状重者可采用生长抑素治疗。采用手术治疗宜慎重。

（2）晚期倾倒综合征：发生在进食后 2 ~ 4 小时。主要表现为头晕、面色苍白、出冷汗、乏力，脉搏细数。发生机制为食物进入肠道后刺激胰岛素大量分泌，继而导致反应性低血糖。治疗采用饮食调整，减缓碳水化合物的吸收，严重病例可采用皮下注射生长抑素。

2.碱性反流性胃炎

碱性肠液返流至残胃，导致胃黏膜充血、水肿、糜烂，破坏了胃黏膜屏障。临床表现为胸骨后或上腹部烧灼痛，呕吐物为胆汁，体重下降。一般抑酸制剂无效。多采用保护胃黏膜、抑酸、调节胃动力等综合措施。

3.营养性并发症

胃大部切除术后由于残胃容量减少，消化吸收功能影响，患者常出现上腹部饱胀、贫血、消瘦等症状。治疗应采取调节饮食，少食多餐，选用高蛋白、低脂肪饮食，补充维生素，铁剂和微量元素。

【专家共识解读】　影响胃癌根治术后并发症发生的因素有肿瘤大小、术前合并症、淋巴结转移、手术时间、手术经验和是否采用腹腔镜手术。腹腔镜手术能显著降低术后非外科并发症的发生率。

八、生活质量、预后与随访

【专家共识要点】　生活质量：包括饮食、营养方面、心理改变等方面。

预后：早期胃癌的预后与肿瘤浸润深度有关，黏膜内癌罕见胃周淋巴结转移,5年生存率为100%;癌灶侵及黏膜下时发生淋巴结转移的占15%~20%,平均5年生存率为82%~95%。根据大宗病案报道,施行规范治疗Ⅰ期胃癌的5年生存率为82%~95%,Ⅱ期胃癌为55%,Ⅲ期胃癌为15%~30%,而Ⅳ期胃癌仅2%。

随访:胃癌术后辅助治疗结束后,2年内每隔3~4个月应全面复查一次,2~5年内每半年复查一次。5年以后每年复查一次。包括体检、检测肿瘤相关标志物(CEA,CA199等)、摄X线胸片、超声、腹盆腔增强CT(半年至1年)、胃镜(每年一次)等。

【专家共识解读】　目前胃癌患者生活质量评价采用最多的量表是欧洲癌症研究与治疗协作组生活质量问卷-C30(EORTCQLQ-C30)、EORTC胃癌特异性生活质量问卷调查、QLQ-STO22、SPITZER生活质量总体评分量表、Chew-Wun Wu的特殊症状量表和Karnofsky评分。年龄、肿瘤直径、脉管神经侵犯、浸润深度、转移淋巴结数目及TNM分期能为临床判断胃癌预后及选择合理治疗方案提供参考。对于规律随访的具体随访方案,目前尚无高级别临床证据可参考。根据NCCN指南,对于进展期胃癌患者行根治性手术并完成术后辅助化疗,术后1~2年的随访间期为3~6个月,术后3~5年的随访间期为6~12个月。由于我国进展期胃癌占胃癌发病患者人群的绝大部分,多存在区域淋巴结转移,因此,术后复发率相对增高。一般来说,胃癌术后复发或转移多数集中在术后1~2年内。建议术后1~2年内每3~6个月、术后3~5年内每6~12个月复查一次、术后5年以后每年进行门诊随访。

(胡英斌)

附件 放射及化学治疗疗效判定标准

1. WHO 实体瘤疗效评价标准(1981)

1.1 完全缓解(CR)肿瘤完全消失超过 1 个月。

1.2 部分缓解(PR)肿瘤最大直径及最大垂直直径的乘积缩小达 50%,其他病变无增大,持续超过 1 个月。

1.3 病变稳定(SD)病变两径乘积缩小不超过 50%,增大不超过 25%,持续超过 1 个月。

1.4 病变进展(PD)病变两径乘积增大超过 25%。

2. RECIST 疗效评价标准(2000)

2.1 靶病灶的评价

2.1.1 完全缓解(CR)所有靶病灶消失。

2.1.2 部分缓解(PR)靶病灶最长径之和与基线状态比较,至少减少 30%。

2.1.3 病变进展(PD)靶病灶最长径之和与治疗开始之后所记录到的最小的靶病灶最长径之和比较,增加 20%,或者出现一个或多个新病灶。

2.1.4 病变稳定(SD)介于部分缓解和疾病进展之间。

2.2 非靶病灶的评价

2.2.1 完全缓解(CR)所有非靶病灶消失和肿瘤标志物恢复正常。

2.2.2 未完全缓解/稳定(IR/SD)存在一个或多个非靶病灶和/或肿瘤标志物持续高于正常值。

2.2.3 病变进展(PD)出现一个或多个新病灶和/或已有的非靶病灶明确进展。

2.3 最佳总疗效的评价

最佳总疗效的评价是指从治疗开始到疾病进展或复发之间所

测量到的最小值。通常，患者最好疗效的分类由病灶测量和确认组成。

（胡英斌　聂少麟）

参考文献

[1] 卫生部 2013 胃癌规范化诊疗指南.

[2] 万德森.2015.临床肿瘤学(第四版).北京：科学出版社.

[3] 陈孝平，汪建平.2014.外科学(第八版).北京：人民卫生出版社.

[4] 赵玉沛，姜洪池.2014.普通外科学(第二版).北京：人民卫生出版社.

[5] 中华医学会外科学分会腹腔镜与内镜外科学组.腹腔镜胃癌手术操作指南(2016).

[6] 中国研究型医院学会机器人与腹腔镜外科专业委员会《机器人胃癌手术专家共识(2015 版)》

第四章　结直肠癌专家共识解读

大肠癌是常见的恶性肿瘤，包括结肠癌和直肠癌。大肠癌的发病率从高到低依次为直肠、乙状结肠、盲肠、升结肠、降结肠及横结肠，近年有向结肠近端(右半结肠)发展的趋势。其发病与生活方式、遗传、大肠腺瘤等关系密切。发病年龄趋老年化，男女之比为 1.65∶1。

一、流行病学

【专家共识要点】　我国结直肠癌(colorectal cancer，CRC)的发病率和病死率均保持上升趋势。2011 年结直肠癌的发病率和病死率分别为 23.03/10 万人和 11.11/10 万人。其中，城市地区远高于农村，且结肠癌的发病率上升显著。多数患者发现时已属于中晚期。

【专家共识解读】　在世界范围内，结直肠癌发病率男性居常见恶性肿瘤的第 3 位、女性居第 2 位。在我国，随着人民生活水平的提高和饮食结构的改变，结直肠癌发病率一直呈上升趋势，现已居恶性肿瘤的第 3 位，在某些发达地区(上海、广州)已居恶性肿瘤发病率的第 2 位。

我国结直肠癌发病率、病死率存在地区差异，高收入地区高于低收入地区，城市高于农村，东部城市高于中部、西部城市，西部农村发病率、病死率均高于中部、东部农村。男性结直肠癌发病率和病死率较女性高，男女发病率比为 1∶33，病死率比为 1∶48，但女性发病率上升更快，男女比例下降。发病率在 50 岁年龄组以下较低，50岁以上开始迅速升高，70岁以上年龄组达到最大值，80岁后有所下降发病的中位年龄上升，有老年化趋向。结直肠癌的发病部位逐渐由左向右推移，结肠癌发病率明显上升。另外，早中期患者比例升高，组织学分化类型高中分化者比例上升。

二、病因学

【专家共识要点】

饮食因素：高动物蛋白、高脂肪和低纤维饮食。

大肠非癌性疾患：慢性溃疡性结肠炎、克罗恩病、肠息肉病、肠道腺瘤等

遗传因素：估计大约在20%的结直肠癌患者中，遗传因素可起着重要作用。

其他：缺钼地区发病率高、接受大量的射线、胆囊切除术者、缺乏体力活动、超重和肥胖。

【专家共识解读】 结直肠癌的发生中，有多种生活因素、遗传和疾病因素可以起着促进作用。

主要生活因素有高脂肪、高动物蛋白、低纤维素饮食，肥胖和缺少体力活动等。高脂肪肉类饮食促进结直肠癌发生的机制并不是很清楚，一般认为，脂肪通过细菌将胆盐降解为潜在的致癌物 N - 亚硝基化合物，肉类在高温下可以形成杂环胺和多环芳胺，红肉还含有血铁，这些化学成分都可以促成肠癌的发生。饮食中纤维素低也被认为是肠癌发生的危险因素，纤维素可以稀释粪便、增加排便量和缩短排空时间，进而有利于致癌物质的排出。

遗传和疾病因素主要有家族史、肠道腺瘤和慢性炎症。有家族史者散发性结直肠癌发病可能性大大提高，特定基因改变则可直接导致家族性腺瘤性息肉病（FAP）和遗传性非息肉性结肠癌

（HNPCC）。家族性腺瘤性息肉病由 APC 基因突变引起，遗传性非息肉性结肠癌则是由错配修复基因（hMSH2、hMLH1、hMSH6、hPMS1、hPMS2 等）的改变引起，均为显性遗传病。结直肠癌是由肠道腺瘤性息肉演变形成的，腺瘤的直径越大则癌变的可能性越大。长期的慢性溃疡性结肠炎可发生癌变，病史越长者癌变可能性就越大。克罗恩病也可发生癌变，但癌变比例较低。

三、病理

【专家共识要点】

1.早期结直肠癌

癌细胞穿透结直肠黏膜肌层浸润至黏膜下层，但未累及固有肌层，无论有无淋巴结转移，称为早期结直肠癌（pT_1）。上皮重度异型增生及不能判断浸润深度的病变称高级别上皮内瘤变，如癌组织浸润固有膜则称黏膜内癌。

2.进展期结直肠癌的大体类型

（1）隆起型。凡肿瘤的主体向肠腔内突出者均属本型。

（2）溃疡型。肿瘤形成深达或贯穿肌层之溃疡者均属此型。

（3）浸润型。肿瘤向肠壁各层弥漫浸润，使局部肠壁增厚，但表面常无明显溃疡或隆起。

3.结直肠癌组织学类型

结直肠癌的类型有：①腺癌；②黏液腺癌；③印戒细胞癌；③鳞癌；⑤腺鳞癌；⑥髓样癌；⑦未分化癌；⑧其他类型癌；⑨组织学确定为癌，但不能确定类型。

4.AJCC 和 UICC 对结直肠癌 TNM 分期系统

美国癌症联合会（AJCC）和国际防癌联合会（UICC）对结直肠癌 TNM 分期系统（2010 年第七版）

原发肿瘤（T）

T_x　　　原发肿瘤无法评价

T_0　　无原发肿瘤证据

Tis　　原位癌：局限于上皮内或侵犯黏膜固有层

T_1　　肿瘤侵犯黏膜下层

T_2　　肿瘤侵犯固有肌层

T_3　　肿瘤穿透固有肌层到达浆膜下层，或侵犯无腹膜覆盖的结直肠旁组织

T_{4a}　　肿瘤穿透腹膜脏层

T_{4b}　　肿瘤直接侵犯或粘连于其他器官或结构

区域淋巴结（N）

N_x　　区域淋巴结无法评价

N_0　　无区域淋巴结转移

N_1　　有 1 – 3 枚区域淋巴结转移

N_{1a}　　有 1 枚区域淋巴结转移

N_{1b}　　有 2 – 3 枚区域淋巴结转移

N_{1c}　　浆膜下、肠系膜、无腹膜覆盖结肠/直肠周围组织内有肿瘤种植（tumor deposit，TD），无区域淋巴结转移

N_2　　有 4 枚以上区域淋巴结转移

N_{2a}　　4 – 6 枚区域淋巴结转移

N_{2b}　　7 枚及更多区域淋巴结转移

远处转移（M）

M_0　　无远处转移

M_1　　有远处转移

M_{1a}　　远处转移局限于单个器官或部位（如肝，肺，卵巢，非区域淋巴结）

M_{1b}　　远处转移分布于一个以上的器官/部位或腹膜转移

5. 结直肠癌的解剖学分期及预后组别

结直肠癌解剖分期及预后组别可参考表 4 – 1 所示。

表 4 - 1 解剖分期/预后组别

期别	T	N	M	Dukes	MAC
0	Tis	N_0	M_0	—	—
I	T_1	N_0	M_0	A	A
	T_2	N_0	M_0	A	B_1
IIA	T_3	N_0	M_0	B	B_2
IIB	T_{4a}	N_0	M_0	B	B_2
IIC	T_{4b}	N_0	M_0	B	B_3
IIIA	T_{1-2}	N_1/N_{1c}	M_0	C	C_1
	T_1	N_{2a}	M_0	C	C_1
IIIB	T_{3-4a}	N_1/N_{1c}	M_0	C	C_2
	T_{2-3}	N_{2a}	M_0	C	C_1/C_2
	T_{1-2}	N_{2b}	M_0	C	C_1
IIIC	T_{4a}	N_{2a}	M_0	C	C_2
	T_{3-4a}	N_{2b}	M_0	C	C_2
	T_{4b}	N_{1-2}	M_0	C	C_3
IVA	任何 T	任何 N	M_{1a}	—	—
IVB	任何 T	任何 N	M_{1b}	—	—

注：1. cTNM 是临床分期，pTNM 是病理分期；前缀 y 用于接受新辅助（术前）治疗后的肿瘤分期（如 ypTNM），病理学完全缓解的患者分期为 $ypT_0N_0cM_0$，可能类似于 0 期或 1 期。前缀 r 用于经治疗获得一段无瘤间期后复发的患者（rTNM）。Dukes B 期包括预后较好（$T_3N_0M_0$）和预后较差（$T_4N_0M_0$）两类患者，Dukes C 期也同样（任何 TN_1M_0 和任何 TN_2M_0）。MAC 是改良 Astler-Coller 分期。2. Tis 包括肿瘤细胞局限于腺体基底膜（上皮内）或黏膜固有层（黏膜内），未穿过黏膜肌层到达黏膜下层。3. T_4 的直接侵犯包括穿透浆膜侵犯其他肠段，并得到镜下诊断的证实（如盲肠癌侵犯乙状结肠），或者位于腹膜后或腹膜下肠管的肿瘤，穿破肠壁固有基层后直接侵犯其他的脏器或结

构,例如降结肠后壁的肿瘤侵犯左肾或侧腹壁,或者中下段直肠癌侵犯前列腺、精囊腺、宫颈或阴道。4.肿瘤肉眼上与其他器官或结构粘连则分期为 cT4b。但是,若显微镜下该粘连处未见肿瘤存在则分期为 pT_3。V 和 L 亚分期用于表明是否存在血管和淋巴管浸润,而 PN 则用以表示神经浸润(可以是部位特异性的)。

【专家共识解读】　近年来,国内外学者发现随着患者年龄的升高,结直肠癌有发病部位"右移"的现象,直肠、乙状结肠、升结肠为高发部位。中老年患者的大体类型以菜花型、隆起型为主,而青年患者以菜花型、溃疡型为主。腺癌最为常见,相关资料显示大于 60 岁的老年结直肠癌患者中分化、高分化腺癌的比例明显高于 60 岁以下的患者,青年结直肠癌组织学分化低,恶性程度高,侵袭性强,预后差。

四、临床表现

【专家共识要点】　早期结直肠癌可无明显症状,病情发展到一定程度可出现下列症状:

(1)排便习惯改变。

(2)大便性状改变(变细、血便、黏液便等)。

(3)腹痛或腹部不适。

(4)腹部肿块。

(5)肠梗阻相关症状。

(6)贫血及全身症状:如消瘦、乏力、低热等。

【专家共识解读】　结肠癌发生在左半结肠或发生在右半结肠部位的,其两部位的肿瘤在临床表现方面有差异,表 4-2 所示的内容可供鉴别。

表 4 - 2　左半结肠癌、右半结肠癌临床表现差异

	右半结肠	左半结肠
胚胎发生	中原肠	后原肠
血管供应	SMA	IMA
肠腔	大	小
内容物	稀、糜粥样	成形、干、块状
生理功能	吸收水电解质为主	储存大便、排便
病理学	隆起型(肿块型)	浸润型(缩窄型)
	多见	多见
临床表现	肿块、全身症状	肠梗阻、便血、
	贫血、腹胀、腹痛	肠刺激症状

　　直肠癌的症状以便血、大便变形和排便习惯改变(大便次数增多、里急后重、肛门坠胀)多见。当肿瘤浸润肠壁引起直肠狭窄,可出现大便变形、变细,继续发展可引起肠梗阻。

　　除了上述由局部引起的表现外,还应该注意到肿瘤是全身性疾病,结直肠癌发展到晚期所引起的症状。如肝、肺、脑转移;盆腔广泛浸润;对周围组织的压迫等。最后会引起恶病质、全身衰竭。

五、诊断

【专家共识要点】　结直肠癌诊断步骤可参考图 4 - 1 所示。诊断明确后推荐行结直肠癌临床分期(cTNM)。

【专家共识解读】

1. 临床症状

　　凡 20 岁以上有:①近期出现持续腹部不适、隐痛、气胀;②大便习惯改变、出现便秘或腹泻,或者两者交替;③便血;④原

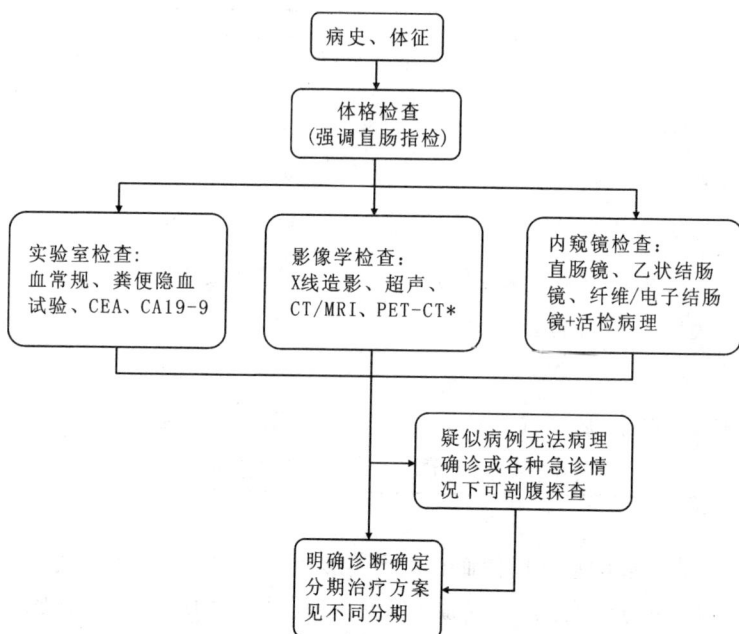

图4-1　结直肠癌诊断步骤

因不明的贫血或体重减轻；⑤腹部包块等，应考虑结直肠癌的可能，并行下列检查。

2. 体格检查

（1）腹部视诊和触诊，检查有无肿块。右半结肠癌90%以上可扪及肿块。

（2）直肠指检：简单易行。我国80%以上的结直肠癌做直肠指检可以发现，如采取左卧位可以扪及更高部位的肿瘤。检查是要了解肿块的位置、形态、大小，以及占肠周的范围、基底部活动度、肠腔有无狭窄、病灶有无侵犯邻近组织脏器。还应注意指套有无血染和大便性状、盆底有无结节。

3. 内镜检查

有 70% ~75% 结直肠癌位于距肛门缘 25 cm 以内，应用乙状结肠镜可以观察到病变，25 cm 以上的结肠可以用导光纤维结肠镜检查。镜检时，可以照相、活检，内镜下也可以治疗早期结直肠癌及癌前病变。

4. CT、MRI 检查

CT、MRI 的优势在于显示邻近组织受累情况、淋巴结或远处脏器有无转移，对于临床分期及手术评估有重大作用。另外对于诊断结直肠癌复发有一定价值。当诊断不明时，可在 CT 或 B 超引导下做细针吸取细胞学及穿刺活检诊断。

5. PET – CT

PET – CT 显像也能检出结直肠癌的原发灶，而且灵敏度高。在局部病变的良恶性判断及微小转移灶的发现方面有其独特的优势。PET – CT 在术后炎性瘢痕组织区域可能会出现假阳性，且因空间分辨率低，评估病变切除可能性的作用不大。临床主要用于：其他检查不能确诊，或需行创伤性较大的手术来根除局部复发病灶，而经 PET – CT 来排除潜在转移从而避免过度手术。PET – CT 检查费用昂贵不能作为常规选择。

六、治疗

【专家共识要点】　结直肠癌以手术为主，辅以放疗、化疗的综合治疗。

【专家共识解读】

结肠癌的外科治疗

1. 结肠癌的手术治疗原则

（1）全面探查，由远及近。必须探查记录肝脏、胃肠道、子宫及附件、盆底腹膜，及相关肠系膜和主要血管淋巴结和肿瘤临近脏器的情况。

（2）建议切除足够的肠管，清扫区域淋巴结，整块切除，建议常规清扫两站以上淋巴结。

（3）推荐锐性分离技术。

（4）推荐由远及近的手术清扫，建议先处理肿瘤滋养血管。

（5）推荐遵循"不接触"手术原则。

（6）推荐切除肿瘤后更换手套并冲洗腹腔。

（7）对已失去根治性手术机会的肿瘤，如果患者无出血、梗阻、穿孔症状，则无首先姑息性切除原发灶必要。

2. 早期结肠癌的手术治疗

（1）$T_1N_0M_0$ 结肠癌：建议局部切除。术前内镜超声检查属 T_1 或局部切除术后病理提示 T_1，如果切除完整而且具有预后良好的组织学特征（如分化程度良好、无脉管浸润），则无论是广基还是带蒂，不推荐再行手术切除。如果具有预后不良的组织学特征，或者非完整切除，标本破碎切缘无法评价，推荐行结肠切除术加区域淋巴结清扫。I 期结直肠癌的处理流程可参考图 4 - 2。

（2）直径超过 2.5 cm 的绒毛状腺瘤癌变率高，推荐行结肠切除加区域淋巴结清扫。

腺瘤恶变处理流程可参考图 4 - 3 所示。

注：局部切除标本必须由手术医师展平、固定，标记方位后送病理检查。

3. T_{2-4}，N_{0-2}，M_0 结肠癌

（1）首选的手术方式是相应结肠切除加区域淋巴结清扫。区域淋巴结清扫必须包括肠旁，中间和系膜根部淋巴结。建议标示系膜根部淋巴结并送病理学检查；如果怀疑清扫范围以外的淋巴结有转移推荐完整切除，无法切除者视为姑息切除。

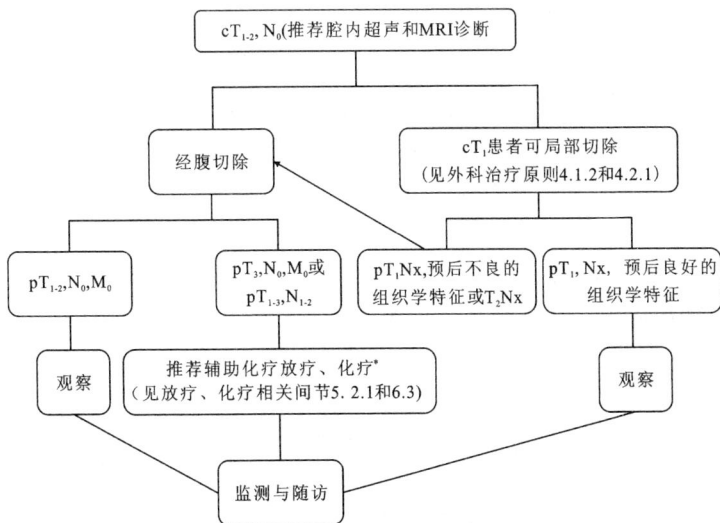

图4-2　I 期结直肠癌的处理流程

(＊注：直肠癌患者推荐辅助放化疗)

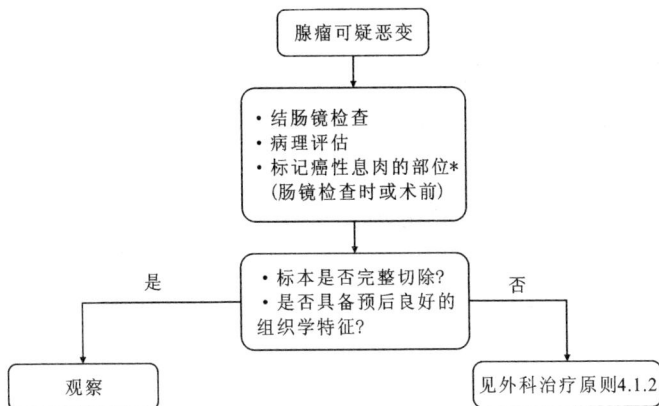

图4-3　腺瘤恶变的处理流程

(＊注：供再次手术时定位用)

（2）对具有遗传性非息肉病性结直肠癌（hereditary nonpolyposis colorectal cancer，HNPCC）家族史，或有明显的结肠癌家族史，或同时多原发结肠癌的患者建议行更广泛的结肠切除术。

（3）肿瘤侵犯周围组织器官建议联合脏器整块切除。

（4）结肠新生物临床诊断高度怀疑恶性肿瘤，由于某些原因无法得到病理学诊断，如患者可耐受手术，建议行手术探查。

（5）行腹腔镜辅助的结肠切除术推荐满足如下条件：①由有腹腔镜经验的外科医师实施手术；②无严重影响手术的腹腔粘连；③无急性肠梗阻或穿孔的表现。

（6）对于已经引起梗阻的可切除结肠癌，推荐行Ⅰ期切除吻合，或Ⅰ期肿瘤切除近端造口远端闭合，或造口术后Ⅱ期切除，或支架植入术后Ⅱ期切除。如果肿瘤局部晚期不能切除或者临床上不能耐受手术，建议给予姑息性治疗。

4.肝转移外科治疗的原则

参见结直肠癌肝转移治疗规范。

5.肺转移外科治疗的原则

（1）原发灶必须能根治性切除（R0）。

（2）有肺外可切除病灶并不妨碍肺转移瘤的切除。

（3）完整切除必须考虑到肿瘤范围和解剖部位，肺切除后必须能维持足够功能。

（4）某些患者可考虑分次切除。

（5）无论肺转移瘤能否切除，均应当考虑化疗（术前化疗和/或术后辅助化疗）。

（6）不可手术切除的病灶，可以消融处理（如能完全消融病灶）。

（7）必要时，手术联合消融处理。

（8）肺外可切除转移病灶，可同期或分期处理。

（9）肺外有不可切除病灶不建议行肺转移病灶切除。

（10）推荐多学科讨论后的综合治疗。

Ⅱ/Ⅲ期结肠癌处理流程可参考图4-4所示。

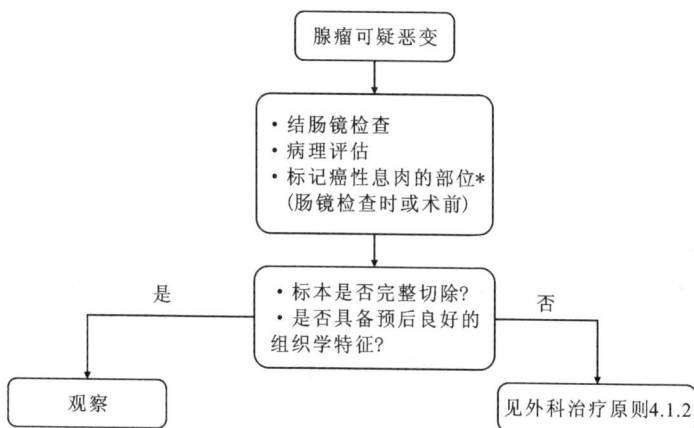

图4-4　Ⅱ/Ⅲ期结肠癌处理流程

直肠癌手术的腹腔探查处理原则

直肠癌手术的腹腔探查处理原则与结肠癌相同。

1. 直肠癌局部切除（$T_1N_0M_0$）

早期直肠癌（$T_1N_0M_0$）的治疗处理原则同早期结肠癌。

早期直肠癌（$T_1N_0M_0$）如经肛门切除必须满足如下要求：

（1）肿瘤大小 <3 cm。

（2）切缘距离肿瘤 >3 mm。

（3）肿瘤活动，不固定。

（4）肿瘤距肛缘8 cm 以内。

（5）仅适用于 T_1 肿瘤。

（6）内镜下切除的息肉，伴癌浸润，或病理学不确定。

（7）无血管淋巴管浸润（LVI）或神经浸润（PNI）。

（8）病理证示为高分化－中分化结肠癌。

（9）治疗前影像学检查无淋巴结肿大的证据。

注：局部切除标本必须由手术医生展平、固定，标记方位后送病理检查。

2. 直肠癌（T_{2-4}，N_{0-2}，M_0）

必须行根治性手术治疗。中上段直肠癌推荐行低位前切除术；低位直肠癌推荐行腹会阴联合切除术或慎重选择保肛手术。中下段直肠癌必须遵循直肠癌全系膜切除术原则，尽可能锐性游离直肠系膜，连同肿瘤远侧系膜整块切除，尽量保证环周切缘阴性，对可疑环周切缘阳性者，应加后续治疗。肠壁远切缘距离肿瘤≥2 cm，直肠系膜远切缘距离肿瘤≥5 cm 或切除全直肠系膜。在根治肿瘤的前提下，尽可能保留肛门括约肌功能、排尿和性功能。治疗原则如下：

（1）切除原发肿瘤，保证足够切缘，远切缘至少距肿瘤远端2 cm。下段直肠癌（距离肛门小于5 cm）远切缘距肿瘤1~2 cm 者，建议术中冷冻病理检查证实切缘阴性。

（2）切除引流区域淋巴脂肪组织。

（3）尽可能保留盆腔自主神经。

（4）新辅助（术前）放化疗后推荐间隔6~12 周进行手术。

（5）肿瘤侵犯周围组织器官者争取联合脏器切除。

（6）合并肠梗阻的直肠新生物，临床高度怀疑恶性，而无病理诊断，不涉及保肛问题，并可耐受手术的患者，建议剖腹探查。

（7）对于已经引起肠梗阻的可切除直肠癌，推荐行Ⅰ期切除吻合，或 Hartmann 手术，或造瘘术后Ⅱ期切除，或支架植入解除梗阻后Ⅱ期切除。Ⅰ期切除吻合前推荐行术中肠道灌洗。如估计吻合口瘘的风险较高，建议行 Hartmann 手术或Ⅰ期切除吻合及预防性肠造口。

（8）如果肿瘤局部晚期不能切除或临床上不能耐受手术，推荐给予姑息性治疗,包括选用放射治疗来处理不可控制的出血和疼痛、支架植入来处理肠梗阻以及支持治疗。

(9)术中如有明确肿瘤残留,建议放置银夹作为后续放疗的标记。

3.直肠癌的肝、肺转移

直肠癌的肝、肺转移灶的治疗原则与结肠癌相同。

Ⅱ/Ⅲ期直肠癌的处理流程可参考图4-5所示。

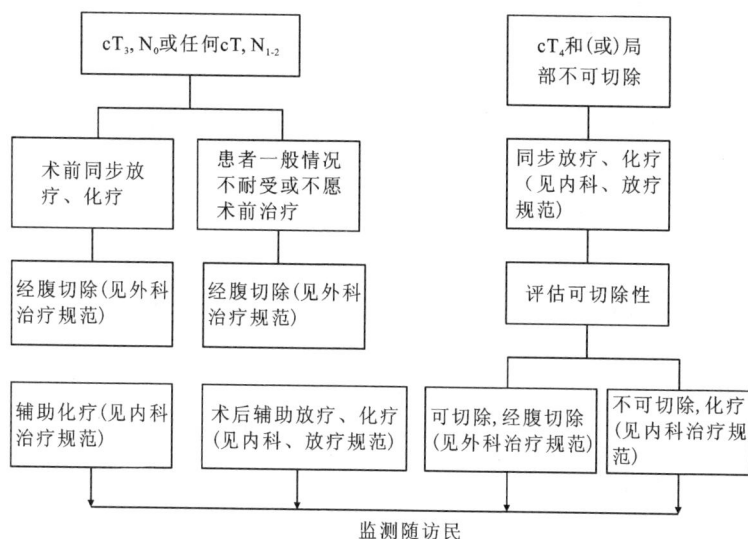

图4-5 Ⅱ/Ⅲ期直肠癌处理流程

结直肠癌的内科治疗

结直肠癌内科药物治疗的总原则:必须明确治疗目的,新辅助治疗/辅助治疗或者姑息治疗;必须要及时评价疗效和不良反应,并根据具体情况进行药物及剂量调整。重视改善患者生活质量及合并症处理,包括疼痛/营养/精神心理等。

七、结直肠癌的放疗与化疗

(一)结直肠癌的新辅助治疗

新辅助治疗目的在于提高手术切除率,提高保肛率,延长患者无病生存期。推荐新辅助放化疗仅适用于距肛门 < 12 cm 的直肠癌。除结肠癌肝转移外,不推荐结肠癌患者术前行新辅助治疗。

1. 直肠癌的新辅助放化疗

(1)直肠癌术前治疗推荐以氟尿嘧啶类药物为基础的新辅助化疗。

(2)$T_{1-2}N_0M_0$ 或有放化疗禁忌的患者推荐直接手术,不推荐新辅助治疗。

(3)T_3 和(或)N 阳性的可切除直肠癌患者,推荐术前新辅助放化疗。

(4)T_4 或局部晚期不可切除的直肠癌患者,必须行新辅助放化疗。治疗后必须重新评价,多学科讨论是否可行手术。

新辅助放化疗中,化疗方案推荐首选持续灌注 5 - Fu,或者 5 - Fu/LV,或者卡培他滨单药。建议化疗时限 2 - 3 个月。放疗方案请参见放射治疗原则。

2. 结直肠癌肝和(或)肺转移新辅助化疗

结直肠癌患者合并肝转移和(或)肺转移,可切除或者潜在可切除,推荐术前化疗或化疗联合靶向药物治疗:西妥昔单抗(推荐用于 Ras 基因状态野生型患者),或联合贝伐珠单抗。

化疗方案推荐 FOLFOX(奥沙利铂 + 氟尿嘧啶 + 醛氢叶酸),或者 FOLFIRI(伊立替康 + 氟尿嘧啶 + 醛氢叶酸),或者 CapeOx(卡培他滨 + 奥沙利铂),或者 FOLFOXIRI。建议治疗时限 2 - 3 个月。

治疗后必须重新评价，并考虑是否可行手术。

（二）结直肠癌辅助治疗

辅助治疗应根据患者结直肠癌原发部位、病理分期、分子指标及术后恢复状况来决定。推荐术后 8 周内开始辅助治疗，化疗时限应当不超过 6 个月。

1. 结直肠癌 I 期（$T_{1-2}N_0M_0$）

I 期（$T_{1-2}N_0M_0$）或者有放化疗禁忌的患者不推荐辅助治疗。

2. II 期结直肠癌的辅助化疗

II 期结直肠癌患者，应当确认有无以下高危因素：组织学分化差（III 或 IV 级）、T_4、血管淋巴管浸润、术前肠梗阻/肠穿孔、标本检出淋巴结不足（少于 12 枚）。

（1）II 期结直肠癌，无高危因素者，建议随访观察，或者单药氟尿嘧啶类药物化疗。

（2）II 期结直肠癌，有高危因素者，建议辅助化疗。化疗方案推荐选用 5 - Fu/LV、卡培他滨、5 - Fu/LV/奥沙利铂或 CapeOx 方案。

（3）建议有条件者检测组织标本 MMR 或 MSI（微卫星不稳定性），如为 dMMR（错配修复缺陷）或 MSI - H（微卫星不稳定），不推荐氟尿嘧啶类药物的单药辅助化疗。

3. III 期结直肠癌的辅助化疗

III 期结直肠癌患者，推荐辅助化疗。化疗方案推荐选用 5 - Fu/CF、卡培他滨、FOLFOX 或 FLOX（奥沙利铂 + 氟尿嘧啶 + 醛氢叶酸）或 CapeOx 方案。

4. 不推荐的一线辅助化疗

目前不推荐在一线辅助化疗中使用伊立替康或者靶向药物。

5. 直肠癌辅助放化疗

T_{3-4} 或 N_{1-2} 距肛缘 < 12 cm 直肠癌，推荐术前新辅助放化疗，

如术前未行新辅助放疗，可考虑辅助放化疗，其中化疗推荐以氟尿嘧啶类药物为基础的方案。放疗方案请参见放射治疗原则。

（三）复发/转移性结直肠癌化疗

目前，治疗晚期或转移性结直肠癌使用的药物：5-Fu/LV、伊立替康、奥沙利铂、卡培他滨和靶向药物，包括西妥昔单抗（推荐用于 Ras 基因野生型患者）和贝伐珠单抗。

（1）在治疗前推荐检测肿瘤 Ras 基因状态，表皮生长因子（epidermal growth factor receptor，EGFR）不推荐作为常规检查项目。

（2）联合化疗应当作为能耐受化疗的转移性结直肠癌患者的一线、二线治疗。推荐以下化疗方案：FOLFOX/ FOLFIRI ± 西妥昔单抗（推荐用于 Ras 基因野生型患者），FOLFOX/ FOLFIRI/ CapeOx ± 贝伐珠单抗。

（3）三线以上化疗的患者推荐试用靶向药物或参加开展的临床试验。对在一线、二线治疗中没有选用靶向药物的患者也可考虑伊立替康联合靶向药物治疗。

（4）不能耐受联合化疗的患者，推荐方案 5-Fu/LV ± 靶向药物，或 5-Fu 持续灌注，或卡培他滨单药。不适合 5-FU/亚叶酸钙的晚期结直肠癌患者可考虑雷替曲塞单药治疗。

（5）晚期患者若一般状况或器官功能状况很差，推荐最佳支持治疗，不建议化疗。

（6）如果转移局限于肝或（和）肺，参考肝转移治疗方案。

（7）结直肠癌局部复发者，推荐进行多学科评估，判定能否有机会再次切除或者放疗。如仅适于化疗，则采用上述晚期患者药物治疗原则。

（四）其他治疗

（1）术中或术后区域性缓释化疗与腹腔热灌注化疗目前不常

规推荐应用。

（2）晚期患者在上述常规治疗不适用的前提下，可以选择局部治疗，如介入治疗、瘤体内注射、物理治疗或者中医中药治疗。

（五）最佳支持治疗

最佳支持治疗应该贯穿于患者的治疗全过程，建议多学科综合治疗。最佳支持治疗推荐涵盖下列方面：

（1）疼痛管理：准确完善疼痛评估，综合合理治疗疼痛，推荐按照疼痛三阶梯治疗原则进行，积极预防处理止痛药物不良反应。同时关注病因治疗。重视患者及其亲属疼痛教育和社会精神心理支持。加强沟通随访。

（2）营养支持：建议常规评估营养状态，给予适当的营养支持，倡导肠内营养支持。

（3）精神心理干预：建议有条件的地区由癌症心理专业医师进行心理干预和必要的精神药物干预。

放射治疗适应证

直肠癌放疗或放化疗的主要目的为辅助治疗和姑息治疗。辅助治疗的适应证主要针对Ⅱ～Ⅲ期直肠癌；姑息性治疗的适应证为肿瘤局部区域复发和/或远处转移。对于某些不能耐受手术或者有强烈保肛意愿的患者，可以试行根治性放疗或放化疗。

（一）直肠癌放射治指征

1. Ⅰ期直肠癌

Ⅰ期直肠癌不推荐放疗，但局部切除术后，有以下因素之一，推荐行根治性手术；如拒绝或无法手术者，建议术后放疗。

（1）术后病理分期为 T_2。

（2）肿瘤最大径大于 4 cm。

（3）肿瘤占肠周大于1/3 者。

（4）低分化腺癌。

(5)癌肿有神经侵犯或脉管瘤栓。

(6)切缘阳性或肿瘤距切缘<3 mm。

2.术前诊断Ⅱ/Ⅲ期直肠癌

临床诊断为Ⅱ/Ⅲ期直肠癌,推荐行术前放疗或术前同步放化疗。

3.术后病理诊断的Ⅱ/Ⅲ期直肠癌

根治术后病理诊断为Ⅱ/Ⅲ期直肠癌,如果未行术前放化疗者,必须行术后同步放化疗。

4.晚期不可手术的直肠癌

局部晚期不可手术切除的直肠癌(T_4),必须行术前同步放化疗,放化疗后重新评估,争取根治性手术。

5.Ⅳ期直肠癌

对于可切除或潜在可切除的Ⅳ期直肠癌,建议化疗或是否加用原发病灶放疗,治疗后重新评估是否可行切除性手术;转移灶必要时行姑息减症放疗。

6.局部区域复发直肠癌

可切除的局部复发患者,建议先行手术切除,然后再考虑是否行术后放疗。不可切除局部复发患者,若既往未接受盆腔放疗,推荐行术前同步放化疗,放化疗后重新评估,并争取手术切除。

(二)放射治疗规范

1.靶区定义

必须进行原发肿瘤高危复发区域和区域淋巴引流区照射。

(1)原发肿瘤高危复发区域包括肿瘤/瘤床、直肠系膜区和骶前区,中低位直肠癌靶区应包括坐骨直肠窝。

(2)区域淋巴引流区包括真骨盆内髂总血管淋巴引流区、直肠系膜区、髂内血管淋巴引流区和闭孔淋巴结区。

（3）有肿瘤和/或残留者，全盆腔照射后局部缩野加量照射。

（4）盆腔复发病灶的放疗：①既往无放疗病史，建议行复发肿瘤及高危复发区域放疗，可考虑肿瘤局部加量放疗；②既往有放疗史，根据情况决定是否放疗。

2. 照射技术

根据医院具有的放疗设备选择不同的放射治疗技术，如常规放疗、三维适形放疗、调强放疗、图像引导放疗等。

（1）推荐 CT 模拟定位，如无 CT 模拟定位，必须行常规模拟定位。建议俯卧位或仰卧位，充盈膀胱。

（2）必须三野及以上的多野照射。

（3）如果调强放疗，必须进行计划验证。

（4）局部加量可采用术中放疗、腔内照射或外照射技术。

（5）放射性粒子植入治疗不推荐常规应用。

3. 照射剂量

无论使用常规照射技术还是三维适形放疗或调强放疗等新技术，都必须有明确的照射剂量定义方式。三维适形照射和调强放疗必须应用体积剂量定义方式，常规照射应用等中心点的剂量定义模式。

（1）原发肿瘤高危复发区域和区域淋巴引流区推荐 DT 45 ~ 50.4 Gy，每次 1.8 ~ 2.0 Gy，共 25 ~ 28 次。局部晚期不可手术直肠癌推荐常规分割照射。术前放疗如采用 25 Gy/5 次/周或其他剂量分割方式，有效生物剂量必须 ≥30 Gy。

（2）有肿瘤和（或）残留者，全盆腔照射后局部缩野加量照射 DT 10 - 20 Gy。

（三）同步放疗、化疗的化疗方案和顺序

1. 同步放疗、化疗的化疗方案

同步放疗、化疗的化疗方案推荐 5 - FU 或卡培他滨为基础方案。

2.术后放疗、化疗和辅助化疗的顺序

Ⅱ～Ⅲ期直肠癌根治术后，推荐先行同步放疗、化疗再行辅助化疗，或先行1－2周期辅助化疗、同步放疗、化疗再辅助化疗的夹心治疗模式。

结直肠癌肝转移治疗规范

（一）结直肠癌肝转移的定义

结直肠癌肝转移常用国际通用的分类方法进行定义，主要有以下两点：

（1）同时性肝转移。结直肠癌确诊时发现合并肝转移或结直肠癌原发灶根治性切除术后6个月内发生的肝转移。

（2）异时性肝转移。结直肠癌根治术6个月后发生的肝转移。

结直肠癌确诊时合并肝转移与结直肠癌原发灶根治术后的肝转移在诊断和治疗上有较大差异，因此本规范按"结直肠癌确诊时合并肝转移"和"结直肠癌根治术后发生肝转移"两方面阐述。

（二）结直肠癌肝转移的诊断

1.结直肠癌确诊时合并肝转移的诊断

（1）对已确诊结直肠癌的患者，应当进行肝脏超声和（或）增强CT影像检查，对于怀疑肝转移的患者应加做血清AFP和肝脏MRI检查。PET－CT检查不作为常规推荐，可在病情需要时酌情应用。

（2）发现肝转移灶的，经皮针刺活检仅限于病情需要时应用。

（3）结直肠癌手术中必须常规探查肝脏以进一步排除肝转移的可能，对可疑的肝脏结节可考虑术中活检。

2.结直肠癌原发灶根治术后肝转移的诊断

结直肠癌根治术后的患者，应当定期随访，并定期做肝脏超声检查或（和）做增强CT扫描，怀疑肝转移的患者应当加做肝脏

MRI 检查，PET－CT 扫描不作常规推荐。

（三）结直肠癌肝转移的治疗

推荐所有肝转移患者接受多学科协作治疗。

手术完全切除肝转移灶仍是目前可能治愈结直肠癌肝转移的唯一方法，推荐符合下述手术适应证的患者在适当的时机接受手术治疗。

1. 结直肠癌初始的肝转移

结直肠癌初始肝转移灶不可切除的患者推荐经多学科讨论后行新辅助化疗，以期转化为可切除肝转移并择期接受手术。

可切除的肝转移病灶手术适应证和禁忌证

（1）适应证：①结直肠癌原发灶能够或已经根治性切除；②根据肝脏解剖学基础和病灶范围肝转移灶可完全（ R_0 ）切除，且要求保留足够的肝脏功能，肝脏残留容积≥50%（同步原发灶和肝转移灶切除）或≥30%（分阶段原发灶和肝转移灶切除）；③患者全身状况允许，没有不可切除的肝外转移病变。

（2）禁忌证：①结直肠癌原发灶不能取得根治性切除；②出现不能切除的肝外转移；③预计术后残余肝脏容积不够；④患者全身状况不能耐受手术。

2. 可切除的结直肠癌肝转移的治疗

（1）手术治疗：

1）结直肠癌确诊时合并肝转移：

在下列情况建议结直肠癌原发灶和肝转移灶同步切除：肝转移灶小、且多位于周边或局限于半肝，肝切除量低于50%，肝门部淋巴结、腹腔或其他远处转移均可手术切除时可考虑应用。

在下列情况建议结直肠癌原发灶和肝转移灶分阶段切除：

a 先手术切除结直肠癌原发病灶，分阶段切除肝转移灶，时机选择在结直肠癌根治术后 4～6 周。

b 若在肝转移灶手术前进行治疗，肝转移灶的切除可延至原发灶切除后 3 个月内进行。

c 急诊手术不推荐原发结直肠癌和肝脏转移病灶同步切除。

d 可根治的复发性结直肠癌伴有可切除肝转移灶倾向于进行分阶段切除肝转移灶。

2）结直肠癌根治术后发生肝转移：既往结直肠原发灶为根治性切除且不伴有原发灶复发，肝转移灶能完全切除且肝切除量低于 70%（无肝硬化者），应当予以手术切除肝转移灶。

3）肝转移灶切除术后复发：在全身状况和肝脏条件允许的情况下，对于可切除的肝转移灶术后的复发病灶，可进行 2 次、3 次甚至多次的肝转移灶切除。

4）肝转移灶手术方式的选择：

a 肝转移灶切除后至少保留 3 根肝静脉中的 1 根且残肝容积 ≥50%（同步原发灶和肝转移灶切除）或 ≥30%（分阶段原发灶和肝转移灶切除）。

b 转移灶的手术切缘一般应当有 1 cm 正常肝组织，若转移灶位置特殊（如紧邻大血管）时则不必苛求，但仍应当符合 R_0 原则。

c 如是局限于左半肝或右半肝的较大肝转移灶且无肝硬化者，可行规则的半肝切除。

d 建议肝转移手术时采用术中超声检查，有助于发现术前影像学检查未能诊断的肝转移病灶。

可切除的同时性肝转移或肺转移处理流程可参考图 4 - 6 所示。

（2）新辅助化疗：

①结直肠癌确诊时合并肝转移。在原发灶无出血、梗阻或穿孔时推荐术前治疗，方案可选 FOLFOX/CapeOX、FOLFIRI 或 FOLFOXIRI，可联合分子靶向药物治疗；一般建议 2～3 个月内完

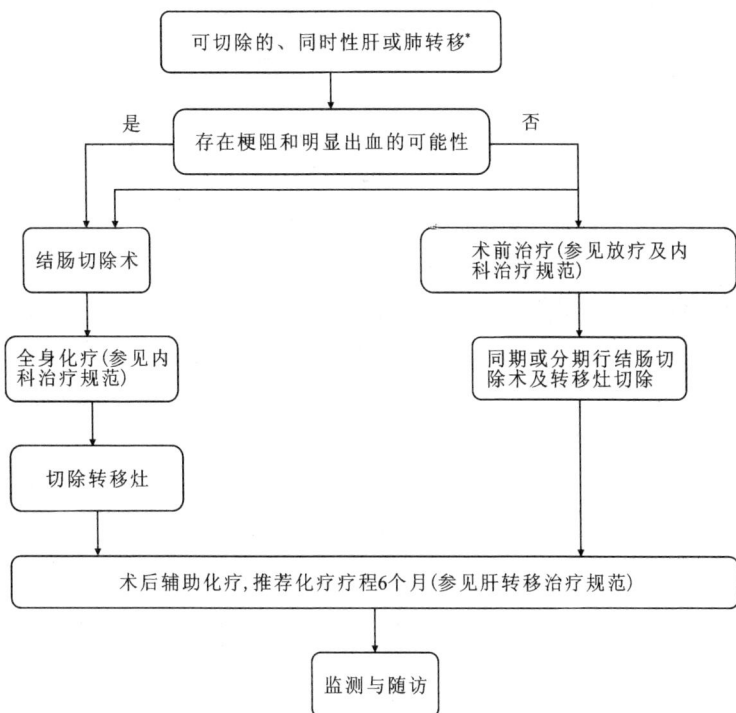

图 4 - 6 可切除的同时性肝转移或肺转移处理流程

（＊注：检测肿瘤 K-ras 基因状态）

成。西妥昔单抗和用于 K-ras 基因野生型患者推荐用于 Ras 基因野生型患者。使用贝伐珠单抗时，建议手术时机选择在最后一次使用贝伐珠单抗 6 周以后。不建议多种靶向药物联合应用。

②结直肠癌根治术后发生的肝转移。原发灶切除术后未接受过化疗的患者，或者发现肝转移 12 个月前已完成化疗的患者，可采用术前治疗（方案同上）；肝转移发现前 12 个月内接受过化疗的患者，也可直接切除肝转移灶。

（3）切除术后的辅助化疗：肝转移灶完全切除的患者推荐接受术后辅助化疗，建议手术前后化疗时间共为 6 个月。术后化疗方案建议可选 5-Fu/LV、卡培他滨、5-Fu/LV/奥沙利铂或 CapeOx 方案。术前治疗有效的患者建议沿用术前方案，术前方案如包含贝伐珠单抗，建议术后第 5 周之后再沿用。

3. 不可切除的结直肠癌肝转移的治疗

（1）除合并出血、穿孔或梗阻等急症需要手术切除原发灶以外，不可切除的结直肠癌肝转移，推荐多学科讨论后进行新辅助化疗。化疗过程中每 6~8 周评估疗效，一旦达到可手术切除条件，建议尽早手术。转化为可切除的结直肠癌肝转移等同适用上述可切除的肝转移相关治疗原则。

经多学科讨论确定肝转移不可能转化为可切除和/或合并不可切除的肝外转移，参见复发或转移性结直肠癌化疗方案。

（2）射频消融：

①一般情况不适宜或不愿意接受手术治疗的可切除结直肠癌肝转移患者推荐使用射频消融，射频消融的肝转移灶的最大直径小于 3 cm 且一次消融最多 3 枚。

②预期术后残余肝脏体积过小时，建议先切除部分较大的肝转移灶，对剩余直径小于 3 cm 的转移病灶进行射频消融。

（3）放射治疗：无法手术切除的肝转移灶，若全身化疗、肝动脉灌注化疗或射频消融无效，建议放射治疗。

（4）肝动脉灌注化疗：对无法手术切除的转移灶局限于肝脏患者，可考虑肝动脉灌注化疗。

不可切除的同时性肝或肺转移处理流程可参考图 4－7 所示。

异时性转移的结直肠癌的处理流程可参考图 4－8 所示。

可切异性转移结直肠癌的处理流程可参考图 4－9 所示。

转移性不可切除的结直肠癌处理流程可参考图 4－10 所示。

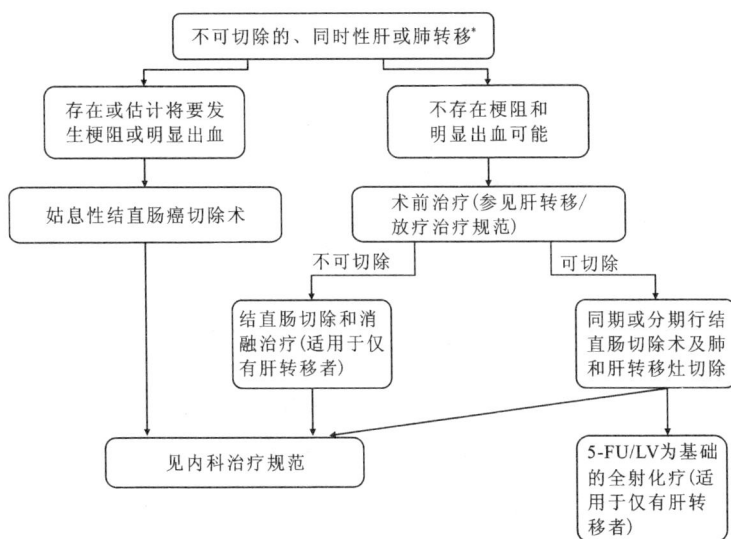

图 4 - 7　不可切除的同时性肝转移或肺转移处理流程

（＊注：检测肿瘤 K-ras 基因状态）

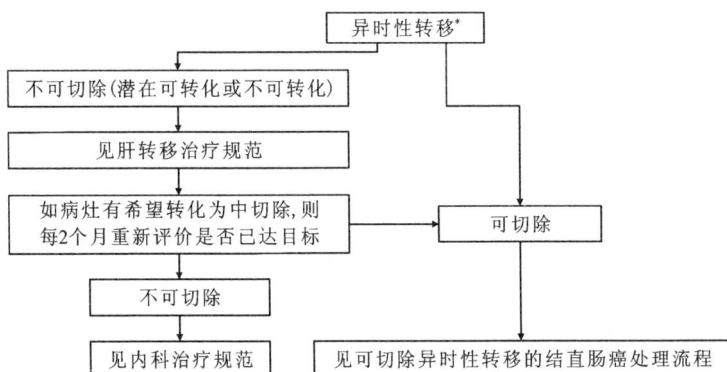

图 4 - 8　异时性转移的结直肠癌处理流程

（＊注：检测肿瘤 K-ras 基因状态）

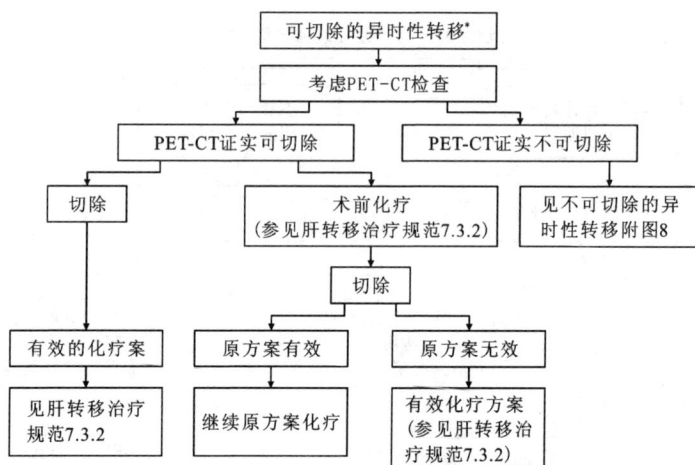

图 4-9   可切除异时性转移的结直肠癌处理流程

（＊注：检测肿瘤 K-ras 基因状态）

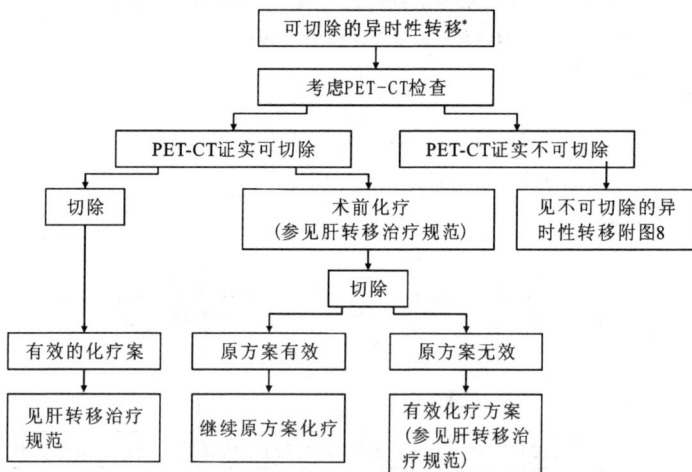

图 4-10   转移灶不可切除的结直肠癌处理流程

（＊注：检测肿瘤 K-ras 基因状态）

局部复发直肠癌的治疗规范

(一)局部复发直肠癌的分型

目前,局部复发直肠癌的分型建议使用以下分类方法:根据盆腔受累的解剖部位分为中心型(包括吻合口、直肠系膜、直肠周围软组织、腹会阴联合切除术后会阴部)、前向型(侵及泌尿生殖系包括膀胱、阴道、子宫、精囊腺、前列腺)、后向型(侵及骶骨、骶前筋膜)、侧方型(侵犯盆壁软组织或骨性骨盆)。

(二)治疗原则

根据患者和病变的具体情况评估,可切除或潜在可切除患者争取手术治疗,并与术前放化疗、术中放疗、辅助放化疗等结合使用;不可切除的患者建议放疗、化疗结合的综合治疗。

(三)手术治疗

1. 可切除性的评估

必须在术前评估复发病灶得到根治切除的可能性。推荐根据复发范围考虑决定是否使用术前放化疗。建议根据术中探查结果核实病灶的可切除性,必要时可行术中冷冻病理检查。

不可切除的局部复发病灶包括:①广泛的盆腔侧壁侵犯;②髂外血管受累;③肿瘤侵至坐骨大切迹、坐骨神经受侵;④侵犯第2骶骨水平及以上。

2. 手术原则

(1)推荐由结直肠外科专科医师根据患者和病变的具体情况选择适当的手术方案,并与术前放化疗、术中放疗、辅助放化疗等结合使用。

(2)推荐必要时与泌尿外科、骨科、血管外科、妇产科医师等共同制订手术方案。

(3)手术探查必须由远及近,注意排除远处转移。

(4)必须遵循整块切除原则,尽可能达到 R_0 切除。

(5)术中注意保护输尿管(酌情术前放置输尿管支架)以及

尿道。

3. 可切除的病灶手术方式

结直肠癌手术方式包括低位前切除术(LAR)、腹会阴联合切除术(APR)、Hartmann 术及盆腔清扫术等。

(1)肿瘤属中心型:建议行 APR 以保证达到 R_0 切除;既往行保肛手术的,在病变较为局限的情况下可考虑 LAR。经 APR 术后会阴部术野复发,如病变局限可考虑行经会阴或经骶切除术。

(2)肿瘤属前向型:患者身体情况可以耐受手术,可考虑切除受侵犯器官,行后半盆腔清扫或全盆腔清扫术。

(3)肿瘤属侧向型:切除受累及的输尿管、髂内血管以及梨状肌。

(4)肿瘤属后向型:腹骶联合切除受侵骶骨。会阴部切口可使用大网膜覆盖或一期缝合。必要时使用肌皮瓣或生物材料补片。

(四)放射治疗原则

可切除的结直肠癌局部复发患者,推荐先行手术切除,然后再考虑是否行术后放疗;也可根据既往放化疗方案考虑是否先行放化疗,然后再行手术。不可切除的结直肠癌患者,若既往未接受盆腔放疗,推荐行术前同步放化疗,放化疗后重新评估,并争取手术切除。参见放射治疗相关章节。

(五)化疗原则

可切除的结直肠癌复发伴转移患者,不常规推荐术前化疗,术后考虑行辅助化疗,化疗方案参见辅助化疗章节。

八、结直肠癌的手术治疗

(一)早期结直肠癌及癌前病变的内镜下治疗

内镜下可以有效的切除结直肠腺瘤性息肉和早期癌,并可进行准确的病理学评价。内镜治疗是以根治肿瘤为目的的,所以早期结直肠癌内镜下治疗适应证的原则是没有淋巴结转移的可能,并且据肿瘤的大小以及部位判定能够一次性切除,所以在进行内镜下治疗时有关结直肠癌肿瘤大小、预测肿瘤浸润深度、组织类型的信息是不可或缺的。

1. 早期结直肠癌及癌前病变内镜治疗的适应证

推荐结直肠腺瘤、黏膜内癌为内镜下治疗的绝对适应证,向黏膜下层轻度浸润的 SM1 癌为内镜下治疗的相对适应证。黏膜内癌无淋巴结以及血管转移是内镜治疗的绝对适应证。肿瘤浸润至黏膜下浅层者淋巴结转移的比例仅为 3.3%,因此,可作为内镜治疗的相对适应证。但是需要对切除的标本进行严格的病理评估,判断是否有淋巴管和血管管的浸润转移,根据具体情况来判断是否需要追加外科手术。

2. 结直肠早期癌及癌前病变内镜治疗的禁忌证

早期结直肠癌推荐有以下情况者应作为内镜下治疗的禁忌证:①采用内镜下治疗方法不能取得患者同意;②患者不能配合内镜下治疗;③有出血倾向,正在使用抗凝药;④严重心肺疾病不能耐受内镜治疗;⑤生命体征不平稳;⑥有可靠证据提示肿瘤已浸润至固有肌层;⑦怀疑黏膜下深层浸润者为内镜下治疗的绝对禁忌证;⑧肿瘤位置不利于内镜下治疗,如内镜控制不充分,在进行内镜治疗时操作较困难,同时对出血、穿孔等并发症的对应处置也困难者为内镜下治疗的相对禁忌证。

3. 内镜下治疗结直肠癌的定义

内镜下完全治愈的定义为:①属于 R_0 切除;②黏膜内癌或无蒂型黏膜下癌其浸润深度距黏膜肌层 <1 mm,或有蒂型黏膜下癌其浸润深度距 Haggitt 分类的二线水平 <3 mm;③没有淋巴管或血管浸润;④组织学类型为高分化、中分化。

结直肠癌出现以下情况需要追加外科手术:①切除标本侧切缘和基底切缘阳性(距切除切缘不足 500 μm);②黏膜下层高度浸

润病变(黏膜下层浸润 1000 μm 以上,恶性息肉 3000 μm);③血管侵袭阳性;④低分化腺癌、未分化癌;⑤癌瘤出芽分级 G2 以上。

（二）Ⅱ期或Ⅲ期结肠癌的手术治疗

Ⅱ期或Ⅲ期结直肠癌首选的手术方式是相应结肠切除加区域淋巴结清扫。标准的结肠癌根治术要求将癌肿整块切除,无接触分离,血管、淋巴管近端高位结扎和所属淋巴结彻底清扫。

1. 结肠淋巴结清扫

结肠的所属淋巴结包括边缘淋巴结、中间淋巴结和主淋巴结。结肠癌根治术中的淋巴结清扫应该包括以下主要三组淋巴结和相关的淋巴结清扫。

（1）边缘淋巴结(又称肠旁淋巴结)清扫。结肠边缘淋巴结包括结肠壁内淋巴结和结肠旁淋巴结。壁内淋巴结在结肠壁上,结肠旁淋巴结沿结肠边缘动脉弓排列。大量研究证明,结肠癌的边缘淋巴结大部分距肿瘤边缘 5 cm 以内,一般不超过 10 cm。因而,只要准确切除距癌肿边缘各 10 cm 以上的两侧肠管,即可达到根治性切除的要求。

（2）中间淋巴结清扫。结肠的中间淋巴结共有 5 组,均沿结肠的各主干血管排列,分别为回结肠淋巴结、右结肠淋巴结、中结肠淋巴结、左结肠淋巴结和乙状结肠淋巴结。研究证明,结肠癌一般都位于两支主干血管之间,其中中枢的淋巴引流也基本沿这两支主干血管发生。虽然有个别情况可越过近位主干血管向更远一支主干血管引流,但极少发生。因而,一般只要彻底清除癌肿所在部位两侧的两支主干血管淋巴结即可达到根治的要求。

（3）主淋巴结(又称中央淋巴结)清扫。结肠主淋巴结为各主干血管根部淋巴结,在右半结肠为回结肠动脉根部淋巴结,右结肠动脉根部淋巴结为中结肠动脉根部淋巴结,在左半结肠为肠系膜下动脉淋巴结。除早期癌外,结肠癌根治术的原则一般均应常规彻底清除主淋巴结,行 D3 清扫术。

（4）相关淋巴结的清扫。有些结肠癌除了沿结肠的3组淋巴结自外周向心转移外，有时还向侧方其他有关淋巴结途径发生转移，手术时应注意对可疑淋巴结予以扩大清扫。如结肠肝曲部癌可有胃网膜右淋巴结和幽门下淋巴结转移，结肠脾曲部癌可有胃网膜左淋巴结和脾门淋巴结转移，横结肠癌可有胃大弯淋巴结、幽门下淋巴结转移，还可有肠系膜上动脉根部淋巴结转移，乙状结肠癌可有腹主动脉旁淋巴结转移。

2. Ⅱ期或Ⅲ期结肠癌手术操作基本原则

结肠癌手术除了要遵循一般外科的无菌操作、充分暴露术野、避免损伤须保留的正常组织原则外，尚要求有严格的无瘤观念。由于癌瘤细胞可因手术操作而脱落播散，引起术后转移或复发，所以施行外科手术时必须注意下列原则，尽量避免医源性播散。

（1）全面探查由远及近，动作轻柔。上腹部肿瘤应先探查盆底，然后逐步向上腹部探查，最后再探查肿瘤；下腹部肿瘤探查顺序则相反。其他部位肿瘤亦如此，先探查远处，最后才探查肿瘤。这样可尽量避免将肿瘤细胞带至其他部位，探查动作必须轻柔，切忌大力挤压，以免癌栓脱落播散。探查时要特别注意腹水、腹膜结节、肠系膜根部和腹主动脉旁淋巴结、肝脏和卵巢。

（2）遵循不接触隔离技术（no-touch isolation technique）。我们强调"中间入路，血管优先处理"的原则，非肿瘤接触性操作能够最大限度地防止术野癌性污染和残留。对已有破溃的体表肿瘤或已侵犯浆膜表面的内脏肿瘤，应先用纱布覆盖、包裹，避免肿瘤细胞脱落、种植。

（3）先结扎阻断肿瘤部位输出静脉，然后结扎处理动脉，可减少术中癌细胞进入循环的可能，减少癌细胞从血道转移。

（4）尽量锐性分离，少用钝性分离，减少挤压肿瘤，减少肿瘤播散的机会。

（5）先清扫远处淋巴结，然后清扫邻近淋巴结，即先从远处开始解剖，堵住癌细胞从淋巴道或血道播散。

（6）施行根治性手术时要遵循对癌肿块连续整块切除（en-bloc dissection）的原则，忌将肿瘤和淋巴结分块切除。

（7）肿瘤切除后应更换手套，用大量无菌清水（不用0.9%氯化钠溶液）冲洗创面。

（三）直肠癌的手术治疗

直肠癌手术的腹腔探查处理原则与结肠癌探查处理原则相同。

早期直肠癌（$T_1N_0M_0$）的治疗处理原则与早期结肠癌处理原则相同。

1. Ⅱ期或Ⅲ期直肠癌的手术治疗原则

Ⅱ期或Ⅲ期直肠癌必须行根治性手术治疗。中上段直肠癌推荐行低位前切除术；低位直肠癌推荐行腹会阴联合切除术或慎重选择保肛手术。中下段直肠癌必须遵循直肠癌全系膜切除术原则，尽可能锐性游离直肠系膜，连同肿瘤远侧直肠系膜整块切除，尽量保证环周切缘阴性，对可疑环周切缘阳性者，应加后续治疗。肠壁远切缘距离肿瘤≥2 cm，直肠系膜远切缘距离肿瘤≥5 cm或切除全直肠系膜。在根治肿瘤的前提下，尽可能保留肛门括约肌功能、排尿功能和性功能。

2. 直肠癌的结直肠全系膜切除术

结直肠全系膜切除术，包括全直肠系膜切除术（total mesorectal excision，TME）和完整结肠系膜切除（complete mesocolic excision，CME）。

（1）全直肠系膜切除术（TME）已成为直肠癌根治术的金标准，完整的直肠系膜由腹膜及盆筋膜脏层包裹直肠周围的脂肪组织、血管、淋巴管和神经组成。在盆筋膜脏层和壁层之间自胚胎阶段起即存在一个疏松无血管的结缔组织间隙，即所谓的"神圣平面"（holy plane），直视下在该层面进行锐性解剖，保持脏层筋膜完整性，使直肠及其系膜作为一个单元完整切除，是 TME 手术的关键。

（2）完整结肠系膜切除（CME）是全直肠系膜切除（TME）的技术延伸，更符合精准外科的理念和肿瘤根治原则，有助于改善结直肠癌根治效果。CME 手术操作主要包括：①锐性分离结肠脏、壁两层筋膜间隙，保持完整结肠系膜；②清扫区域与中央淋巴结，强调在根部结扎、切断结肠所属的主干管。结肠癌手术切除的范围取决于肿瘤的部位及潜在的淋巴转移途径。对于右半结肠癌，以 Kocher 入路游离十二指肠、胰头和肠系膜直至肠系膜上动脉的根部，分离覆盖在十二指肠和胰腺钩突上的肠系膜，完全游离右半结肠系膜和肠系膜根部后，依次从根部结扎回结肠血管及可能存在的右结肠血管，并结扎中结肠动脉的右支；对于左半结肠癌，需游离结肠脾曲，将降结肠和乙状结肠系膜从后腹膜平面完整游离，保留肾前筋膜覆盖的肾前脂肪、输尿管及生殖血管。将大网膜与横结肠分离并打开小网膜囊，于胰腺下缘分离横结肠两层系膜，注意保证脏层筋膜的完整性，由根部结扎肠系膜下动脉和位于胰腺下方的肠系膜下静脉。如肿瘤浸润结肠外组织或器官，解剖平面需扩展到下一个胚胎学层面，遵循肿瘤整块切除原则，行联合脏器切除直至阴性切缘。

3.结直肠全系膜切除术的适用范围

在中低位直肠癌中，TME 手术对于 T1 ~ T2 期肿瘤根治效果最佳，而 T3 期、T4 期或有淋巴结转移的患者目前常规推荐先实施新辅助化疗加同步放化，以降低环周切缘（circumferential resection margin，CRM）阳性率和局部复发率。对于 T4 期的腹膜间位于结肠背侧肿瘤，肿瘤实际已侵透结肠脏层筋膜，CME 要求遵循肿瘤整块切除原则，分离平面扩展至下一个胚胎学层面，部分患者需行联合脏器切除以达到 R_0 切除。除此之外，对于部分

T3 期及淋巴结转移较多者，肿瘤距脏层筋膜较近的，CME 手术仍有可能导致肿瘤残留或阳性结肠系膜切缘（mesocolic resection margin，MRM）。因此，对于此类结直肠癌患者先行 CME 手术还是先行新辅助化疗目前尚无足够的证据给出答案，有待进一步临床试验研究。

（四）结直肠癌腹腔镜手术

尽管腹腔镜技术在结直肠癌手术中已经被证实与剖腹手术具有相同的可靠性和肿瘤根治性，但腹腔镜手术对结直肠癌的安全性和长期疗效还存在争论。使用腹腔镜对中低位直肠癌手术时要遵循与剖腹手术相同的手术原则，并越来越多的被接受和开展。目前资料显示使用腹腔镜对直肠癌手术可以有更好的短期疗效，表现为术后更轻的疼痛、更快的肠功能恢复以及更短的住院时间等。在无病生存率、总生存率及局部复发率等方面与剖腹手术相同。上述结论还需要更多的大规模随机对照的临床研究进行证实。

1.2015 年版指南对结直肠癌腹腔镜手术的要求

2015 版《结直肠癌规范化诊疗指南》指出，行腹腔镜辅助下的结肠切除术推荐，需满足如下条件：①由有腹腔镜经验的外科医生实施手术；②无严重影响手术的腹腔粘连；③无急性肠梗阻或肠穿孔的表现。

腹腔镜结直肠癌手术应遵守恶性肿瘤根治性切除的无瘤原则，包括：①强调肿瘤及周围组织的整块切除；②肿瘤操作的非接触原则；③足够的切缘；④彻底的淋巴结清扫。

目前，剖腹手术是治疗结直肠癌的金标准，腹腔镜手术必须达到与剖腹手术一样的肿瘤根治标准才能被认可，即切除肿瘤两端足够长度的肠管及相应的结肠系膜、足够的清扫范围和淋巴结数量。2015 版《中国结直肠癌诊疗规范》删除了腹腔镜手术需"原发灶不在横结肠"的限制，充分肯定了微创手术在结直肠癌治疗领域的地位。2015 版 NCCN 指南指出，关于腹腔镜治疗直肠癌的随机对照研究数据仍然有限。事实上，在我国腹腔镜技术已广泛应用于直肠癌手术治疗，期待我国开展大规模的临床随机对照研究，这将对于腹腔镜辅助结直肠癌手术的应用具有极大的推动作用。

（五）达芬奇手术机器人结直肠癌手术

我国机器人结直肠癌手术尚处于起步阶段。达芬奇手术机器人结直肠癌手术的优点在于器械臂所持专用器械具有独特的可转腕结构，可以 540 度旋转，突破了双手的动作限制，使操作更灵活，尤为适合狭小空间内的手术。主刀医生坐于控制台前，实时同步控制床旁机械臂的全部动作，无需长时间站立，显著减轻了生理疲劳。机器人计算机系统自动滤除术者动作中的不自主颤动，使操作更稳定。

但机器人手术系统仍需改进，如缩短机器人连接安装时间；镜头臂和器械臂可以转换使用；缩小机械臂体积、扩大机械臂活动范围；增加机械臂力反馈功能；降低设备耗材及维护费用等。

《机器人结直肠癌手术专家共识（2015 版）》指出，机器人结直肠癌手术的适应证与传统腹腔镜手术类似。手术禁忌证：①不能耐受全身麻醉，如严重的心、肺、肝等主要脏器功能不全；②严重凝血功能障碍；③妊娠期患者；④腹盆腔内广泛转移、机器人手术系统下清扫困难；⑤结直肠癌梗阻伴有明显腹胀；⑥肿瘤穿孔合并急性腹膜炎；⑦腹腔广泛严重粘连等导致不能进行穿刺；⑧身体衰竭，大量腹腔积液、内出血或休克。⑨体重指数（BMI）>40 的重度肥胖者（目前尚无加长的机器人手术系统穿刺器及手术器械）。

目前，机器人手术对直肠癌、乙状结肠癌手术技术已较为成熟。大量回顾性研究、荟萃分析和少数小样本随机对照临床试验结果显示，机器人直肠癌手术的优势主要在于更为精细的手术操作；更为精确与流畅的直肠分离，可转向器械更易克服直杆器械在低位直肠侧方间隙游离中的"相对死角"，保障系膜的完整切除；更快的术后胃肠道功能恢复；更好的保护盆腔自主神经功能（排尿功能、性功能等）；更少的术中出血，比腹腔镜手术更低的中转开放性手术率，更少的相似的术后并发症发生率和住院时间。在肿瘤根治方面，机器人手术的淋巴结检出率、远端切缘阳性率、局部复发率和长期存活率与腹腔镜和开放性手术相似，在降低环周切缘阳性率方面具有潜在优势。

机器人右半结肠癌手术技术尚在发展。回顾性研究和荟萃分析结果显示，机器人右半结肠癌手术具有更快的胃肠道功能恢复，更少的术中出血，更低的与腹腔镜手术相似的中转开放性手术率、术后并发症发生率和住院时间。肿瘤根治方面，机器人手术的淋巴结检出率和切缘阳性率与腹腔镜和开放手术相似。目前尚缺乏机器人右半结肠癌根治术后长期生存方面的报道。结肠其他部位（横结肠左半、结肠脾曲、降结肠）肿瘤的机器人手术目前报道较少，优势有待进一步评估。

（六）结直肠癌肝转移外科治疗的原则

目前，结直肠癌肝转移的外科治疗以手术完全切除肝转移灶仍是能治愈结直肠癌肝转移的最佳方法，故符合条件的患者均应在适当的时候接受手术治疗。部分最初肝转移灶无法切除的患者经治疗后转化为可切除病灶时也应适时接受手术治疗。

1. 结直肠癌肝转移手术治疗的适应证

结直肠癌肝转移是否适合手术切除的标准一直在演变，其适应证主要应从以下三方面来判断：①结直肠癌原发灶能够或已经根治性切除；②根据肝脏解剖学基础和病灶范围，肝转移灶可完全切除，且要求保留足够的肝脏功能（肝脏残留容积≥30%～50%）；③患者全身状况允许，没有不可切除的肝外转移病变，或仅为肺部结节性病灶，但不影响肝转移灶切除决策的患者。

2.结直肠癌肝转移手术治疗的禁忌证

结直肠癌肝转移手术治疗的禁忌证：①结直肠癌原发灶不能取得根治性切除；②出现不能切除的肝外转移；③预计术后残余肝脏容积不够；④患者全身状况不能耐受手术。

3.结直肠癌确诊时已合并肝转移的手术治疗

（1）结直肠癌原发病灶和肝转移病灶一期同步切除

对结直肠癌确诊时已合并肝转移的患者在无禁忌证的条件下应行手术治疗，将结直肠癌原发灶和肝转移灶一期同步切除。在术中如发现肝转移灶小、且多位于周边或局限于半肝，肝切除量可＜50%，对肝门部淋巴结、腹腔或其他远处转移均可手术切除的患者可建议一期同步切除。

有研究认为，一期同步切除肝转移灶和原发结直肠癌病灶手术的并发症发生率和病死率可能高于二期分阶段手术。能在结肠癌原发灶根治术的同一手术切口或仅适当延长后的切口内完成肝转移灶切除，也是选择一期同步切除的依据之一，但在两切口内（如直肠和乙状结肠癌）一期同步切除并非不允许，只是应更为慎重。

急诊手术由于缺少完备的术前检查资料和较高的感染发生机会，不推荐原发结直肠癌和肝脏转移病灶一期同步切除。

（2）结直肠癌原发病灶和肝转移病灶二期分阶段切除

术前评估不能满足一期同步切除条件的患者，可以先手术切除结直肠癌原发病灶，二期分阶段切除肝转移灶，时机选择在结直肠癌根治术后4~6周；若在肝转移灶手术前进行全身治疗，肝转移灶的切除可延至原发病灶切除后3个月内进行。可根治的复发性结直肠癌伴有可切除肝转移灶的治疗按结直肠癌确诊时合并肝转移处理，但倾向于进行二期分阶段切除肝转移病灶。

二期分阶段或一期同步切除肝转移灶的选择标准仍在不断修订和完善中。二期分阶段切除的弊端在于：①肝脏转移病灶可能在原发病灶切除后进展；②累积住院时间明显延长，费用相对高昂；③患者必须接受二次手术，并且在等待肝脏手术时承受较大的心理压力。其优点则在于：①手术风险小于一期同步切除；②患者能接受肝脏转移病灶切除前的治疗等。

目前，另一种二期分阶段切除模式（先切除肝转移病灶，再切除结直肠原发病灶，故也有称作"颠倒模式"或 liver first approach）模式已引起关注。先行切除肝转移灶可以降低肝转移进展和化疗相关肝脏损害的风险，在经过一定的治疗后再予根治性切除原发病灶（主要是直肠癌）。其手术的并发症发生率和病死率与传统模式的二期分阶段切除相同，术后 5 年存活率可达38%。

4.结直肠癌根治术后发生肝转移的手术治疗

既往结直肠原发病灶为根治性切除且不伴有原发病灶复发，肝转移病灶能完全切除且肝切除量 <70%（无肝硬化者），应予以手术切除肝转移病灶，也可考虑先行新辅助化疗。如采用手术切除肝转移病灶，其手术方式的选择有以下几种：

（1）肝转移病灶切除后至少保留 3 根肝静脉中的 1 根，且残肝容积≥50%（同时性肝切除）或≥30%（异时性肝切除）。转移病灶的手术切除应符合 R_0 原则，切缘至少 >1 mm。

（2）如为局限于左半肝或右半肝的较大肝转移灶且无肝硬化者，可行规则的半肝切除。

（3）建议肝转移手术时采用术中超声检查，有助于发现术前影像学检查未能诊断的肝转移病灶。

（4）应用门静脉选择性的栓塞（PVE）或结扎（PVL）可以使肝转移病灶切除术后预期剩余肝脏代偿性增大，增加手术切除的可能，此方法被用于预计手术切除后剩余肝脏体积不足30%的肝转移患者，对于那些剩余肝脏体积在 30% ~40%，并且接受了强烈化疗而有肝实质损伤的患者，同样也可从中得益。

（5）联合肝脏分隔和门静脉结扎的二步肝切除术（associating liver partition and portal vein ligation for staged hepatectomy, ALPPS）是一种新的手术方式，虽可使残留肝脏的体积在较短时间内明显增大而获得更多Ⅱ期肝切除的机会，但此手术复杂，手术并发症发生率及病死率均明显高于传统肝切除，故仅建议在严格选择的患者中由经验丰富的肝脏外科医生实施手术，不作为常规推荐。

肝转移病灶切除术后复发和肝外转移病灶的切除，应在全身状况和肝脏条件允许的情况下，对于可切除的肝转移灶术后的复发病灶，可进行二次、三次甚至多次的肝转移病灶切除。文献报道显示，其手术并发症发生率和病死率并不高于第一次肝转移病灶的切除，而且可获得相同的术后存活率。

同样，在患者全身状况允许时，如果肺和腹腔等的肝外转移病灶可完全切除，也应进行同步或分阶段切除。

腹腔镜及机器人手术在结直肠癌肝转移治疗中的应用对于结直肠癌肝转移患者来说，选择微创手术切除结直肠癌原发病灶，腹腔镜结直肠癌根治术的适应证与传统开放性手术的适应证无明显的区别。2015版《结直肠癌规范化诊疗指南》提出了几点额外的要求：①必须有腹腔镜经验的外科医生操作；②无严重影响手术的腹腔粘连；③无急性肠梗阻或肠穿孔表现。

对于转移到肝脏的结直肠癌，目前认为对拟行肝脏转移瘤腹腔镜切除者还应符合如下条件：①局部切除适用于病变位于Ⅱ段、Ⅲ段、Ⅳb段、Ⅴ段和Ⅵ段的病灶；②解剖性切除适用于左肝外叶、左半肝及右半肝切除；③腹腔镜左、右半肝切除已被证明技术上可行，但对位于Ⅰ段、Ⅳa段、Ⅶ段、Ⅷ段的病灶以及左肝三叶和右肝三叶的切除，仍处于探索阶段。

总体而言，腹腔镜下行肝转移病灶的切除，其对肿瘤位置、肿瘤大小和切除范围以及术者操作水平等方面相对于剖腹手术要求更高。

　　机器人肝脏手术已经从最初的左肝外叶切除进展到扩大右半肝切除、活体肝移植供肝获取等。但由于其使用维护费用昂贵、触觉反馈系统较差等限制了其在肝脏切除方面的广泛应用。目前机器人在结直肠转移性肝肿瘤外科手术中的应用指征尚在探索中。

九、结直肠癌的新辅助治疗

　　结直肠癌的新辅助治疗目的在于提高手术切除率，提高保肛率，延长患者无病生存期。推荐新辅助放化疗仅适用于距肛门 <12 cm 的直肠癌。除结肠癌肝转移外，不推荐结肠癌患者术前行新辅助治疗。

　　(一)直肠癌的新辅助放化疗

　　(1)直肠癌术前治疗推荐以氟尿嘧啶类药物为基础的新辅助化疗。

　　(2)$T_{1-2}N_0M_0$ 或有放化疗禁忌的患者推荐直接手术，不推荐新辅助化疗。

　　(3)T_3 和(或)N 阳性可切除直肠癌肿块的患者，推荐术前做新辅助放化疗。

　　(4)T_4 或局部晚期不可切除的直肠癌患者，必须行新辅助放化疗，治疗后必须重新评价，多学科讨论是否可行手术。

　　新辅助放化疗中，化疗方案推荐首选持续灌注 5-FU，或者 5-FU/LV，或者卡培他滨单药。建议化疗时限 2~3 个月。放疗方案请参见放射治疗原则。

　　(二)结直肠癌肝和(或)肺转移新辅助化疗

　　结直肠癌患者合并肝转移和(或)肺转移，可切除或者潜在可切除，推荐术前化疗或化疗联合靶向药物治疗：西妥昔单抗(推荐用于 Ras 基因状态野生型患者)，或联合贝伐珠单抗。

化疗方案推荐 FOLFOX（奥沙利铂 + 氟尿嘧啶 + 醛氢叶酸），或者 FOLFIRI（伊立替康 + 氟尿嘧啶 + 醛氢叶酸），或者 CapeOx（卡培他滨 + 奥沙利铂），或者 FOLFOXIRI。建议治疗时限 2 – 3 个月。

结直肠癌肝和(或)肺转移经新辅助化疗后必须重新评价，并考虑是否可行手术。

对于直肠癌新辅助治疗，NCCN 指南建议较高局部复发风险的直肠癌，如Ⅱ期($T_3 \sim T_4$，淋巴结阴性，肿瘤穿透肠壁肌层)或Ⅲ期直肠癌(淋巴结阳性，无远处淋巴结转移)进行新辅助治疗，该治疗通常包括局部区域放疗，传统推荐的放疗照射剂量是盆腔照射剂量 45～50 Gy/25～28 次，3 或 4 个照射野，鼓励采用改变体位或其他技术来最大程度减少小肠的照射。5 周半的放化疗全部结束后等待 5～10 周的间歇期再行手术治疗，以便患者能从术前放化疗不良反应中恢复。

2013 年更新的 ESMO 指南中推荐了局部进展期中低位直肠癌中开展术前新辅助放化疗，根据不同风险分类，选择不同的治疗模式，术前长程同步放化疗或短程放疗。复发风险主要是由术前 MRI 评估，包括肿瘤浸润深度(T 分期)，淋巴结转移情况(N 分期)，肿瘤边缘到肛门齿状线的距离，直肠系膜筋(mesorectal fascia，MRF)的浸润状态、肠壁外血管侵犯(extramural vascular invasion，EMVI)等。根据复发风险，患者被分为极低危组、低危组、中危组、高危组，根据不同的分组，推荐的治疗方式也不同。针对极低危组，不论肿瘤部位，可以直接行手术治疗。针对低危组，包括 $T_1 \sim T_2$，早期的 T_3N_0，根据 MRI 评估肿瘤浸润深度小于 5 mm，MRF 未受侵犯，无血管侵犯，也可以考虑直接手术，如果术后病理提示存在不良预后因素，例如有淋巴结转移、环周切缘阳性，再考虑增加放化疗或化疗。针对中危组，包括 $T_2 \sim T_3$，部分 T_4a(仅部分腹膜侵犯)和(或)淋巴结转移的患者，需引入新辅助放化疗，可以显著降低局部复发率，目前针对该组患者，选择长程放疗或短程放疗仍存在争议，但由于长程放疗能带来更高的病理完全缓解(pathological complete response, pCR)，因此被作为大部分放疗中心的首选。高危组包括有 MRF 侵犯和(或)淋巴结转移的 $T_3 \sim T_{4b}$ 患者，长程放化疗 6~8 周后行 TME 手术是首选，但对于一些老年患者或者无法耐受长程放化疗的患者，也可以考虑短程放疗。

（三）结直肠癌肝转移的新辅助治疗

对可切除的结直肠癌肝转移患者可考虑进行新辅助治疗，主要基于以下方面原因：①新辅助化疗提供了"窗口期"，观察有无新的无法切除的转移病灶的出现，减少没必要的手术；②新辅助治疗可提高 R_0 手术的机会，增加术后残余肝脏的体积；③新辅助化疗可作为评价化疗方案敏感性的依据，指导术后化疗方案的选择；④新辅助化疗的疗效可作为患者预后评估的一个指标；⑤新辅助化疗结合辅助化疗，可能改善接受治愈性手术患者的预后。

然而，新辅助治疗也有一定的弊端：①化疗可能会造成肝脏损伤，如与奥沙利铂治疗相关的肝脏血管性病变，与伊立替康治疗相关的非酒精性脂肪肝等，这些损害均可能增加肝切除术后的并发症；②影像学检查消失的转移病灶仍应切除，但术者无法在术中精确定位肝脏转移病灶；③转移病灶进展致使无法切除。

1. 结直肠癌确诊时合并肝转移的新辅助治疗

在原发病灶无出血、梗阻症状或无肠穿孔时，除肝转移灶在技术上切除容易且不存在不良预后因素的患者外，均建议应用新辅助治疗，尤其是肝转移病灶体积较大、转移病灶数量较多、同时性肝转移或原发病灶淋巴结可疑存在转移的患者。全身化疗的方案包括 FOLFOX、FOLFIRI、CapeOX 或 FOLFOXIRI。也可联合分子靶向治疗，但其效果仍有争议，且贝伐珠单抗可能会带来肝脏手术中更多的出血和手术后更多的伤口愈合问题，故建议手术时机应选择在最后一次使用贝伐珠单抗后 6～8 周；而西妥昔单抗的治疗只在 RAS 基因野生型的患者中应用。同时也可以考虑联合肝动脉灌注化疗。

为减少化疗对肝脏手术的不利影响，新辅助化疗原则上不超过 6 个周期，一般建议 2～3 个月内完成并进行手术。

2. 结直肠癌根治术后发生的肝转移的新辅助治疗

原发病灶切除术后未接受过化疗的患者，或者发现肝转移 12 个月前已完成化疗的患者，可采用新辅助治疗（方法同上），时间 2～3 个月。而肝转移发现前 12 个月内接受过化疗的患者，一般认为新辅助化疗作用可能较为有限，宜考虑直接切除肝转移病灶，继而术后辅助治疗，也可考虑术前联合肝动脉灌注化疗。

3. 结直肠癌辅助治疗

结直肠癌辅助治疗应根据患者肿瘤原发部位、病理分期、分子指标及术后恢复状况来决定。推荐术后 8 周内开始，化疗时限应当不超过 6 个月。

（1）Ⅰ期（$T_{1-2}N_0M_0$）或者有放化疗禁忌证的患者不推荐辅助治疗。

（2）Ⅱ期结直肠癌的辅助化疗。Ⅱ期结直肠癌患者，应当确认有无以下高危因素：组织学分化差（Ⅲ 或 Ⅳ 级）、T_4、血管淋巴管浸润、术前肠梗阻或肠穿孔、标本检出淋巴结不足（少于 12 枚）。

①Ⅱ期结直肠癌，无高危因素者，建议随访观察，或者单药氟尿嘧啶类药物化疗。

②Ⅱ期结直肠癌，有高危因素者，建议辅助化疗。化疗方案推荐选用 5-FU/LV、卡培他滨、5-FU/LV/奥沙利铂或 CapeOx 方案。

③建议有条件者检测组织标本 MMR 或 MSI（微卫星不稳定

性），如为 dMMR（错配修复缺陷）或 MSI - H（微卫星不稳定），不推荐氟尿嘧啶类药物的单药辅助化疗。

（3）Ⅲ期结直肠癌的辅助化疗。Ⅲ期结直肠癌患者，推荐辅助化疗。化疗方案推荐选用 5 - FU/CF、卡培他滨、FOLFOX 或 FLOX（奥沙利铂 + 氟尿嘧啶 + 醛氢叶酸）或 CapeOx 方案。

（4）目前不推荐在一线辅助化疗中使用伊立替康或者靶向药物。

（5）直肠癌辅助放化疗。T_{3-4}直肠癌或 N_{1-2} 距肛缘 < 12 cm 直肠癌，推荐术前新辅助放化疗，如术前未行新辅助放疗，可考虑辅助放化疗，其中化疗推荐以氟尿嘧啶类药物为基础的方案。放疗方案请参见放射治疗原则。

4. 结直肠癌肝转移病灶切除术后的辅助治疗

建议肝转移灶完全切除的患者接受术后辅助化疗，特别是没有进行过术前化疗及辅助化疗的患者，推荐时间为 6 个月，已完成术前化疗患者术后的辅助化疗时间可适当缩短，也可考虑同时联合肝动脉灌注化疗。经过术前化疗（包括联合分子靶向药物）证实有效的方案，术后如无禁忌证应该作为首选的辅助治疗方案。当然，辅助化疗的药物和持续时间目前仍存在争议，应继续临床研究探讨。

5. 不可切除的结直肠癌肝转移的综合治疗

对于无法切除的结直肠癌肝转移的综合治疗包括全身和介入化疗、分子靶向治疗以及针对肝脏病灶的局部治疗，如射频消融、无水酒精注射、放射治疗等，治疗方案的选择应基于对患者治疗前的精确评估。部分初诊无法切除的肝转移灶，经过系统的综合治疗后可转为适宜手术切除，其术后 5 年存活率与初始肝转移病灶手术切除的患者相似，此类患者应当采取较为积极的诱导方案，应用有效的强烈化疗，并考虑联合肝动脉灌注化疗及分子靶向药物治疗。对于肝转移病灶始终无法行根治性切除的患者，综合治疗也可明显延长中位生存期,控制疾病快速进展,明显改善生存质量。因此,积极的综合治疗对于适合强烈治疗的不可切除结直肠癌肝转移患者同样意义重大。

6.结直肠癌确诊时合并无法手术切除的肝转移

(1)结直肠癌原发灶存在出血、梗阻症状或穿孔时,应先行切除结直肠癌原发病灶,继而全身化疗(或加用肝动脉灌注化疗),可联合应用分子靶向治疗。治疗后每6~8周进行肝脏超声检查、增强 CT 或(和)MRI 检查,并予以评估。如果肝转移病灶转变成可切除时,即予以手术治疗;如果肝转移病灶仍不能切除,则继续进行综合治疗。

(2)结直肠癌原发病灶无出血、梗阻症状或无穿孔时可以行全身化疗(或加用肝动脉灌注化疗),时间为2~3个月,并可联用分子靶向治疗。如果转移病灶转化成可切除时,即手术治疗(一期同步切除或分阶段切除原发病灶和肝转移病灶);如果肝转移病灶仍不能切除,则视具体情况手术切除结直肠癌原发病灶,术后继续对肝转移病灶进行综合治疗。也可选择先行切除结直肠癌的原发病灶,继而进一步治疗,具体方案同上。但是,对于结直肠癌原发病灶无出血、梗阻症状或无肠穿孔,同时又合并始终无法切除的肝转移灶的患者是否必须切除原发病灶目前仍有争议。

(3)结直肠癌术后发生无法手术切除的肝转移的化疗方案:①采用 5-FU/LV(或卡培他滨)联合奥沙利铂或伊立替康作为一线化疗,并可加用分子靶向治疗,或联用肝动脉灌注化疗;②在肝转移发生前12个月内使用过奥沙利铂为基础的化疗作为辅助治疗的患者,应采用 FOLFIRI 方案;化疗结束后12个月以上发生肝转移,仍可采用 FOLFOX 或 CapeOX 化疗方案,并可加用分子靶向药物治疗,或联用肝动脉灌注化疗。治疗后每6~8周行肝脏超声、CT 或(和)MRI 检查予以评估。化疗有效,肝转移病灶转为可切除的患者，即应接受肝转移病灶切除手术，术后再予以辅助化疗；如果肝转移病灶仍不能切除，则应继续进行综合治疗。

十、结直肠癌治愈性治疗后复发的诊治

【专家共识要点】　结直肠癌局部复发者，推荐进行多学科评估，判定能否有机会再次切除或者放疗。如仅适于化疗，则采用上述晚期患者药物治疗原则。局部复发直肠癌的治疗规范

（一）分型

目前，局部复发直肠癌的分型建议使用以下分类方法：根据盆腔受累的解剖部位分为中心型（包括吻合口、直肠系膜、直肠周围软组织、腹会阴联合切除术后会阴部）、前向型（侵及泌尿生殖系包括膀胱、阴道、子宫、精囊腺、前列腺）、后向型（侵及骶骨、骶前筋膜）、侧方型（侵犯盆壁软组织或骨性骨盆）。

（二）治疗原则

根据患者和病变的具体情况评估，可切除或潜在可切除患者争取手术治疗，并与术前放化疗、术中放疗、辅助放化疗等结合使用；不可切除的患者建议放疗、化疗结合的综合治疗。

（三）手术治疗

1. 可切除性的评估

结直肠癌治愈性治疗后复发可行手术切除者必须在术前评估复发病灶得到根治切除的可能性。推荐根据复发范围考虑决定是否使用术前放化疗。建议根据术中探查结果核实病灶的可切除性，必要时可行术中冷冻病理检查。

不可切除的局部复发病灶包括：①广泛的盆腔侧壁侵犯；②髂外血管受累；③肿瘤侵至坐骨大切迹、坐骨神经受侵；④侵犯第2骶骨水平及以上。

2. 手术原则

（1）推荐由结直肠外科专科医生根据患者和病变的具体情况

选择适当的手术方案,并与术前放化疗、术中放疗、辅助放化疗等结合使用。

（2）推荐必要时与泌尿外科、骨科、血管外科、妇产科医生等共同制订手术方案。

（3）手术探查必须由远及近,注意排除远处淋巴结转移。

（4）必须遵循肿瘤整块切除原则,尽可能达到 R_0 切除。

（5）术中注意保护输尿管（酌情术前放置输尿管支架）和尿道。

3. 可切除的病灶手术方式

手术方式包括低位前切除术（LAR）、腹会阴联合切除术（APR）、Hartmann 术及盆腔清扫术等。

（1）中心型：建议行 APR 以保证达到 R_0 切除;既往行保肛手术的在病变较为局限的情况下可考虑 LAR。APR 术后会阴部术野复发如病变局限可考虑行经会阴或经骶切除术。

（2）前向型：患者身体情况可以耐受手术,可考虑切除受侵犯器官,行后半盆清扫或全盆清扫术。

（3）侧方型：切除受累及的输尿管、髂内血管以及梨状肌。

（4）后向型：腹骶联合切除受侵骶骨。会阴部切口可使用大网膜覆盖或一期缝合。必要时使用肌皮瓣或生物材料补片。

（四）放射治疗原则

可切除局部复发结直肠癌的患者,推荐先行手术切除,然后再考虑是否行术后放疗;也可根据既往放化疗方案考虑是否先行放化疗,然后再行手术。不可切除局部复发患者,若既往未接受盆腔放疗,推荐行术前同步放化疗,放化疗后重新评估,并争取手术切除。参见放射治疗相关章节。

（五）化疗原则

可切除的复发转移患者,不常规推荐术前化疗,术后考虑行辅助化疗,化疗方案参见辅助化疗章节。

【专家共识解读】

(一)局部复发结肠癌的概念

局部复发结肠癌(locally recurrent colon cancer，LRCC)的定义尚存争议，目前国内外大多数学者认为局部复发(LR)指吻合口、肠系膜、腹膜后、腹膜再次发现组织学上与原发病灶相同的肿瘤。由于解剖结构的关系，结肠癌的局部复发率较直肠癌低，为 3%～13%。

吻合口复发指肿瘤复发位于吻合口及其附近的肠壁，可向腔内、腔外生长，伴有或不伴有周围组织浸润。结节性复发指腹腔内孤立的结节样复发，由于初次手术结肠系膜切除不足或腹腔内转移淋巴结清扫不够所致。腹腔内复发是指腹腔内浆膜表面的肿瘤复发，常为多发性或弥漫性，由于原发肿瘤已经穿透浆膜或术中癌细胞散落于腹腔、盆腔引起。混合型复发指局部及肝、肺等组织同时复发。

LR 部位与原发肿瘤部位无特定的关系，吻合口复发最多见，术后至复发的间隔时间 2～3 年，有报道 95% 的 LR 发生在术后 3 年。

结肠癌 LR 症状主要表现有腹痛、后背痛、肠梗阻症状、便血、大便习惯改变、消瘦、贫血等，部分患者则无任何症状，查体有时可触及包块。有报道指出，对于无症状患者，血清癌胚抗原(CEA)的变化对提示复发有较高的价值。

合并肠梗阻和肠穿孔行急诊手术是 LR 的独立危险因素，其确切原因尚不清楚，可能与急诊手术操作困难根治不彻底，易造成手术区域和切口播散有关。另外，T 和 N 分期、肿瘤大体形态也是 LR 的危险因素，而与年龄、性别无关。有研究发现局部复发率随 T 分期和 N 分期的增加而升高，溃疡型者局部复发率明显高于隆起型。直径大于 3 cm 的肿瘤局部复发率明显增高。原发肿瘤位于结肠肝曲和乙状结肠 LR 风险较其他部位高。有血管侵犯者局部复发风险较大。再者，与术者的水平和专业化程度以及手术方式、手术操作、是否采用综合治疗有直接关系。

（二）结肠癌术后局部复发的处理

结肠癌术后复发再次手术的目的主要有两点，一是结合其他综合治疗，通过再次手术达到根治的目的；二是缓解肿瘤复发引起的症状，延长患者的生存时间，减轻患者的痛苦，提高生存质量。常用的手术方式有复发性肿瘤的根治性切除，姑息性切除，短路手术或梗阻肠管近端造口手术等。

复发肿瘤能否进行根治性切除以及术后的预后决定于多种因素，包括复发的部位、复发的类型、复发病灶的数量、发现的早晚以及是否伴有其他脏器转移等。文献报告结肠癌再次手术的根治性切除率，包括初次根治性切除术后局部复发以及在其他医院已行剖腹探查，未行肿瘤切除的患者在49%～83%之间，其中肿瘤复发时无症状患者的二次手术根治率明显高于有症状者。根治性切除患者的5年存活率为19%～35%，而复发后采用非手术或姑息性手术患者的5年存活率<5%。复发性结肠癌完全切除可明显延长患者生存时间，即使切缘显微镜下有残留的患者术后5年存活率也可达25%。

肿瘤复发患者再手术时机应遵循肿瘤治疗原则，在适应证范围内应尽早施行手术，而早期发现是尽早手术并取得良好效果的关键。再次手术时应尽量将复发病灶完整切除，如果肿瘤侵犯邻近脏器，条件允许时应考虑联合脏器切除，以降低二次复发率。对于癌肿侵犯下腔静脉、主动脉、腹膜及切口广泛转移不能根治性切除的患者，是否再次手术主要取决于手术是否可以缓解肿瘤复发引起的症状，如梗阻、疼痛等以及患者的全身状况是否能够耐受较大的手术。

选择再次手术以及判断肿瘤是否能够进行根治性切除，尽管单纯通过结肠镜、结肠气钡双重造影、CT、磁共振等检查术前尚难以高度准确的进行预测,手术探查仍是唯一能够确定肿瘤可否完全切除的方法,但是上述检查在评估肿瘤是否复发、复发的类型和部位、复发肿瘤与周围脏器的关系、是否伴有其他部位的转移、可能的手术方式等方面具有重要的作用。尤其PET-CT在判定复发是单发或多发,是否伴有其他脏器的转移方面具有较大优势,在条件允许的情况下术前应尽可能采用。

再次手术前应结合术者的经验、已有的影像学资料、患者的临床表现及全身状况作综合判断,决定是否有必要和可能进行再次手术。对于肿瘤累及其他脏器的患者术前应当邀请相关科室的医生进行会诊,做好充分的人员和手术器械准备,并与患者亲属做好沟通,对可能出现的手术风险和并发症做好充分的思想准备。如果患者全身情况良好,各项检查提示没有肝、肺等远处转移,肿瘤为孤立单发,且与下腔静脉、腹主动脉、胰腺、十二指肠等腹膜后脏器有一定间隙,即使没有明显的临床症状,也应当尝试再次手术切除。对于局部复发伴有明显临床症状,如肠梗阻、腹痛或持续性消化道出血的患者,手术侧重点就不再局限于根治性切除,而是尽可能解除患者的痛苦,延长生存期。在患者全身和腹部条件允许的情况下,在解除症状的前提下争取根治性或姑息性切除,对于不能进行切除的患者通过病变近端肠造口或短路手术解除梗阻。

(三)降低结肠癌局部复发率的措施

CME手术通过锐性分离脏层筋膜与腹膜后筋膜(壁筋膜),保证了脏层筋膜完整,防止结肠系膜破裂造成肿瘤播散;并且可以彻底暴露结肠供应血管的根部,做到中央结扎(高位结扎),达到清扫最多淋巴结及淋巴管的目的。因此,CME手术将可能成为结肠癌规范化的治疗方式,并降低局部复发率,提高患者生存率。

有高危因素(T_4肿瘤、伴有肠梗阻或穿孔、肿瘤分化差、伴有神经脉管浸润以及切除或送检淋巴结＜12 枚）的患者应行术后化疗，可减少转移及局部复发概率，提高生存率。

专业化水平较高的医师参与不仅是降低术后病死率的独立因素，也可降低术后局部复发率，提高生存率。

多学科专家组协作的综合治疗模式（MDT 模式）可以更加准确的进行术前 TNM 分期，选择合适的手术方式、范围以及围手术期化疗方案，对于降低局部复发，提高生存率有积极的作用。

（四）局部复发直肠癌的概念

局部复发直肠癌（locally recurrent rectal cancer，LRRC）是指直肠癌根治术后，在原发肿瘤术野范围内发现与原发肿瘤病理性质相同的病变组织。60%～80% 的局部复发病例发生在术后 2 年以内，绝大多数在术后 8～22 个月。近年来研究报道，局部复发率在 5%～15%，5 年总生存率仅为 14.9%。复发患者死亡风险是未复发的 3.09 倍，未经治疗的局部复发患者生存期一般为 3.5～13 个月。复发部位为：吻合口及周围组织，会阴部组织、盆腔脏器、区域淋巴结、骶前区、盆壁等。多数位于吻合口及附近组织，且是中低位直肠癌术后局部复发的主要形式。

1. 复发直肠癌的分类

目前，临床上对局部复发的直肠癌最常用的分类方法是 Leeds 分类法：根据复发病灶在盆腔内的累及范围分为：①中央型，病变局限于盆腔内器官或结缔组织，未累及骨性盆腔；②侧壁型，病变累及盆腔侧壁结构，包括坐骨大孔、穿过此处支配梨状肌和臀部的坐骨神经；③骶侧型，病变位于骶前间隙，与骶骨粘连或侵犯骶骨；④混合型，骶侧型和侧壁型混合复发。

2. 影响局部复发直肠癌的因素

（1）肿瘤相关因素：肿瘤的位置、大小、浸润深度，T/N 分期，肿瘤分化程度及是否伴有脉管浸润等，已有较多的研究报道其在肿瘤复发方面的重要性。现已证实 T/N 分期是术后复发转移最有价值的独立影响因素。癌灶距肛缘距离、远切缘长度、淋巴结转移、病理类型、分化程度、术前肿瘤性肠梗阻、肿瘤穿孔、术后吻合口瘘均是直肠癌 TME 术后局部复发的独立影响因素。

（2）手术相关因素：TME 的开展及普及大大降低了直肠癌的复发率。局部切除术未清扫淋巴结，复发率相对较高。③经腹会阴直肠癌联合根治术患者的局部复发率均较经腹直肠癌前切除术的患者要高，且预后较差，可能因 APR 手术主要针对低位肿瘤患者，术中能切除的肿瘤周围软组织较少，安全切除范围相对不够。④柱状 APR 切除术：多数学者认为患者取俯卧位时，可以切除肿瘤周围更多组织，保证了环切范围，亦降低了术中肠壁损伤、穿孔的机率，可使术后局部复发率下降。⑤腹腔镜直肠癌手术短期疗效及优势已被一些随机对照研究和荟萃分析证实，但远期疗效仍没有最有力的询证医学证据支持。

（3）环周切缘的影响：当肿瘤位置较低，直径较大，分期较晚及周围浸润较广时，术中容易造成 CRM 阳性。研究发现 CRM 阳性者局部复发率达85%，而阴性者仅为3%。

（4）手术者的技术水平：外科医生的经验、手术量及各种操作的熟练程度、规范性均是技术水平的体现。在病情的判断、手术方式的选择及术中不同情况的处理等方面发挥着重要作用，均不同程度的影响直肠癌术后复发及预后。

3. 局部复发直肠癌的诊断

（1）临床症状：主要表现为复发肿瘤导致的压迫、浸润症状，如疼痛、盆腔及会阴部包块、坠胀不适、便血及大便习惯改变等。不同手术方式后的局部复发，以及复发部位、侵犯范围的不同，症状表现亦有所差异。AR 术后患者主要出现便血、大便次数增多、里急后重，严重时可导致肠梗阻；而 APR 术后的患者可能以会阴部包块及疼痛为主要表现。另外，复发癌灶侵犯输尿管、膀胱、阴道可出现血尿、尿痛、排尿困难及阴道流血。若出现下肢水肿、坐骨神经痛,则为髂外血管、闭孔受浸润表现;骶前区复发时出现腰骶部疼痛症状。故根据首次手术方式及患者症状,有助于判断是否存在肿瘤复发及复发部位。

(2)体征:主要体征为盆腔及会阴部肿块。肛门指检或阴道检查可扪及会阴部、盆腔低位包块大致形态,是否伴有触痛;发现阴道或直肠内血迹或异常分泌物;同时对低位吻合患者可明确吻合口通畅情况等。

(3)相关辅助检查

生化指标检测:①血清癌胚抗原(CEA)水平:是判断结直肠癌术后复发或转移最有价值的指标。若患者术后随访 CEA 水平升高意味着手术效果差,复发或转移的可能性较大。

结直肠镜检查:据 NCCN 指南推荐,Ⅰ~Ⅲ期结直肠癌接受成功治疗(无手术残留)的患者,术后 1 年左右行结直肠镜检查(术前因梗阻未行检查者应于术后 3~6 个月进行);低位前切除及经肛局部切除的患者,应考虑每 6 个月一次的结直肠镜检查明确吻合口是否复发,连续 5 年。当患者大便性状改变(特别是大便带血)或 CEA 水平持续升高,及时的结直肠镜检查是必要的,是早期诊断复发的重要手段。

(4)病理组织学检查:对可疑肿瘤复发组织进行病理学检查是最直接的确诊手段。根据复发部位的不同,可在内镜、超声或 CT 等影像学手段引导下,经直肠、阴道等途径取组织活检。CT 引导下穿刺适用度广,组织活检成功率最高。对于少数患者,在肿瘤切除时,剖腹手术明确诊断亦是有必要的。

(5)直肠腔内超声检查:若肿块为直肠壁内复发或邻近直肠,该检查相对简单易行,是较好的选择;且可发现系膜淋巴结肿大,同时亦能在超声引导下穿刺活检,明确诊断。

(6)CT 和 MRI 检查:在直肠癌术后复发的诊断上,CT、MRI 是重要的早期检出手段。CT 的敏感性和特异性分别可达 70% 和

85%。MRI 诊断的特异性和精确性优于 CT，在鉴别良恶性包块方面具有一定优势；其软组织分辨力高，诊断直肠癌局部复发及评估其可切除性具有较高价值。DWI 可以直观的显示直肠癌术后局部复发病变，其优势在于可以更好的区分炎性病变和复发肿瘤，更容易发现位于肠壁和吻合口等部位的小病变，可以更全面检测盆腔情况避免遗漏。

（7）PET－CT 检查：在局部病变的良恶性判断及微小转移灶的发现方面有其独特的优势。PET－CT 在术后炎性瘢痕组织区域可能会出现假阳性，且因空间分辨率低，评估病变切除可能性的作用不大，临床主要用于其他检查不能确诊，或需行创伤性较大的手术来根除局部复发病灶，而经 PET－CT 来排除潜在转移从而避免过度手术。PET－CT 检查费用昂贵不能作为常规选择。

4.局部复发直肠癌的治疗

手术治疗对于局部复发直肠癌，目前仍提倡以手术为主的综合治疗。局部复发直肠癌患者50%无远处淋巴结转移，其中死亡患者仍有25%未发现有远处淋巴结转移，故手术仍是部分患者可能获得治愈的主要选择。

（1）根治性手术切除：对于肿块孤立，无需切除周围脏器的患者可选择该术式，如吻合口复发，直肠壁内、腔内复发，肠壁附近孤立肿块可完整切除；在远端直肠长度许可情况下仍可行 Dixon 术，术中仍需充分评估环切缘距离。否则，应行 Mile's 术。APR 术后的会阴部复发性的肿瘤，可行经会阴肿块根治性切除术。

（2）扩大根治性手术切除：若肿块浸润周围脏器或盆壁，患者身体情况允许，在权衡利弊的情况下，应行扩大根治性切除。即切除肿块同时行盆腔脏器切除术（PPE）；若盆腔脏器及盆壁被广泛侵犯，则应行全盆腔脏器切除术（TPE）。TPE 难度大、风险高、并发症多、病死率高，常需多专科参与，同时需行盆底、会阴重建及大小便转流术，故选择应慎重；尤其在特殊类型的复发直肠癌患者，如肿瘤侵犯骶骨或大血管。但随着手术技术的发展，某些禁忌证已在逐步被打破。据文献报道，后盆腔复发直肠癌经腹骶骨切除的并发症发生率可达61%，但扩大根治性手术切除后5年存活率可达34%，故此类手术虽存在较大风险，但在改善患者近远期疗效方面仍是有利的。

（3）姑息性手术切除：患者有广泛的远处转移、不能耐受更大的手术创伤，局部复发肿瘤导致的症状较为突出而严重影响患者的生活；通过姑息性切除以缓解症状（如疼痛、梗阻、出血等），并配合其他治疗方式以达到改善患者生活质量的目的。

（4）辅助治疗：局部复发直肠癌再次手术根治性切除率很低，只有20%～30%患者可能获得治愈，5年生存率在9%～39%。患者无法再手术时，放化疗便成为其最佳的选择方案，以提高生活质量，延长生命。而对于存在手术机会的患者可视情况采取术前、术中及术后放化疗，但目前仍推荐采用术前放化疗。再次手术联合放、化疗的综合治疗模式较单纯手术治疗能明显提高疗效及治愈率。以往未行放疗的患者，可按原发直肠癌方案进行放化疗。而曾接受放疗的患者，再次放疗应尽量减少正常组织所受照射剂量，故三维适形放疗或调强放疗（3D－CRT/IMRT）在此方面有明显优势，因其可提高靶区照射剂量，减少了正常组织照射受量；较常规放疗明显改善了不良反应发生率。联合放化疗较单纯放、化疗能明显提高肿瘤局部控制率和改善患者生存期。关于化疗方案，目前集中在以氟尿嘧啶及其衍生物类和喹唑啉叶酸盐类似物类为基础的研究。一般在放疗结束后6～8周进行手术，以便放疗对肿瘤的效应能完全发挥出来；如果无法接受术前放化疗者，可以考虑在术后进行放化疗。术中放疗应据手术根治性而定，主要用于切缘太近或阳性，目前国内仅极少数医院可进行。经基因检测，对于适合靶向药物治疗的患者，应用抗血管内皮生长因子单克隆抗体(如贝伐单抗)药物或抗表皮生长因子受体单克隆抗体(如西妥昔单抗)药物是必要的。

(5)MDT 综合治疗:经多学科参与评估、制定合理诊疗方案的模式,开创了肿瘤诊疗的新路径,对不同复发直肠癌患者有更强的针对性;可明显改善患者的生活质量,提高手术的 R0 切除率,控制再复发率。目前国内 MDT 尚处于起步阶段。

十一、结直肠癌的随访

【专家共识要点】 结直肠癌治疗后一律推荐规律性随访。

(1)病史和体检,每 3~6 个月 1 次,共 2 年,然后每 6 个月 1 次,总共 5 年,5 年后每年 1 次。

(2)检测血清 CEA、CA19 - 9,每 3~6 个月 1 次,共 2 年,然后每 6 个月 1 次,总共 5 年,5 年后每年 1 次。

(3)腹部或盆腔超声检查每 3~6 个月 1 次,共 2 年,然后每 6 个月 1 次,总共 5 年,5 年后每年 1 次。胸片每 6 个月 1 次,共 2 年,2 年后每年 1 次。

(4)胸腹部和盆腔 CT 或 MRI 检查每年 1 次。

(5)术后 1 年内行肠镜检查,如有异常,1 年内复查;如未见息肉,3 年内复查,然后 5 年复查 1 次,随诊检查如发现大肠腺瘤均推荐切除,并做病理切片检查。如术前肠镜未完成全结肠检查,建议术后 3~6 个月行肠镜检查。

(6)PET - CT 不是常规推荐的检查项目,可在有条件前提下选择。

【专家共识解读】 结直肠癌原发病灶根治术后的随访

(1)每 3~6 个月进行 1 次病史询问、体格检查和肝脏超声检查,持续 2 年,以后每 6 个月检查 1 次,直至满 5 年,5 年后每年检查 1 次。

(2)每 3~6 个月检测 1 次血清 CEA、CA19 - 9 等适当的肿瘤标记物，持续 2 年，以后每 6 个月 1 次，直至满 5 年，5 年后每年检测 1 次。

（3）Ⅱ期和Ⅲ期的结直肠癌患者，建议每年进行 1 次胸、腹、盆腔增强 CT 扫描，持续 3～5 年，以后每 1～2 年扫描 1 次。怀疑肝转移的患者应加行 MRI 检查，PET - CT 扫描不作常规推荐。

（4）术后 1 年内应进行电子结肠镜的检查，若发现异常，需在 1 年内复查；否则术后第 3 年复查，以后每 5 年 1 次。如果患者发病年龄 <50 岁则应适当增加电子结肠镜的检查频度。对于结直肠癌根治术前因梗阻等原因无法行全结肠镜检查的患者，应在术后 3～6 个月内完成首次电子结肠镜检查。

结直肠癌肝转移病灶完全切除术后，对患者也应进行密切的随访，了解有无肝转移复发。

（1）根据术前肿瘤标记物的升高情况，建议术后 2 年内每 3 个月随访检测血清 CEA、CA19－9 等适当的肿瘤标记物，以后第 3～5 年内每 6 个月随访检测 1 次，5 年后每年检测 1 次。

（2）术后 2 年内每 3～6 个月进行一次胸、腹、盆腔增强 CT 扫描、肝脏 MRI 检查，以后每 6～12 个月进行 1 次，共 5 年，以后每年检查 1 次。不推荐常规 PET - CT 或 CT 扫描。

（3）其他随访内容和频次参照结直肠癌原发病灶根治术后的随访进行。

（胡英斌　聂少麟）

参考文献

［1］卫生部. 结直肠癌规范化诊疗指南, 2015.

［2］万德森. 临床肿瘤学(第四版). 北京: 科学出版社, 2015.

［3］中华医学会消化病学分会, 中国早期结直肠癌及癌前病变筛查与诊治共识［J］. 中国实用内科杂志, 2015, 35(3): 211 - 223.

［4］中华医学会外科学分会胃肠外科学组, 结直肠癌肝转移诊断和综合治疗指南(2016)［J］. 中国实用外科杂志, 2016, 36(8): 858 - 869.

［5］汪建平. 重视结直肠癌流行病学研究［J］. 中国实用外科杂志, 2013, 33(8): 622 - 623.

［6］林锋, 李勇. 结肠癌 D3 手术规范化实施和关键点［J］. 中国实用外科杂志, 2011, 31(6): 481 - 484.

［7］胡俊杰, 周志祥. 结直肠全系膜切除在结直肠癌根治术中的概念及应用［J］. 实用肿瘤杂志, 2014, 29(3): 205 - 208.

［8］中国医师协会外科医师分会结直肠外科医师委员会, 中国研究型医院学会机器人与腹腔镜外科专业委员会. 机器人结直肠癌手术专家共识(2015 版)［J］. 中国实用外科杂志, 2015, 35(12): 1305 - 1310.

［9］孙学军, 郑见宝. 腹腔镜结直肠癌手术治疗研究进展［J］. 西安交通大学学报(医学版), 2016, 37(5): 613 - 620.

［10］王贵玉. 结直肠癌 NCCN、NICE 及 ESMO 指南的对比分析和解读［J］. 中国癌症杂志, 2015, 25(11): 849 - 852.

［11］傅传刚, 左志贵. 结肠癌根治术后局部复发主要原因和处理原则［J］. 中国实用外科杂志, 2011, 31(6): 484 - 486.

［12］崔艳成, 高志冬, 禚洪庆, 叶颖江, 等. 结肠癌术后局部复发的现状和进展［J］. 中华普外科手术学杂志(电子版), 2012, 6(2): 225 - 227.

［13］晏建华, 邓亨怡, 黄雄. 局部复发直肠癌的诊治现状与展望［J］. 西部医学, 2016, 26(2): 292 - 296.

第五章　宫颈癌的专家共识及解读

【宫颈癌的专家共识要点】

一、宫颈癌的定义和名词缩略语

1. 宫颈癌定义

宫颈癌前病变是指宫颈上皮内瘤变（CIN），是一组病变的统称，包括宫颈不典型增生和原位癌，为宫颈浸润癌的癌前期病变。此类病变仍限于宫颈上皮层内，未穿透基底膜，无间质浸润。宫颈浸润癌是指肿瘤病变穿透宫颈基底膜，发生间质浸润。

2. 名词缩略语

（1）CA125（carcinoma antigen）糖类抗原 125

（2）CEA（carcinoembryonic antigen）癌胚抗原

（3）CIN（cervical intraepithelial neoplasia）宫颈上皮内瘤变

（4）CTV（clinical target volume）临床靶体积

（5）FIGO（International Federation of Gynecology and Obstetrics）国际妇产科联盟

（6）LEEP（loop electro-surgical excisional procedure）宫颈环形电切术

（7）PTV（planning target volume）计划靶体积

（8）SCC（squamous cell carcinoma antigen）鳞状细胞癌抗原

二、宫颈癌诊治流程

宫颈癌的诊断与治疗流程请参考图 5 - 1 所示。

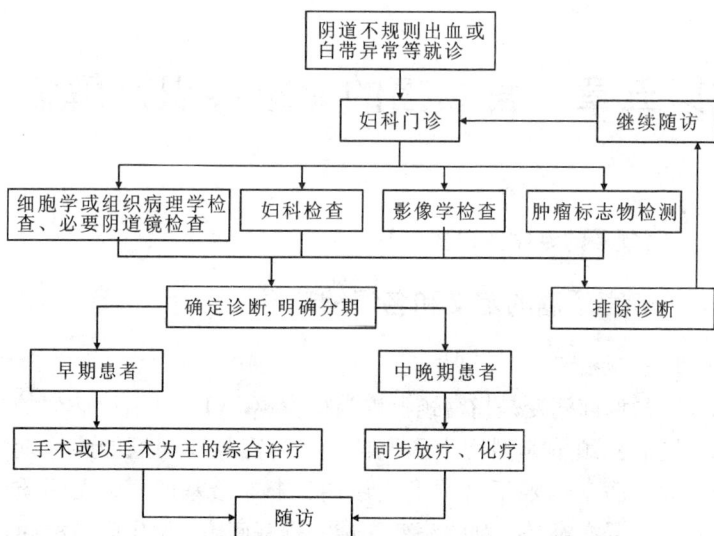

表 5-1　宫颈癌诊治流程图

三、宫颈癌诊断依据

(一)病因

人乳头瘤病毒(HPV)感染是宫颈癌及癌前病变的首要因素。经流行病学调查易发宫颈癌及癌前病变的主要高危因素：过早性生活、多个性伙伴、多产、丈夫婚外性行为、阴茎癌等因素有关，其他因素如社会经济条件较差、营养不良、吸烟等。

(二)症状

癌前病变及宫颈癌早期可无任何症状。常见的症状为接触性阴道出血，异常白带，如血性白带、白带增多，不规则阴道出血或围绝经后阴道出血。

(三)体征

1.视诊

视诊应在充足照明条件下进行,直接观察外阴和通过阴道窥器观察阴道及宫颈,如观察发现有异常或有新生物存在,应注意新生物形状及浸润范围,宫颈部如发现肿瘤应注意观察其肿瘤所在位置、范围、形状、体积及与周围组织的关系。

2.触诊

触诊肿瘤的质地、浸润范围及其与周围的关系等必须通过触诊确定。有些肿瘤在黏膜下及宫颈管内浸润,触诊比视诊更准确。三合诊检查可了解阴道旁、宫颈旁及子宫旁有无浸润,可了解肿瘤与盆壁关系及子宫骶骨韧带、子宫直肠窝、直肠本身及周围情况等。

(四)辅助检查

1.宫颈和阴道细胞学涂片检查

常采用宫颈和阴道细胞学涂片检查方法进行筛查或初诊,这种方法已成为发现宫颈癌前病变(宫颈上皮内瘤变,CIN)和早期宫颈癌的主要手段。

2.组织学检查

CIN和宫颈癌的诊断均应有活体组织学检查证实,如病变部位肉眼观察不明显,可用碘试验、涂抹3%或5%醋酸后或在阴道镜下提示活检部位。对于多次取活检仍不能确诊者,需用切取法进一步采取较深部的组织。同时应注意对患者进行宫颈管刮术。当宫颈表面活检阴性、阴道细胞学涂片检查阳性或临床不能排除宫颈管癌时,或发现癌但不能确定有无浸润和浸润深度而临床上需要确诊者,可行诊断性宫颈锥形切除送病理检查。

3.腔镜检查

(1)阴道镜检查:阴道镜对发现宫颈癌前病变、早期宫颈癌、确定病变部位有重要作用,可提高活检的阳性率。在不具备阴道镜的医疗单位，也可以应用 3% 或 5% 醋酸后或碘溶液涂抹宫颈后肉眼观察，在有醋白上皮或碘不着色处取活检，送病理检查。阴道镜活检的同时应注意宫颈管刮术的重要性，所有接受阴道镜活检的患者均要做宫颈管刮术(满意的阴道镜检查和高质量的病理检查对于宫颈癌前病变的准确诊断及正确治疗至关重要，如基层医院不具备相应条件应转诊到上级医院)。

(2)膀胱镜、直肠镜检查：临床上怀疑膀胱或直肠受侵的患者应对其进行相应腔镜检查。没有膀胱镜和直肠镜检查的医疗单位应转上级医院诊治。

4.影像学检查

(1)腹腔、盆腔超声：包括经腹部及经阴道(或直肠)超声检查两种方法，主要用于宫颈局部病变的观察，同时可以观察盆腔及腹膜后区淋巴结转移情况，以及腹盆腔其他脏器的转移情况。超声(常用 B 超)设备的优劣及操作者的经验会影响诊断的正确率。

(2)盆腔 MRI 检查：MRI 对软组织分辨率高，是显示宫颈病变最佳的影像学方法，可以准确地分辨病变与周围正常结构的界限，特别是明确病变与直肠、膀胱、阴道等结构的关系有很清晰的影像显示。依照 MRI 影像表现可提高对肿瘤术前分期的准确率。同时也可观察双侧腹股沟、盆腔及腹膜后区淋巴结是否有转移的情况。

(3)腹腔、盆腔 CT 扫描：CT 平描腹腔、盆腔对观察宫颈局部病变效果不好，尤其是分期较早的病变显示欠清晰；增强 CT 扫描利于宫颈局部病变的显示，但仍有近 50% 的病变呈等密度，不能清晰显示。CT 检查可以客观评价宫颈病变与周围结构(膀胱、直肠等)的关系，以及淋巴结是否有转移，同时观察腹腔、盆腔其他器官是否有转移。

(4)胸部 X 线摄影及胸部 CT 检查：包括摄胸部正位和侧位 X 线片，主要目的是为了排除宫颈癌肺转移，必要时行胸部 CT 检查。

（5）放射性核素骨扫描检查：仅用于怀疑宫颈癌有骨转移的患者。

（6）对于Ⅲa 期的宫颈癌患者，需要有膀胱镜或直肠镜检查所取的病灶组织做病理学切片证实。

5.肿瘤标志物检查

鳞状细胞癌抗原（SCC）是宫颈鳞状细胞癌的重要标志物，血清 SCC 水平超过 1.5 ng/mL 被视为异常。因宫颈癌以鳞状细胞癌最为常见，所以 SCC 是宫颈癌诊治过程中最常被检测的血清学肿瘤标志物。

四、宫颈癌的分级与分期

（一）宫颈上皮内瘤变（CIN）的分级及宫颈癌的分期

临床上对宫颈癌的分级和分期，常用宫颈上皮内瘤变（CIN）增生状态进行分级与分期。

CIN Ⅰ（轻度非典型增生）：细胞异形性轻，排列不整齐，但仍保持极性，异常增殖细胞限于上皮层下 1/3。

CIN Ⅱ（中度非典型增生）：细胞异形性明显，排列较紊乱，异常增殖细胞占据上皮层下 2/3。

CIN Ⅲ（重度非典型增生及原位癌）重度非典型增生的上皮细胞异形性显著，失去极性，异常增殖细胞扩展至上皮层的 2/3 或几乎全层，难以与原位癌区别。原位癌的上皮异形性细胞累及全层，极性消失，核异型性显著，核分裂相多见。上皮基底膜完整，无间质浸润。

（二）宫颈癌分期

目前，宫颈癌的分期采用的是国际妇产科联盟（FIGO）2009 年会议修改的宫颈癌临床分期标准，由妇科检查确定临床分期（表 5 - 1）。

表 5 - 1 　 FIGO(2009)宫颈癌临床分期

分期	临床征象
Ⅰ期	肿瘤仅局限于宫颈(不考虑肿瘤向宫体侵犯
ⅠA	仅能由显微镜诊断为浸润癌,任何大体所见病灶,甚至表注浸润均属于ⅠB期。浸润限制于可测定的间质内浸润范围:最大垂直深度 5 mm,最大水平宽度≤7 mm。垂直浸润浓度应从表皮或腺体的基底层不超过 5 mm,脉管(静脉哎呀淋巴管)累及不必变分明
ⅠA1	测定的间质深度≤3 mm,宽度≤7 mm
ⅠA2	测定的间质深度>3 mm 而≤5 mm,宽度≤7 mm
ⅠB	临床可见肿瘤限于宫颈,或临床前肿瘤大小超出 ⅠA 期范围
ⅠB1	临床可见肿瘤最大径≤4 cm
ⅠB2	临床可见肿瘤最大径>4 cm
Ⅱ期	宫颈癌侵犯超出子宫,但未累及骨盆壁或阴道下 1/3
ⅡA	无明显宫旁侵犯
ⅡA1	临床可见肿瘤最大径≤4 cm
ⅡA2	临床可见肿瘤最大径>4 cm
ⅡB	明显宫旁侵犯
Ⅲ期	肿瘤已侵犯盆壁,直肠检查发现宫颈肿瘤与盆壁之间无间隙;或者肿瘤已累及阴道下 1/3。所有的肾积水或无功能肾均匀包括在内,除非这些肾异常有已知的其他原因可解释
ⅢA	肿瘤累及阴道下 1/3,但未侵犯盆壁
ⅢB	盆壁受累及,或肾积水,或无功能肾
Ⅳ期	肿瘤扩散的范围已超出真骨盆,或经活检证实膀胱或直肠黏膜受侵。这些黏膜泡状水肿不属于Ⅳ期
ⅣA	肿瘤累及临近器管
ⅣB	肿瘤转移到远处脏器

五、宫颈癌的治疗

（一）癌前病变[宫颈上皮内瘤变（CIN）]的治疗

1. CIN Ⅰ期的处理

通过阴道镜检查认为比较满意的患者可以继续观察；阴道镜检查不满意者应做宫颈管内膜刮术（ECC），排除颈管内病变。

2. CIN Ⅱ期、CIN Ⅲ期的处理

可选择宫颈环形电切术（LEEP）或冷刀宫颈锥形切除术。根据锥形切除后的病理情况，选择进一步治疗方法。

（二）宫颈癌的治疗方式

宫颈癌的治疗根据临床分期进行分级治疗，包括手术治疗、放疗、化疗和综合治疗。

1. 手术治疗

手术治疗主要用于早期宫颈癌，即ⅠA－ⅡA期。

手术类型：

Ⅰ期：扩大子宫切除术即筋膜外子宫切除术（适用于ⅠA1期患者）。

Ⅱ期：次广泛子宫切除术，切除范围还包括1/2子宫骶骨韧带、主韧带和部分阴道（适用于ⅠA2期者）。

Ⅲ期：广泛子宫切除术，切除范围还包括靠盆壁切除子宫骶骨韧带、主韧带和上1/3阴道（此为标准的宫颈癌根治手术，适用于ⅠB－ⅡA期患者）。

Ⅳ期：超广泛子宫切除术（根据患者具体情况）。

Ⅴ期：盆腔脏器廓清术（根据患者具体情况）。

2. 放射治疗

放射治疗适用于各期宫颈癌，但主要应用于ⅡB期及其以上中晚期宫颈癌患者及不能耐受手术治疗的早期宫颈癌患者。放射治疗包括体外照射和腔内照射及二者联合应用。

（1）近距离照射：近距离放疗是以放疗为初始治疗患者的方案，是放射治疗的重要组成部分。常可通过腔内施源器（宫腔内管和阴道插植物保持器）完成。

（2）常规放疗：靶区，一般应当包括子宫、宫颈、宫旁和上1/2阴道以及盆腔淋巴结引流区，如髂内、闭孔、髂外、髂总淋巴结。ⅢA期患者放疗靶区包括全部阴道，必要时包括腹股沟区。

（3）三维适形放疗及调强适形放疗：调强放疗（intensity modulated radiation therapy，IMRT）和其他高度适形放疗技术有助于减少肠管及其他重要器官接受的放疗剂量，同样适用于因区域淋巴结肿大而需要接受大剂量放疗的患者。

3. 化学治疗

主要应于用放疗患者给予单药或联合化疗进行放疗增敏，即同步放化疗。另外，还有术前的新辅助化疗以及癌症晚期远处转移、复发患者的姑息治疗等。治疗宫颈癌的有效药物有顺铂、紫杉醇、5-氟尿嘧啶、异环磷酰胺、吉西他滨、拓扑替康等。推荐以顺铂为基础的联合方案，如顺铂+紫杉醇、顺铂+拓扑替康，顺铂单药用于同步放化疗和放疗增敏，顺铂+紫杉醇+贝伐单抗联合用于治疗持续性、复发性或转移性子宫颈癌。

4. 宫颈癌分期治疗模式

（1）ⅠA1 期病变无生育要求者可行筋膜外全子宫切除术。如患者有生育要求，可行宫颈锥形切除，若切缘阴性可定期随访。若淋巴脉管受侵则行改良根治性子宫切除和盆腔淋巴结切除术。

（2）ⅠA2 期可行次广泛子宫切除术（Ⅱ期肿瘤扩大子宫切除术）加盆腔淋巴结切除术。要求保留生育功能者，可选择广泛宫颈切除+盆腔淋巴结切除术。

（3）ⅠB1 期，ⅡA1（＜4 cm）期 采用手术或放疗，预后良好。标准手术治疗方法是广泛子宫切除术（Ⅲ期肿瘤扩大子宫切除术)和盆腔淋巴结切除术±腹主动脉淋巴结取样术。要求保留生育功能者,可选择广泛宫颈切除+盆腔淋巴结切除术±腹主动脉淋巴结取样术。

(4)ⅠB2期、ⅡA2(>4 cm)期可选择的治疗方法:①同步放化疗;②广泛子宫切除术+盆腔淋巴结清扫、腹主动脉淋巴结取样、术后个体化辅助治疗;③新辅助化疗后广泛子宫切除术和盆腔淋巴结清扫术及腹主动脉淋巴结取样术、术后个体化治疗。

(5)ⅡB期、ⅢA期、ⅢB期、ⅣA期及部分ⅠB2期和ⅡA2期同步放化疗(具体方案详见上述放射治疗)。

5.术后辅助治疗

是否采取辅助治疗取决于手术发现及癌症分期。淋巴结阳性、切缘阳性和宫旁浸润被认为是"高危因素"。具备任何一个"高危因素"均推荐术后补充盆腔放疗+顺铂同期化疗 ±阴道近距离放疗。阴道切缘阳性者,阴道近距离放疗可以增加疗效。没有高危因素者,可以根据是否存在中危因素增加盆腔放疗±顺铂同期化疗。中危因素采用"Sedlis 标准"(表5-2)。由于宫颈腺癌或腺鳞癌远处转移率相对较高,对这些患者采用辅助放疗加或不加化疗特别有益。

表5-2　Sedlis 标准(根治性手术后淋巴结、切缘和宫旁阴性者辅助放疗)

淋巴脉管间隙浸润	间质浸润	肿瘤大小(取决于临床触诊)
+	深 1/3	任何大小
+	中 1/3	最大径≥2 cm
+	浅 1/3	最大径≥5 cm
+	中或深 1/3	最大径≥4 cm

六、随访

对于新发宫颈癌患者应建立完整病案，治疗后定期随访监测。具体内容如下：

治疗后第 1 ~ 2 年，每 3 ~ 6 个月进行 1 次宫颈或阴道细胞学检查；第 3 ~ 5 年，每 6 个月进行 1 次宫颈或阴道细胞学检查，然后每年随诊 1 次。胸部 X 线片每年拍摄 1 次，连续 5 年后再根据情况确定是否行 X 线检查。有临床指征时做 CT 扫描。

七、宫颈癌专家共识新版本的主要更新

【专家共识解读】

（1）明确宫颈锥形切除治疗宫颈微小浸润癌切缘阴性定义为：切缘无浸润性病变或高级别鳞状上皮内病变（HSIL）。

（2）复发转移性宫颈癌一线联合化疗方案：卡铂 + 紫杉醇适用于接受过顺铂前期治疗的患者（1 类证据）。新增卡铂 + 紫杉醇 + 贝伐单抗为一线联合化疗方案。新增白蛋白 + 紫杉醇为二线化疗药物。

（3）ⅠB2 期和ⅡA2 期患者可选择盆腔放疗 + 顺铂同期化疗 + 近距离放疗 + 放疗结束后辅助性子宫切除术。这一路径适用于病灶或子宫已超出近距离放疗所能涉及放疗区域的患者。

（4）先行放疗后局部非中心性复发患者，可选用手术，可以加或不加术中放疗。

（5）宫颈癌初始治疗后复发危险因素可能不仅仅限于 Sedlis 标准，其他危险因素包括肿瘤组织成分，如腺癌靠近切缘或切缘阳性等。

（6）ⅠA1 期伴有淋巴脉管间隙浸润和ⅠA2 期无生育要求患者可选择盆腔放疗加近距离放疗。传统剂量是 A 点总剂量 70 ~

80 Gy，修改为对大多数患者推荐剂量是基于外照射分次总和与低剂量率(40~70 cGy/h)后装照射相等，修改治疗是基于正常组织耐受、分割和靶体积大小。

八、肿瘤分期和诊断

目前仍采用 FIGO 2009 临床分期。淋巴脉管间隙浸润(LVSI)并不改变 FIGO 的临床分期。MRI、CT 或联合 PET - CT 有助于制定治疗计划，但也不改变原来的临床分期。手术分期尚未引入分期中。临床检查包括病史、体检、宫颈活检或宫颈锥形切除、全血细胞计数(包括血小板)和肝肾功能。有指征的情况下采用影像学检查，怀疑膀胱或直肠侵犯时应用膀胱镜或直肠镜检查。

九、治疗

(一)癌前病变(子宫颈上皮内瘤变，CIN)的治疗

1. CIN Ⅰ期的处理

阴道镜检查满意的患者(见到完整转化区，宫颈鳞柱交界未内移至颈管内)可观察；阴道镜检查不满意者应做颈管内膜刮术(ECC)，排除颈管内病变。

随访 6 个月后复查宫颈涂片细胞学。如无异常，一年以后再次复查细胞学。如细胞学结果 > ASCUS 需要阴道镜检查。

2. CIN Ⅱ期、CIN Ⅲ期的处理

观察只限于妊娠期的 CIN Ⅱ期、CIN Ⅲ期的患者，应每 2 个月进行一次阴道镜检查，产后 6~8 周再次进行评估处理。

治疗 CIN Ⅱ期、CIN Ⅲ期的患者可选择宫颈环形电切术(LEEP)或冷刀宫颈锥形切除术(简称锥切)。根据锥切后的病理情况选择进一步治疗方法，单纯子宫切除术不可作为首选治疗方

案。因此，锥切病理的诊断水平非常重要，建议医疗条件不够的医疗单位可将标本固定后转到上级医院进行病理诊断。

随访每 3～6 个月进行 1 次细胞学检查，连续 3 次正常后可选择每年 1 次的细胞学检查，必要时阴道镜随访检查。

HPV 检测也有助于 CIN 的诊断和随访，各医疗单位可结合自身及患者的具体情况酌情应用。

（二）宫颈癌的治疗方式

宫颈癌的治疗根据临床分期进行分级治疗，包括手术治疗、放疗、化疗和综合治疗。

1. 手术治疗

手术治疗主要用于早期宫颈癌，即 ⅠA－ⅡA 期。

手术类型：

广泛性子宫切除术＋双侧盆腔淋巴结切除术是 ⅠA2 期、ⅠB 期、ⅡA 期无生育要求患者首选的治疗方法。广泛性子宫切除术较单纯子宫切除术切除了更多宫旁组织，包括部分主韧带、子宫骶骨韧带和阴道上段（ⅠA2 期 1～2 cm，ⅠB1 期或ⅡA1 期切除阴道的 1/4 或 1/3），此外，还切除盆腔淋巴结，必要时切除腹主动脉旁淋巴结。广泛性子宫切除可以选择剖腹、腹腔镜或机器人辅助腹腔镜技术。

经阴道广泛性宫颈切除术＋腹腔镜下淋巴结切除用于经仔细筛选的 ⅠA2 期或 ⅠB1 期病灶直径≤2 cm 需要保留生育功能的患者。宫颈、阴道上段及支持韧带的切除范围同型Ⅱ期广泛性子宫切除术，但保留子宫体。经腹广泛性宫颈切除术较经阴道手术能切除更多的宫旁组织，适用于病灶直径 2 cm 的 ⅠB1 期患者。手术范围类似Ⅲ期广泛性子宫切除术。

QM 分型是新的手术分型，见表 5－3。

表 5 - 3　宫颈癌初始治疗手术切除范围

	子宫切除术类型			宫颈切除术类型	
	单纯子宫切除（A 型）	次广泛性子宫切除术（B 型）	保留神经的广泛性子宫切除术（B 型）	单纯宫颈切除术	广泛性宫颈切除术
适应证	Ⅰ期	ⅠA1 期件脉管浸润和ⅠA2 期	ⅠB1 - 2 期和选择性ⅡA 期	HSIL 和ⅠA1 期	ⅠA2 期和ⅠB1 期鳞癌或腺癌病灶直径< 2 cm
目的	治疗微小浸润	治疗小病灶	治疗大病灶	治疗微小浸润并保留生育功能	治疗选择性ⅠB1 和ⅠA2 期并保留生育功能
子宫体	切除	切除	切除	保留	保留
卵巢	选择性切除	选择性切除	选择性切除	保留	保留
阴道切缘	不切除	切除1~2 cm	切除阴道上 1/4 ~ 1/3	不切除	切除阴道上 1/4 ~ 1/3
输尿管	未涉及	通过阔韧带打隧道输尿管进入阔韧带处切断	通过阔韧带打隧道骨盆壁处切断	未涉及	通过阔韧带打隧道骨盆壁处切断
主韧带	贴近子宫及宫颈旁切断			宫颈旁切断	

续表 5 - 3

	子宫切除术类型			宫颈切除术类型	
	单纯子宫切除（A型）	次广泛性子宫切除术（B型）	保留神经的广泛性子宫切除术（B型）	单纯宫颈切除术	广泛性宫颈切除术
子宫骶骨韧带	宫颈旁切断	部分切除	紧巾骶切断	宫颈旁切断	紧贴骶骨切断
膀胱	分离至宫颈外口	分离至阴道上段	分离至阴道中段	分离至腹膜反折	分离至腹膜反折
直肠	未涉及	分离至宫颈下	分离至服道中段下	分离至腹膜反折	分离至腹膜反折
手术途径	剖腹或腹腔镜	开腹、数腔镜或机器人腹腔镜	开腹、数腔镜或机器人腹腔镜	经阴道	经阴道、开腹、腹腔镜或机器人腹腔镜

　　对选择手术治疗患者的附件处理。对要求保留卵巢功能的未绝经患者，一般认为早期（ⅠB1 期、ⅡA1 期及以前）宫颈鳞癌卵巢转移的几率较低可以保留卵巢，但术中需探查卵巢情况。有人认为腺癌发生隐匿性卵巢转移的概率相对较高，故不应保留卵巢，但资料有限无法客观评价这一看法。对保留的卵巢，手术时应常规将所保留的卵巢移位（如腹腔内结肠旁沟），以避免术后盆腔放疗对卵巢功能的损伤。

　　2. 放射治疗

　　放射治疗用于各期宫颈癌，但主要应用于ⅡB 期及ⅡB 期以上中晚期宫颈癌患者及不能耐受手术治疗的早期宫颈癌患者。包括体外照射和腔内照射及二者联合应用。但是，对于不具备放疗资质的医疗机构应及时转诊到上级有条件的医疗单位进行治疗。

（1）近距离照射：将密封的放射源直接放入人体的天然腔内（如子宫腔、阴道等）为腔内照射。放射源直接放入肿瘤组织间进行照射为组织间照射，二者统称为近距离照射。

后装腔内放疗：后装腔内放疗是先将空载的放射容器置于体腔内病变部位，然后在有防护屏蔽的条件下远距离地将放射源通过管道传输到容器内进行治疗。后装腔内治疗机根据其对"A"点放射剂量率的高低可分为三类：低剂量率（0.667～3.33 cGy/min）、中剂量率（3.33～20 cGy/min）、高剂量率（在20 cGy/min以上）。后装腔内治疗的方法很多，一般情况下每周1～2次，每周"A"点剂量在5～10 Gy，"A"点总剂量在35～45 Gy，整个疗程体外加腔内放疗剂量因临床分期、肿瘤大小的不同而异，一般总剂量在75 Gy～90 Gy。

腔内放疗剂量的计算：后装腔内放疗剂量是以"A"点为参考点计算的。由于每次治疗时放射源的位置不可能完全相同，肿瘤体积亦经常在变化。理论上的"A"点剂量与实际剂量相差甚远，肿瘤是立体的。只用一点的剂量来表示也同样不能反映出肿瘤的真正受量，三维后装腔内治疗机的计划系统可以设计出较理想的、立体的放射治疗剂量曲线，这比"A"点参考剂量更有意义。

（2）体外照射：常规放疗在模拟机或CT模拟机下定位下的放疗。

靶区：一般应当包括子宫、宫颈、宫旁和上1/2阴道，盆腔淋巴引流区，如髂内、闭孔、髂外、髂总淋巴结。如果发生髂总动脉旁或腹主动脉旁淋巴结转移，则需要进行延伸放疗野，包括腹主动脉旁，上界达到肾血管水平（放疗野可能需要进一步向头侧延伸，以包括受累淋巴结），ⅢA期患者包括全部阴道，必要时包括腹股沟区。

采用四野箱式照射或等中心前后对穿照射。应用高能 6 - 12MVX 射线。

界限：上界为第 5 腰椎(L5)上缘水平；下界为闭孔下缘(ⅢA 期患者除外)，其端点与设野最宽处的连线约通过股骨内 1/3；外界在真骨盆外 1.5～2.0 cm 处；前界为耻骨联合前缘(据不同肿瘤而定)；后界为全部骶骨在照射野内(据不同肿瘤而定)。照射时应用多叶光栅或不规则挡铅屏蔽保护正常组织。

体外照射剂量参考点 多年来一般均以"B"点为宫颈癌体外照射量的计算点。Fletcher 于 1980 年提出了淋巴区梯形定位法：从耻骨联合上缘中点至骶骨 1～2 cm 之间连线，在此线中点与第 4 腰椎(L4)前连成一线，在此线中点平行向两侧延伸 6 cm，此点为髂外淋巴区域。在第 4 腰椎中点平行向两侧延伸 2 cm，此点为腹主动脉旁淋巴区域。髂外区与腹主动脉旁区联线的中点为髂总淋巴区。Chassagne 等提出：以髋臼上缘最高点作一平行线与髋臼外缘的垂直线交叉为盆壁参考点，代表宫旁组织盆壁端及闭孔淋巴结的区域。

剂量：采用常规分割照射，1.8～2.0 Gy/次，5 次/周。Ⅰ～Ⅱ期：45 Gy/1.8～2 Gy/4.5～5 周，Ⅲ～Ⅳ期肿瘤：45～50 Gy/1.8～2 Gy/5～6 周。

(3)三维适形放疗及调强适形放疗：调强放疗(IMRT)和其他高度适形放疗技术有助于减少肠管及其他重要器官接受的放疗剂量，同样适用于因区域淋巴结肿大而需要接受大剂量放疗的患者。

根据妇科检查以及影像学情况确定肿瘤靶区(GTV)，以宫颈癌直接扩散和淋巴结转移途径确定临床靶区(CTV)，一般包括子宫(未行手术者)、宫颈、上 1/2 阴道(阴道浸润达下 1/3，进行全阴道照射)、宫旁、闭孔、髂内、髂外、髂总动脉旁淋巴结。以 CTV 外放一定距离(0.5～1.0 cm)形成计划靶体积(planning torget volume，PTV）。放疗剂量：50 Gy/1.8 - 2 Gy/5 ~ 6 周，靶区内剂量均匀性在 ± 5% 范围内，进行放疗时，同时还需评估危及器官，如直肠、乙状结肠、膀胱、小肠、髂骨、骶尾骨、耻骨、股骨头、股骨颈等。

腔内照射与体外照射的组合　除极少数早期宫颈癌（如 I A2 期），只行腔内照射外，均需腔内及体外联合照射，在宫颈癌的靶区内组成剂量分布合理的有效治疗。

（4）放疗并发症：从事放射治疗的工作者一方面要了解放射治疗并发症，另一方面要熟悉腹腔、盆腔内器官对放射线的耐受剂量，以减少放射治疗的并发症。

早期并发症：包括治疗中及治疗后不久发生的并发症，如感染、阴道炎、外阴炎、皮肤干湿性反应、骨髓抑制、胃肠反应、直肠反应、膀胱反应和机械损伤等。

晚期并发症：常见的有放射性直肠炎、放射性膀胱炎、皮肤及皮下组织的改变、生殖器官的改变、放射性小肠炎等。最常见的是放射性直肠炎，多发生在放疗后 1 ~ 1.5 年。主要表现为：大便次数增多、黏液便、便血，严重者可出现直肠阴道瘘，其次常见的是放射性膀胱炎，多数在 1 年半左右，主要表现为尿频、尿痛、尿血、排尿不畅，严重者可出现膀胱阴道瘘。

3. 化学治疗

化学治疗（化疗）在宫颈癌治疗中的作用越来越引起重视，主要应用于放疗患者给予单药或联合化疗进行放疗增敏，即同步放化疗。另外，还有术前的新辅助化疗以及晚期远处转移、复发患者的姑息治疗等。治疗宫颈癌的有效药物有顺铂、紫杉醇、5 - 氟尿嘧啶、异环磷酰胺、吉西他滨、拓扑替康等。

增敏化疗 DDP 周疗：在外照射过程中每周 1 次的顺铂（每周 40 mg/m^2 配合适当的水化）连用 5 ~ 6 个周期是常用的同期放化疗方案。

新辅助化疗：新辅助化疗（neoadjuvantchemotherapy，NAC）是指患者在术前行 2~3 个疗程的化疗，目的在于缩小肿瘤体积，消灭微转移灶和亚临床病灶，使原来不能手术的患者获得手术机会。一些非随机研究表明，新辅助化疗减少了术中播散及术后转移的概率。目前，主要用于局部肿瘤大的早期患者。NAC 的方案常以铂类为基础的联合方案，如 TP 方案（顺铂＋紫杉醇）、PVB 方案（顺铂＋长春新碱＋博来霉素）等。给药途径包括静脉全身化疗或动脉插管介入化疗。由于几种方案疗效相近，NAC 的最佳方案及给药途径尚未统一。

现有文献表明，新辅助化疗（NAC）并不能提高总生存率，NAC 后手术并不比直接手术后联合辅助治疗的效果好，特别是巨块病灶或腺癌患者对 NAC 的反应率较低。另外，NAC 可混淆手术切除标本的病理学因素，从而使评价术后是否需要辅助放疗（加或不加辅助化疗）的指标更加复杂化。如果套用未化疗者的术后辅助放疗指标，将导致部分患者的过度治疗。所以选择 NAC 联合手术应慎重。

姑息化疗：主要用于既不能手术也不能放疗的复发或转移的宫颈癌患者。2009 年《NCCN 宫颈癌治疗指南》推荐的用于复发或转移癌的一线化疗方案有：卡铂/紫杉醇、顺铂/紫杉醇、顺铂/拓扑替康和顺铂/吉西他滨。可供选择的一线单药化疗药物有：卡铂、顺铂、紫杉醇、吉西他滨和拓扑替康。二线化疗药物有：多西紫、杉醇、表阿霉素、5－氟尿嘧啶、异环磷腺胺、伊立替康、丝裂霉素等。最近评估了在顺铂联合紫杉醇和吉西他滨联合紫杉醇方案中加入贝伐单抗的疗效，贝伐单抗可提高总生存率。

4. 宫颈癌分期治疗模式

（1） I A1 期病变无生育要求者可行筋膜外全子宫切除术（ I 型扩大子宫切除手术）。如患者有生育要求，可行宫颈锥切，若切缘阴性可定期随访。因 I A1 期淋巴结转移的概率 <1%，大多

数学者认为ⅠA1期患者无需行淋巴结切除术。若淋巴脉管受侵则行改良根治性子宫切除和盆腔淋巴结切除术。

（2）ⅠA2期宫颈癌有潜在的淋巴结转移率为3%～5%，可行次广泛子宫切除术（Ⅱ型扩大子宫切除术）＋盆腔淋巴结切除术。要求保留生育功能者，可选择广泛宫颈切除＋盆腔淋巴结切除术（对于有生育要求的患者建议到具备条件的医疗单位实施广泛宫颈切除术）。宫颈小细胞神经内分泌癌及腺癌（包括微偏腺癌）不适合保留生育功能。

（3）ⅠB1期、ⅡA1（＜4 cm）期的宫颈癌采用手术或放疗，预后良好。标准手术治疗方法是广泛子宫切除术（Ⅲ型扩大子宫切除术）和盆腔淋巴结切除术±腹主动脉淋巴结取样术。要求保留生育功能者，可选择广泛宫颈切除加盆腔淋巴结切除术±腹主动脉淋巴结取样术。

（4）ⅠB2期、ⅡA2（＞4 cm）期可选择的治疗方法：①同步放化疗；②广泛子宫切除术＋盆腔淋巴结切除术、腹主动脉淋巴结取样、术后个体化辅助治疗；③新辅助化疗后广泛子宫切除术和盆腔淋巴结切除术及腹主动脉淋巴结取样术、术后个体化治疗。ⅠB期的总生存率为80%～90%，而宫颈直径大于4 cm，有淋巴结转移、宫旁受侵和/或切缘阳性等高危因素者总生存率（OS）仅40%～70%。对早期初治宫颈癌患者选择治疗方法时，有高危因素的患者选择放化疗更为有利。大量研究证明，根治性手术＋放疗的并发症较多，应尽量避免根治术后又行盆腔放疗。

（5）ⅡB期、ⅢA期、ⅢB期、ⅣA期及部分ⅠB2期和ⅡA2期的同步放化疗，其具体方案详见放射治疗及增敏化疗。

5. 术后辅助治疗

术后辅助治疗请参考本章化学治疗内容。

6. 意外发现的宫颈癌的治疗

对于无淋巴脉管间隙浸润的ⅠA1期宫颈癌患者，可随访监测。对于有淋巴脉管间隙浸润的ⅠA1期或ⅠA2期或更高期别的宫颈癌患者，取决于手术的切缘状态。如果切缘阳性、影像学检查阴性，建议行盆腔放疗＋含顺铂同期化疗±个体化近距离放疗。切缘和影像学检查均阴性并无高危和中危因素者，可选择：①盆腔放疗±含顺铂的同期化疗＋阴道近距离放疗；②宫旁广泛切除＋阴道上段切除＋盆腔淋巴结切除±腹主动脉旁淋巴结取样。如果有中危因素（如原发肿瘤大、深部间质浸润、淋巴脉管间隙浸润），建议行盆腔放疗＋阴道近距离放疗。

7. 复发性宫颈癌的治疗

初始治疗（手术或放疗）后局部复发的患者，一部分有治愈的可能。预后好的因素包括：肿瘤属孤立的中心性盆腔复发且未累及到盆壁，无瘤间歇长，复发病灶直径小于 3 cm。初始手术治疗后盆腔复发的患者可以选择根治性放疗或盆腔脏器廓清术。同期化疗可使用顺铂单药或顺铂＋5－氟尿嘧啶（5－FU）。放疗后中心性复发可考虑盆腔器官廓清术。

（唐洁　陈亦乐）

第六章　原发性乳腺癌规范化诊疗指南解读

原发性乳腺癌是中国妇女最常见的恶性肿瘤,其发病率逐年上升[1, 2]。为了规范和指导原发性乳腺癌的治疗,许多国家的乳腺癌研究诊疗组织及国际学术组织先后发布了相关乳腺癌的诊断与治疗指南、诊疗性规范和专家共识。目前,在乳腺癌治疗领域,国际上最常用、最权威的几种指南包括《St. Galen》共识[3]《美国国家综合癌症网络(NCCN)乳腺癌临床实践指南》[4]和《ASCO临床实践指南》[5]。这些指南和共识既有共同点,也有侧重点和差异。原国家卫生和计划生育委员会(现国家卫生健康委员会)组织中国乳腺癌专家组依据国际上的主要指南并结合中国具体国情,制订并颁布了2013年版《原发性乳腺癌规范化诊疗指南》(以下简称指南),用以指导我国乳腺癌患者的诊断与治疗。

目前,在中国对乳腺癌的诊治尚有诸多不规范之处,这些因素制约了中国乳腺癌诊治水平的提高。2013年版指南的发表,无疑对中国医生更好地开展乳腺癌临床诊治及研究工作大有裨益。随着乳腺癌疾病的基础医学和临床医学研究的深入,每年都会发表大量随机临床试验结果和学术论述。这些新的循证医学证据将反映在各种指南中,包括中国版指南和共识中,从而不断完善、改进甚至改变乳腺癌现有的临床实践。本章将对2013年版指南进行详细解读和讨论,更好地帮助临床医生对指南的理解。

一、专业术语及定义

【专家共识要点】

(1)乳腺癌(breast cancer):全称为原发性乳腺癌,起源于乳腺导管、乳腺小叶的恶性肿瘤。

（2）乳腺癌保乳手术（breast-conserving surgery）：乳腺肿物局部切除，根据活检结果决定是否进行腋窝淋巴结清扫术。

（3）BI‑RADS：乳腺 X 线征象 BI‑RADS 分类（breast imaging reporting and data system）。

（4）缩略语：下列缩略语适用于中国 2013 年版指南。

①ER：（receptors，estrogen）雌激素受体

②PR：（receptors，progesterone）孕激素受体

③Ki‑67（antigen Ki‑67）增殖细胞相关的核抗原

④HER2：（human epidermal growth factor receptor 2）人类表皮生长因子受体 2。

⑤CEA：（carcinoembryonic antigen）癌胚抗原

⑥CA125（cancerantigen 125）肿瘤抗原 125

⑦CA153：（cancerantigen 153）肿瘤抗原 153

⑧BI‑RADS：（breast imaging reporting and data system）乳腺 X 线征象 BI‑RADS 分类

【专家共识解读】

女性乳房是由皮肤、纤维组织、乳腺腺体和脂肪组织组成的，乳腺癌是发生在乳腺腺上皮组织的恶性肿瘤。

目前开展保乳治疗的必要条件[6]：①开展保乳治疗的医疗单位应该具备相关的技术和设备条件以及外科、病理科、影像诊断科、放疗科和内科的密切合作（上述各科也可以分布在不同的医疗单位）；②患者在充分了解乳腺癌切除治疗与保乳治疗的特点和区别之后，了解保乳后可能的局部复发风险，本人具有明确的保乳意愿；③患者客观上有条件接受保乳手术后的放疗以及相关的影像学随访，如乳腺 X 线摄影、B 超或 MRI 检查等（必须充分考虑患者的经济条件、居住地的就医条件及全身健康状况等）。

美国放射学会的乳腺 X 线征象（BI‑RADS）分类和数据系

统[7]，是用于描述乳房内肿块和钙化等异常表现的 X 线征象。该系统会给每 1 个病变作完整的分类和评估，这就是我们常用的 BI - RADS 分类法。

BI - RADS 分类评估为 0，其评估是不完全的，需要召回（recall）补充其他影像学检查，进一步评估或与以前的 X 线影像相比较。

BI - RADS 1：评估是完全的，阴性，无异常发现。乳房是对称的，无肿块、结构扭曲和可见可疑钙化，其恶性病变的可能性为 0%。

BI - RADS 2：也是"正常"的评价结果，但有良性发现，如钙化的纤维腺瘤，皮肤钙化，金属异物（活检或术后的金属夹）；含脂肪的病变（积乳囊肿、积油囊肿、脂肪瘤及混合密度的错构瘤）等。乳房内淋巴结、血管钙化、植入体以及符合手术部位的结构扭曲等亦归为 BI - RADS2 类。总体而言，并无恶性病变的 X 线征象，恶性病变的可能性为 0%。

BI - RADS 3：只用于几乎可能确定的良性病变。有很高的良性可能性，放射科医生期望此病变在短期（小于 1 年，一般为 6 个月）随访中稳定或缩小来证实他的判断。这一类的恶性病变可能性介于 0% ~ 2% 之间。

BI - RADS 4：广泛运用于绝大部分需要介入性诊断的影像发现。其恶性病变的可能性介于 2% ~ 95% 之间。可再继续分成 4A、4B、4C。4A：其恶性病变的可能性介于 2% ~ 10% 之间，包括一组介入手段干预但恶性可能性较低的病变；4B：其恶性病变的可能性介于 10% ~ 50% 之间；4C：更进一步怀疑为恶性病变，但还未达到 5 类那样典型的一组病变。其恶性病变的可能性介于 50% ~ 95% 之间。

BI - RADS 5：高度怀疑恶性乳腺癌（几乎肯定的恶性病变），临床应采取适当措施。这一类病变的恶性可能性大于或等于 95%，肿瘤常为形态不规则星芒状边缘的高密度肿块影像、段样和线样分布的细小线样和分支状钙化，不规则星芒状肿块伴多形性钙化。

BI-RADS 6：已活检证实为恶性病变，应采取积极的治疗措施。用来描述活检已证实为恶性肿瘤的影像评估，主要是评价先前活检后的影像改变，或监测手术前新辅助化疗的影像改变。

二、流行病学

【专家共识要点】

1. 病因

月经初潮年龄和围绝经年龄与乳腺癌的发病有关。初次足月产的年龄越大，乳腺癌发病的危险性越大。哺乳总时间与乳腺癌危险性呈负相关。有乳腺癌家族史、高脂饮食、肥胖、外源性雌激素过多摄入可增加发生乳腺癌的危险。

2. 高危因素

(1) 有明显的乳腺癌遗传倾向者(见附录I)。

(2) 既往有乳腺导管内瘤或乳腺小叶中度、重度不典型增生，或有乳腺小叶原位癌患者。

(3) 既往行胸部放疗。

【专家共识解读】

乳腺癌中99%发生在女性，男性仅占1%。中国女性乳腺癌发病率和病死率在全球处于比较低的水平，但其发病率呈迅速增长的趋势，尤其是农村地区近10年来上升趋势明显。我国女性乳腺癌的发病率和病死率的年龄和地区分布具有明显特征，总体生存率估计与发展中国家持平，地区和城乡差异明显[8]。乳腺癌的病因尚未完全清楚，研究发现乳腺癌的发病存在一定的规律性，具有乳腺癌高危因素的女性容易患乳腺癌。所谓高危因素是指与乳腺癌发病有关的各种危险因素，而大多数乳腺癌患者都具有的危险因素就称为乳腺癌的高危因素。据中国肿瘤登记年报[9]显示：女性乳腺癌年龄发病率0～24岁年龄段处较低水平，25岁后发病数逐渐上升，50～54岁组达到高峰，55岁以后逐渐下降。乳腺癌家族史是乳腺癌发生的危险因素，所谓家族史是指一级亲属(母亲、女儿、姐妹)中有乳腺癌患者。近年发现乳腺腺体致密也成为乳腺癌的危险因素。乳腺癌的危险因素还有月经初潮早(<12岁)，绝经迟(>55岁)；未婚、未育、晚育、未哺乳；患乳腺良性疾病未及时诊治；经医院活检(活组织检查)证实患有乳腺非典型增生；胸部接受过高剂量放射线的照射；长期服用外源性雌激素；绝经后肥胖；长期过量饮酒；以及携带与乳腺癌相关的突变基因。乳腺癌的易感基因在欧美国家做了大量研究[10, 11]，现已知的有BRCA-1、BRCA-2，还有p53、PTEN等，与这些基因突变相关的乳腺癌称为遗传性乳腺癌，占全部乳腺癌的5%～10%。具有以上若干项高危因素的女性并不一定患乳腺癌，但其患乳腺癌的风险比正常人高。

建议对乳腺癌高危人群提前进行筛查(25～40岁)，筛查间期推荐每年1次，筛查手段除了应用一般人群常用的临床体检、彩色B超和乳腺X线检查之外，还可以应用MRI等新的影像学手段检查。

用于乳腺癌筛查的措施：乳腺X线检查对降低40岁以上妇女乳腺癌病死率的作用已经得到了国内外大多数学者的认可(Ⅰ类证据)。乳腺X线影像筛查对40岁以上亚洲妇女准确性高。但乳腺X线对年轻致密乳腺组织穿透力差，故一般不建议对40岁以下、无明确乳腺癌高危因素或临床体检未发现异常的妇女进行乳腺X线影像检查。乳腺临床体检单独作为乳腺癌筛查的方法效果不肯定，尚无证据显示该方法可以提高乳腺癌早期诊断率和降低病死率。一般建议将体检作为乳腺筛查的联合检查措施，可能弥补乳腺X线筛查的遗漏。乳房自我检查不能提高乳腺癌早期诊断检出率和降低病死率。由于可以提高妇女的防癌意识，故仍鼓励基层医务工作者向妇女传授每月 1 次乳房自我检查的方法，绝经前妇女应建议选择月经来潮后 7 ~ 14 天进行。乳房超声检查可以作为乳腺 X 线筛查的联合检查措施或乳腺 X 线筛查结果为 BI – RADS – 0 级者的补充检查措施。鉴于中国人乳腺癌发病高峰较靠前，绝经前患者比例高，乳腺相对致密，超声检查可作为乳腺筛查的辅助手段。MRI 检查可作为乳腺 X 线检查、乳房临床体检或乳腺超声检查发现的疑似病例的补充检查措施。目前的证据不支持近红外线扫描、核素扫描、导管灌洗、血氧检测等检查作为乳腺癌筛查方法。

三、临床表现及体征

【专家共识要点】

（1）乳房肿块：为乳腺癌最常见的症状。

（2）乳头溢液：少数乳腺癌表现为乳头溢液。

（3）淋巴结肿大：乳腺癌可转移至腋窝淋巴结，表现为腋窝单发或多发淋巴结肿大。而锁骨上淋巴结及颈部淋巴结肿大为乳腺癌晚期症状。

（4）隐匿性乳腺癌：少数患者以腋窝淋巴结肿大作为首发症状而就诊，而在乳房未找到乳腺原发病灶。

（5）炎性乳腺癌：生长迅速，临床表现为乳房广泛发红，伴有局部皮肤水肿，局部皮肤温度可有轻度升高。

【专家共识解读】

乳房肿块为乳腺癌最常见的症状，常为无痛性，有时伴有皮肤粘连、皮肤水肿、皮肤呈"橘皮样"改变，皮肤溃烂等。部分患者有乳头溢液，常发生于乳腺大导管者或导管内癌者。当病灶侵犯乳头或乳晕下区时，可引起乳头偏向肿瘤一侧，乳头可出现扁平、回缩、凹陷、糜烂等。少数乳腺癌表现为乳头溢液，多为血性溢液，可伴有或不伴有乳房肿块。乳腺癌可转移至腋窝淋巴

结，表现为腋窝单发或多发性淋巴结肿大，而锁骨上及颈部淋巴
结肿大为乳腺癌晚期症状。少数病例以腋窝淋巴结肿大作为首发
症状而就诊，而在乳房未找到乳腺原发病灶，称为隐匿性乳腺
癌，需要 MRI 及取活组织做病理切片进一步明确诊断[12]。炎性
乳腺癌生长迅速，临床表现为乳房广泛发红，伴有局部皮肤水
肿，局部皮肤温度可有轻度升高，易误诊为乳腺炎，两者鉴别要
点是乳腺炎疼痛较重、局部皮肤温度升高明显，常伴有发热等全
身症状。

四、辅助检查

【专家共识要点】

1. 实验室检查

乳腺癌的肿瘤标志物的检测数据在诊断方面均只能作参考，
在术后复发和转移的监测方面可能更有价值。临床上常用的肿瘤
标志物有 CA153、CEA、CA125 等。

2. 影像学检查

（1）乳房 X 线摄影：是乳腺癌影像诊断最基本的方法，可检
出临床触诊乳房正常（阴性）的乳腺癌。

（2）乳房超声检查：超声成像检查简便、经济、无辐射，可
用于所有怀疑为乳腺病变的人群，是评估 35 岁以下妇女、青春
期、妊娠期及哺乳期妇女乳腺病变的首选影像检查方法。可同时
进行腋窝超声扫描，观察是否有肿大的淋巴结。

（3）乳房 MRI 检查：当乳房 X 线摄影或超声影像检查不能确
定病变性质时，可以考虑采用 MRI 进一步检查。

3. 细胞学及病理组织学检查

（1）细胞学及组织学检查：对乳房肿块行细针穿刺吸取细胞
做细胞学检查，其方法简便易行，应用广泛。如有乳头溢液的患
者可以取乳头溢液做细胞学涂片检查。乳头糜烂疑为 Paget's 病

时可行糜烂部位的刮片或印片做细胞学检查。

（2）粗针穿刺组织学检查：可在 B 超、乳腺 X 线像引导下进行粗针穿刺检查，可获得组织学证据，并可进行 ER、PR、HER2、Ki67 等免疫组化检测，为制订治疗计划提供依据。

（3）微创下病理组织活检：对有条件的医疗机构积极提倡在手术前进行影像引导下空芯针穿刺活检（CNB）或真空辅助活检（VAB），如不具备条件可考虑直接行影像引导下钢丝定位手术活检。

【专家共识解读】　乳房 X 线摄影是乳腺癌影像诊断最基本的方法，可检出临床触诊阴性的乳腺癌。常规 X 线摄片体位包括双侧乳房内外侧、斜位（MLO）及头足位（CC），必要时可采取一些特殊摄影技术，包括局部加压摄影、放大摄影或局部加压放大摄影，使病灶更好地显示。不建议对 40 岁以下、无明确乳腺癌高危因素、或临床体检未发现异常的妇女进行乳房 X 线检查。乳房超声检查简便、经济、无辐射，可用于所有怀疑为乳腺病变的人群，是评估 40 岁以下妇女、青春期、妊娠期及哺乳期妇女乳腺病变的首选影像检查方法，可同时进行腋窝超声扫描，观察是否有肿大淋巴结。

乳房 MRI 检查适应证包括：①乳腺癌的诊断，当乳房 X 线摄影或超声影像检查不能确定病变性质时，可以考虑采用 MRI 进一步检查；②乳腺癌的分期，由于 MRI 对浸润性乳腺癌的高敏感性，有助于发现其他影像学检查所不能发现的多灶病变和多中心病变，有助于显示和评价癌肿对胸肌筋膜、胸大肌、前锯肌以及肋间肌的浸润等。在制订外科手术计划之前，考虑保乳治疗时可进行乳房增强 MRI 检查；③新辅助化疗疗效的评估，对于确诊乳腺癌进行新辅助化疗的患者，在化疗前、化疗中及化疗结束时 MRI 检查有助于对病变化疗反应性的评估，对化疗后残余病变范围的判断；④腋窝淋巴结转移原发病灶不明者，对于腋窝转移性淋巴结，而临床检查、X线摄影及超声都未能明确乳腺原发病灶时，MRI有助于发现乳房内隐匿的癌灶，确定位置和范围，以便进一步治疗，MRI阴性检查结果可以帮助排除乳房内原发病灶，避免不必要的全乳切除；⑤保乳术后复发的监测，对于乳腺癌保乳手术（包括成形术）后，临床检查、乳腺X线摄影或超声检查不能确定是否有复发的患者，MRI有助于鉴别肿瘤复发和术后瘢痕；⑥乳房成形术后随访，对于乳房假体植入术后乳房X线摄影评估困难者，MRI有助于乳腺癌的诊断和植入假体完整性的评价；⑦高危人群筛查，MRI在易发生乳腺癌的高危人群中能发现临床体检、乳房X线摄影、超声检查阴性的乳腺癌；⑧MRI引导下的穿刺活检，MRI引导下的穿刺活检适用于仅在MRI上发现的病灶，并对此靶向病灶行超声和摄X线影像片再次确认，如仍不能发现异常，则需在MRI引导下对病灶行定位穿刺取活检。

　　影像学引导下乳腺组织学活检是指在乳腺X线摄影、超声和MRI影像引导下取乳腺组织做病理学检查（简称活检），特别适合未扪及的乳腺病灶（如小肿块、钙化灶、结构扭曲等）。具体包括影像引导下空芯针穿刺活检（CNB）、真空辅助活检（VAB）和钢丝定位手术活检，超声引导下Mammotome旋切系统活检等[13-14]。活检的禁忌证为有重度全身性疾病，有严重出血性疾病者。

　　乳腺癌术后病理诊断报告的基本原则：①病理组织学诊断报告应尽可能包括与患者治疗和预后相关的所有内容，如肿瘤大小（包括肉眼对肿瘤标本的巨检大小及镜下观察的大体情况）、组织学类型、组织学分级、肿瘤累及情况及切缘和淋巴结情况等。所以，对肿瘤组织要尽量做到所取之材全部制片观察，并对瘤周及其他象限、手术切缘等取材制片观察；②分子病理学诊断报告包括ER、PR、HER2/neu和Ki 67等免疫组化检测的情况；③应准确报告组织病理学类型，如黏液癌、小管癌和浸润性微乳头状癌等；④原位癌的病理诊断报告应报告核级别（低级别、中级别或高级别）和有无坏死（粉刺样坏死或点状坏死）以及手术切缘情况，是否发现微浸润等；⑤保乳术所获取的标本取材和报告请参照保留乳房治疗临床指南部分；⑥必要时应报告癌旁良性病变的名称或类型。

五、乳腺癌分类和分期

【专家共识要点】

1. 乳腺癌组织学分类

按照 2003 年世界卫生组织制定的《乳腺癌组织学分类》（WHO2003）方法进行分类如下（详见附录 2）：

上皮性肿瘤

肌上皮病变

间叶性肿瘤

纤维上皮性肿瘤

乳头部肿瘤

恶性淋巴瘤

转移性肿瘤

男性乳腺肿瘤

2. 美国癌症联合委员会（AJCC）乳腺癌 TNM 分期（见附录 3）

乳腺癌原发肿瘤（T）

乳腺癌原发肿瘤的分期定义在临床与病理方面是一致的。如果肿瘤的大小由体检得到，可用 T1、T2 或 T3 来表示。如果是用乳房 X 线摄影或病理学等其他方法检测获得的乳腺癌原发肿瘤，可用 T1 的亚分类方法表示，其提供原发肿瘤大小应精确到 0.1 cm。

乳腺癌有区域淋巴结转移（N）

乳腺癌有远处转移（M）

【专家共识解读】 乳腺癌原发病灶的组织学类型包括肿瘤

的组织学类型以及瘤周乳腺组织存在的其他病变。组织学分级根据是否有腺管形成、细胞核的形态及核分裂像 3 项指标进行分级，建议采用改良的 Scarff-Bloom-Richardson 分级系统[15]。乳腺癌分期中涉及到的肿瘤大小是指浸润癌的大小，测量时需注意以下几点：①如果肿瘤组织中有浸润性癌和原位癌两种成分，肿瘤的大小应该以浸润性成分的测量值为准；②原位癌伴微浸润：出现微浸润时，应在报告中注明，并测量微浸润病灶最大径，如为多病灶微浸润，浸润病灶大小不能累加，但需在报告中注明多病灶微浸润，并测量最大浸润病灶的最大径；③对于肉眼能确定的发生于同一象限的两个以上多个肿瘤病灶，应在病理报告中注明为多病灶性肿瘤，并分别测量其大小；④对于肉眼能确定的发生于不同象限的两个以上多个肿瘤病灶，应在病理报告中注明为多中心性肿瘤，并分别测量大小；⑤如果肿瘤组织完全由导管原位癌组成，也应尽量准确地测量其范围。

肿瘤累及范围以及手术切缘肿瘤累及范围包括乳头、乳晕、皮肤、脂肪、脉管（淋巴管、静脉、动脉）、神经和胸肌等。切缘包括切口周围切缘、皮肤侧切缘和基底侧切缘。

淋巴结转移状态包括：①区域淋巴结，各组淋巴结的总数和转移数；②前哨淋巴结活检，如淋巴结内有转移癌，应尽可能报告转移癌灶的大小，确定孤立肿瘤细胞（ITC）、微转移、宏转移，需注意仅含有 ITC 的淋巴结不计入阳性淋巴结数目中，而应计为 pN0(i+)。

免疫组织化学检测内容：①应对所有浸润性乳腺癌进行 ER、PR、HER2、Ki67 免疫组化染色，HER2 应进一步行原位杂交检测。ER、PR 检测参考我国《乳腺癌雌、孕激素受体免疫组织化学检测指南》（2015 版）[16]。HER2 检测参考我国《乳腺癌 HER2 检测指南》（2014 版）[17]；②应对所有乳腺浸润性癌进行 Ki67 检测，并对癌细胞中阳性染色细胞所占的百分比进行报告；③开展乳腺癌免疫组化和分子病理检测的实验室应建立完整有效的内部质量控制和认证体系，不具备检测条件的单位应妥善地准备好标本，提供给具有相关资质的病理实验室进行检测。

六、诊断和鉴别诊断

【专家共识要点】

1. 临床诊断

乳房位于体表，详细询问病史和临床症状，对乳房、腋窝、锁骨上窝仔细体检，多数肿块可得以初步诊断，进一步辅助检查可明确诊断。早期乳腺癌患者肿块微小或不明确，体检不易触及，需借助多种影像学检查方可诊断。

2. 病理诊断

建议治疗前采用粗针对病灶穿刺检查，以获得组织做病理学检查取得证据，并进行 ER、PR、HER2 Ki67 等免疫组化检测。

3. 鉴别诊断

乳腺癌需与以下疾病相鉴别：

（1）乳腺增生：病史较长，多伴有乳房疼痛，并向腋窝、肩部放射，可伴有肿块，肿块质地较韧，边界不规则，随月经周期变化。

（2）纤维腺瘤：多见于年轻女性，病史较长，肿块边界清，光滑。

（3）分叶状肿瘤：鉴别诊断较困难，需病理学检查证实。

（4）乳腺脂肪坏死：有外伤史，肿块质地较硬，难与乳腺癌区别，一般肿块比较表浅，有皮肤受累症状，鉴别诊断需病理学检查。

【专家共识解读】

有研究者比较慢性乳腺炎与乳腺癌的MRI 表现，探讨 MRI 鉴别诊断两者的价值。回顾性分析 20 例经穿刺活检或手术病理证实为慢性乳腺炎的 MRI 检查资料与同时期经病理证实的 30 例乳腺癌作为对照，评估两者的形态学征象与动态增强表现并作统计学分析。形态学征象包括病灶形状、毛刺征、环形强化、病灶周围水肿、皮肤增厚、乳头受累、腋窝淋巴结肿大。动态增强表现(DCE)包括计算早期强化率,绘制时间－信号强度曲线(TIC)。结果乳腺炎与乳腺癌形状、环形强化、灶周水肿等征象存在统计学差异,毛刺征、皮肤增厚、乳头受累、腋窝淋巴结肿大等征象无统计学差异。乳腺炎早期强化率 1.156 ±0.635,乳腺癌 1.253±0.499,两者无统计学差异($t=0.604$, $P=0.548$)。乳腺炎 I 型、II 型、III 型 TIC 病例分别为 11 例、6 例、3 例,乳腺癌分别为 4 例、11 例、15 例。两者 TIC 有统计学差异($x^2=8.713$, $P=0.013$)。结论提示乳腺炎常呈非肿块样外观,环形强化、灶周水肿、偏良性的 TIC 等 MRI 征象可作为与乳腺癌鉴别诊断的依据[18]。

另有研究者分析乳腺癌钼靶 X 线摄影征象,并与乳腺良性病变进行鉴别,方法选择 62 例乳腺癌患者为研究对象。另选择以肿块为主要表现的乳腺良性病变 30 例,以钙化为主要表现的乳腺良性病变 30 例进行对照。所有患者均接受乳腺钼靶 X 线检查,观察乳腺癌病灶钼靶 X 线摄影征象,包括病变大小、形态、密度、边缘等,重点分析肿块及钙化特征,并与乳腺良性病变进行对比。结果:①乳腺癌主要征象包括单纯肿块、单纯钙化、肿块合并钙化及钙化合并结果扭曲等。其中表现为肿块最多,共 52 例,比例为 83.9%,表现为钙化次之,共 23 例,比例为 37.1%。②在肿块径线方面,乳腺癌与乳腺良性病变边界无统计学差异($P>0.05$)。但乳腺癌形态不规则,边缘毛刺、分叶及边界模糊的比例显著高于乳腺良性病变,差异具有统计学意义($P<0.05$)。③乳腺癌病变中泥沙、短棒及针尖样钙化的比例显著高于乳腺良性病变,而乳腺良性病变圆点、小片及蛋壳样钙化的比例显著高于乳腺癌,差异均具有统计学意义($P<0.05$)。乳腺癌钼靶 X 线征象主要包括肿块及钙化,且其主要征象与乳腺良性病变比较具有显著差异。[19]

对钙化的描述从类型和分布两方面进行。

1. 类型

类型分为典型的良性钙化和可疑钙化。良性钙化可不描述,但当这些钙化可能会引起临床医生误解时,这些良性钙化需要描述。

(1)典型的良性钙化有以下多种表现:皮肤钙化(粗大、典型者呈中心透亮改变);血管钙化(管状或轨道状);粗糙或爆米花样钙化(直径大于 2.0 mm,多为退变的纤维腺瘤);粗棒状钙化(连续呈棒杆状,偶可呈分支状,直径通常大于 0.5 mm,沿导管分布,聚向乳头,常为双侧乳腺分布,多见于分泌性病变,常见于 60 岁以上的妇女);圆形(直径小于等于 0.5 mm)和点状钙化(直径小于 0.5 mm);环形钙化(壁厚小于 1 mm,常见于脂肪坏死或囊肿;壁厚大于 1.0 mm,可见于油脂性囊肿或单纯性囊肿);钙乳样钙化(为囊肿内钙化,在 CC 位表现不明显,为绒毛状或不定形状,在 90 度侧位上边界明确,根据囊肿形态的不同而表现为半月形、新月形、曲线形或线形,形态随体位而发生变化是这类钙化的特点);缝线钙化(由于钙质沉积在缝线材料上所致,尤其在放疗后常见,典型者为线形或管形,绳结样改变常可见到);营养不良性钙化(常出现于放疗后、外伤后乳腺、自体脂肪移植整形术后,钙化形态不规则,大多大于 0.5 mm,呈中空状改变)。

(2)可疑钙化:①不定形钙化:小而模糊,双侧、弥漫分布多为良性表现,段样、线样及成簇分布时需提示临床进一步活检。其恶性的 PPV 为 20%,BI-RADS 分类应为 4B;②粗糙不均质钙化:钙化多介于 0.5~1.0 mm 之间,比营养不良性钙化小些,多有融合,形态不规则可能为恶性表现,也可能出现在纤维腺瘤、外伤后及纤维化的乳腺内。大量、双侧成簇的粗糙不均质钙化也有可能是良性的。单处集群分布有恶性的可能,其恶性的 PPV 约为 15%,BI-RADS 分类应为 4B;③细小多形性钙化:比无定形钙化更可疑,缺乏细的线样颗粒,大小形态不一,直径小于

0.5 mm，其恶性的 PPV 约为 29%，BI－RADS 分类应为 4B；④
细线样或细线样分支状钙化：表现为细而不规则线样钙化，直径
小于 0.5 mm，常不连续，有时也可见分支状，提示钙化是由于被
乳腺癌侵犯在导管腔内 形成，其恶性的 PPV 约为 70%，BI－
RADS 分类应为 4C。

2. 钙化分布

(1)散在分布：钙化随意分散在整个乳腺。双侧、散在分布
的点样钙化和不定形钙化多为良性钙化。

(2)区域状分布：指较大范围内(大于 2 cm^3)分布的钙化，
与导管走形不一致，常超过 1 个象限的范围，这种钙化分布的性
质需结合钙化类型综合考虑。

(3)集群分布：指至少有 5 枚钙化占据在 1 个较小的空间内
(小于 2 cm^3)，良性、可疑钙化都可以有这样的表现。

(4)线样分布：钙化排列成线形，可见分支 点，提示来源于 1
个导管，多为可疑钙化。

(5)段样分布：常提示病变来源于 1 个导管及其分支，也可
能发生在 1 叶或 1 个段叶上的多灶性癌。段样分布的钙化，其恶
性的可能性会增加，比如点状和无定形钙化。尽管良性分泌性病
变也会有段样分布的钙化，但如果钙化的形态不是特征性良性
时，首先考虑其为可疑钙化。

七、乳腺癌诊断流程

关于乳腺癌的诊断流程可参考本章附录 4 内容。

八、治疗

【专家共识要点】

1. 乳腺癌治疗原则

乳腺癌的治疗包括手术治疗、放疗、化疗、内分泌治疗、分

子靶向治疗等多种治疗手段,个体化综合治疗是乳腺癌治疗的发展趋势。治疗前应对疾病有一个准确的评估,当病变局限于局部或区域淋巴结时,以局部治疗为主,辅以术前术后的全身治疗。当肿瘤病变较广泛或已有远处转移时,则以全身治疗为主,局部治疗为辅。

2. 手术治疗

对于临床分期为Ⅱ期以下而无手术禁忌证的乳腺癌患者宜首选手术治疗。术后根据病理情况选择合适的综合治疗手段。对于Ⅲ期乳腺癌,应先行术前化疗再做手术治疗。乳腺癌的手术治疗主要有以下三种:

(1)乳腺癌改良根治术:是目前最常用的手术方式,适用于临床分期为Ⅰ期、Ⅱ期及Ⅲ期乳腺癌患者。

(2)乳房单纯切除术:适用于乳腺原位癌。

(3)乳腺癌保留乳房手术(简称保乳术):是早期乳腺癌治疗发展趋势,对于适合保乳手术的患者,如患者有保乳愿望,可到具备相应资质的医院治疗。保乳术适应证:①单发病灶或局灶性微小钙化灶;②肿块≤3 cm;③乳房足够大,行肿瘤切除术后乳房外型无明显改变;④病变位于乳晕区以外的部位;⑤无胶原血管性疾病及胸壁/乳房长期放射性照射史;⑥患者自愿。保乳术的绝对禁忌证:①不同象限二个或二个以上肿瘤;②弥漫性微小钙化(多发散在恶性钙化);③肿瘤切缘组织连续多次病理切片检查癌阳性病变;④妊娠期乳腺癌;⑤既往接受过患侧乳腺或胸壁放疗。

3. 乳腺癌术后复发风险

乳腺癌术后复发风险存在一定比例,术后复发应按乳腺癌复发进行分组评估(表6-1)。

表 6-1 乳腺癌术后复发风险的分组

危险度	判别要点	
	转移淋巴结	其他
低度	阴性	同时具备以下 6 条： 标本中病灶大小(pT)≤2 cm 分级 1 级 a 瘤周脉管未见肿瘤侵犯 b ER 和(或)PR 表达 HER2/neu 基因没有过度表达或扩增 c 年龄≥35 岁
中度	阴性	以下 6 条至少具备其中 1 条： 标本中病灶大小(pT)>2 cm 分级 2~3 级 有瘤周脉管肿瘤侵犯 ER 和 PR 缺失 HER2 基因过度表达 扩增或年龄<35 岁
高度	1~3 枚阳性	未见 HER2 基因过度表达和扩增且 ER 和(或)PR 表达
	1~3 枚阳性	HER2 基因过度表达或扩增或 ER 和 PR 缺失
	≥4 枚阳性	

a：组织学分级/核分级；b：瘤周脉管侵犯存在争议，它只影响腋窝淋巴结阴性的患者的危险度分级，但并不影响淋巴结阳性者的分级；c：HER2 的测定必须是经由严格质量把关的免疫组化或 FISH 法、CISH 法。

4. 放射治疗

(1) 早期乳腺癌保乳术后的放射治疗

适应证：早期乳腺癌保乳术后均需放射治疗（放疗）。

放疗开始时间：无辅助化疗指征的患者术后放疗建议在术后8周内进行。接受辅助化疗的患者应在末次化疗后2~4周内开始。内分泌治疗与放疗的时序配合目前没有一致意见，可以同期或放疗后开展。曲妥珠单抗治疗患者只要放疗前心功能正常可以与放疗同时使用，但一方面这些患者需要谨慎考虑内乳照射适应证；另一方面，左侧患者尽可能采用三维适形放疗技术，尽可能降低减少心脏照射体积。

放疗技术和剂量：可采用常规放疗技术，也可采用三维适形放疗技术或调强放疗技术。全乳照射剂量45~50 Gy，1.8~2 Gy/次，5次/周。全乳照射结束后，一般需要瘤床区补加照射剂量10~16 Gy/5~8次。

照射部位选择：①腋窝淋巴结清扫或前哨淋巴结活检阴性，或腋窝淋巴结转移1~3个但腋窝淋巴结清扫彻底（腋窝淋巴结检出数≥10个），且不含有其他复发高危因素的患者，照射靶区只包括患侧乳房；②腋窝淋巴结转移≥4个的患者照射靶区需包括患侧乳腺和锁骨上下淋巴引流区；腋窝淋巴结转移1~3个但含有其他高危复发因素，如年龄≤40岁、激素受体阴性、淋巴结清扫不彻底或淋巴结转移的比例大于20%，HER2/neu蛋白过表达等的患者照射靶区除了包括患侧乳房外，也可以考虑包括锁骨上下淋巴引流区；③腋窝未做解剖或前哨淋巴结转移而未做腋窝淋巴结清扫者，照射靶区还需要包括腋窝区。

（2）乳腺癌根治术或改良根治术后放疗

适应证：具有下列高危因素之一，需术后放疗：原发肿瘤最大直径≥5 cm，或肿瘤侵及乳房皮肤、胸壁；腋窝淋巴结转移≥4个。腋窝淋巴结转移1~3个的T1/T2患者，尤其是具有下列高危复发风险者：年龄≤40岁，腋窝淋巴结清扫数目<10个，腋窝淋巴结转移的比例>20%，激素受体阴性，HER2/neu蛋白过表达，组织学分级高，脉管阳性等，强烈推荐放疗。

术后放疗部位及剂量：胸壁和锁骨上窝区是术后辅助放疗的常规靶区。术后辅助放疗的常规剂量为 50 Gy/5 周/25 次，对于高度怀疑肿瘤有残留的区域，可局部加照射剂量至 60 Gy 或 60 Gy 以上。在照射技术上，多数患者常规放疗技术就可以满足临床需要。

5. 化学治疗

（1）乳腺癌术后全身辅助化疗的选择

辅助化疗适应证：①浸润性肿瘤 > 2 cm；②有淋巴结转移；③激素受体阴性；④HER2 阳性（对肿瘤分级为 T1a 期以下患者目前无明确证据推荐使用辅助化疗）；⑤组织学分级为 3 级。辅助化疗禁忌证：妊娠妇女、年老体衰且伴有严重内脏器质性病变患者。

化疗方案与注意事项：以含蒽环类联合化疗方案（4～6 个周期）为主。例如：AC 方案（环磷酰胺 600 mg/m^2，d1；阿霉素 60 mg/m^2，d1；21 天为一周期）；上述方案基础上增加紫杉醇，对于部分患者可以提高疗效，可与蒽环类药物联合用药或序贯用药，共 6～8 周期。不建议减少周期数和剂量。乳腺癌术后全身辅助化疗的选择可参考附录 3、表 6－4 所示内容。[20]

（2）新辅助化疗

新辅助化疗的适应证：一般适合临床 Ⅱ 期、Ⅲ 期的乳腺癌患者；对不可手术的隐匿性乳腺癌行新辅助化疗是可行的。

新辅助化疗的禁忌证：未经组织病理学确诊的浸润性乳腺癌（推荐获得 ER，PR，HER2/neu 等免疫组化指标，不推荐将细胞学作为病理诊断标准）；妊娠早期、中期妇女；年老体衰且伴有严重心、肺器质性病变等预期无法耐受化疗者。

新辅助化疗的实施：化疗方案以含有蒽环类和紫杉类的方案（序贯或联合）为主；疗效评估及化疗疗程建议每 2 个周期进行

疗效评估。应从体检和影像学两个方面评价乳腺癌原发病灶和腋窝淋巴结转移灶疗效。病灶无改善的患者建议暂停该方案化疗，改用手术、放疗或者其他全身治疗措施（更换化疗方案或改行新辅助内分泌治疗）。一般应治疗 2~6 个治疗周期。

6. 辅助内分泌治疗

辅助内分泌治疗适应证：激素受体（ER 和/或 PR）阳性的乳腺癌。内分泌治疗与其他辅助治疗的次序一般在化疗之后应用，但可以和放射治疗以及靶向治疗同时应用。绝经前患者辅助内分泌治疗方案首选三苯氧胺 20 mg，每日 1 次，连用 5 年。治疗期间注意避孕，并每年行一次妇科检查。加或不加卵巢去势（手术或药物）。绝经后患者辅助内分泌治疗首选芳香化酶抑制药单独应用，或与三苯氧胺序贯治疗，不能耐受芳香化酶抑制药的患者可选择三苯氧胺，治疗时间为 5 年。

7. 术后辅助靶向治疗

术后辅助靶向治疗适应证：HER2/neu 基因过表达的肿瘤 >1 cm各期可手术的乳腺癌。

术后辅助靶向治疗禁忌证：治疗前左心射血分数（LVEF）<50% 的患者。

8. 晚期乳腺癌的解救性全身治疗

（1）化疗：晚期乳腺癌的解救性全身化疗有以下方案。

一线方案：根据既往治疗方案选择含蒽环和（或）紫杉类方案。

二线方案：根据一线方案选择含吉西他滨、卡培他滨、铂类、长春瑞滨等方案。

三线方案或三线以上方案：可选择对晚期乳腺癌有效的其他药物治疗，包括铂类、足叶乙苷等。

（2）内分泌治疗：对于 ER 和/或 PR 阳性患者，根据辅助内分泌治疗的情况，给予三苯氧胺、托瑞米芬治疗（绝经前）、卵巢去势治疗（绝经前）或芳香化酶抑制药治疗（绝经后）。其他有效的内分泌治疗还包括氟维司群、孕激素、托瑞米芬、雄激素等。内分泌治疗和化疗交替应用也可作为化疗后的维持治疗。

（3）靶向治疗：HER2/neu 蛋白过表达者，可根据情况在化疗或内分泌治疗的基础上联合靶向治疗（曲妥珠单抗），或靶向治疗时单独使用。

【专家共识解读】

1. 乳腺癌治疗原则

乳腺癌的治疗包括手术治疗、放疗、化疗、内分泌治疗、分子靶向治疗等多种治疗手段，个体化综合治疗是乳腺癌治疗的发展趋势。治疗前应对疾病有一个准确的评估，当病变局限于局部或区域淋巴结时，以局部治疗为主，辅以术前术后的全身治疗。当肿瘤病变较广泛或已有远处转移时，则以全身治疗为主，局部治疗为辅。

2. 手术治疗

开展保乳治疗的必要条件：①开展保乳治疗的医疗单位应该具备相关的技术和设备条件以及外科、病理科、影像诊断科、放疗科和内科的密切合作（上述各科也可以分布在不同的医疗单位）；②患者在充分了解乳腺切除治疗与保乳治疗的特点和区别之后，了解保乳后可能的局部复发风险，本人具有明确的保乳意愿；③患者客观上有条件接受保乳手术后的放疗以及相关的影像学随访，如乳腺 X 线摄影、B 超或 MRI 检查等（必须充分考虑患者的经济条件、居住地的就医条件及全身健康状况等）。

保乳治疗的适应证和禁忌证：主要针对具有保乳意愿且无保乳禁忌证的患者。①临床Ⅰ期、Ⅱ期的早期乳腺癌肿瘤大小属于T1 和 T2 分期，尤其适合肿瘤最大直径不超过 3 cm，且乳房有适当体积，肿瘤与乳房体积比例适当，术后能够保持良好的乳房外形的早期乳腺癌患者；②Ⅲ期患者（炎性乳腺癌除外）经术前化疗或术前内分泌治疗降期后达到保乳手术标准时也可以慎重考虑。保乳治疗的绝对禁忌证：①妊娠期间放疗者；②病变广泛或确认为多中心病灶，广泛或弥漫分布的可疑恶性微钙化灶，且难以达到切缘阴性或理想外形；③肿瘤经局部广泛切除后切缘阳性，再次切除后仍不能保证病理切缘阴性者；④患者拒绝行保留乳房手术；⑤炎性乳腺癌。保乳治疗的相对禁忌证：①活动性结缔组织病，尤其硬皮病和系统性红斑狼疮或胶原血管疾病者，对放疗耐受性差；②同侧乳房既往接受过乳腺或胸壁放疗者，需获知放疗剂量及放疗野范围；③肿瘤直径 >5 cm 者；④靠近或侵犯乳头（如乳头 Paget's 病）；⑤影像学提示多中心病灶；⑥已知乳腺癌遗传易感性强（如 BRCA1 基因突变），保乳后同侧乳房复发风险增加的患者（2B 类证据）。[21-22]

3.乳腺癌术后辅助全身治疗的选择

乳腺癌术后辅助全身治疗应基于复发风险、个体化评估与肿瘤病理分子分型及对不同治疗方案的反应性进行综合评价后作出选择。乳腺癌术后复发风险的分组见表 6-1。该表可供全面评估患者手术以后的复发风险的高低，是制订全身辅助治疗方案的重要依据。乳腺癌病理分子分型的判定见表 6-3。乳腺癌术后辅助全身治疗的选择见表 6-3 及表 6-4，医生根据治疗的反应性并同时参考患者的术后复发风险选择相应治疗。

4.放射治疗

（1）乳腺癌保乳术后的放疗

全乳放疗适应证：所有浸润性乳腺癌保乳手术后的患者通过全乳放疗都可以降低 2/3 的局部复发率，同时瘤床增加照射剂量可以在全乳 45～50 Gy 剂量的基础上进一步提高局部控制率，瘤床增加照射剂量对于 60 岁以下的患者获益更显著（1 类证据）[23-24]。根据 CALGB9343 的研究结果[25]，70 岁及以上、病理证示为I期、激素受体阳性、切缘阴性的乳腺癌患者鉴于绝对复发率低，全乳放疗后乳房水肿，疼痛等不良反应消退缓慢，可以考虑单纯内分泌治疗而不行放疗。根据 PRIME II 的研究结果[26]，65 岁及 65 岁以上，肿块最大径不超过 3 cm 的激素受体阳性，且可以接受规范的内分泌治疗的患者也可以考虑减免术后放疗。

与全身治疗的时序配合：无辅助化疗指征的患者术后放疗建议在术后 8 周内进行。由于术后早期术腔体积存在动态变化，尤其是含有术腔血肿块的患者，所以不推荐术后 4 周内开始放疗。接受辅助化疗的患者应在末次化疗后 2 ~ 4 周内开始。内分泌治疗与放疗的时序配合目前没有一致意见，可以同期或放疗后开展。曲妥珠单抗治疗患者只要放疗前心功能正常可以与放疗同时使用，但一方面这些患者需要谨慎考虑内乳照射适应证；另一方面，左侧患者尽可能采用三维适形放疗技术，尽可能降低减少心脏照射体积。目前，虽然对心脏的具体体积剂量限制在国际上尚缺乏共识，但现有的资料提示，在常规分割前提下，V25 < 10% 可以有效预防长期的放射性心脏损伤，应该认为在现有技术条件下，不增加其他正常组织照射剂量的基础上，追求心脏照射剂量的最低照射剂量优化是重要的目标。

（2）乳腺癌全乳切除术后放射治疗

适应证：全乳切除术后放疗可以使腋窝淋巴结阳性的患者 5 年局部复发及区域复发率降低到原来的 1/3 ~ 1/4。全乳切除术后，具有下列预后因素之一则符合高危复发，具有术后放疗指征，该放疗指征与全乳切除的具体手术方式无关：①原发肿瘤最大直径大于或等于 5 cm，或肿瘤侵及乳腺皮肤、胸壁；②腋窝淋巴结转移大于或等于 4 枚；③淋巴结转移 1 ~ 3 枚的 T1/T2 期乳腺癌，目前的资料也支持术后放疗的价值[27]。其中包含至少下列一项因素的患者可能复发风险更高，术后放疗更有意义：年龄小于或等于 40 岁，腋窝淋巴结清扫数目小于 10 枚时转移比例大于 20%，激素受体阴性，HER2/neu 蛋白过表达等。

与全身治疗的时序配合：具有全乳切除术后放疗指征的患者一般都具有辅助化疗适应证，所以术后放疗应在完成末次化疗后2~4周内开始。个别有辅助化疗禁忌证的患者可以在术后切口愈合，上肢功能恢复后开始术后放疗。内分泌治疗与放疗的时序配合目前没有一致意见，可以同期内分泌治疗或放疗后开展内分泌治疗。曲妥珠单抗治疗患者只要开始放疗前心功能正常可以与放疗同时使用；其次，左侧患者内乳区放疗适应证需严格掌握，尽可能采用三维适形放疗技术，降低心脏照射体积，评估心脏照射平均剂量至少低于8 Gy。

(3)乳腺癌新辅助化疗的改良根治术后放射治疗

乳腺癌新辅助化疗的放疗指征目前暂时与未做新辅助化疗者相同，原则上主要参考新辅助化疗前的初始分期，其中初始分期Ⅲ期的乳腺癌患者即使达到病理完全缓解（pathological complete response, pCR）也仍然有术后放疗适应证。放疗技术和照射剂量同未接受新辅助化疗的改良根治术后放疗。对于有辅助化疗指征的患者，术后放疗应该在完成辅助化疗后开展；如果无辅助化疗指征，在切口愈合良好，上肢功能恢复的前提下，术后放疗建议在术后8周内开始。与靶向治疗和内分泌治疗的时间配合同保乳治疗或无新辅助化疗的改良根治术后放疗。

(4)乳房重建术与术后放疗

原则上乳腺癌不论手术方式，乳房重建患者的术后放疗指征都需遵循同期别的乳房切除术后患者。乳房切除后无论是自体组织重建术或假体重建术，都不是放射治疗的禁忌证。当采用假体重建时，由于放疗以后组织的血供和顺应性下降，Ⅱ期进行假体植入会带来更多的并发症，包括假体移位、挛缩等，所以考虑有术后放疗指征，又需采用假体的患者建议采用Ⅰ期重建。采用扩张器–永久性假体二步法重建的患者，扩张器替换成永久性假体可以在术后放疗之前或之后，该时序目前没有绝对定论，取决于整个团队对技术的熟悉程度和经验。乳房重建以后放疗的技术可以参照保乳术后的全乳放疗。由于重建的乳房后期美容效果在很大程度上取决于照射剂量，而重建后放疗的患者一般都有淋巴引流区的照射指征，所以尽可能提高靶区照射剂量均匀性，避免照射野衔接处的热点，是减少后期并发症的关键。在这个前提下，建议采用三维适形放疗技术，尽可能将淋巴引流区的照射整合到三维适形放疗计划中。

5. 化学治疗

（1）乳腺癌术后辅助化疗

乳腺癌术后辅助化疗的适应证：①浸润性肿瘤大于 2 cm；②淋巴结转移；③激素受体阴性；④HER2 阳性（对 T1a 期以下患者目前无明确证据推荐使用辅助化疗）；⑤乳腺癌组织学分级为 3 级。以上单个指标并非化疗的强制适应证，辅助化疗方案的制定应综合考虑上述肿瘤的临床病理学特征、患者生理条件和基础疾病、患者的意愿，以及化疗可能获益与由之带来的不良反应等。免疫组化检测应该包括 ER、PR、HER2 和 Ki－67。禁忌证：①妊娠期：妊娠早期、中期乳腺癌患者，应慎重选择化疗；②年老体弱且伴有严重内脏器质性病变患者。

注意事项：①选择联合化疗方案，常用的有以蒽环类为主的方案，如 CAF、A(E)C、FE100C 方案（C：环磷酰胺，A：多柔比星，E：表柔比星，F：氟尿嘧啶），虽然吡柔比星(THP)在欧美国家很少有大组的循证医学资料，但在我国日常临床实践中，用吡柔比星代替多柔比星也是可行的。THP 推荐剂量为 40～50 mg/m^2。②蒽环类与紫杉类联合方案，例如 TAC(T：多西他赛)。③蒽环类与紫杉类序贯方案，例如 AC→T/P(P：紫杉醇)或 FEC→T。④不含蒽环类的联合化疗方案，适用于老年乳腺癌患者、低风险患者、对蒽环类有禁忌或不能耐受的患者，常用的有 TC 方案及 CMF 方案(C：环磷酰胺，M：甲氨蝶呤，F：氟尿嘧啶)[28]。

②若无特殊情况，一般不建议减少化疗的周期数。③在门诊病历和住院病史中应当记录患者当时的身高、体重及体表面积，并给出药物的每平方米体表面积的剂量强度。一般推荐首次给药剂量应按推荐剂量使用，若有特殊情况需调整时不得低于推荐剂量的85%，后续给药剂量应根据患者的具体情况和初始治疗后的不良反应，可以 1 次下调20%～25%。每个辅助化疗方案仅允许剂量下调 2 次。④辅助化疗一般不与内分泌治疗或放疗同时进行，化疗结束后再开始内分泌治疗，放疗与内分泌治疗可先后或同时进行。⑤化疗时应注意化疗药物的给药顺序，输注时间和剂量强度，严格按照药品说明和配伍禁忌使用。⑥激素受体阴性的绝经前患者，在辅助化疗期间可考虑使用卵巢功能抑制药物保护患者的卵巢功能。推荐化疗前 1～2 周给药，化疗结束后 2 周给予最后一剂药物。⑦蒽环类药物有心脏毒性，使用时须评估左心射血分数（LVEF），至少每 3 个月 1 次。如果患者使用蒽环类药物期间发生有临床症状的心脏毒性、或无症状但 LVEF < 45% 亦或较基线下降幅度超过 15%，可考虑检测肌钙蛋白（cTnT），必要时应先停药并充分评估患者的心脏功能，后续治疗应慎重。⑧中国专家团队认为三阴性乳腺癌的优选化疗方案是含紫杉和蒽环的剂量密度方案。大多数 Luminal‐B（HER2 阴性）乳腺癌患者需要接受术后辅助化疗，方案应包含蒽环和（或）紫杉类。

（2）乳腺癌新辅助化疗

新辅助化疗是指在手术或手术加放疗的局部治疗前，以全身化疗为乳腺癌的第一步治疗，后再行局部区域治疗。基于目前循证医学的证据，新辅助化疗的疗效和辅助化疗的疗效是一样的，但可以使部分不能保乳的患者获得保乳的机会，部分不可手术的患者获得手术的机会。但是一部分患者（<5%）在新辅助化疗的过程中可能出现进展，甚至丧失手术的机会。[29]

新辅助化疗的适宜人群，一般适合临床Ⅱ期、Ⅲ期的乳腺癌患者：①临床分期为ⅢA（不含T3、N1、M0）、ⅢB、ⅢC期。②临床分期为ⅡA、ⅡB、ⅢA（仅T3、N1、M0）期，对希望缩小肿块、降期保乳的患者，也可考虑新辅助化疗。

对不可手术的隐匿性乳腺癌行新辅助化疗是可行的，其中隐匿性乳腺癌定义为腋窝淋巴结转移为首发症状，而乳房未能检出原发灶的乳腺癌，在排除其他部位原发肿瘤后，尽管临床体检和现有的影像学检查均不能发现乳房肿块，甚至术后病理也未查及乳腺内的原发病灶，但还是可以诊断为这是一类特殊类型的乳腺癌。

新辅助化疗的禁忌证：①未经组织病理学确诊的乳腺癌。推荐进行组织病理学诊断，并获得 ER、PR、HER2/neu 及 Ki－67 等免疫组化指标，不推荐将细胞学作为病理诊断标准；②妊娠早期女性不应进行新辅助化疗，妊娠中期女性患者应慎重选择化疗；③年老体弱且伴有严重心、肺等器质性病变，预期无法耐受化疗者。

新辅助治疗方案应同时包括紫杉类和蒽环类药物，HER2/neu 阳性者应加用抗 HER2/neu 的药物。治疗有反应或疾病稳定的患者中，推荐手术前用完所有的既定周期数。绝经后激素受体强阳性的患者可考虑单用内分泌治疗，推荐使用芳香化酶抑制药。新辅助内分泌治疗应持续 5～8 个月或至最佳疗效。术后辅助化疗目前尚有争议。一般可以根据术前化疗的周期数、疗效以及术后病理检查结果而再继续选择相同化疗方案、或更换新的化疗方案以及不辅助化疗，鉴于目前尚无足够证据，故无法统一。一般新辅助化疗加辅助化疗的总周期数为 6～8 个周期。若新辅助化疗时已经完成了所有的辅助化疗周期，可考虑不再使用化疗。

6.乳腺癌术后辅助内分泌治疗

适应证：激素受体 ER 和（或）PR 阳性的乳腺癌患者。辅助内分泌治疗与化疗同时应用可能会降低疗效。一般在化疗之后使用，但可以和放射治疗以及曲妥珠单抗治疗同时应用。

绝经前患者辅助内分泌治疗方案与注意事项（绝经标准详见附录Ⅴ）：①辅助内分泌治疗有3种选择：他莫昔芬、卵巢功能抑制加他莫昔芬、卵巢功能抑制加第三代芳香化酶抑制药。选择需要考虑两方面的因素：肿瘤方面，复发风险高或需要使用辅助化疗；患者方面，相对年轻（如小于35岁）、在完成辅助化疗后仍未绝经的病例。②使用他莫昔芬的患者，治疗期间注意避孕，并每半年至1年行1次妇科检查，通过B超了解子宫内膜厚度。服用他莫昔芬5年后，患者仍处于绝经前状态，部分患者（如高危复发）可考虑延长服用至10年。目前尚无证据显示，服用他莫昔芬5年后的绝经前患者，后续应用卵巢抑制联合第三代芳香化酶抑制药会进一步使患者受益。托瑞米芬在绝经前乳腺癌中的价值尚待大型临床研究的确认，在我国日常临床实践中，常见托瑞米芬代替他莫昔芬。③卵巢去势推荐用于下列绝经前患者：a. 高度风险且化疗后未导致闭经的患者，可同时与他莫昔芬联合应用；卵巢去势后也可考虑与第三代芳香化酶抑制药联合应用（TEXT 与 SOFT 联合分析[30-31]提示卵巢去势联合第三代芳香化酶抑制药优于卵巢去势联合三苯氧胺）；b. 不愿意接受辅助化疗的中度风险患者，可同时与他莫昔芬联合应用；c. 对他莫昔芬有禁忌者。④卵巢去势有手术切除卵巢、卵巢放射及药物去势。若采用药物性卵巢去势，目前推荐的治疗时间是2~5年。⑤如患者应用他莫昔芬5年后处于绝经后状态，可继续服用芳香化酶抑制药5年，或停止用药。

绝经后患者辅助内分泌治疗的方案及注意事项：①第三代芳香化酶抑制药可以向所有绝经后的 ER 和（或）PR 阳性患者推荐，尤其是具备以下因素的患者：a. 高度复发风险患者；b. 对他莫昔芬有禁忌的患者或使用他莫昔芬出现中、重度不良反应的患者；c. 使用他莫昔芬20 mg/d，连用5年后的高度风险患者。②芳香化酶抑制药可以从一开始就应用5年（来曲唑、阿那曲唑或依西美坦），也可以在他莫昔芬治疗2~3年后再转用芳香化酶抑制药满5年，或直接改用芳香化酶抑制药满5年；也可以在他莫昔芬用满5年之后再继续应用5年芳香化酶抑制药，还可以在芳香化酶抑制药应用2~3年后改用他莫昔芬用满5年。不同种类的芳香化酶抑制药都可选择。③选用他莫昔芬20 mg/d，连用5年，是有效而经济的治疗方案。治疗期间应每6~12个月行1次妇科检查，通过B超了解子宫内膜厚度。④也可选用他莫昔芬以外的其他雌激素受体调节剂，如托瑞米芬（法乐通）。⑤绝经前患者内分泌治疗过程中，因月经状态改变可能引起治疗调整。⑥芳香化酶抑制药和黄体激素释放激素类似物（luteinizing hormone-releasing hormone analogue，LHRH），类似物可导致骨密度下降或骨质疏松，因此在使用这些药物前常规推荐骨密度检测，以后在药物使用过程中，每6个月监测1次骨密度，并进行T－评分（T－Score），T－Score为小于－2.5为骨质疏松，开始使用双膦酸盐治疗；T－Score为－2.5~－1.0为骨量减低，给予维生素D和钙片治疗，并考虑使用双膦酸盐；T－Score为大于－1.0，为骨量正常，不推荐使用双膦酸盐。

7. 乳腺癌术后辅助曲妥珠单抗治疗

适应证：原发浸润灶大于1.0 cm HER2阳性时，推荐使用曲妥珠单抗（1类证据）；原发肿瘤在0.5~1.0 cm时，可考虑使用。中国专家团队认为不考虑对直径不超过0.5 cm的浸润性和HER2阳性的肿瘤辅助应用曲妥珠单抗（3类证据）。①HER2阳性是指免疫组化法（＋＋＋），或原位杂交法（in situ hybridization，ISH）阳性。②经免疫组化检测HER2为（＋＋）的患者应进一步作ISH明确是否有基因扩增。

相对禁忌证：①治疗前左心射血分数（LVEF）＜50%。②同期正在进行蒽环类药物化疗。

注意事项：①目前多项临床研究结果显示[32-33]，对于 HER2/neu 蛋白过表达或基因扩增（HER2 阳性）的乳腺癌患者，采用 1 年曲妥珠单抗辅助治疗可以降低乳腺癌的复发率。②曲妥珠单抗是一种生物靶向制剂，经 10 年以上的临床应用证实其不良反应少，但其中较严重的不良反应是当其与蒽环类药物联合应用会增加充血性心力衰竭的机会。③曲妥珠单抗高昂的价格，HER2 状态确认的重要性及其检测费用都较高。

治疗前准备：①精确的 HER2 检测。建议将浸润性乳腺癌组织的石蜡标本（蜡块或白片）送往国内有条件的病理科进行复查。②心功能检查（心脏超声或放射性核素扫描，以前者应用更为普遍）。③签署治疗知情同意书。

治疗方案和注意事项：①曲妥珠单抗 6 mg/kg（首次剂量 8 mg/kg）每 3 周方案，或 2 mg/kg（首次剂量 4 mg/kg）每周方案。目前暂推荐的治疗时间为 1 年，可与化疗同时使用或化疗后序贯使用。6 个月的短期疗程并未证实其疗效相当，2 年的疗程未得到更佳的预后获益，故均暂不推荐。②担心心脏毒性者可选择心脏毒性较低的 TCH 方案，低复发风险者（对应人群可参考 APT 临床试验）可以选择紫杉醇周疗加曲妥珠单抗。③首次治疗后观察 4~8 小时。④与蒽环类药物同期应用须慎重，但可以在前、后阶段序贯应用。与非蒽环类化疗、内分泌治疗或放疗都可同期应用。⑤每 3 个月监测 1 次 LVEF。治疗中若出现 LVEF<50% 或低于治疗前或≤16%，应暂停治疗，并跟踪监测 LVEF 结果，直至恢复大于 50% 以上方可继续用药。若不恢复、或继续恶化或出现心衰症状则应当终止曲妥珠单抗治疗。

8. 晚期乳腺癌的解救性全身治疗

晚期乳腺癌包括复发和转移性乳腺癌，是不可治愈的疾病。治疗的主要目的是缓解症状、提高生活质量和延长患者生存期。对晚期乳腺癌应尽可能在决定治疗方案前对复发或转移部位进行活检,尤其是孤立性病灶,以明确诊断和重新评估肿瘤的 ER、PR 和 HER2 状态。关于晚期乳腺癌局部治疗,如手术和放疗在初治为 Ⅳ期乳腺癌中的价值还不明确。只有当全身药物治疗取得很好的 疗效时,才可考虑姑息性的局部治疗,以巩固全身治疗的效果。

（1）化疗

适应证:①激素受体阴性;②有症状的内脏转移;③激素受 体阳性但对内分泌治疗耐药。(具备以上 1 个因素即可考虑首选 化疗)推荐的首选化疗方案包括单药序贯化疗或联合化疗。与单 药化疗相比,联合化疗通常有更好的客观缓解率和疾病至进展时 间,然而联合化疗的毒性较大且生存获益有限[34-35]。此外,序 贯化疗使用单药能降低患者需要减小剂量的可能性。需要使肿瘤 迅速缩小或症状迅速缓解的患者选择联合化疗,耐受性和生活质 量作为优先考虑因素的患者选择单药序贯化疗。标准的药物治疗 为应用一个治疗方案直至疾病进展换药,但由于缺乏总生存期方 面的差异,应该采用长期化疗还是短期化疗后停药或维持治疗需 权衡疗效、药物不良反应和患者生活质量。蒽环类药物有心脏毒 性,使用时须评估 LVEF,至少每 3 个月评估 1 次。如果患者使 用蒽环类药物期间发生有临床症状的心脏毒性、或虽无 症状但 LVEF < 45% 或较基线下降 > 15%,需先停药,充分评估患者的心 脏功能,后续治疗应该慎重。尽管早期有临床试验提示同时使用 右 丙亚胺和蒽环类药物可能会降低化疗的客观有效率,但是荟 萃分析显示,右丙亚胺会引起较重的粒细胞减少,但是并未降低 化疗的疗效,且可降低约 70% 的心力衰竭发生率。

（2）内分泌治疗

适应证:①ER 和(或)PR 阳性的复发或转移性乳腺癌;②骨 或软组织转移灶;③无症状的内脏转移;④复发距手术时间较 长,一般大于 2 年;⑤原则上内分泌治疗适合于激素受体阳性的 患者,但是如果是受体不明或受体为阴性的患者,如临床病程发展缓慢，也可以试用内分泌治疗。

内分泌一线治疗的选择和注意事项：①没有接受过抗雌激素治疗或无复发时间较长的绝经后复发患者，他莫昔芬、芳香化酶抑制药或氟维司群都是合理的选择；②他莫昔芬辅助治疗失败的绝经后患者可选芳香化酶抑制药或氟维司群；③既往接受过抗雌激素治疗并且距抗雌激素治疗 1 年内复发转移的绝经后患者，芳香化酶抑制药是首选的一线治疗；④未接受抗雌激素治疗的绝经前患者，可选择应用他莫昔芬、卵巢去势、卵巢去势 + 他莫昔芬或芳香化酶抑制药。

内分泌解救治疗的选择及注意事项：①尽量不重复使用辅助治疗或一线治疗用过的药物；②他莫昔芬治疗失败的绝经后患者可选芳香化酶抑制药或氟维司群；③一类芳香化酶抑制药治疗失败患者可选另外一类芳香化酶抑制药(加或不加依维莫司)或氟维司群(500 mg)；若未证实有他莫昔芬抵抗，也可选用他莫昔芬；④ER 阳性的绝经前患者可采取卵巢手术切除或其他有效的卵巢功能抑制治疗，随后遵循绝经后妇女内分泌治疗指南；⑤二线内分泌治疗之后的内分泌治疗，应选择既往内分泌治疗获益的药物。[36-37]

（3）靶向治疗

靶向治疗适应证：HER2/neu 阳性的复发或转移性乳腺癌。HER2 的规范化检测和阳性的判定应参照 ASCO/CAP 指南或中国相关的指南。①HER2/neu 阳性是指免疫组化检测为（＋＋＋），或荧光原位杂交法(fluorescence in situ hybridization，FISH)或者色素原位杂交法（chromogenic in situ hybridization，CISH）显示 HER2 基因扩增；②免疫组化检测 HER2 为（＋＋）的患者，应该进一步行 FISH 或 CISH 检测明确是否有基因扩增。

靶向治疗相对禁忌证：①治疗前 LVEF < 50%；②同时进行蒽环类化疗；③治疗过程中，LVEF 较基线下降≤15%。

注意事项：①在常规化疗的基础上加用曲妥珠单抗不但可以提高客观有效率和中位无进展生存率(PFS)，而且可延长患者的总生存期(overall survival，OS)；②曲妥珠单抗是一种生物靶向制剂，经10年以上的临床应用总体安全性良好，但有可能影响心脏射血功能和增加充血性心力衰竭的机会；③曲妥珠单抗价格贵，HER2/neu状态确认的重要性及其检测费用都是需考虑的因素。

靶向治疗前准备：①准确的HER2/neu检测，有条件尽量行转移灶的再次活检，以证实转移灶的HER2状态是否有转变，并可将原手术组织的标本和转移灶标本(蜡块或白片)送往国内有条件的病理科进行复查；②心功能检查(心脏超声或放射性核素扫描，以前者应用更为普遍)；③签署治疗知情同意书。

靶向一线治疗方案的选择和注意事项：①曲妥珠单抗可联合的化疗药物和方案有紫杉醇联合或不联合卡铂、多西他赛、长春瑞滨和卡培他滨，以及联合多西他赛+帕妥珠单抗；②HER2和激素受体同时阳性的晚期乳腺癌患者中，对病情发展较慢或不适合化疗的患者，可以选择曲妥珠单抗联合内分泌治疗；③使用期间，每3个月检查1次LVEF。

靶向二线治疗方案的选择和注意事项：在含曲妥珠单抗方案治疗后发生疾病进展的HER2阳性转移乳腺癌患者中，后续治疗应继续阻滞HER2通路。①可保留曲妥珠单抗，而更换其他化疗药物，如卡培他滨；②也可换用拉帕替尼加用其他化疗药物，如卡培他滨；③也可停细胞毒药物，而使用两种靶向治疗药物的联合，如拉帕替尼联合曲妥珠单抗，或帕妥珠单抗联合曲妥珠单抗(目前尚未在国内进行临床试验)；④也可考虑使用TDM－1。[38－39]

九、康复及随访

乳腺癌的康复包括生理功能的恢复、心理状态的调整以及社会活动能力的恢复。乳腺癌的康复治疗就是在乳腺癌正规治疗同时或结束后,帮助患者恢复机体生理功能、调整心理状态,并且能够回归社会,重建被疾病破坏了的生活。①随访意义:早期乳腺癌患者术后应定期随访,以了解患者的生存状况,以及患者对辅助治疗的依从性和不良反应等;②随访时间:术后(或结束辅助化疗后)第1~2年每3个月随访1次,第3~4年每4~6个月随访1次,第5年开始每年随访检查1~2次;③随访检查内容:触诊体检、肝脏超声检查、血生化和血常规检测;④其他特殊检查:乳房X线影像检查(每年1次),妇科检查(三苯氧胺治疗中每年检查1~2次),骨密度(芳香化酶抑制药治疗中);⑤骨扫描、CT或MRI等检查可用于有症状的患者,但不推荐无症状患者常规应用。

(吴晖　欧阳取长)

参考文献

[1] 国家癌症中心,卫生部疾病预防控制局.2011中国肿瘤登记年报[M].北京:军事医学科学出版社,2012.

[2] 郑莹,吴春晓,吴凡.中国女性乳腺癌死亡现况和发展趋势[J].中华预防医学杂志,2010,2(45):150-154.

[3] St. Gallen 2015 Tailoring Therapy: Towards Precision Treatment of Patients with Early Breast Cancer.

[4] 《NCCN乳腺癌临床实践指南》2015版.

[5] 《ASCO临床实践指南》2015版.

[6] 中国抗癌协会.乳腺癌诊治指南与规范(2015版)[J].中国癌症杂志,2015,(9):641-703. CHINA ONCOLOGY 2015 Vol.25 No.9.

[7] 《美国放射学会乳腺影像报告和数据系统(Breast Imaging Reporting and Data System, BI-RADS)》第5版.

[8] 郑莹,吴春晓,张敏璐等.乳腺癌在中国的流行状况和疾病特征[J].中

国癌症杂志, 2013, (8): 561 - 569. DOI: 10. 3969/j. issn. 1007 - 3969. 2013. 08. 001.

[9] 国家癌症中心, 卫生部疾病预防控制局. 2015 中国肿瘤登记年报. 北京: 军事医学科学出版社, 2015.

[10] Menes, Tehillah S. , Terry, Mary Beth, Goldgar, David et al. Second primary breast cancer in BRCA1 and BRCA2 mutation carriers: 10 - year cumulative incidence in the Breast Cancer Family Registry [J]. Breast cancer research and treatment, 2015, 151(3): 653 - 660.

[11] Moller, Pal, Tharmaratnam, Kukatharmini, Howell, Anthony et al. Tumour characteristics and survival in familial breast cancer prospectively diagnosed by annual mammography [J]. Breast cancer researchand treatment, 2015, 152(1): 87 - 94.

[12] 吴晖, 欧阳取长, 杨小红等. 隐匿性乳腺癌的诊疗分析[J]. 中华乳腺病杂志, 2009, 3(2): 234 - 238. DOI: 10. 3969/j. issn. 1674 - 0807. 2009. 02. 018.

[13] 凌飞海, 崔世恩, 黄伟钊等. 超声引导下 Mammotome 旋切系统在乳腺病灶诊治中的应用: 附 326 例病例报告 [J]. 南方医科大学学报, 2009, 29(11): 2345 - 2346. DOI: 10. 3321/j. issn: 1673 - 4254. 2009. 11. 062.

[14] 李毅, 佟雪松, 穆为民等. 超声引导下经皮空心针穿刺组织病理学检查对乳腺病灶的诊断效果评价[J]. 中华肿瘤杂志, 2010, 32(6): 470 - 471. DOI: 10. 3760/cma. j. issn. 0253 - 3766. 2010. 06. 018.

[15] Nottingham 联合组织学分级 (Scarff-Bloom-Richardson 分级系统的 Elston-Ellis 修正版).

[16] 《乳腺癌雌、孕激素受体免疫组织化学检测指南》(2015 版).

[17] 《乳腺癌 HER - 2 检测指南》(2014 版).

[18] 刘伟, 嵇鸣, 李若坤等. MRI 鉴别诊断慢性乳腺炎与乳腺癌的价值 [J]. 实用放射学杂志, 2016, (2): 212 - 215. DOI: 10. 3969/j. issn. 1002 - 1671. 2016. 02. 012.

[19] 冯锦兰, 郑敏. 乳腺癌钼靶 X 线摄影征象及与乳腺良性病变的鉴别诊断[J]. 中国 CT 和 MRI 杂志, 2015, (1): 5 - 7. DOI: 10. 3969/j. issn.

1672 – 5131. 2015. 01. 02.

[20] J Yutaka Yamamoto et al. Menopausal Status Should Be Taken Into Consideration for Patients With Luminal A Breast Cancer in Terms of the Effect of Differential Biology on Prognosis[J], J Clin Oncol, 2013, 31: 203 – 209).

[21] Hartmann-Johnsen OJ, Karesen R, Schlichting E, Nygard JF. Survival is better after breast conserving therapy than mastectomy for early stage breast cancer: A registry-based follow-up study of Norwegian women Primary operated between 1998 and 2008. Ann Surg Oncol 2015; 22: 3836 – 3845.

[22] Litiere S, Werutsky G, Fentiman IS, et al. Breast conserving therapy versus mastectomy for stage I – II breast cancer: 20 year follow- up of the EORTC 10801 phase 3 randomised trial. Lancet Oncol 2012; 13: 412 – 419.

[23] Early Breast Cancer Trialists' Collaborative G, Darby S, McGale P, et al. Effect of radiotherapy after breast-conserving surgery on 10 – year recurrence and 15 – year breast cancer death: meta-analysis of individual patient data for 10, 801 women in 17 randomised trials. Lancet 2011; 378: 1707 – 1716.

[24] Whelan TJ, Olivotto IA, Parulekar WR, et al. Regional nodal irradiation in early-stage breast cancer. N Engl J Med 2015; 373: 307 – 316.

[25] Hughes KS, Schnaper LA, Bellon JR, et al. Lumpectomy plus tamoxifen with or without irradiation in women age 70 years or older with early breast cancer: long-term follow-up of CALGB 9343. [J] J Clin Oncol. 2013 Jul 1; 31(19): 2382 – 7. doi: 10. 1200/JCO. 2012. 45. 2615.

[26] Kunkler IH, Williams LJ, Jack WJ, Cameron DA, Dixon JM; PRIME II investigators. Breast-conserving surgery with or without irradiation in women aged 65 years or older with early breast cancer (PRIME II): a randomized controlled trial. [J] Lancet Oncol. 2015 Mar; 16(3): 266 – 73.

[27] Early Breast Cancer Trialists' Collaborative G, McGale P, Taylor C, et al. Effect of radiotherapy after mastectomy and axillary surgery on 10 – year recurrence and 20 – year breast cancer mortality: meta-analysis of individual patient data for 8135 women in 22 randomised trials. Lancet

2014; 383: 2127 -2135.

[28] Jones S, Holmes FA, O'Shaughnessy J, et al. Docetaxel with cyclophosphamide is associated with an overall survival benefit compared with doxorubicin and cyclophosphamide: 7 - year follow-up of US Oncology Research trial 9735. J Clin Oncol 2009; 27: 1177 -1183.

[29] Killelea BK, Yang VQ, Mougalian S, et al. Neoadjuvant chemotherapy for breast cancer increases the rate of breast conservation: results from the National Cancer Database. J Am Coll Surg 2015; 220: 1063 - 1069.

[30] Regan, M.M., Pagani, O., Fleming, G.F. et al. Adjuvant treatment of premenopausal women with endocrine-responsive early breast cancer: Design of the TEXT and SOFT trials[J]. The Breast:, 2013, 22(6): 1094 -1100.

[31] Prudence A. Francis, Meredith M. Regan, Gini F. Fleming, et al. for the SOFT Investigators and the International Breast Cancer Study Group * Adjuvant Ovarian Suppression in Premenopausal Breast Cancer [J] N Engl J Med 2015; 372: 436 - 446January 29, 2015DOI: 10. 1056/ NEJMoa1412379.

[32] Goldhirsch, A., Gelber, R. D., Piccart-Gebhart, M. J. et al. 2 years versus 1 year of adjuvant trastuzumab for HER2 - positive breast cancer (HERA): An open-label, randomised controlled trial [J]. The Lancet, 2013, 382(9897): 1021 -1028.

[33] 张频, 于世英, 沈镇宙等. 中国 HER2 阳性早期乳腺癌曲妥珠单抗辅助治疗的初步结果[J]. 中华医学杂志, 2012, 92 (47): 3345 - 3349. DOI: 10. 3760/cma. j.

[34] Gennari A, Stockler M, Puntoni M, et al. Duration of chemotherapy for metastatic breast cancer: a systematic review and meta-analysis of randomized clinical trials. J Clin Oncol 2011; 29: 2144 -2149.

[35] Carrick S, Parker S, Wilcken N, et al. Single agent versus combination chemotherapy for metastatic breast cancer. Cochrane Database Syst Rev 2005.

[36] Ellis MJ, Llombart-Cussac A, Feltl D, et al. Fulvestrant 500 mg versus

anastrozole 1 mg for the first-Line treatment of advanced breast cancer: Overall survival analysis from the phase II FIRST study. J Clin Oncol 2015; 33: 3781 - 3787.

[37] Johnston SR, Kilburn LS, Ellis P, et al. Fulvestrant plus anastrozole or placebo versus exemestane alone after progression on non-steroidal aromatase inhibitors in postmenopausal patients with hormone-receptor-positive locally advanced or metastatic breast cancer (SoFEA): a composite, multicentre, phase 3 randomised trial. Lancet Oncol 2013; 14: 989 - 998.

[38] Baselga J, Cortes J, Kim SB, et al. Pertuzumab plus trastuzumab plus docetaxel for metastatic breast cancer. N Engl J Med 2012; 366: 109 - 119.

[39] Cortes J, Baselga J, Im Y, et al. Quality of life assessment in CLEOPATRA, a phase III study combining pertuzumab with trastuzumab and docetaxel in metastatic breast cancer [abstract]. J Clin Oncol 2012 30 (Suppl_15) Abstract 598.

附录1　遗传性乳腺癌高危人群

遗传性乳腺癌－卵巢癌综合征基因检测标准(a, b)

(1)具有血缘关系的亲属中有 BRCA1、BRCA2 基因突变的携带者。

(2)符合以下 1 个或多个条件的乳腺癌患者(c)：①发病年龄小于或等于 45 岁；②发病年龄小于或等于 50 岁并且有 1 个具有血缘关系的近亲者(d)；发病年龄小于等于或 50 岁的乳腺癌患者和(或)1 个或 1 个以上的近亲者为任何年龄的卵巢上皮癌、输卵管癌、原发性腹膜癌患者；③单个个体患 2 个原发性乳腺癌(e)，并且首次发病年龄小于或等于 50 岁；④发病年龄不限，同时 2 个或 2 个以上具有血缘关系的近亲者患有任何发病年龄的乳腺癌和(或)卵巢上皮癌、输卵管癌、原发性腹膜癌；⑤具有血缘关系的男性近亲者患有乳腺癌；⑥合并有卵巢上皮癌、输卵管癌、原发性腹膜癌的既往史。

(3)卵巢上皮癌、输卵管癌、原发性腹膜癌患者。

(4)男性乳腺癌患者。

(5)具有以下家族史：①具有血缘关系的一级或二级亲属中符合以上任何条件；②具有血缘关系的三级亲属中有 2 个或 2 个以上乳腺癌患者(至少有 1 个发病年龄小于或等于 50 岁)和(或)卵巢上皮癌、输卵管癌、原发性腹膜癌患者。

注：(a)符合 1 个或多个条件提示可能为遗传性乳腺癌－卵巢癌综合征，有必要进行专业性评估。当审查患者的家族史时，父系和母系亲属的患癌情况应该分开考虑。早发性乳腺癌和(或)任何年龄的卵巢上皮癌、输卵管癌、原发性腹膜癌提示可能为遗传性乳腺癌－卵巢癌综合征，在一些遗传性乳腺癌－卵巢癌综合征的家系中，还包括前列腺癌、胰腺癌、胃癌和黑色素瘤。

(b)其他考虑因素：家族史有限的个体，例如女性一级或二级亲属小于2个，或者女性亲属的年龄大于45岁，在这种情况下携带突变的可能性往往会被低估。发病年龄小于或等于40岁的三阴性乳腺癌患者应考虑进行 BRCA1、BRCA2 基因突变的检测。(c)乳腺癌包括浸润性癌和导管内癌。(d)近亲是指一级、二级和三级亲属。(e)2个原发性乳腺癌包括双侧乳腺癌或者同侧乳腺的2个或多个明确的不同来源的原发性乳腺癌。

（吴晖　欧阳取长）

附录2　乳腺癌组织学分类（WHO2003）

上皮性肿瘤

浸润性导管癌，非特殊类型	8500/3
混合型癌	
多形性癌	8022/3
伴有破骨样巨细胞的癌	8035/3
伴有绒癌特征的癌	
伴有黑色素细胞特征的癌	
浸润性小叶癌	8520/3
小管癌	8211/3
浸润性筛状癌	8201/3
髓样癌	8510/3
黏液癌和其他富于黏液的肿瘤	
黏液癌	8480/3
囊腺癌和柱状细胞黏液癌	8480/3
印戒细胞癌	8490/3
神经内分泌肿瘤	
实性神经内分泌癌	
非典型类癌	8249/3
小细胞/燕麦细胞癌	8041/3
大细胞神经内分泌癌	8013/3
浸润性乳头状癌	8503/3
浸润性微乳头状癌	8507/3
大汗腺癌	8401/3

化生性癌	8575/3
纯上皮化生性癌	8575/3
鳞状细胞癌	8070/3
腺癌伴梭形细胞化生	8572/3
腺鳞癌	8560/3
黏液表皮样癌	8430/3
上皮/间叶混合性化生性癌	8575/3
富于脂质的癌	8314/3
分泌型癌	8502/3
嗜酸细胞癌	8290/3
腺样囊性癌	8200/3
腺泡细胞癌	8550/3
富于糖原的透明细胞癌	8315/3
皮脂腺癌	8410/3
炎症型癌	8530/3
小叶性瘤变	
小叶原位癌	8520/2
导管内增生性病变	
普通导管增生	
平坦上皮非典型增生	
非典型性导管增生	
导管原位癌	8500/2
微小浸润癌	

导管内乳头状肿瘤	
中心型乳头状瘤	8503/0
外周型乳头状瘤	8503/0
非典型性乳头状瘤	
导管内乳头状癌	8503/2
囊内乳头状癌	8504/2
良性上皮增生	
腺病及其亚型	
硬化性腺病	
大汗腺腺病	
盲管性腺病	
微腺性腺病	
腺肌上皮腺病	
放射性瘢痕/复杂性硬化性病变	
腺瘤	
管状腺瘤	8211/0
泌乳腺瘤	8204/0
大汗腺瘤	8401/0
多形性腺瘤	8940/0
导管腺瘤	8503/0

肌上皮病变

肌上皮增生症	
腺肌上皮腺病	
腺肌上皮瘤	8983/0
恶性肌上皮瘤	8982/3

间叶性肿瘤

血管瘤	9120/0
血管瘤病	
血管周细胞瘤	9150/1
假血管瘤样间质增生	
肌纤维母细胞瘤	8825/0
纤维瘤病(侵袭性)	8821/1
炎性肌纤维母细胞瘤	8825/1
脂肪瘤	8850/0
血管脂肪瘤	8861/0
颗粒细胞瘤	9580/0
神经纤维瘤	9540/0
神经鞘瘤	9560/0
血管肉瘤	9120/3
脂肪肉瘤	8850/3
横纹肌肉瘤	8900/3
骨肉瘤	9180/3
平滑肌瘤	8890/0
平滑肌肉瘤	8890/3

纤维上皮性肿瘤

纤维腺瘤	9010/0
叶状肿瘤	9020/1
良性	9020/0
交界性	9020/1
恶性	9020/3
导管周围间质肉瘤，低级别	9020/3
乳腺错构瘤	

乳头部肿瘤

乳头腺瘤	8506/0
汗管腺瘤	8407/0
乳头 Paget 氏病	8540/3

恶性淋巴瘤

弥漫性大 B 细胞淋巴瘤	9680/3
Burkitt 淋巴瘤	9687/3
结外边缘区 MALT 型 B 细胞淋巴瘤	9699/3
滤泡性淋巴瘤	9690/3

转移性肿瘤
男性乳腺肿瘤

男性乳腺发育	
癌	
浸润癌	8500/3
原位癌	8500/2

附录3　AJCC 乳腺癌 TNM 分期

T 原发肿瘤

　　Tx 原发肿瘤无法评估。

　　T0 没有原发肿瘤证据。

　　Tis 原位癌。

　　Tis(DCIS)导管原位癌。

　　Tis(LCIS)小叶原位癌。

　　Tis(Paget's)乳头 Paget's 病，不伴有肿块（注：伴有肿块的 Paget's 病按肿瘤大小分类）。

　　T_1 肿瘤最大直径≤2 cm。

　　T_1mi 微小浸润癌，最大直径≤0.1 cm。

　　T_1a 肿瘤最大直径 >0.1 cm，但≤0.5 cm。

　　T_1b 肿瘤最大直径 >0.5 cm，但≤1 cm。

　　T_1c 肿瘤最大直径 >1 cm，但≤2 cm。

　　T_2 肿瘤最大径大 >2 cm，但≤5 cm。

　　T_3 肿瘤最大径 >5 cm。

　　T_4 无论肿瘤大小，直接侵及胸壁或皮肤。

　　T_4a 肿瘤侵犯胸壁，不包括胸肌。

　　T_4b 乳腺皮肤水肿（包括橘皮样变），或溃疡，或不超过同侧乳腺的皮肤卫星结节。

　　T_4c 同时包括 T_4a 和 T_4b。

　　T_4d 炎性乳腺癌。

区域淋巴结(N)

　　临床分期

　　N_X 区域淋巴结不能确定(例如曾经切除)。

　　N_0 区域淋巴结无转移。

N_1 同侧腋窝淋巴结转移，可活动。

N_2 同侧腋窝淋巴结转移，固定或相互融合或缺乏同侧腋窝淋巴结转移的临床证据，但临床上发现有同侧内乳淋巴结转移。

N_2a 同侧腋窝淋巴结转移，固定或相互融合。

N_2b 有内乳淋巴结转移的临床征象，而无同侧腋窝淋巴结转移的临床证据。

N_3 同侧锁骨下淋巴结转移伴或不伴有腋窝淋巴结转移；或临床上发现同侧内乳淋巴结转移和腋窝淋巴结转移的临床证据；或同侧锁骨上淋巴结转移伴或不伴腋窝或内乳淋巴结转移。

N_3a 同侧锁骨下淋巴结转移。

N_3b 同侧内乳淋巴结及腋窝淋巴结转移。

N_3c 同侧锁骨上淋巴结转移 。

病理学分期(pN)

pNx 区域淋巴结无法评估(例如过去已切除，或未进行病理学检查)。

pN_0 无组织学上区域淋巴结转移。

pN_1 1～3 个同侧腋窝可活动的转移淋巴结，和(或)通过前哨淋巴结切除发现内乳淋巴结有微小转移灶，但临床上未发现。

pN_1mi 微小转移(>0.2 mm，但 <2.0 mm)。

pN_1 1～3 个腋窝淋巴结转移，以及通过前哨淋巴结切除发现内乳淋巴结有微小转移灶，但临床上未发现(在腋窝淋巴结阳性淋巴结 >3 个的情况下，内乳淋巴结阳性即被归为 pN3b，以反映肿瘤符合的增加)。

pN_1a 1～3 个腋窝淋巴结转移。

pN_1b 通过前哨淋巴结切除发现内乳淋巴结有微小转移灶，但临床上未发现。

pN_2 4～9 个同侧腋窝转移淋巴结转移；临床上发现内乳淋巴结转移，但腋窝淋巴结无转移。

pN_2a　4~9 个同侧腋窝淋巴结转移(至少一个转移灶 >2.0 mm)。

pN_2b 临床上发现内乳淋巴结转移,但腋窝淋巴结无转移。

pN_3　10 个或更多的同侧腋窝淋巴结转移或锁骨下淋巴结转移,或临床显示内乳淋巴结转移伴一个以上同侧腋窝淋巴结转移;或 3 个以上腋窝淋巴结转移和前哨淋巴结切开检测到内乳淋巴结显示微转移而临床上未显示;或同侧锁骨上淋巴结转移。

N_3a　10 个或更多的同侧腋窝淋巴结转移或锁骨下淋巴结转移。

N_3b 临床显示内乳淋巴结转移伴一个以上同侧腋窝淋巴结转移;或 3 个以上腋窝淋巴结转移和前哨淋巴结切开,检测到内乳淋巴结显示微转移而临床上未显示。

N_3c 同侧锁骨上淋巴结转移。

注:"临床上发现"的定义:影像学检查(淋巴结闪烁扫描除外)、临床体检异常。

"临床上未发现"的定义:影像学检查(淋巴结闪烁扫描除外)或临床体检未发现异常。

M　远处转移。

Mx　远处转移无法评估。

M0　无远处转移。

M_1　有远处转移。

表 6 - 2　临床分期标准

0 期	$TisN_0M_0$
I 期	$T_1N_0M_0$
II A 期	$T_0N_1M_0$, $T_1N_1M_0$, $T_2N_0M_0$
II B 期	$T_2N_1M_0$, $T_3N_0M_0$
III A 期	$T_0N_2M_0$, $T_1N_2M_0$, $T_2N_2M_0$, $T_3N_1M_0$, $T_3N_2M_0$
III B 期	$T_4N_0M_0$, $T_4N_1M_0$, $T_4N_2M_0$
III C 期	任何 T, N_3M_0
IV 期	任何 T 任何 N, M_1

表 6 - 3　乳腺癌分子分型的标志物检测和判定

分子分型	标志物	备注
Luminal A 型	Luminal A 样 ER/PR 阳性且 PR 高表达 HER2 阴性 Ki - 67 低表达	ER、PR、Ki - 67 表达的判定值建议采用报告阳性细胞的百分比。Ki - 67 高低表达的判定值在不同病理实验中心可能不同，可统一采用20% ~ 30% 作为判断 Ki - 67 高低的界值。同时，以20% 作为 PR 表达高低的判定界值 * ，可进一步区分 Luminal - A 样和 Luminal - B 样(HER2 阴性)
Luminal B 型	Luminal B 样(HER2 阴性) ER/PR 阳性 HER2 阴性 且 Ki - 67 高表达或 PR 低表达	上述不满足 Luminal A 样条件的 Luminal 样肿瘤均可作为 Luminal B 样亚型
	Luminal B 样(HER2 阳性) ER/PR 阳性 HER2 阳性(蛋白过表达或基因扩增) 任何状态的 Ki - 67	
ERBB2 阳性型	HER2 阳性 HER2 阳性(蛋白过表达或基因扩增) ER 阴性和 PR 阴性	

续表 6 – 3

分子分型	标志物	备注
Basal-like 型	三阴性（非特殊型浸润性导管癌） ER 阴性、PR 阴性 HER2 阴性	三阴性乳腺癌和 Basal-like 型乳腺癌之间的吻合度约 80%。但是三阴性乳腺癌也包含一些特殊类型乳腺癌，如髓样癌（典型性）和腺样囊性癌，这类癌的复发转移风险较低

＊以 20% 作为 PR 表达高低的判定界值，目前仅有一篇回顾性文献支持（参考文献，J Clin Oncol, 2013, 31：203 – 209）

表 6 – 4　乳腺癌不同分子分型的推荐治疗

亚型	治疗类型	备注
Luminal A 样	大多数患者仅需内分泌治疗	一些高危患者需加用化疗
Luminal B 样（HER2 阴性）	全部患者均需内分泌治疗，大多数患者要加用化疗	是否加用化疗需要综合考虑激素受体表达高低，复发转移风险，以及患者状态等
Luminal B 样（HER2 阳性）	化疗 + 抗 HER2 治疗 + 内分泌治疗	本亚型患者常规予以化疗
HER2 阳性（非 luminal）	化疗 + 抗 HER2 治疗	抗 HER2 治疗对象：pT1b 及更大肿瘤，或淋巴结阳性
三阴性（导管癌）	化疗	
特殊类型 ＊		
A. 内分泌反应型	内分泌治疗	
B. 内分泌无反应型	化疗	髓样癌（典型性）和腺样囊性癌可能不需要化疗（若淋巴结阴性）

＊特殊类型：内分泌反应型（筛状癌、小管癌和黏液腺癌）；内分泌无反应型（顶浆分泌、髓样癌、腺样囊性癌和化生性癌）。

附录4　诊断流程图

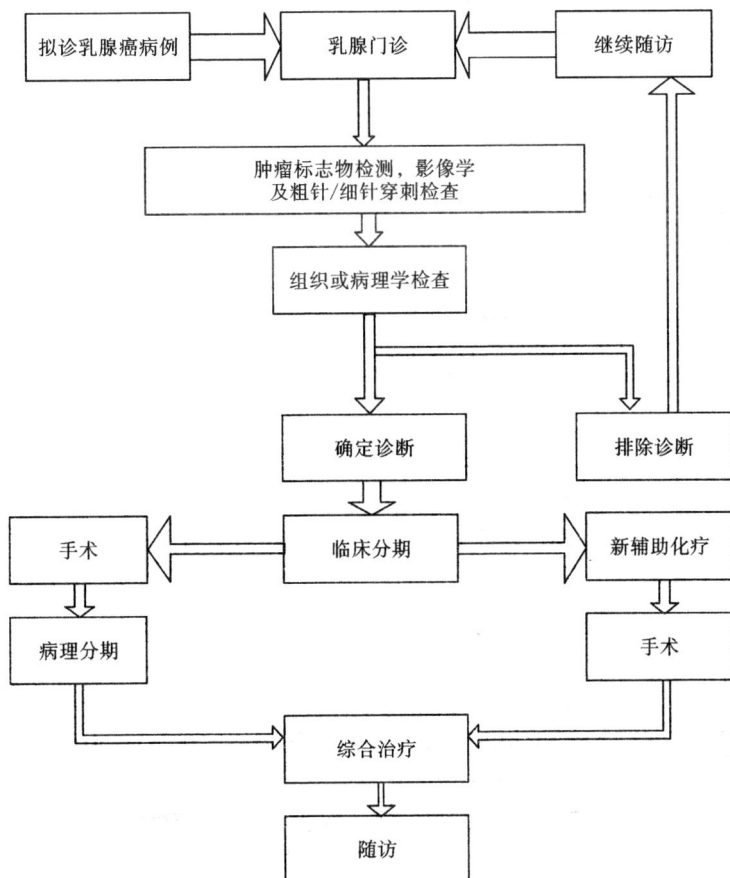

```
┌─────────────┐      ┌─────────────┐      ┌─────────────┐
│ 拟诊乳腺癌病例 │ ───► │   乳腺门诊    │ ◄─── │   继续随访    │
└─────────────┘      └─────────────┘      └─────────────┘
                            │                      ▲
                            ▼                      │
              ┌───────────────────────────┐        │
              │   肿瘤标志物检测，影像学      │        │
              │   及粗针/细针穿刺检查        │        │
              └───────────────────────────┘        │
                            │                      │
                            ▼                      │
              ┌───────────────────────────┐        │
              │      组织或病理学检查        │        │
              └───────────────────────────┘        │
                     │              │              │
                     ▼              ▼              │
              ┌───────────┐    ┌───────────┐       │
              │  确定诊断   │    │  排除诊断   │───────┘
              └───────────┘    └───────────┘
                     │
                     ▼
┌───────┐     ┌───────────┐     ┌───────────┐
│  手术  │ ◄── │  临床分期   │ ──► │  新辅助化疗  │
└───────┘     └───────────┘     └───────────┘
    │                                  │
    ▼                                  ▼
┌───────────┐                    ┌───────────┐
│  病理分期   │                    │    手术    │
└───────────┘                    └───────────┘
      │           ┌───────────┐        │
      └─────────► │  综合治疗   │ ◄──────┘
                  └───────────┘
                        │
                        ▼
                  ┌───────────┐
                  │    随访    │
                  └───────────┘
```

附录5　绝经的定义

　　绝经一般是指月经永久性终止，提示卵巢合成的雌激素持续性减少。满足以下任意一条者，都可认为达到绝经状态：

　　（1）双侧卵巢切除术后。

　　（2）年龄大于等于60岁。

　　（3）年龄小于60岁，自然停经大于等于12个月，在近1年未接受化疗、三苯氧胺、托瑞米芬或卵巢去势的情况下，FSH和雌二醇水平在绝经后范围内。

　　（4）年龄小于60岁正在服用三苯氧胺或托瑞米芬的的患者，FSH和雌二醇水平在绝经后范围内。

　　注意：正在接受LHRH拮抗剂/激动剂治疗的患者月经状况无法判断。化疗前未绝经者即使化疗后绝经也不能判断其为绝经后状态，化疗或内分泌或药物去势治疗后绝经的患者需反复测定FSH和雌二醇水平，确认其为绝经后状态时方能应用芳香化酶抑制药。

第七章　恶性淋巴瘤诊治专家共识要点与解读

　　恶性淋巴瘤（也称为淋巴瘤）是我国常见的恶性肿瘤。2003—2012 年，恶性淋巴瘤的发病率约为 5/10 万人。由于淋巴瘤病理类型复杂，治疗原则各有不同，为进一步规范我国淋巴瘤诊疗行为，提高诊疗水平，改善患者预后，保障医疗质量和医疗安全，国家卫生和健康管理委员会医政医管局委托中国抗癌协会肿瘤临床化疗专业委员会，制订《中国恶性淋巴瘤诊疗规范》为了将国内外淋巴瘤诊断治疗研究的新进展应用到中国的临床诊疗工作中，中国抗癌协会肿瘤临床化疗专业委员会在《中国恶性淋巴瘤诊疗规范》的基础上编写了专家共识，本章对专家共识进行以下解读。

一、恶性淋巴瘤的诊断

　　【专家共识要点】　恶性淋巴瘤应当结合患者的临床表现、体格检查、实验室检查、影像学检查和病理学检查结果等进行诊断。

　　（一）临床表现

　　恶性淋巴瘤的症状包括全身症状和局部症状。全身症状包括不明原因的发热、盗汗、体重下降、皮肤瘙痒和乏力等。局部症状取决于疾病的原发部位和受侵部位，最常见表现为无痛性的进行性淋巴结肿大。

（二）体格检查

应特别注意不同区域的淋巴结是否增大、肝脾的大小、伴随体征和一般状态等。

（三）实验室检查

应完成的实验室检查包括血常规、肝肾功能、乳酸脱氢酶（lactate dehydrogenase，LDH）、β_2微球蛋白、血沉、乙肝病毒和丙肝病毒检测，以及骨髓穿刺细胞学和（或）活检等。对于存在中枢神经系统受侵危险的患者应进行腰穿，予以脑脊液生化、常规和细胞学等检查。对 NK 细胞或 T 细胞淋巴瘤患者，应进行外周血 EB 病毒 DNA 滴度检测。

（四）影像学检查

常用的影像学检查方法为 CT、磁共振成像（nuclear magnetic resonance imaging，MRI）、正电子发射计算机断层显像（positron emission tomography-computed tomography，PET‐CT）、超声等。

（1）CT：目前仍作为淋巴瘤分期、再分期、疗效评价和随诊的最常用影像学检查方法，对于没有碘对比剂禁忌证的患者，应尽可能采用增强 CT。

（2）MRI：对于中枢神经系统、骨髓和肌肉部位的病变应首选 MRI 检查；对于肝、脾、肾脏、子宫等实质器官病变可以选择或者首选 MRI 检查，尤其对于不宜行增强 CT 检查的患者，或者作为 CT 发现可疑病变后的进一步检查。

（3）PET‐CT：除惰性淋巴瘤外，PET‐CT 推荐用于有条件者的肿瘤分期与再分期、疗效监测、肿瘤残存及复发时的检查；PET‐CT 对于疗效和预后预测好于其他方法，可以选择性使用。

（4）超声：一般不用于淋巴瘤的分期。对于浅表淋巴结和浅表器官（如睾丸、乳腺）病变的诊断和治疗后随诊具有优势，可以常规使用；对于腹部、盆腔淋巴结可以选择性使用；对于肝、脾、肾、子宫等腹腔盆腔实质性器官的评估，可以作为 CT 和 MRI 的补充检查，尤其是不能行增强 CT 时，超声可用于引导穿刺活检、胸腹水抽液和引流。

（五）病理诊断

病理诊断是淋巴瘤诊断的主要手段。病理诊断的组织样本应首选切除病变或切取部分病变的组织。如病变位于浅表淋巴结，应尽量选择颈部、锁骨上窝和腋窝淋巴结。粗针穿刺仅用于无法有效、安全地获得切除或切取病变组织的患者。初次诊断时，最好是切除或切取病变的组织做病理切片诊断。对于复发患者，可以通过粗针或细针穿刺获取的病变组织来诊断。淋巴瘤的病理诊断需综合应用形态学、免疫组化学、遗传学及分子生物学等技术，尚无一种技术可以单独定义为金标准。

（1）形态学：非常重要，不同类型的淋巴瘤具有特征性、诊断性的形态学特点。

（2）免疫组化：可用于鉴别淋巴瘤细胞的免疫表型，如 B 淋巴细胞或 T 淋巴细胞或 NK 细胞、肿瘤细胞的分化及成熟程度等。通过组合相关的免疫组化标记物，进行不同病理亚型的鉴别诊断。

（3）荧光原位杂交（fluorescence in situ hybridization，FISH）：可以发现特异的染色体断裂、易位、扩增等异常，辅助诊断与特异性染色体异常相关的淋巴瘤，如 Burkitt 淋巴瘤相关的 t(8；14) 易位、滤泡性淋巴瘤相关的 t(14；18) 易位以及套细胞淋巴瘤相关的 t(11；14) 易位等。

（4）淋巴细胞抗原受体基因重排检测技术：淋巴细胞受体基因单克隆性重排是淋巴瘤细胞的主要特征，可用于协助鉴别淋巴细胞增殖的单克隆性与多克隆性，以及无法通过免疫组化方法来鉴别的淋巴瘤，是对形态学检查和免疫组化方法的重要补充。

（5）原位杂交：如 EB 病毒编码小 RNA（EB virusencoded small RNA，EBER）检测等。

(6)流式细胞技术:对于发现新鲜组织、血液、骨髓或其他体液中的肿瘤细胞克隆有帮助,是病理学诊断方法的补充。

二、恶性淋巴瘤的分期

【专家共识要点】　Ann Arbor 分期(Cotswolds 会议修订,见附录2)是目前通用的描述霍奇金淋巴瘤(hodgkin lymphoma, HL)和非霍奇金淋巴瘤(non hodgkin lymphoma, NHL)的分期系统,更适用于 HL 和原发淋巴结的 NHL,而对于某些原发淋巴结外的 NHL,如慢性淋巴细胞白血病、皮肤 T 细胞淋巴瘤和原发胃、中枢神经系统淋巴瘤等则难以适用。这些特殊结外器官和部位原发的 NHL,通常有其专属的分期系统。

三、恶性淋巴瘤病理类型的临床特点、诊断与治疗

【专家共识要点】

(一)霍奇金淋巴瘤

霍奇金淋巴瘤(HL)是淋巴系统中一种独特的恶性疾病,男性多于女性,男女之比为 1.3:1~1.4:1。其发病年龄在欧美发达国家呈较典型的双峰分布,分别在 15~39 岁和 50 岁以后发病;而包括中国在内的东亚地区,发病年龄则多在 30~40 岁之间,呈单峰分布。

1. 临床表现

90% 的 HL 以淋巴结肿大为首诊症状,多起始于一组受累的淋巴结,以颈部和纵隔淋巴结最常见,此后可逐渐扩散到其他淋巴结区域,晚期可累及脾、肝、骨髓等。患者初诊时多无明显全身症状,20%~30% 患者可伴有发热、盗汗、消瘦,此外还可以有瘙痒、乏力等症状。

2. 病理分类及诊断

根据 2008 年版世界卫生组织(World Health Organization,

WHO)关于淋巴造血组织肿瘤的分类,HL 分为结节性淋巴细胞为主型和经典型 HL 两大类型,其中结节性淋巴细胞为主型少见,约占 HL 的 5%;经典型 HL 可分为 4 种组织学亚型,即淋巴细胞的经典型、结节硬化型、混合细胞型和淋巴细胞消减型。HL 的形态特征为正常组织结构破坏,在炎症细胞背景中散在异型大细胞。HL 是起源于生发中心的 B 淋巴细胞肿瘤,RS 细胞及变异型 RS 细胞被认为是 HL 的肿瘤细胞。典型 RS 细胞为双核或多核巨细胞,核仁嗜酸性,大而明显,细胞质丰富;若细胞表现为对称的双核则称为镜影细胞。结节性淋巴细胞为主型 HL 中的肿瘤细胞为 LP(lymphocyte predominant)细胞,过去称为淋巴细胞和组织细胞(lymphocytic histocytic cell, LH 细胞),细胞核大、折叠,似爆米花样,故又称爆米花细胞,其核仁小、多个、嗜碱性。诊断 HL 应常规检测的免疫组化标记物,包括 CD45、CD20、CD15、CD30、PAX5、CD3 和 EBV - EBER。经典 HL 常表现为 CD15 阳性或阴性、CD30 阳性、PAX5 弱阳性、CD45 阴性、CD20 阴性或弱阳性、CD3 阴性,以及多数病例 EBV - EBER 阳性。结节性淋巴细胞为主型 HL 为 CD20 阳性、CD79a 阳性、BCL6 阳性、CD45 阳性、CD3 阴性、CD15 阴性、CD30 阴性,以及 EBV - EBER 阴性。在进行鉴别诊断时,如与间变大细胞淋巴瘤或弥漫大 B 细胞淋巴瘤等鉴别,须增加相应的标记物。

3. 治疗原则

(1)结节性淋巴细胞为主型 HL:①ⅠA 期和ⅡA 期:受累野放疗(根据 Ann Arbor 分期系统确定的淋巴区域进行照射)或受累区域淋巴结放疗(根据 PET - CT 合理延伸 2 ~ 5 cm 的淋巴引流区域确定放射治疗区域),照射剂量为 20 ~ 36 Gy;②ⅠB 期和ⅡB 期:化疗 + 受累淋巴结区域放疗 ± 利妥昔单抗治疗;③ⅢA 期和ⅣA 期:化疗 ± 利妥昔单抗 ± 受累淋巴结区域放疗,也可以选择观察等待;④ⅢB 期和ⅣB 期:化疗 ± 利妥昔单抗 ± 受累淋巴结区域放疗。其中一线化疗方案可选择 ABVD 方案(阿霉素 + 博来霉素 + 长春花碱 + 氮烯咪胺)、CHOP 方案(环磷酰胺 + 阿霉素 + 长春新碱 + 泼尼松)、CVP 方案(环磷酰胺 + 长春新碱 + 泼尼松)、EPOCH 方案(足叶乙苷 + 长春新碱 + 环磷酰胺 + 阿霉素 + 泼尼松)等 ± 利妥昔单抗治疗。

　　(2)经典型HL:① Ⅰ期和Ⅱ期:ABVD 方案化疗4~6个周期 + 受累野放疗。其中预后良好的早期 HL,首选综合治疗,ABVD 方案化疗4~6个周期,然后行局部放疗20~30 Gy;未达完全缓解(complete response, CR)的患者可适当提高照射剂量。预后不良的早期 HL 首选综合治疗,ABVD 方案化疗4~6个周期,然后行局部放疗30~36 Gy;未达 CR 的患者可适当提高照射剂量;②Ⅲ和Ⅳ期、无大肿块:ABVD 方案化疗6~8个周期,残存肿瘤可局部放疗30~36 Gy;③Ⅲ期和Ⅳ期、伴大肿块:化疗6~8个周期 ± 大肿块部位局部放疗30~36 Gy。初治患者的一线化疗方案可采用 ABVD 方案、Stanford V 方案(阿霉素 + 长春花碱 + 氮芥 + 长春新碱 + 博来霉素 + 足叶乙苷 + 泼尼松)或 BEACOPP 方案(足叶乙苷 + 阿霉素 + 环磷酰胺 + 长春新碱 + 博来霉素 + 泼尼松 + 甲基苄肼),其中 Stanford V 方案和 BEACOPP 方案等为国外推荐的一线治疗方案,在我国尚未得到普遍应用。难治复发的患者可采用 DHAP 方案(地塞米松 + 高剂量阿糖胞苷 + 顺铂)、DICE 方案(地塞米松 + 异环磷酰胺 + 顺铂 + 足叶乙苷)、ESHAP 方案(足叶乙苷 + 甲泼尼龙 + 高剂量阿糖胞苷 + 顺铂)、GDP 方案(吉西他滨 + 顺铂 + 地塞米松)、GVD 方案(吉西他滨 + 长春瑞滨 + 脂质体阿霉素)、ICE 方案(异环磷酰胺 + 卡铂 + 足叶乙苷)、IGEV(异环磷酰胺 + 吉西他滨 + 长春瑞滨)、miniBEAM 方案(卡氮芥 + 足叶乙苷 + 阿糖胞苷 + 米尔法兰)和 MINE 方案(美司那 + 异环磷酰胺 + 米托蒽醌 + 足叶乙苷)等进行解救治疗。对于一般状态好的年轻患者,解救治疗缓解后,应该选择自体造血干细胞移植(autologous hematopoietic stem cell transplantation, AHSCT)作为巩固治疗，对于初治时未曾放疗的部位，也可局部放疗。对于老年人、难治和反复复发的患者，可以尝试新药。随着现代化疗和放疗的应用，HL治愈率显著提高，被认为是一种可以治愈的恶性肿瘤。但大量长期生存患者的随诊结果显示，其15年病死率较普通人群高31%，病死原因除了原发病复发外，第二肿瘤占11%~38%(包括实体瘤和急性髓细胞白血病)，急性心肌梗死占13%，肺纤维化占1%~6%。此外，化放疗还可引起不育及胎儿畸形等，而HL的中位发病年龄约为30岁，多数患者患病时处于生育年龄。因此，在根治HL的同时，保证远期的生活质量和生育功能同样值得关注。

4. PET-CT在HL早期疗效评价中的意义

近期的研究结果显示，初治HL患者2~3个周期化疗后采用PET-CT进行疗效评价，有助于预判治疗的有效性和患者的无进展生存率，可作为选择较少治疗周期或较低治疗强度的依据。

5. HL预后因素

(1)初治早期HL的不良预后因素：不同的研究组关于早期HL的不良预后因素略有不同，见附录3。

(2)晚期HL国际预后评分(International Prognostic Score, IPS)的不良预后因素见附录3。

（二）非霍奇金淋巴瘤(NHL)

NHL是一组异质性的淋巴细胞增殖性疾病，起源于B淋巴细胞、T淋巴细胞或NK细胞。以下是最常见的NHL病理类型。

1. 弥漫大B细胞淋巴瘤

弥漫大B细胞淋巴瘤(diffuse large B cell lymphoma, DLBCL)为NHL中最常见的类型，在西方国家占成人NHL的30%~40%，我国占35%~50%。DLBCL中位发病年龄为50~70岁，男性略高于女性。

（1）临床表现：DLBCL 临床表现多样，根据原发部位和病变程度有所不同，初起时多表现为无痛性淋巴结肿大，但淋巴结外的病变比例可达 40%～60%，可以原发于淋巴结外任何组织器官。病程呈侵袭性，表现为迅速增大的肿物，约 1/3 的患者出现 B 症状，50% 以上患者 LDH 升高。

（2）病理诊断及分类：DLBCL 的主要病理特征是大的、弥漫性生长的异常淋巴样细胞增生，而淋巴结结构基本被破坏。DLBCL 包括多种变异型、亚组和亚型（参考 2016 版 WHO 颁布的血液和淋巴组织肿瘤分类）。诊断 DLBCL 应常规检测的免疫组化标记物，包括 CD19、CD20、CD79a 或 PAX5、CD30、Ki－67，通常为 CD20（＋）、CD79a（＋）或 PAX5（＋）、CD30（－）。大 B 细胞淋巴瘤确定后，为进一步探讨肿瘤细胞起源，可以选择 Han 模型（CD10、Bcl－6、MUM－1）或 Choi 模型（GCET1、FOXP1、CD10、Bcl－6、MUM－1），也可以增加 CD5、CD30、CD138、ALK 等进行鉴别。年龄＞50 岁者，建议增加 EBV－EBER 检测。最近，对于 DLBCL 预后不良因素的研究更加关注双重打击和三重打击学说，所以应增加 Bcl－2、Bcl－6、c－myc 的检测，蛋白水平检测有一定的说服力，如果表达强且广泛，最好再增加荧光染色体原位杂交（FISH 检测）。

（3）预后指标：国际预后指数（International Prognostic Index，IPI）是目前国际上常用的 DLBCL 预后判断系统。

（4）治疗原则：DLBCL 的治疗模式包括内科治疗和放疗在内的综合治疗。内科治疗包括化疗和生物靶向治疗。治疗策略应根据年龄、IPI 评分和分期等进行相应的调整。对高肿瘤负荷患者，可以在正规化疗开始前给予一个小剂量的前期化疗，药物包括泼尼松±长春新碱，以避免肿瘤溶解综合征的发生。对乙型肝炎病毒（hepatitis B virus，HBV）携带或感染患者，应密切监测外周血 HBV－DNA 滴度，并选择适当的抗病毒治疗。对于双打击或三打击 DLBCL，R - CHOP 方案疗效欠佳。

①Ⅰ期和Ⅱ期 DLBCL 的初始治疗：对Ⅰ期和Ⅱ期无大肿块患者，可以选择 R - CHOP 方案化疗 6 个周期 ± 局部放疗 30 ~ 36 Gy。对Ⅰ期和Ⅱ期有大肿块患者，可以选择 R - CHOP 方案 6 ~ 8 个周期 ± 局部放疗 30 ~ 40 Gy。

②Ⅲ期和Ⅳ期患者的初始治疗：采用 R - CHOP 方案化疗 6 - 8 个周期。可选择治疗开始前和治疗结束时进行 PET·CT 检查，根据检查结果制订和调整治疗方案。

③解救治疗：可采用 DHAP 方案、ESHAP 方案、GDP 方案、Gemox 方案（吉西他滨 + 奥沙利铂）、ICE 方案、miniBEAM 方案和 MINE 方案进行解救治疗，解救方案的选择需考虑患者是否适合进行 AHSCT。对适合 AHSCT 的患者，先用解救方案 ± 利妥昔单抗进行诱导治疗，缓解后行 AHSCT。对不适合 AHSCT 的患者，可进行常规化疗 ± 利妥昔单抗、利妥昔单抗单药或姑息性放疗。部分患者仅能接受最佳支持治疗。合适的患者也可考虑行异基因造血干细胞移植治疗。

2. 滤泡性淋巴瘤

滤泡性淋巴瘤（follicular lymphoma，FL）为欧美地区最常见的惰性淋巴瘤，占 NHL 发生率的 20% ~ 30%，包括我国在内的亚洲地区发病率较低，发病率不足 NHL 的 10%。中位发病年龄约 60 岁。

（1）临床表现：主要表现为多发淋巴结肿大，亦可累及骨髓、外周血、脾脏、韦氏环、胃肠道和软组织等，原发淋巴结者少见。晚期病变多见，占 70% 左右。

（2）病理诊断：形态学上表现为滤泡中心细胞和中心母细胞的增生，多为滤泡样生长方式。根据母细胞数量（包括滤泡母细胞、生发中心母细胞及免疫母细胞），将 FL 分为 3 级：1 级为光学显微镜下每个高倍镜视野可见 0 ~ 5 个中心母细胞；2 级为 6 ~

15 个中心母细胞；3 级为 >15 个中心母细胞，FL3 级可以进一步分为 3a 级和 3b 级，其中 3b 级表现为中心母细胞呈片状分布且缺乏中心母细胞(以标准物镜为准)。诊断 FL 应常规检测免疫组化标记，包括 CD19、CD20、CD79a 或 PAX5、CD3ε、CD10、Bcl - 2、BcL - 6、CD23 和 Ki -67，也包括鉴别诊断所需的标记物，如鉴别慢性淋巴细胞白血病或小淋巴细胞淋巴瘤和套细胞淋巴瘤的 CD5、CyclinD - 1。FL 常存在 t(14；18) 易位及所致的 Bcl - 2 蛋白过表达，但随着级别的升高有不同程度的丢失，为确诊带来困难，必要时可以进行 FISH 检测。

(3)治疗：3 级 FL，特别是3b 级 FL 的治疗等同于 DLBCL。1 ~2 级的 FL 属于惰性淋巴瘤，治疗策略如下：

①早期 FL：Ⅰ期、Ⅱ期 FL 的推荐治疗可选择观察等待、免疫化疗或局部放疗。根据患者临床表现和治疗意愿，结合医生的经验作出选择。Ⅱ期有大肿块的患者，应按照晚期 FL 治疗。

②晚期 FL：以现有的治疗手段，晚期 FL 仍被认为是不可治愈的疾病。多项研究结果显示，对于晚期和低肿瘤负荷的 FL 患者，诊断后即刻治疗与先观察等待、待出现治疗指征时再进行治疗，患者的总生存时间并无差异。FL 的标准一线治疗方案为利妥昔单抗联合化疗。联合化疗方案可有多种选择，无任何一种方案经证实可以显著延长患者的总生存时间。可选择的联合化疗包括 CHOP 方案或 CVP 方案等。对于老年人和体弱的患者，还可以选择单药利妥昔单抗，或单药烷化剂(如苯丁酸氮芥、环磷酰胺)±利妥昔单抗。初治高肿瘤负荷的患者，在诱导化疗后达到 CR 或部分缓解(partial remission, PR)，可采用利妥昔单抗维持治疗。晚期 FL 的治疗指征为：有晚期 FL 症状、威胁器官功能、继发血细胞减少、大肿块和病变持续进展，愿意参加临床试验的晚期 FL 者。

(4)复发、难治 FL 的治疗：对于复发的 FL，仍可首选观察等待，当出现治疗指征时再开始解救治疗。如复发或进展距末次应用利妥昔单抗6个月以上，还可联合利妥昔单抗治疗。根据一线治疗后复发或进展发生的时间，可选择的二线解救化疗方案，包括一线化疗方案、含氟达拉滨的联合方案以及所有DLBCL的二线解救治疗方案。对于快速进展的FL，应首先排除是否发生组织学类型的转化。可疑发生转化的临床表现包括LDH升高、某一受累区域不对称性快速生长、出现淋巴结外病变或新出现的B症状等。如PET-CT检查显示某一受侵部位标准摄取值SUV显著增高，应警惕发生组织学类型的转化，对可疑发生转化的部位需进行组织活检证实。复发或进展时发生转化的FL预后较差，对部分诱导化疗后缓解的患者，可以考虑进行自体或异基因造血干细胞移植治疗。

3. 慢性淋巴细胞白血病/小淋巴细胞淋巴瘤（CLL/SLL）

慢性淋巴细胞白血病/小淋巴细胞淋巴瘤（CLL/SLL）属于惰性B细胞淋巴瘤，CLL和SLL是同一种疾病的不同表现，SLL通常无白血病样表现，CLL则以骨髓和外周血受累为主。国际慢性淋巴细胞白血病工作组对SLL的定义为：有淋巴结肿大，无因骨髓受侵导致的血细胞减少和外周血B细胞数 $<5\times10^9/L$。CLL/SLL在欧美国家占NHL的7%～10%，是西方国家最常见的白血病类型，而亚洲及我国则发病率较低，占NHL的1%～3%。中位发病年龄65岁，男女比例1.5～2:1。

（1）临床表现：病变通常累及外周血、骨髓、淋巴结和肝脾。临床表现多样，大部分患者可无症状，部分可出现乏力、自身免疫性贫血、感染、肝脾和淋巴结肿大。

（2）病理诊断：典型的CLL/SLL细胞为单一性、弥漫性浸润，细胞核染色质颗粒状是其特点。免疫组化表型：CD5阳性、CD23阳性、CD43阳性或阴性、CD10阴性、CD19阳性、CD20弱阳性、sIg弱阳性。需要鉴别诊断时可以针对性增加其他标记物，如

CyclinD1 和 Bcl-6 等。增殖灶的出现易误诊为反应性增生。

（3）分期：SLL 参考 Ann Arbor 分期系统，CLL 参考 Rai 和 Binet 分期系统。

（4）治疗：

①SLL：按照 Ann Arbor 分期，Ⅰ期患者采用局部放疗；Ⅱ～Ⅳ期患者，如无治疗指征，可以观察等待，有治疗指征时，参考 CLL 的治疗原则。

②CLL：Rai 0～Ⅱ期患者，如无治疗指征，可以观察等待；有治疗指征时，按照患者一般状态、合并症情况选择相应化疗方案；Ⅲ～Ⅳ期的治疗按照患者一般状态、合并症情况，选择相应化疗方案。应注意 CLL 的支持治疗，如肿瘤溶解综合征、感染和自身免疫性血细胞减少的处理，并参照相应指南执行。

③ 治疗指征：愿意并适合参加临床试验的患者；出现明显的与疾病相关症状，如严重乏力、盗汗、体重下降和非感染性发热；威胁器官功能；持续增大的大肿块（脾大超过左肋缘下 6 cm，淋巴结直径 >10 cm）；进行性贫血和进行性血小板下降。

④初治患者治疗方案的选择：年龄 <70 岁或 ≥70 岁无严重合并疾病患者，可选择 FCR 方案（氟达拉滨 + 环磷酰胺 + 利妥昔单抗）和 FR 方案（氟达拉滨 + 利妥昔单抗）等治疗；年龄 ≥70 岁或 <70 岁有合并疾病患者，可选择苯丁酸氮芥 ± 利妥昔单抗、环磷酰胺 + 泼尼松 ± 利妥昔单抗、氟达拉滨 ± 利妥昔单抗、单药利妥昔单抗和来那度胺等方案治疗；体弱并合并严重疾病者不能耐受嘌呤类药物，可选择苯丁酸氮芥 ± 利妥昔单抗、单药利妥昔单抗和皮质醇激素冲击治疗；存在 Bel(17p) 基因改变的患者，对以上化疗方案疗效均欠佳，建议参加临床试验。

⑤ 发耐药患者治疗方案的选择：如治疗后缓解时间长，可继续使用前一治疗方案；如治疗后缓解期短，可根据患者年龄及合并疾病情况，选择前一线治疗方案中未曾应用的药物组合。

⑥异基因造血干细胞移植：对于年轻、一般状态良好、无严重伴随疾病的难治患者，如存在 Bel(17p)改变或初治后缓解期短的患者，可考虑异基因造血干细胞移植作为巩固治疗。

（5）预后因素：SLL/CLL 患者的生存时间为 2~15 年，与预后差有关的因素包括分期晚、存在 Bel(11q)和 Bel(17p)改变、流式细胞学检测 CD38 阳性肿瘤细胞比例≥30%，或 ZAP70 阳性细胞比例≥20%，或免疫球蛋白重链可变区(IGHV)突变率≤2%等。

4.套细胞淋巴瘤(MCL)

套细胞淋巴瘤占 NHL 的5%~10%，男女之比为2:1~3:1，中位发病年龄约65岁。自然病程可以表现为侵袭性和惰性。对治疗的反应类似惰性淋巴瘤，目前属不可治愈疾病，多药联合化疗的生存时间为3~5年。

（1）临床特点：最常累及淋巴结、骨髓、消化道、脾脏和韦氏环，70%为Ⅳ期，骨髓受侵率可达50%~100%，下消化道受侵率为80%~90%，上消化道受侵率约为40%，消化道受侵在内镜下常表现为多发性息肉样。

（2）病理诊断：MCL 的肿瘤细胞为形态一致的小至中等淋巴细胞，生长方式有多种，包括套带性、结节性和弥漫性。需要与CLL/SLL、FL 和 MZL 鉴别。由于其预后差，所以鉴别诊断非常重要。除了在高质量的 HE 切片细胞核表面略不规则的特点外，大多数患者免疫表型有 CD5 阳性、CyclinD1 阳性的表达，而在CyclinD1 阴性时确诊困难，需要寻找其他证据，如可以采用 FISH方法分析 t(11；14)易位，这对诊断 MCL 的敏感性和特异性都很高。

（3）治疗：对 MCL 患者应进行全面检查，准确分期，发生母细胞改变或有中枢神经系统症状者应进行脑脊液检查，对于拟诊为Ⅰ~Ⅱ期的患者，应进行内镜检查除外胃肠道侵犯。

①治疗策略：Ⅰ～Ⅱ期患者采用化疗＋利妥昔单抗＋放疗，或单纯放疗；ⅡX期、Ⅲ～Ⅳ期患者采用化疗＋利妥昔单抗治疗；部分进展缓慢，呈明显惰性特征的患者，可观察等待。

②初治患者的化疗方案：尚无标准治疗方案，推荐患者参加临床试验。对于肿瘤负荷低，进展慢，耐受性差的患者，可以采用低强度化疗作为初始治疗，推荐方案包括 COP 方案、CHOP 方案、R－CHOP 方案、剂量调整的 R－EPOCH 方案和降低剂量的 R－HyperCVAD 方案等。对于年轻患者可以采用高强度化疗方案，推荐方案包括 R－HyperCVAD/MA、R－CHOP/R－ICE 交替方案、R－CHOP/R－DHAP 交替方案等。可以选择 AHSCT 作为一线巩固治疗或利妥昔单抗维持治疗 2 年。

（4）预后因素：MCL 的中位生存时间为 3～5 年。IPI 可以作为 MCL 的预后指标，另外 MIPI 也是 MCL 的预后评分系统。其他不良预后因素包括 KI－67 阳性细胞数高和细胞向母细胞形态转化等。

5. 外周 T 细胞淋巴瘤（peripheral T－cell lymphoma，PTCL）

外周 T 细胞淋巴瘤是一组起源于胸腺后成熟 T 淋巴细胞的淋巴系统恶性肿瘤，外周 T 细胞淋巴瘤非特指型（peripheral T－cell lymphoma，not otherwise specified，PTCL NOS）是 PTCL 中最常见的一种类型。在西方国家，PTCL NOS 占所有 NHL 的 7%～10%，亚洲国家发病率明显高于欧美，占所有 NHL 的 15%～22%。由于其在形态学、免疫学、遗传学和临床表现上都无特异性，所以只有在排除其他独立分型的 T 细胞淋巴瘤后，方能做出 PTCL NOS 的诊断。

（1）临床表现：发病常见于中老年人，中位发病年龄 55 岁。PTCL NOS 无明显性别差异，多表现为浅表淋巴结肿大，半数伴 B 症状。淋巴结外常累及皮肤及皮下组织、肝、脾、肠道、甲状腺及骨髓等。有淋巴结外累及的患者，其诊断时多为Ⅲ～Ⅳ期。

（2）病理诊断：PTCL NOS 是成熟（外周）T 细胞发育阶段的肿瘤。病理组织学为丰富的血管增生、上皮样细胞增生及炎性细胞浸润的混合性背景。瘤细胞形态多样且变化大，可以由小的细胞、中等的细胞或大细胞组成，多数为中到大细胞，胞质淡染，胞核多形性，不规则，染色质多或泡状，核仁明显，核分裂象多见。免疫表型检测常表达 T 细胞相关抗原 CD3ε 和 CD2，而成熟T 细胞的一种或多种抗原（CD5 或 CD7）常丢失，免疫表型为 CD3阳性、CD4 阳性、CD5 阳性、CD45RO 阳性、CD7 阴性、CD8 阴性，存在 T 细胞克隆性增殖的证据。早期诊断常有淋巴结结构的残存。需注意鉴别的是由生发中心辅助 T 细胞来源的血管免疫母细胞性 T 细胞淋巴瘤。此外，在 DLBCL 的细胞多形明显时，酷似 T 细胞特点，也需要进行鉴别，所以 B 细胞标记物不可缺少。在伴有多量浆细胞增生时，需注意浆细胞的克隆性。

（3）治疗：

①治疗策略：PTCL NOS 本身是一组异质性的疾病，其最佳治疗方案和治疗策略存在争议。对经年龄调整的 IPI（aaIPI）低危或低中危的 I 期、II 期患者，首先推荐参加临床试验，或者用 6~8 个周期的联合化疗＋局部 30~40 Gy 的放疗。对于 aaIPI 高危或高中危的 I～IV 期患者，首先推荐参加临床试验，或者 6~8个周期的联合化疗±局部放疗。对于复发难治的 PTCL NOS 患者，则推荐参加临床试验、二线治疗方案或姑息性放疗。

②初治患者化疗方案的选择：可供选择的一线治疗方案包括CHOP 方案、CHOEP 方案、剂量调整的 EPOCH 方案和HyperCVAD/MA 方案等。对于不能耐受蒽环类药物治疗的患者，也可考虑含吉西他滨的方案。对年轻患者，除 ALK 阳性的间变性大细胞淋巴瘤外，可以考虑自体或异基因造血干细胞移植。

③二线化疗方案选择：可供选择的二线治疗方案包括西达苯胺、DHAP 方案、ESHAP 方案、剂量调整的 EPOCH 方案、GDP 方

案、Gemox 方案、ICE 方案、MINE 方案等。还可以选择的治疗包括：吉西他滨、来那度胺、硼替佐米或 GVD 等。

6. 结外 NK/T 细胞淋巴瘤(extranodal NK/T cell lymphoma, ENKL)

ENKL 系我国 T 细胞淋巴瘤之首，其病变多原发鼻腔，常局限于上呼吸道和消化道，也可完全发生或播散至鼻外部位，如皮肤、睾丸、胃肠道等。常见症状为鼻塞、鼻出血和面部肿胀，有时伴恶臭，B 症状常见。

(1)病理诊断：ENKL 组织病理学特征为弥漫性淋巴瘤细胞浸润，呈血管中心性、血管破坏性生长，导致组织缺血坏死以及黏膜溃疡，在诊断样本中坏死很常见，是导致漏诊的主要原因。免疫组化染色包括胞质 CD3ε、CD56、CD2、CD4、CD5、CD7、CD8、CD20、PAX5、TIA - 1、granzymeB、Ki - 67 等和 EBV - EBER 原位杂交。典型的 ENKT 免疫组化染色为 CD2 阳性、CD3ε 阳性、CD56 阳性、TIA - 1 阳性、granzyme B 阳性和 EBV - EBER 阳性。由于治疗有所不同，西方病例如果 EBV - EBER 阴性则不予以诊断 ENKL。我国 ENKL 患者较多，诊断经验丰富，即使 EBV - EBER 阴性也能诊断。本病需要与未分化癌相鉴别，常规标记会增加 CK 和 EMA 检测。

(2)分期：可以采用 Ann Arbor 和 Cotswolds 分期系统对 ENKL 患者进行分期，分为 Ⅰ 期、Ⅱ 期和 Ⅳ 期，Ⅲ 期病变归入 Ⅳ 期。

(3)治疗：由于 ENKL 总体发病率低，尚未建立基于随机临床试验结果的标准治疗，大部分现有数据均来源于回顾性分析和小型前瞻性研究。ENKL 对放疗较敏感，但对 CHOP 方案化疗耐药，近期的研究显示，新的化疗方案有可能提高疗效。

①治疗策略：原发鼻腔的 Ⅰ 期、无不良预后因素患者，可选择单纯放疗、序贯化放疗或同步放化疗；对原发鼻腔的 Ⅰ 期、有不良预后因素和 Ⅱ 期患者，可选择同步化放疗或序贯化放疗；对

原发鼻腔的Ⅳ期和原发鼻腔外的Ⅰ期、Ⅱ期和Ⅳ期患者，可选择同步化放疗或以左旋天门冬酰胺酶（或培门冬酶）为主的联合化疗±放疗。

②治疗方案：可以选择左旋门冬酰胺酶联合吉西他滨、甲氨喋呤、异环磷酰胺、铂类、依托泊苷和皮质醇激素等化疗。自体或异基因造血干细胞移植治疗方法可考虑用于初治高危和复发难治的患者。

四、淋巴瘤的预后因素

【专家共识要点】

（1）DLBCL 预后指标：国际预后指数（International Prognostic Index，IPI）是目前国际上常用的 DLBCL 预后判断系统。

（2）FL 预后指标：国际预后指数（Follicilar Lymphoma International Prognostic Index，FLIPI）有 FLIPI1 和 FLIPI2 两个评分模型。

（3）套细胞淋巴瘤（MCL）预后因素：MCL 的中位生存时间为 3~5 年。IPI 可以作为 MCL 的预后指标，另外 MIPI 也是 MCL 的预后评分系统。其他不良预后因素包括 Ki - 67 阳性细胞数高和细胞向母细胞形态转化等。

（4）外周 T 细胞淋巴瘤（非特指型）预后：总体预后差于侵袭性 B 细胞淋巴瘤患者，5 年生存率为 30% 左右。临床预后因素包括 IPI 和 PTCL NOS 预后指数（prognostic index for PTCL NOS，PIT）。

（5）结外 NK/T 细胞淋巴瘤，鼻型 预后不良因素：①年龄≥60 岁；②B 症状；③ECOG 体能状态评分≥2 分；④区域淋巴结受侵；⑤局部组织受侵，如骨或皮肤；⑥LDH 升高；⑦高 Ki - 67 指数；⑧EBV DNA 滴度≥6.1×10⁷拷贝/mL 等。

五、霍奇金淋巴瘤

【专家共识解读】　在基线检查部分，特别强调了正电子发射断层扫描(PET - CT)作为分期检查方法的重要性。推荐 PET - CT 可替代骨髓穿刺检查，可以让患者避免或减少有创性检查。虽然新版专家共识仍然以临床分期为指导治疗的基础，但无论是对局限期还是广泛期患者，指南均强调用临床不良预后因素指导治疗和判断预后的重要性，建议在基线检查中应该包括和详实记录此类指标。

局限期系指临床Ⅰ～Ⅱ期(ⅡB 期归为广泛期)，影响预后的因素包括年龄、纵隔大肿块、B 症状、受累淋巴结区、结外病灶和血沉。化疗联合放疗的综合治疗模式依然是最佳治疗选择，推荐长春碱＋达卡巴嗪(ABVD)×2 周期＋20 Gy 局部放疗。受累野放疗(IFRT)可能更被广泛接受；早期 PET - CT 检查阴性的患者是否可以避免局部放疗仍然存在争议，来自欧洲多家研究中心的数据认为，不接受局部放疗的患者 1～2 年无进展生存(PFS)率低于放疗患者。临床Ⅰ～Ⅱ期 HL 无 B 症状，但伴有其他 1 个及以上不良预后因素或 CS ⅡB 伴有不良预后因素的患者，推荐 ABVD×4 周期＋ISRT；对于年轻、一般状况好的患者，也可以选择增强型甲基苄肼和长春新碱(BEACOPPesc)×2 周期＋ABVD×2 周期＋ISRT，放疗推荐剂量为 30 Gy。

广泛期系指临床Ⅲ～Ⅳ期及ⅡB 期 HL，影响预后的因素包括年龄、性别、分期、白细胞及淋巴细胞计数、血红蛋白和白蛋白水平等。经 BEACOPPesc×6 周期或 ABVD×6 周期化疗后 PET - CT 阳性的患者，可以行残留病灶局部放疗，推荐剂量为 30 Gy，放射野推荐 ISRT。

对于复发难治患者，强调了二线挽救化疗和大剂量化疗联合自体造血干细胞移植的重要性。初次复发患者，通过这种治疗方式仍有约半数能够得到治愈。移植前 PET - CT 有重要的预测价值。达不到 CR 的患者移植后复发率高,因此对于这部分患者可尝试布妥昔单抗联合二线挽救治疗方案,提高 CR 率。自体造血干细胞移植后复发的患者,也可以选择布妥昔单抗、含吉西他滨的挽救方案甚至异基因造血干细胞移植治疗。

对随访期患者,不推荐常规影像学随访,症状、体格检查和血液学检查是发现复发更重要的手段。关注心肺功能损伤、继发性肿瘤等远期副作用也是随访的重要内容,年轻患者应关注生殖功能,接受颈部放疗的患者需注意甲状腺功能变化。

六、非霍奇金淋巴瘤

【专家共识解读】

1. 弥漫大 B 细胞淋巴瘤

专家共识认为,对于 NHL 诊断并无实质性更新,现阶段对 NHL 诊断仍需组织病理活检和免疫组化检查来确定诊断。为了明确诊断,并区分恶性细胞为生发中心来源或非生发中心来源,目前,专家建议进行的免疫组化指标包括 CD20、CD3、CD5、CD10、CD45、Bcl - 2、Bcl - 6、Ki - 67、IRF4/MUM1、MYC(但 MYC 检测并非诊断 DLBCL 所必须,主要用于筛查高风险患者)。部分病例还需进行 Cyclin D1、kappa/lambda 轻链、CD30、CD138、EBER - ISH、碱性磷酸酶(ALK)和人类疱疹病毒 - 8(HHV - 8)的免疫组化检查来进一步明确诊断。细针或粗针穿刺活检并不适合初发淋巴瘤的诊断,仅当切除活检或切取活检存在困难时,可以通过对穿刺活检取得的样本进行深入的分子生物学检查来明确诊断。尽管目前已经有一定数据的研究认为双重打击淋巴瘤(double hit lymphoma)的生物学行为恶性程度更高,但鉴于目前对此部分患者没有公认的治疗策略,专家共识认为并没有明确的筛查建议。

（1）初始治疗：对 Ann Arbor 分期为Ⅰ期、Ⅱ期的 NHL，无大包块的患者，本指南推荐的一线治疗方案仍然是经典的 R - CHOP 方案（利妥昔单抗，长春新碱，阿霉素，环磷酰胺，地塞米松）3 个疗程加放疗或 R - CHOP 方案 6 个疗程或加放疗。对于存在大包块的患者，推荐的一线治疗则是 R - CHOP 方案 6 个疗程或加放疗。对于Ⅲ期、Ⅳ期患者，R - CHOP 仍然是标准的一线治疗方案。对部分存在大包块的患者而言，放疗也可有额外获益。

（2）诱导化疗结束评估 计划行放疗的Ⅰ期、Ⅱ期患者应当在一线化疗完成后进行放疗前评估。放疗前评估包括 PET - CT 复查在内的所有阳性检查。评估为完全缓解（CR）的患者，可按原定计划完成放疗。对部分缓解（PR）的患者，建议对 PET - CT 发现的病灶再取活检，如需进一步治疗，则可增加放疗剂量，或在大剂量化疗后行自体造血干细胞移植（auto-HSCT），并可在移植前后进行放疗。可在全部治疗完成后再次评估疗效，如达到 CR，则可以定期复查；如未达 CR，则应按照难治复发疾病治疗。对一线化疗反应不佳、治疗疗效评估为病情稳定（SD）或疾病进展（PD）的患者，应按照复发患者治疗。过去认为，一线治疗后的利妥昔单抗维持治疗并不带来生存获益，本版指南移除了这一说明。这说明目前对于利妥昔单抗在 DLBCL 维持治疗中的价值尚有争议，可能有部分患者可从维持治疗获益。

（3）进展期患者的后续治疗 本指南对进展期患者的中期评估治疗效果和后续治疗部分并无明显变化。初始分期为Ⅲ期、Ⅳ期的患者，仍建议在接受 2～4 个周期的化疗后进行中期评估。如中期评估为 SD 或 PD，应按照复发疾病处理；对无法耐受化疗的患者可考虑应用放疗。如中期评估为 CR 或 PR，则应继续 R - CHOP 方案治疗直至 6 个周期化疗完成。6 个周期免疫化疗完成后，应进行治疗后评估，即包括 PET - CT 复查在内的全部阳性检查。如治疗后疗效评估为 CR，可密切观察，高危患者可在此时行 auto - HSCT。对于初诊时存在大包块病变的患者，可对对应部位进行放疗。如治疗后评效未达 CR，则应按照复发难治疾病处理。对于 PET - CT 可见到的病变，建议在改变治疗方案前再取活检。

（4）NHL 复发难治患者的处理　能耐受高剂量化疗的复发难治患者，可应用二线治疗方案。二线治疗达到 CR 或 PR 的患者，可行 auto - HSCT，部分患者可行异基因造血干细胞移植。对不耐受高剂量化疗的患者，本指南新增了对于支持治疗的推荐。对多次复发的患者，除建议参加临床试验外，新增了推荐交替二线治疗、姑息性放疗和支持治疗。尽管目前 DLBCL 已经被视为可治愈的恶性肿瘤，但有约 30% 的患者最终复发难治，复发难治疾病的治疗一直是临床的难点。目前，本指南主张高危患者在一线治疗后行 auto - HSCT 以减少复发难治的发生。对已经发生的复发难治疾病，除应用二线方案外，也可应用大剂量化疗和 auto - HSCT。

2. 滤泡性淋巴瘤

目前，虽然对滤泡性淋巴瘤（FL）的分子生物学特征有了更多的认识，但是新版 ESMO 指南认为并不足以指导临床治疗。临床分期仍是决定治疗选择的关键因素。因此，PET - CT 虽然不作为必须的分期检查方法，但是有助于更准确地筛选出早期患者或伴有高级别转化的患者以指导病理活检。

（1）诱导治疗阶段：对于局限期患者，无大肿块者可选择 IFRT 放疗 24 ~ 36 Gy，部分患者也可以观察与等待，或者接受利妥昔单抗单药治疗；高肿瘤负荷或者伴有不良预后因素者，可根据有无治疗指征选择全身治疗或放疗。对于 III ~ IV 期患者，由于多数患者无法治愈，因此治疗时机与方法的选择应充分考虑和平衡临床获益与风险，对预后因素、分期、病理分级、患者症状及治疗指征、治疗目标、患者生活质量等综合分析和评价后制订个体化治疗方案。

（2）巩固与维持治疗阶段：利妥昔单抗维持治疗可作为高危和高肿瘤负荷患者的选择，而大剂量化疗联合自体造血干细胞移植并不推荐作为首次缓解后患者的巩固治疗选择。

（3）复发患者：推荐在 PET－CT 引导下对复发病灶再次取病理活检，以排除向大细胞转化的可能。治疗原则参照初治患者，但是治疗方案应充分考虑患者一线治疗方案的药物、剂量、疗效持续时间等做出选择。对于首次缓解后持续时间较短的患者，大剂量化疗联合自体造血干细胞移植是重要的选择。而年轻、一般状况好的患者，尤其是难治和早期复发的患者，异基因造血干细胞移植是获得长期缓解甚至有望治愈的重要选择。

（4）随访：一般认为，FL 是无法治愈的疾病，随着随访时间延长，患者的复发机会有可能增加，因此治疗结束后，1～2 年内患者应每 3 个月随访一次，3～5 年内每 6 个月随访一次，5 年后每年随访一次。CT 等影像学检查不做常规推荐。

3. 慢性淋巴细胞白血病与小淋巴细胞淋巴瘤

关于慢性淋巴细胞白血病（CLL）的定义基本沿用 2008 年世界卫生组织（WHO）发布的参考 iwCLL《关于淋巴造血系统肿瘤分类的建议》，CLL 是指均一形态、略不规则的小 B 淋巴细胞在外周血、骨髓、脾脏和淋巴结浸润的一种慢性淋巴细胞增殖性疾病。小淋巴细胞淋巴瘤（SLL）和 CLL 是同一种疾病，两者的区别主要在于临床表现：CLL 主要表现为外周血和骨髓浸润为主；而 SLL 则主要以淋巴结、脾脏等淋巴器官肿大等淋巴瘤表现为主。并且强调目前 CLL 与 SLL 仅指起源于成熟 B 细胞的淋巴增殖性疾病，而不包括以往的起源于成熟 T 淋巴细胞的淋巴增殖性疾病。对于 CLL 的最低诊断标准要求是持续性（3 个月）的外周血 B 淋巴细胞 $>15 \times 10^9/L$，B 细胞的克隆性需要经过流式细胞术确认。外周血涂片特征性的形态学为成熟小淋巴细胞，此类细胞一般胞质较少，核染色质紧密，无明显核仁，有时混有大而不典型的细胞、分裂细胞或最多不超过55%的幼淋细胞[外周血幼淋细胞在淋巴细胞中的比例>55%，则诊断为幼稚淋巴细胞白血病（PLL）]，此外涂抹细胞在 CLL 较为常见（实质为细胞碎片）。对于外周血存在克隆性 B 细胞，但 B 淋巴细胞绝对计数 $< 5 \times 10^9 /$ L，同时不伴有淋巴结（ < 1.5 cm）和器官肿大、血细胞减少和其他疾病相关症状的患者，则诊断为单克隆 B 淋巴细胞增多症（MBL）。SLL 的诊断需符合：①淋巴结和（或）脾脏肿大；②外周血 B 淋巴细胞 $< 5 \times 10^9 /L$ ；③免疫表型和 CLL 相同；④无 CLL 细胞骨髓浸润所致血细胞减少；SLL 诊断需组织病理学确认。典型 CLL 与 SLL 的免疫表型应该是 CD19（+）、CD5（+）、CD23（+）、CD10（-）、CD20dim（+）、sIgdim（+）及 Cyclin D1（-），对于部分免疫表型不典型的 CLL，比如 CD23（-）或 dim、sIg 强阳性、CD20 强阳性等，建议利用免疫组化和（或）荧光原位杂交（FISH）检测 Cyclin D，表达排除套细胞淋巴瘤（MCL）。细胞遗传学和分子生物学检查：由于80%的 CLL 患者存在细胞遗传学异常，并且对于 CLL 的治疗和预后具有重要价值，对于具有 Bcl（11q）（导致 ATM 基因缺失）或 Bcl（17p）（导致 p53 基因缺失，p53 基因突变与缺失同样预后差）的 CLL 患者，预后较差，具有治疗指征需要采取更加积极治疗策略；分子生物学方面，由于免疫球蛋白重链可变区基因（IGHV）突变状态、CD38 和 ZAP70 是 CLL 的经典预后指标，因此推荐常规开展。此外，近年来发现 CLL 细胞 IGHV 使用偏向，CLL 分子突变（SF381、NOTCHl 等）与 CLL 治疗反应和预后密切相关，有条件单位可以开展相关研究。

（1）治疗：CLL 属于惰性淋巴瘤，因此在治疗前必须详细评估患者是否具有治疗指征，对于具有治疗指征的患者尽快采取相应治疗，而不具有治疗指征的 CLL 患者不应该过早进行治疗，尤其是含有化疗药物的治疗方案，因为目前没有证据显示过早干预可以改善患者的生存，并且可能导致治疗相关不良反应的发生。目前 CLL 治疗指征主要以 iwCLL2008 年提出标准为框架，各国指南略作修改，特别强调动态变化，即进行性恶化。具体如下：①进行性骨髓衰竭的证据：表现为血红蛋白和（或）血小板进行性减少；②巨脾（如左肋缘下 >6 cm）或进行性或有症状的脾脏肿大；③巨块型淋巴结肿大（如最长直径 >10 cm）或进行性或有症状的淋巴结肿大；④进行性淋巴细胞增多，如 2 个月内增多 50%，或淋巴细胞倍增时间（LDT）<6 个月。当初始淋巴细胞 <30 × 10^9/L，不能单凭 LDT 作为治疗指征；⑤淋巴细胞数 >200 × 10^9/L，或存在白细胞淤滞症状；⑥自身免疫性溶血性贫血（AIHA）和（或）血小板减少（ITP）对皮质类固醇或其他标准治疗反应不佳；⑦至少存在下列一种疾病相关症状：a. 在以前 6 个月内无明显原因的体重下降≥10%；b. 严重疲乏（如 ECOG 体能状态≥2；不能进行常规活动）；c. 无感染证据，体温 >38.0℃，持续 2 周以上；d. 无感染证据，夜间湿透性盗汗（即比较严重的出汗）1 个月以上；⑧患者意愿；⑨临床试验。当血红蛋白或血小板轻度下降，无其他治疗指征时，建议密切观察，不便急于治疗。

（2）分层治疗：对于 CLL 近年来进展最快的领域就是分层治疗理念的提出和新型治疗药物的出现。分层治疗包含两重含义，第一是基于患者一般身体状态和伴发疾病的分层治疗，包括年龄、体能状态（ECOG 评分）和伴发疾病（疾病累积评分，CIRS）的全面评估，对于一般状态较好的患者可以考虑多药联合的治疗策略，而对于较差的患者一般采用低强度治疗为主；第二是基于患者细胞遗传学和分子生物学的分层治疗，对于具有高危遗传学和分子生物学特征的 CLL 患者推荐采用更加积极的治疗策略，具体为：

1）对于身体虚弱，存在明显伴发疾病的 CLL 患者：由于无法耐受含有嘌呤类似物的治疗方案，推荐治疗方案为靶向药物联合EⅠ口服化疗药物，或者单药治疗的策略，包括 Obinutuzumab（GAl01）或者利妥昔单抗联合口服苯丁酸氮芥的治疗方案，也可以考虑单药治疗的方案。

2）无 Bel（17p）或 Bel（11q）的患者：推荐进行传统化疗＋免疫治疗即化学免疫治疗，其中年龄大于70岁或存在伴发疾病（CIRS＞6分）的患者大多数推荐靶向药物联合低强度化疗药物，或者单药治疗的策略，具体为 Obinutuzumab（GAl01）或者利妥昔单抗联合口服苯丁酸氮芥；低剂量苯达莫司汀±利妥昔单抗（BR）；CP（环磷酰胺＋泼尼松）方案±利妥昔单抗；氟达拉滨±利妥昔单抗；或者利妥昔单抗、克拉屈滨或者苯丁酸氮芥单药治疗；对于年龄＜70岁或者≥70岁但是没有严重伴随疾病（CIRS＜6分）的患者推荐使用化学免疫治疗，主要方案为 FCR（氟达拉滨＋环磷酰胺＋利妥昔单抗）、FR、PCR（喷司他汀＋环磷酰胺＋利妥昔单抗），BR 以及 Obinutuzumab 联合口服苯丁酸氮芥的治疗方案。另外，由于 CLL 细胞 $CD20$。表达弱等特点，利妥昔单抗的用量需高于淋巴瘤，即第二至第六疗程用量由常规的 375 mg/m^2 提高到 500 mg/m^2，否则将影响疗效。

3）具有 Bel（17p）的患者：由于此类患者对于常规治疗的反应较差，因此没有标准治疗，推荐参加临床研究。指南建议可以考虑以下方案：推荐阿仑单抗±利妥昔单抗、FCR、FR、大剂量甲泼尼龙（HDMP，皮质类固醇不通过 p53 途径发挥作用）±利妥昔单抗、依布替尼（BCR 通路关键酶 BTK 的抑制药）或 Obinutuzumab 联合口服苯丁酸氮芥等方案，对于经过诱导治疗获得完全缓解/部分缓解（CR/PR）的患者如果具有 HIA 完全匹配的供者且身体条件许可，推荐进行包括减低预处理强度在内的异基因造血干细胞移植。

4）具有 Bel（11q）的患者：由于回顾性研究表明此类患者对

于含有烷化剂的方案疗效较好，因此对于此类患者推荐使用靶向药物＋烷化剂的联合治疗方式。

5）细胞遗传学不明患者，由于我国医疗水平发展不平衡，部分基层医院无法开展细胞遗传学分析，对于此类患者治疗可以暂时参照无 Bel(17p)或 Bel(11q)患者的推荐方案，但是强调需要尽量保存患者标本，送至上级医院进行检测，一旦获得细胞遗传学分析结果，建议按照相应推荐进行治疗。

6）复发难治患者：首先对于复发难治患者建议重新评估细胞遗传学和组织病理学检查，对于远期复发（目前尚无关于远期复发的确切时间界定，经验认为如果使用 FCR 等强烈方案 >3 年比较合理，而如果使用单药方案如苯丁酸氮芥等治疗 18～24 个月较为合理）的患者可以使用原有的一线方案进行治疗直至患者疾病进展；而对于短期复发的患者，由于对于一线治疗反应较差，原则上选择和一线方案无交叉耐药的治疗药物、新型药物或者参加临床试验，如 Ibrutinib、Idelalisib(BCR 通路关键酶 P13K 的抑制药)联合利妥昔单抗、Ofatumumab、来那度胺 ± 利妥昔单抗、减低剂量的 FCR 和 PCR 方案，HDMP 联合利妥昔单抗和含有阿仑单抗的治疗方案等。如果患者出现疾病短期进展，则认为是高危 CLL 患者，治疗获得 CR/PR 的患者如果具有 HLA 全相合的供者且身体条件许可，推荐进行异基因造血干细胞移植作为巩固治疗。

7）对于病理组织活检证实发生大细胞转化(Richter 综合征)的患者，由于疾病侵袭性高，临床进展快，患者生存期短，需要采取更加积极的治疗策略，例如使用弥漫大 B 细胞淋巴瘤等侵袭性淋巴瘤的治疗方案或者 R—Hyper-CVAD 等强烈治疗方案，有条件患者可以考虑进行异基因的造血干细胞移植。

4. 套细胞淋巴瘤

套细胞淋巴瘤的病理分型，强调形态学、免疫组化及细胞遗传学的重要性，更建议结合患者临床特征和病程，识别出少数惰性和侵袭性更强的母细胞型 MCL，对指导临床治疗和判断预后有重要意义。套细胞淋巴瘤预后指数（MIPI）及 Ki - 67 也是判断预后的重要参数。PET - CT 不作为 MCL 的必须的基线检查项目，但是有助于更精确的临床分期和后续评效判断。

大多数惰性 MCL 的预后优于经典 MCL，病程类似慢性淋巴细胞性白血病（CLL）。可以选择观察与等待，但是如何筛选这类患者尚无明确标准。

对年轻、一般状况好的患者，应首选含阿糖胞苷的化疗方案，如利妥昔单抗 + 环磷酰胺 + 多柔比星 + 长春新碱 + 泼尼松（R - CHOP）与利妥昔单抗 + 地塞米松 + 阿糖胞苷 + 顺铂（R - DHAP）方案交替治疗；达到缓解的患者应一线接受大剂量化疗联合自体造血干细胞移植。老年患者占 MCL 的绝大多数，可以选择 R - CHOP 或者苯达莫司汀 + 利妥昔单抗（BR）的方案；达到缓解的患者，应接受利妥昔单抗维持治疗。放疗不作为常规推荐，但是对于极少数早期患者，放疗联合化疗或许有一定临床获益。

对复治患者，推荐利妥昔单抗 + 硼替佐米或者 FCR、FMR 方案，联合或者不联合其他靶向药物；对年轻患者，如果一线未接受自体造血干细胞移植，挽救治疗后达到缓解后仍然可以选择自体造血干细胞移植甚至异基因移植。如果一线选择大剂量阿糖胞苷为主的化疗方案，则无须常规进行中枢神经系统（CNS）预防性治疗，但是对于母细胞亚型、乳酸脱氢酶（LDH）升高、美国东部肿瘤协作组（ECOG）评分≥2 分及 MIPI 评分高危的患者，仍然建议给予 CNS 预防性治疗。

5. 外周 T 细胞淋巴瘤

对于外周 T 细胞淋巴瘤，新的专家共识强调了西达苯胺的治疗地位，众所周知，PTCL 迄今尚无标准治疗方案。目前常用的 CHOP 或 CHOP 样方案对于大多数 PTCL 治疗疗效欠佳，5 年生存率仅30%。西达苯胺是国内首个获批治疗复发或难治性外周T细胞淋巴瘤(peripheral T - celllymphoma, PTCL)新型药物,具有如下优点:

(1)单药疗效:其单药治疗复发或难治性PTCL疗效较佳。在注册性临床试验中,ORR为27.8%,CR为13.9%,ORR优于国外的2个HDAC抑制药物。获益患者[包括疾病稳定(stable disease, SD)]生存期明显延长,中位总生存期(overall survival, OS)为55.1个月,而PTCL二线化疗的中位OS仅为6.5个月。

(2)联合治疗:初步临床试验结果证实西达苯胺与化疗和非化疗药物有协同作用。西达苯胺与CHOP/CHOP样、含铂类、来那度胺/沙利度胺及PCT(泼尼松、环磷酰胺及沙利度胺口服)方案联用,其客观缓解率与单药相比有显著改善51% vs.39%;临床获益率74% vs.64%。

(3)不良事件(adverse event, AE):统计表明西达苯胺单药治疗AE可控。联合治疗常见的AE发生率增加,但AE谱无变化。

(4)依从性好:西达本胺为口服制剂,且1周2次服药即可。对不宜静脉治疗、不适合住院治疗的老年患者,西达苯胺为唯一的治疗选择。

对单药适用的患者可考虑下列3个原则:

(1)复发或难治性PTCL患者,特别是IPI为0~1分的低危患者。用法:标准剂量(每次30 mg,2次/周);

(2)不能耐受常规化疗的PTCL患者,如老年、体弱及其他希望提高生活质量的患者。用法:标准剂量(每次30 mg,2次/周);

(3)已获得疾病缓解或移植后患者,目的为预防复发。用法:减量(单药每次20 mg,2次/周)。

对西达苯胺联合治疗的患者,在具体使用过程中,可采用下列 3 个原则：

（1）适用联合治疗的患者：复发或难治性 PTCL（包括 NK/T 淋巴瘤）患者，特别是中、高危患者（根据 IPI 评分）。

（2）联合方案的选择：①如肿瘤生长偏惰性，则联合基于"PEPC 化疗"的方案：如 PCE（泼尼松、环磷酰胺及依托泊苷）和 PCT（泼尼松、环磷酰胺及沙利度胺）以及联合沙利度胺/来那度胺等非化疗药物；②如肿瘤生长偏侵袭性，则联合常用 PTCL 二线方案：如 ICE，DICE，DA – EPOCH，GemOx（P – GemOx 用于 NK/T 淋巴瘤）等。

（3）用法用量：①西达苯胺：标准剂量（或根据不良反应情况减量/设立停药休息周）；②化疗及其他非化疗药物：标准剂量（或根据不良反应情况剂量调整）。

6. 结外 NK/T 细胞淋巴瘤

结外 NK/T 细胞淋巴瘤（ENKL）属于非霍奇金淋巴瘤（NHL）的一种少见的特殊类型，其发病构成占 NHL 的 5% ~ 18%。ENKL 来源于真正的 NK 细胞或 NK 样 T 细胞，好发于中青年，男女比例为 2 : 1 ~ 4 : 1，中年发病年龄为 46 岁。欧洲和北美洲罕见，但亚洲常见，特别是中国、韩国、日本。ENKL 是恶性程度高且侵袭性强的病种，预后较差。近年来，随着发患者数增加，该病逐渐引起了人们的重视，相关研究也取得了一定的进展。

【诊断】

（1）临床特点：ENKL 多发生于鼻部，其次为咽、扁桃体，鼻外部位常发生于皮肤、胃肠道等，骨髓和中枢神经系统罕见，很少累及淋巴结。原发于鼻腔的病例，表现为上呼吸消化道的破坏性损伤，可伴有面部深部结构的穿孔、上颚的破坏或眼眶的侵犯。最常见的临床症状为鼻塞、流涕、鼻出血和局部肿胀、糜烂、坏死，进而形成溃疡和肉芽肿；晚期可出现硬腭穿孔、眼球突出、面部肿胀、颅神经麻痹等。原发于鼻外的病例，其临床表现由受累部位决定。该病极易复发，常伴有噬血细胞综合征。

（2）免疫表型和基因克隆性重排 ENKL 的绝大部分起源于 NK 细胞，少数起源于 T 细胞。大多数肿瘤细胞与正常 NK 细胞类似，在细胞质表达 CD56、CD3 和 TIA - 1、颗粒酶 B、穿孔素等，而极少在细胞表面表达 CD3、CD4、CD5 和 CD8。当肿瘤细胞表面表达 CD3、TCRαβ 或 TCRγδ，或者存在 TCR 基因重排时，则该肿瘤来源于 T 细胞。通过检测这些肿瘤细胞标志物的表达和分布，既有助于 ENKL 的诊断，又能了解 T 细胞抗肿瘤免疫的情况，从而判断淋巴瘤的预后并指导治疗。另外，该病几乎所有病例均可检出 EB 病毒（EBV）感染，故 EBER 阳性对 ENKL 的诊断也有一定的参考价值。近年来，研究发现，个别 ENKL 患者肿瘤细胞表面可共表达 CD20，这种异常的免疫表型很可能表明了克隆的演变，但由于病例太少，目前尚不能确定 CD20 的共表达是否与预后有关。

（3）EBV 相关性：ENKL 与 EBV 的感染密切相关。研究显示，LMP1 在 ENKL 中表达明显增高。LMP1 既可以激活 NF - κB 途径，导致肿瘤发生；又可以调节多种细胞因子水平，参与肿瘤的生长、转移。LMP1 可以作为诊断和评估 ENKL 预后的潜在生物标志物，但其阳性率较低。而 EBER 原位杂交检测则有 80% ~ 100% 患者呈阳性，是实际工作中诊断 ENKL 有力的辅助检查。另外，肿瘤细胞释放的 EBV - DNA 片段可以在血清中检测到。研究表明，血清 EBV - DNA 拷贝数与 LDH 呈正相关，可以很好地反映肿瘤负荷，提示患者病情；治疗有效的患者血清 EBV - DNA 拷贝数明显下降，临床上通常采用动态监测 EBV - DNA 拷贝数来辅助评估疗效。NCCN 指南也明确指出，外周血 EBV - DNA 拷贝数 $\geq 6.1 \times 10^{7}$ 拷贝/mL 时，提示预后不良。因此，EBV - DNA 拷贝数已经成为了 ENKL 患者的常规检测项目，在监测病情、评价疗效、判断预后方面均表现出了很高的价值。

（4）遗传特征　过去研究发现的异常染色体有 1p、6p、11q、12q、17q、20q 和 Xp 的获得性改变及 6q、11q、13q 和 17p 的缺失。其中约 90% 病例出现 6q 的缺失，导致该区域 FOXO3、ATG5、AIM1、PRDM1 和 HACE1 等抑癌基因的表达下调，引起肿瘤发生。ENKL 也与 p53 的异常有关，其高表达可能与肿瘤的增殖和恶性程度相关，而功能缺失则与肿瘤对化疗耐药有关。近年来，有研究对结外 NK/T 细胞淋巴瘤患者的基因突变进行了鉴定，结果显示高频突变通常发生于 RNA 解旋酶基因 DDX3X、肿瘤抑制因子（如 TP53、MGA）、JAK – STAT 通路分子（如 STAT3、STAT5B）、表观遗传修饰基因（如 MLL2、ARID1A、EP300 和 ASXL3）。还有研究指出，BCOR 的异常突变在 ENKL 中也较为常见。随着检测技术的提高，更多与 ENKL 相关的基因突变正在被发现。这些特征性遗传学改变既可以为诊断提供有用的标志物，也可以为靶向治疗提供潜在的靶点，是未来个体化治疗发展的新方向。

（5）ENKL 的分期沿用 Ann Arbor 系统分期。为了更加准确地对 ENKT 的预后作出预测并更有针对性地进行治疗，中山大学肿瘤防治中心提出了适用于该病的新分期系统。Ⅰ期：鼻咽狭窄损害或鼻咽无局部浸润（鼻窦或骨或皮肤侵袭）；Ⅱ期：局部病变伴随局部侵袭；Ⅲ期：局部病变伴随有区域淋巴结受累（颈部淋巴结）；Ⅳ期：弥漫性疾病（横膈两侧淋巴结肿大，多发性结节）。该研究比较了两种分期方式患者的生存期，结果表明新的分期方式有更平衡的分布和优越的预后差异，特别适用于 ENKL，具有更大的实用价值。

【治疗】

由于 ENKL 相对少见，缺乏临床对照研究，目前仍未形成标准的治疗方法和原则。其主要治疗方式包括放疗、化疗和造血干细胞移植。

　　（1）早期 ENKL：ENKL 患者中约 75% 为 Ⅰ～Ⅱ期，病变多局限于鼻腔和邻近组织。ENKL 对放疗敏感，NCCN 推荐的放射剂量为 ≥50 Gy。放疗已被证实对临床早期 ENKL 有确切效果。有研究对单纯放疗、单纯化疗和放化疗联合治疗的预后进行了比较，结果证明，放化疗联合治疗的完全缓解率（CR）、5 年无进展生存期（PFS）、5 年生存率（OS）均高于单纯放疗或单纯化疗。因此，对于早期 ENKL 患者，特别是伴有不良预后因素的高危患者，常采用放化疗联合治疗，包括同步性放化疗和贯序性放化疗，而采用贯序性放化疗或"三明治"式疗法时，在诱导性化疗后尽早实施放疗有更好的疗效。过去与放疗联合应用的方法通常是 NHL 传统的一线化疗方案，即以蒽环类药物为基础的 CHOP 方案（环磷酰胺、多柔比星、长春新碱、泼尼松），但效果并不满意。EPOCH 方案（依托泊苷、多柔比星、长春新碱、环磷酰胺、强的松）虽然提高了 CR，但并不能提高患者的生存率，可能是由于 ENKL 高表达多药耐药基因 MDR1 编码的 P - 糖蛋白，导致肿瘤产生耐药性并引起复发。近年来，一些不依赖 P - 糖蛋白输出细胞的药物在一定程度上解决了这一问题，包括异环磷酰胺、甲氨蝶呤等，尤其是以左旋门冬酰胺酶（L - ASP）为基础的化疗方案使该病的疗效有了明显提高。有研究表明，对于早期 ENKL 患者，GELOX 方案（吉西他滨、奥沙利铂、左旋门冬酰胺酶）联合放疗一线治疗的效果优于 EPOCH 或 CHOP 方案联合放疗。另外，有研究指出，培门冬酶对 ENKL 的疗效与 L - ASP 相当，但过敏反应的发生率更低，但也有报道称其有发生致死性胰腺炎的危险。中山大学肿瘤防治中心的回顾性研究显示，P - Gemox 方案（培门冬酶、吉西他滨、奥沙利铂）简便而高效，早期 ENKL 患者使用该方案进行诱导性化疗，提高了之后广泛性受累野放疗的疗效，其 4 年 OS 达（90.7 ± 4.0）%，4 年 PFS 达（89.1 ± 4.2）%，且毒性较小，主要包括骨髓抑制和肝脏毒性等，目前尚未发现治疗相关性死亡的患者。也有报道 ESHAP(依托泊苷、地塞米松、大剂量阿糖胞苷、顺铂)联合放疗在治疗局限性 ENKL 中亦取得较好效果,但仍需进一步的比较性研究来确定其疗效是否存在优越性。在缺乏随机对照实验的情况下,该病的治疗方法仍在讨论中,目前应结合患者的具体病情、身体耐受程度、药物毒性等各方面提供最恰当的个体化治疗方案。

(2)中晚期 ENKL:对于中晚期 ENKL 或者复发难治性 ENKL,单纯放疗已经不能达到 CR,需要采用单纯化疗或放化疗联合治疗,虽然在这方面的研究有限,但化疗在中晚期或复发难治 ENKL 患者的治疗中有着不可替代的作用。目前,以 L-ASP 为基础的化疗方案是中晚期 ENKL 一线治疗的首选方案,也常用于治疗复发难治性 ENKL。其中 SMILE 方案(地塞米松、甲氨蝶呤、异环磷酰胺、左旋门冬酰胺酶、依托泊苷)和 Aspa Met Dex 方案(左旋门冬酰胺酶、甲氨蝶呤、地塞米松)能够获得较好的疗效,但药物的毒性较大。SMILE 方案常引起中性粒细胞减少,部分患者即使使用粒细胞刺激因子也未得到很好地改善,甚至可能发生严重的感染而死亡。Aspa Met Dex 方案除了有中性粒细胞减少、贫血等血液学毒性外,还对肝脏有损伤,虽然没有确切的比较性研究表明两种化疗方案的优劣,但 SMILE 方案在临床上得到了更为广泛的应用。中山大学肿瘤防治中心的研究表明,P-Gemox 方案对中晚期或复发难治性 ENTL 也有一定的疗效,辅以自体造血干细胞移植(ASCT)巩固治疗,提高了远期生存率。

(3)造血干细胞移植:近年来,应用造血干细胞移植治疗 ENKL 逐渐应用于临床,但仍处于探索阶段。由于该病较少发生骨髓侵犯,自体造血干细胞移植(Auto-HSCT)受到了较多的应用。晚期患者化疗后移植作为一种补救和巩固治疗也有了一定成效。异基因造血干细胞移植(Allo-HSCT)虽具有较强的移植物抗肿瘤效应,但移植风险较高。目前造血干细胞移植对 ENKL 患者的远期预后仍需进一步研究。

【预后】

　　ENKL 恶性程度高、侵袭性强，而且没有确切的最佳治疗方案，预后较差。影响预后的因素很多，其中较为确定的因素是临床分期和 B 症状。在非蒽环类抗生素的时代，有研究者提出了预后指数的概念，采用 PINK 的预后模型，分别从年龄是否 >60 岁、分期为Ⅰ～Ⅱ期或Ⅲ～Ⅳ期、是否鼻型 ENKL、是否累及远端淋巴结四个方面评分，有时也加上血浆 EBV – DNA 水平形成 PINK – E 模型，对患者的危险度进行区分，从而制定个体化的治疗方案。

七、霍奇金淋巴瘤预后因素

　　(1)霍奇金淋巴瘤(HL)预后：早期 HL 不良预后因素在不同研究组所得出的结论略有不同，其具体不良预后因素详见本章附录3。

　　(2)晚期 HL 不良预后因素：①白蛋白 <40 g/L；②血红蛋白 <105 g/L；③男性患者；④年龄 ≥45 岁；⑤Ⅳ期病变；⑥白细胞 ≥15×10^9/L；⑦淋巴细胞占白细胞比例 <8% 和(或)计数 <0.6 $\times 10^9$/L[17]。

　　早期 PET – CT 检查结果无论诊断时分期是属于早期或晚期 HL 患者，经化疗 2～3 周期后再进行 PET – CT 检查结果为阴性时，预后明显优于阳性患者[18-20]。

　　(3)弥漫大 B 细胞淋巴瘤(DLBCL)预后指标：国际预后指数(International Prognostic Index, IPI)是目前国际上常用的 DLBCL 预后判断系统。此系统依据 5 个独立的不良预后因素，即①年龄 >60 岁；②Ⅲ～Ⅳ期 HL；③结外累及部位数目 >1 个；④美国东部肿瘤协作组(Eastern cooperative Oncology Group, ECOG)体能状态评分 ≥2 分；⑤血清 LDH 水平 > 正常上限，每一个不良预后因素为 1 分。IPI 评分 0 ~ 1 分, 属于低危组; IPI 评分 2 分, 属于低中危组; IPI 评分 3 分, 属于高中危组; IPI 评分 4 ~ 5 分, 属于高危组[6]。

(4)滤泡性淋巴瘤(FL)预后指标: 其国际预后指数(IPI)分有滤泡性淋巴瘤国际预后指数 1(FLIPI1)和滤泡性淋巴瘤国际预后指数(FLIPI2)两个评分模型。分别包含 5 个独立的预后不良因素, 均将患者分为 3 个风险组, 0 ~ 1 分为低危组, 2 分为中危组, ≥3 分为高危组。FLIPI1 为应用利妥昔单抗治疗前, 经回顾性研究分析得出 5 个不良预后因素, 分别为: ①年龄 ≥60 岁; ②大于 4 个淋巴结区域受累; ③Ⅲ ~ Ⅳ期 FL; ④LDH 升高; ⑤血红蛋白 <120 g/L。低危、中危和高危组患者的 10 年生存率分别为 71%、51% 和 36%。FLIPI2 为应用利妥昔单抗治疗后, 经前瞻性研究分析得出 5 个不良预后因素, 分别为: ①年龄 ≥60 岁; ②淋巴结最长径 >6 cm; ③骨髓侵犯; ④β2 微球蛋白升高和血红蛋白 <120 g/L。低危、中危和高危患者的 5 年生存率分别为 98%、88% 和 77%, 5 年无进展生存率分别为 79%、51% 和 20%[40, 41]。

(5)套细胞淋巴瘤(MCL)的预后指标: 套细胞淋巴瘤国际预后指数(MIPI), 其评分包括年龄、ECOG 评分、LDH、白细胞值, 中位生存期。按 MIPI 评分为 0 ~ 3 分属未到达中位生存期, 4 ~ 5 分为 51 个月, 6 ~ 11 分为 29 个月[42]。

(6)外周 T 细胞淋巴瘤(非特指型)预后指标: 总体预后差于侵袭性 B 细胞淋巴瘤患者, 5 年生存率为 30% 左右。临床预后因素包括 IPI 和 PTCL NOS 预后指数(prognosticindex for PTCL NOS, PIT)。不良预后因素包括年龄 >60 岁、LDH 增高、ECOG 体能状态评分 ≥2 和骨髓受侵。5 年生存率: 按 PIT 评分为 0 分, 其 5 年生存率62.3%, 1 分者, 其 5 年生存率52.9%, 2 分者, 其 5 年生存率32.9%, 3 分或 4 分者, 其 5 年生存率18.3%[43]。

附录 1　2016 年 WHO 对淋巴瘤的分类

成熟 B 细胞肿瘤

慢性淋巴细胞白血病/小淋巴细胞淋巴瘤

单克隆性 B 细胞淋巴细胞增多症[※]

B 细胞幼淋巴细胞白血病

脾边缘带淋巴瘤

毛细胞白血病

脾 B 细胞淋巴瘤/白血病，不可归类

脾脏弥漫性红髓小 B 细胞淋巴瘤

毛细胞白血病变异型

淋巴浆细胞淋巴瘤

Waldenstr'm 巨球蛋白血症

意义未明的单克隆丙种球蛋白症（MGUS），IgM[※]

μ 重链病

γ 重链病

α 重链病

意义未明的单克隆丙种球蛋白病（MGUS），IgG 与 IgGA[※]

浆细胞骨髓瘤

孤立性骨浆细胞瘤

髓外浆细胞瘤

单克隆免疫球蛋白沉积病[※]

黏膜相关淋巴组织结外边缘区淋巴瘤（MALT 淋巴瘤）

淋巴结边缘区淋巴瘤

　小儿淋巴结边缘区淋巴瘤

滤泡淋巴瘤

　原位滤泡瘤[※]

十二指肠球部滤泡淋巴瘤[※]

小儿滤泡淋巴瘤[※]

伴 IRF4 重排大 B 细胞淋巴瘤[※]

原发性皮肤滤泡中心淋巴瘤

套细胞淋巴瘤

　　原位套细胞瘤[※]

弥漫性大 B 细胞淋巴瘤（DLBCL），NOS

生发中心 B 细胞型[※]

　　活化 B 细胞型[※]

富于 T 细胞/组织细胞的大 B 细胞淋巴瘤

原发性中枢神经系统（CNS）DLBCL

原发性皮肤 DLBCL，腿型

EBV + DLBCL，NOS[※]

EBV + 黏膜皮肤溃疡[※]

DLBCL 相关慢性炎症

淋巴瘤样肉芽肿病

原发性纵隔（胸腺）大 B 细胞淋巴瘤

血管内大 B 细胞淋巴瘤

ALK + 大 B 细胞淋巴瘤

浆母细胞性淋巴瘤

原发性渗出性淋巴瘤

HHV8 + DLBCL，NOS[※]

伯基特淋巴瘤

伴 11q 异常的伯基特样淋巴瘤[※]

伴 MYC、BCL 和/或 BCL6 重排的高级别 B 细胞淋巴瘤[※]

高级别 B 细胞淋巴瘤，NOS[※]

B 细胞淋巴瘤，不可归类，其特征介于 DLBCL 和经典型霍奇
金淋巴瘤之间

成熟 T 和 NK 细胞瘤

T 细胞型造血干细胞白血病

T 细胞型大颗粒淋巴细胞白血病

慢性 NK 细胞淋巴增殖性疾病

侵袭性 NK 细胞白血病

儿童系统性 EBV + T 细胞淋巴瘤※

种痘样水疱病样淋巴组织增生性疾病※

成人 T 细胞淋巴瘤/白血病

髓外 NK－/T 细胞淋巴瘤，鼻型

肠病相关 T 细胞淋巴瘤

单形性向表皮肠道 T 细胞淋巴瘤※

胃肠道惰性 T 细胞淋巴组织增生性疾病※

肝脾 T 细胞淋巴瘤

皮下脂膜炎样 T 细胞淋巴瘤

蕈样肉芽肿

Sézary 综合征

原发性皮肤 CD30 + T 细胞淋巴组织增生性疾病

　　淋巴瘤样丘疹病

　　　原发性皮肤间变性大 B 细胞淋巴瘤

原发性皮肤 γδ T 细胞淋巴瘤

原发性皮肤侵袭性亲表皮 CD8 阳性细胞毒性 T 细胞淋巴瘤※

原发性皮肤肢端 CD8 + T 细胞淋巴瘤※

原发性皮肤 CD4 + 小/中型 T 细胞淋巴组织增生性疾病※

外周 T 细胞淋巴瘤，NOS

血管免疫母细胞性 T 细胞淋巴瘤

滤泡 T 细胞淋巴瘤※

结内外周 T 细胞淋巴瘤，呈 TFH 表型※

间变性大细胞淋巴瘤，ALK +

间变性大细胞淋巴瘤，ALK[※]

乳房植入物相关的 - 间变性大细胞淋巴瘤[※]

霍奇金淋巴瘤

结节性淋巴细胞为主型霍奇金淋巴瘤

经典型霍奇金淋巴瘤

　　结节性硬化型经典霍奇金淋巴瘤

　　淋巴细胞丰富型经典霍奇金淋巴瘤

　　混合细胞型经典霍奇金淋巴瘤

　　淋巴细胞耗竭型经典霍奇金淋巴瘤

移植后淋巴增殖性疾病（PTLD）

浆细胞增生型 PTLD

传染性单核细胞增多型 PTLD

旺炽型滤泡增生型 PTLD[※]

多形型 PTLD

单一型 PTLD（B 细胞型和 T -/NK 细胞型）

经典型霍奇金淋巴瘤 PTLD

组织细胞及树突状细胞肿瘤

组织细胞肉瘤

朗格罕细胞组织细胞增生症

朗格罕细胞组织细胞肉瘤

未明确的树突状细胞肿瘤

未明确的树突状细胞肉瘤

滤泡树突状细胞肉瘤

滤泡树突状细胞肿瘤

播散性幼年性黄色肉芽肿

Erdheim-Chester 病[※]

※：与 2008 WHO 分类的不同之处，红体为临时分类

附录 2　Ann Arbor 分期

Ⅰ期：单个区域淋巴结受侵（Ⅰ期）；或一个淋巴结外器官受侵（IE 期）

Ⅱ期：横膈一侧两个或两个以上淋巴结区域受侵（Ⅱ期）；或者一个淋巴结外器官受侵合并横膈同侧区域淋巴结受侵（ⅡE期）。

Ⅲ期：横膈两侧的淋巴结区域受侵（Ⅲ期）；合并局部结外器官受侵（ⅢE 期）；或合并脾受侵（ⅢS 期）；或结外器官和脾同时受侵（ⅢS 期 + E 期）

Ⅳ期：一个或多个结外器官（如骨髓、肝和肺等）广泛受侵，伴有或不伴有淋巴结肿大。另外，各期患者还可以按症状分为 A、B 两类。

注：A 代表无症状；B 是指出现 6 个月内不明原因的体重下降 >10% ，原因不明的发热（38 度以上）和盗汗。

附录 3　早期霍奇金淋巴瘤的预后不良因素

NCCN 认为：血沉 >50 mm/h 或伴 B 症状；肿块最大径或胸腔最大径 >0.33 cm，或直径 >10 cm；受累淋巴结区 >3 个为早期霍奇金淋巴瘤的预后不良因素。

GHSG 认为：血沉 >50 mm/h 无 B 症状；血沉 >30 mm/h 伴 B 症状；肿块最大径或胸腔最大径 >0.33 cm；受累淋巴结区 >2 个；有结外病变者为早期霍奇金淋巴瘤的预后不良因素。

EORTC 认为：年龄 ≥50 岁；血沉 >50 mm/h 无 B 症状；血沉 >30 mm/h 伴 B 症状；肿块最大径或胸腔第 5 胸椎至第 6 胸椎段

水平横径 >0. 35 cm；受累淋巴结区 >3 个者为早期霍奇金淋巴瘤的预后不良因素。

　　NCIC 认为：年龄 ≥40 岁；混合细胞型或淋巴细胞消减型；血沉 >50 mm/h 或伴 B 症状；肿块最大径或胸腔最大径 >0. 33 cm 或直径 >10 cm；受累淋巴结区 >3 个为早期霍奇金淋巴瘤的预后不良因素。

　　注：NCCN：美国国立综合癌症网络；GHSG：德国 HL 研究组；EORTC：欧洲癌症研究与治疗组织；NCIC：加拿大国家癌症研究所

（易平勇　周辉）

参考文献

［1］赫捷，陈万青. 2012 年中国肿瘤登记年报. 北京：军事医学出版社，2012，28 – 30.

［2］Chen W，Zheng R，Baade PD，et al. Cancer statistics in China 2015，CA Cancer J Clin，2016【Epub ahead of print 】.

［3］石远凯，孙燕，刘彤华，等. 中国恶性淋巴瘤诊疗规范（2015 年版）. 中华肿瘤杂志，2015，（2）：148 – 158.

［4］Rai KR，Sawitsky A，Cronkite EP，et al. Clinical staging of chronic lymphocytic leukemia. Blood，1975，46（2）：219 – 234.

［5］Cheson BD，Fisher RI，Barrington SF，et al. Recommendations for Initial Evaluation，Staging，and Response Assessment of Hodgkin and Non-Hodgkin Lymphoma：The Lugano Classification. J Clin Oncol，2014，32（27）：3059 – 3068.

［6］Siegel RL，Miller KD，Jemal A. Cancer statistics，2015，CA Cancer J Clin，2015，65（1）：5 – 29.

［7］李小秋，李甘地，高子芬，等. 中国淋巴瘤亚型分布：国内多中心性病例 10 002 例. 诊断学理论与实践，2012，11（2）：111 – 115.

［8］Sahattini E，Bacci F，Sagramoso，et al. WHO classification of tumours of haematopoietic anti lymphcricl tissues in 2008：an overview. Pathologica，2010，102（3）：83 – 87.

［9］Feugier P，Labouyrie E，Djeridane M，et al. Comparison of initial characteristics and tong-termoutcome of patients with lymphocyte-predominant Hodgkin lymphoma and classical Hodgkin lymphoma at clinical stages I A and IIA prospectively treated by brief anthracycline-based chemotherapies plus extended high-dose irradiation. Blood，2004，104（9）：2675 – 2681.

［10］Engert A，Franklin J，Eich HT，et al. Two cycles of doxorubicin，bleomycin，vinblastine，and dacarbazine plus extended-field radiotherapy is superior to radiotherapy alone in early favorable Hodgkin's lymphoma：

final results of the GHSG HD7 trial. J Clin Oncol, 2007, 25 (23): 3495 – 3502.

[11] Advani RH, Horning SJ, Hoppe RT, et al. Mature Results of a Phase II Study of Rituximab Therapy for Nodular Lymphocyte-Predominant Hodgkin Lymphoma. J Clin Oncol, 2014, 32(9): 912 – 918.

[12] Hay AE, Klimm B, Chen BE, et al. An individual patient-data comparison of combined modality therapy and ABVD alone for patients with limited-stage Hodgkin lymphoma. Ann Oncol, 2013, 24 (12): 3065 – 3069.

[13] Eich HT, Diehl V Gorgen H, et al. Intensified chemotherapy and dose-reduced involved-field radiotherapy in patients with early unfavorable hodgkin's lymphoma: final analysis of the Germarn I-lodgkin Study Group HD11 trial. J Clin Oncol, 2010, 28 (27): 4199 – 4206.

[14] Horning SJ, Hoppe RT, Breslin S, et al. Stanford V and radiotherapy for locally extensive and advanced Hodgkin's disease: mature results of a prospective clinical trial. J Clin Oncol, 2002, 20(3): 630 – 637.

[15] Gordon LI, Hong F, Fisher RI, et al. Randomized Phase III Trial of ABVD Versus Stanford V With or Without Radiation Therapy in Locally Extensive and Advanced-Stage Hodgkin Lymphoma: An Intergroup Study Coordinated by the Eastern Cooperative Oncology Group(E2496). J Clin Oncol, 2013, 31(6): 684 – 691.

[16] Proctor SJ, Mackie M, Dawson A, et al. A population-based study of intensive mufti-agent chemotherapy with or without autotransplant for the highest risk Hodgkin's disease patients identified by theScotland and Newcastle Lymphoma Group (SNLG) prognostic index. A Scotland and Newcastle Lymphoma Group study(SNLG HD III). Eur J Cancer, 2002, 38 (6): 795 – 806.

[17] Hasenclever D, Diehl V. A prognostic score for advanced Hodgkin's disease. International Project on Advanced Hodgkin's Disease. N Engl J Med, 1998, 339 (21): 1506 – 1514.

[18] Zinzani PL, Rigacci L, Stefoni V, et al. Early interim 18F – FDC PET in Hodgkin's lymphoma: evaluation on 304 patients. Eur J Nucl Med Mol

Imaging, 2012, 39(1): 4 - 12.

[19] Markova J, Kobe C, Skopalova M, et al. FDG - PET for assessment of early treatment response after four cycles of chemotherapy in patients with advanced-stage Hodgkin's lymphoma has a high negative Predictive value. Ann Oncol, 2009, 20 (7): 1270 - 1274.

[20] Juliano J. Cerci 1, Linardi C, et al. 18F - FDG PET After 2 Cycles of ABVD. Predicts Event-Fre Survival in Early and Advanced Hodgkin Lymphoma. J Nucl Med, 2010, 51(19): 1337 - 1343.

[21] 石远凯, 杨晨. 弥漫大 B 细胞淋巴瘤///石远凯. 淋巴瘤. 北京: 北京大学医学出版社.

[22] Hans CP, Weisenburger DD, Greiner TC, et al. Confirmation of the molecular classification of diffuse large B-cell lymphoma by immunohistochemistry 2004, 103 (I): 275 - 282. using a tissue microarray. Blood, 2004, 103(1): 275 - 282.

[23] Choi WW, Weisenburger DD, Greiner TC, et al. A new immunostain algorithm classifies diffuse large B-cell lymphoma into molecular subtypes with high accuracy. Clin Cancer Res, 2009, 15 (17): 5494 - 5502.

[24] 周萍, 石远凯, 刘平. 双重打击淋巴瘤研究进展. 中华医学杂志, 2014, 8 (94): 633 - 634.

[25] Snuderl M, Kolman OK, Chen YB, et al. B-cell lymphoma with concurrent IGH - BCL2 and MYC rearrangements are aggressive neoplasms with clinical and pathologic Burkitt lymphoma and diffuse large B-cell lymphoma. Am J Surg Path of features distinct from Burkitt lymphoma and diffuse large B-cell lymphoma. Am J Surg Pathol, 2010, 34 (3): 327 - 340.

[26] A predictive model for aggressive non-Hodgkin's lymphoma. The International Non-Hodgkin's Lymphoma Prognostic Factors Project. N Engl J Med, 1993, 329(14): 987 - 994.

[27] Katz L H, Fraser A, Gafter-Gvili A, et al. Lamivudine prevents reactivation of hepatitis B and reduces mortality in immunosuppressed patients: Systematic review and meta-analysis. Journal of Viral Hepatitis, 2008, 15

(2): 89 – 102.

[28] Martyak L A, Taqavi E, Saab S. Lamivudine prophylaxis is effective in reducing hepatitis B reactivation and reactivation-related mortality in chemotherapy patients: a meta-analysis. Liver International Official Journal of the International Association for the Study of the Liver, 2008, 28(1): 28 – 38.

[29] Liaw YF, Kao JH, Piratvisuth T, et al. Asian-Pacific consensus statement on the management of chronic hepatitis B: A 2012 update. Hepatology International, 2012, 6 (3): 809 – 810.

[30] Coiffier B, Lepage E, Briere J, et al. CHOP chemotherapy plus rituximab compared with CHOP alone in elderly patients with diffuse large-B-cell lymphoma. N Engl J Med, 2002, 346 (4): 235 – 242.

[31] Pfreundschuh M, Trumper L, Osterborg A, et al. CHOP-like chemotherapy plus rituximab versus CHOP-like chemotherapy alone in young patients with good-prognosis diffuse large-B-cell lymphoma: a randomised controlled trial by the MabThera International Trial (MInT) Group. Lancet Oncol, 2006, 7 (5): 379 – 391.

[32] Miller TP, Dahlherg S, Cassady JR, et al. Chemotherapy alone compared with chemotherapy plus radiotherapy for localized intermediate- and high-grade non-Hodgkin's lymphoma. N Engl J Med, 1998, 339(1): 21 – 26.

[33] Persky DO, Unger JM, Spier CM, et al. Phase II study of rituximab plus three cycles of CHOP and involved-field radiotherapy for patients with limited-stage aggressive B-cell lymphoma Southwest Oncology Group study 0014. J Clin Oncol, 2008, 26 (14): 2258 – 2263.

[34] Velasquez WS, Mclaughlin P, TuckerS, et al. ESHAP—an effective chemotherapy regimen in Refractory and relapsing lymphoma: a 4 – year follow-up study. J ClinOncol, 1994, 12 (6): 1169 – 1176.

[35] Acaballero M. R— ESHAP as salvage therapy for patients with relapsed or refractory diffuse large B-cell lymphoma: influence of prior autologous stem-cell transplantation on outcome Haematologica, 2009, 94 (5): 744.

[36] Gopal AK, Press OW, Shustov AR, et al. Efficacy and safety of

gemcitabine, carhoplatin. dexamethasone, and rituximab in patients with relapsed/refractory lymphoma: a prospectus mufti-center phase II study by the Puget Sound Oncology Consortium. Leukemia&Lymphoma. 2010, 51 (8): 1523 - 1529.

[37] Andres L, Antonio G, Andres P, et al. GEMOX - R regimen is a highly effective salvage regimen in patients with refractory/relapsing diffuse large-cell lymphoma: a phase II study. Eur J-Haematol, 2008, 80 (2): 127 - 132.

[38] Tarun K, Zelenetz AD, Nimer SD, et al. Rituximab and ICE as second-line therapy before autologous stem cell transplantation for relapsed or primary refractory diffuse large B-cell lymphoma. Blood, 2004, 103(10): 3684 - 3688.

[39] Gisselhrecht C, Glass BN, Singh G D, et al. Salvage regimens with aut] logous transplantation for relapsed large B-cell lymphoma in the rituximab era. J Clin Oncol, 2010, 28 (27): 4184 - 4190.

[40] Solal-Celigny P. Follicular lymphoma international prognostic index. Current Treatment Options in Oncology, 2006, 7(4): 270 - 275.

[41] Massimo F, Monica B, Luigi M, et al. Follicular lymphoma international prognostic index2: a new prognostic index for follicular lymphoma developed by the international follicular lymphoma prognostic factor project. J Clin Oncol. 2009, 27(27): 4555 - 4562.

[42] Vose JM. Mantle cell lymphoma: 2015 update on diagnosis, risk-stratification, and clinical management. Am J Hematol, 2015, 90 (8): 739 - 745.

[43] Gallamini A, Stelitano C, Calvi R, et al. Peripheral T-cell lymphoma unspecified (PTCL-U): a new prognostic model from a retrospective multicentric clinical study. Blood, 2004, 103(7): 2474 - 2479.

第八章　经典型骨肉瘤诊疗指南
与专家共识解读

　　骨肉瘤（osteosarcoma）又称成骨肉瘤，是一种原发于髓腔的高级别恶性肿瘤，是最常见的原发恶性骨肿瘤，约占所有原发恶性骨肿瘤的20%。骨肉瘤分为很多亚型，其中经典型约占80%。骨肉瘤发病率较低、重视程度不够、综合治疗意识不强、诊疗不规范等因素导致了我国对骨肉瘤的诊疗水平远低于国际水平[1]。为了提高我国经典型骨肉瘤的诊断与治疗水平，制定一个符合我国国情、能在全国范围内实施的规范化诊治共识，中国临床肿瘤学会（CSCO）骨肉瘤专家委员会和中国抗癌协会肉瘤专业委员会在2012年组织了骨肉瘤诊治领域的相关专家，以循证医学证据为基础，综合分析并评价了国内外相关文献资料，最终形成了《经典型骨肉瘤临床诊疗专家共识》（以下简称专家共识）[2]，本章主要是对专家共识涉及的各相关内容，并综合补充了2014年和2016年美国国立综合癌症网络（NCCN）关于《骨肿瘤NCCN指南》（以下简称指南）更新的内容进行解读和分析。

一、流行病学

【专家共识要点】

　　（1）经典型骨肉瘤占所有骨肉瘤的80%，主要发生于儿童和青少年，中位发病年龄为20岁。

　　（2）常见发病部位是股骨远端和胫骨近端，首发症状常为下肢疼痛及肿胀，有10%～20%的患者在诊断时即为转移性骨肉瘤[3]。最常见的转移方式是通过血行转移至肺脏。

【专家共识解读】

骨肉瘤是最常见的骨原发恶性肿瘤，年发病率为 2 ~ 3/100 万人，发病总数占人类恶性肿瘤的 0.2%，占原发骨肿瘤的 11.7%[4,5]。骨肉瘤好发于青少年，大约75%的患者发病年龄在 15 ~ 25 岁，中位发病年龄为 20 岁，小于 6 岁或者大于 60 岁发病相对罕见，好发于青少年，最常见于 10 ~ 20 岁，约 30% 发生于 40 岁以上患者。本病男性多于女性，比例约为 1.4∶1，这种差异在 20 岁前尤为明显。有80% ~ 90% 的骨肉瘤发生在长管状骨，最常见的发病部位是股骨远端和胫骨近端，其次是肱骨近端，这 3 个部位大约占到所有肢体骨肉瘤的 85%[6]。骨肉瘤主要发生部位是干骺端，发生于骺端和骨干的病例相对罕见。

临床表现为疼痛、肢体肿胀、功能障碍，同时具有影像学相应表现。最常见的转移方式是血行转移，多转移至肺部。多数骨肉瘤患者的首发症状常为肢体疼痛和肿胀，前者发生要早于后者，大约 90% 的患者在影像学上有软组织肿块，但不是都表现为局部肿胀。肺转移是最常见的转移部位[7]。历史上，截肢是治疗骨肉瘤的标准方法，仅10% ~ 20% 的患者能够长期存活，即便存活，截肢治疗也给患者带来严重的肢体功能障碍。随着现代影像学技术的不断进步和外科技术的不断提高，尤其是化疗的广泛应用，骨肉瘤的综合治疗水平得到大幅度提高，骨肉瘤的保肢治疗成为趋势，5 年生存率可提高至 50% ~ 75%[8]。

二、预后

【专家共识要点】

（1）影响预后的主要因素：①肿瘤的部位；②肿瘤是否存在转移及转移部位；③肿瘤对化疗的组织学反应。

（2）应用多药联合进行新辅助化疗及辅助化疗，75% 患者可能治愈,90%患者接受了保肢治疗,初诊时即发现有肺转移的患者也可能治愈。

【专家共识解读】

目前,影响骨肉瘤预后的主要因素有肿瘤部位、肿瘤是否存在转移及转移部位、肿瘤对化疗的组织学反应等[9, 10, 11]。大约30%的无远处转移患者(Ⅱ期)和80%的有远处转移患者(Ⅲ期)最终会发生疾病的进展。这些患者的预后影响因素包括肿瘤转移灶是否为单发、肿瘤进展距诊断的时间、初次进展时病灶能否被完整切除。不能接受手术,反复发生进展通常预后不好[12, 13],对于诊断时未发生肺转移的病例,发生肺转移的时间间隔越长,通常预后越好。发生于脊柱、骨盆等中轴骨部位的骨肉瘤预后明显差于肢体骨肉瘤,发生肺转移或其他部位转移的患者预后差,肿瘤坏死率评估结果为对化疗反应差的患者预后差[14, 15]。既往骨肉瘤患者的预后极差,80%患者因转移死亡。随着采用化疗手段,包括多种药物新辅助化疗及辅助化疗,75%的患者可获得长期生存,90%的患者可以进行保肢治疗。尽管化疗显著改善了非转移性高恶性骨肉瘤的预后,但诊断时即发生转移的骨肉瘤的预后仍然比较低[16]。其独立预后因素包括转移灶的数量和所有临床可发现病灶的完整切除[17]。单肺转移和转移的结节数量比较少的患者化疗后预后较好[18]。据文献报道,只有1个或2个转移灶的患者2年无病生存率为78%,而3个或者更多转移灶患者的2年无病生存率仅为28%[19]。

骨肉瘤的病因和发病机制仍不明确[20]。病毒是可能的致病因素,原因在于动物实验研究证明病毒可诱发骨肉瘤。也有文献报道,环境中电离辐射可诱发骨肉瘤。尽管骨肉瘤患者常有创伤史,但创伤事件与骨肉瘤的发生之间是否存在因果关系还不确定。放射治疗是继发骨肉瘤较公认的危险因素[21, 22]。

三、强调多学科协作诊治骨肉瘤

【专家共识要点】

（1）专家共识推荐骨肉瘤多学科协作诊治的核心学科为骨肿瘤外科、骨病理科、肿瘤内科、放疗科和骨影像科。

（2）可能需要的相关学科为胸外科、整形外科、介入科、血管科及心理学科。

【专家共识解读】

肿瘤的诊断与治疗是一个多学科的问题，需要多学科协作，骨肉瘤也不例外。目前骨肉瘤的诊断是临床、影像、病理三者相结合，其后续治疗也涉及多个学科，因此多学科协作在骨肉瘤诊治中起重要作用。专家共识推荐骨肉瘤多学科协作诊治的核心学科为骨肿瘤外科、骨病理科、肿瘤内科、放疗科和影像科，可能需要的学科为胸外科、整形外科、介入科、血管科及心理科[23]。骨肿瘤外科、骨病理科、肿瘤内科、影像科和放疗科医师是骨肉瘤多学科协作团队的核心成员，是骨肉瘤治疗队伍中不可缺少的一部分，他们与骨肉瘤患者的接触最早、最密切、最频繁，在骨肉瘤患者的诊断和治疗中扮演着非常重要的角色。骨肿瘤外科、骨影像科和病理科三者相结合才能正确诊断骨肉瘤[24]。骨肿瘤外科、肿瘤内科、放疗科分别代表了肿瘤治疗的 3 种主要方法，即外科手术、内科化疗和放射治疗。手术是骨肉瘤患者最主要的治疗方法，而化疗是骨肉瘤的重要辅助治疗手段，在骨肉瘤的综合治疗中占有重要的地位。

目前，骨肉瘤化疗的主要作用是提高保肢率和长期生存率，对于转移的晚期骨肉瘤患者，化疗是最主要的治疗方法。骨肉瘤是一种对放疗不敏感的肿瘤，在大剂量放疗后大多数患者仍有明显的肿瘤残存，局部控制率低，因此不能用单纯放疗来治愈骨肉瘤。放疗的作用主要是辅助性治疗或姑息治疗，对于不能手术切除的病变或拒绝截肢的患者，局部放疗有一定的作用。骨肉瘤肺转移是制约骨肉瘤患者 5 年生存率的瓶颈之一[25]。对于发生肺转移的患者，肺转移灶应以手术切除为主，联合化疗、放疗可以使患者的生存期延长，少部分患者甚至获得长期生存，这在国内外已经基本达成共识[26]。骨肉瘤患者出现肺转移，如果病灶可以切除且患者的身体情况和肺功能能够耐受切除手术时，进行手术切除受累的肺组织是可以选择的治疗方式[27]。骨肉瘤的治疗是一个综合过程，除常规治疗外，部分骨肉瘤患者的外科治疗需要进行皮瓣、肌瓣移植，此时需要整形外科医师的参与。在骨肉瘤化疗中，部分药物可以通过动脉灌注的形式给药，也可能需要栓塞治疗或血管造影，因此就需要介入科医师参与；当骨肉瘤侵及重要血管时，为有效实施保肢治疗，也需要血管科医师辅助进行血管移植术；对于骨肉瘤患者，尤其是青少年患者，在治疗过程中可能需经历截肢、化疗反应、手术打击等重大事件，心理科医师能够准确评估患者的心理状态，并提供适宜的心理干预，帮助他们建立治疗肿瘤的信心。

四、骨肉瘤的诊断

【专家共识要点】

（1）具有恶性征象的经典型骨肉瘤患者应转诊至专科医院或综合医院的专科进行诊治。

（2）所有疑似经典型骨肉瘤的患者活检后应进行分期，需完成以下检查：①胸部 CT 和骨扫描；②局部影像学检查（X 线或 MRI）；③血常规、乳酸脱氢酶和碱性磷酸酶；④病理组织学检查。

（3）Enneking 提出的外科分期系统（GTM）是使用最为广泛的分期系统，此分期系统与肿瘤预后有很好的相关性（表 10 - 1）。

表 10 - 1　Enneking 外科分期

分期	分级	部位	转移
ⅠA	G1	T1	M0
ⅠB	G1	T2	M0
ⅡA	G2	T1	M0
ⅡB	G2	T2	M0
ⅢA	G1 - 2	T1	M1
ⅢB	G1 - 2	T2	M1

【专家共识解读】　40 岁以下患者出现肢体进行性的疼痛及骨病变,X 线平片上显示骨破坏、病灶边缘不清,提示恶性原发性骨肿瘤的可能性很大,应转到专业的骨肿瘤中心进一步诊断。40 岁以上患者,即使既往有恶性肿瘤病史也不能排除原发骨肉瘤的可能,同样应转诊到专业的骨肿瘤诊治中心就诊[28]。所有疑似骨肉瘤患者的标准诊断步骤应包括体检,原发病灶影像学检查(X 线平片、局部 MRI 和(或)增强 CT 扫描),骨扫描,胸部影像学检查(胸部 CT 是发现肺转移首选的影像学检查手段)。实验室检查(血常规、乳酸脱氢酶、碱性磷酸酶);然后进行活检获得组织学诊断;最后完成骨肉瘤分期诊断。有条件者可考虑应用PET - CT 对肿瘤进行辅助分期及疗效评估[29, 30]。

1. 临床表现

骨肉瘤的病史常为数个月,局部疼痛为早期症状,可发生在肿块出现以前,起初为间断性疼痛,渐转为持续性剧烈疼痛,尤以夜间为甚。骨端近关节处肿大,硬度不一,有压痛,局部温度高,静脉扩张,有时可触及搏动,可有病理骨折[31]。

2. 影像学表现

骨肉瘤的 X 线表现为骨皮质破坏和不规则新生骨。在长管状骨，多发生于干骺端。CT可显示骨破坏状况和肿瘤内部矿化程度，强化后可显示肿瘤的血运状况、肿瘤与血管的关系以及在骨与软组织中的范围。MRI对软组织显示清楚，对制订术前计划非常有用，可显示肿瘤在软组织内侵及范围、骨髓腔内侵及范围，发现跳跃病灶。CT或MRI确定的肿瘤范围的精确性已被手术切除标本所证实，因此CT或MRI是骨肉瘤影像学检查的必要手段。CT可以较好地显示皮质破坏的界限以及三维解剖情况[32]。与CT相比，MRI在显示肿瘤软组织侵犯方面更具优势，能精确显示肿瘤与邻近肌肉、皮下脂肪、关节以及主要神经血管束的关系。另外，MRI可以很好地显示病变远近端的髓腔情况，以及发现有无跳跃转移[33]。在某些情况下，也可以选择数字减影血管造影（DSA）检查明确血管与肿瘤的关系。

3. 实验室检查

实验室检查如乳酸脱氢酶、碱性磷酸酶与骨肉瘤诊断及预后相关，应在患者接受新辅助化疗前进行，在化疗的过程中须监测血常规及肝肾功能。需要注意的是，这些实验室检查在治疗和随访期间应定期复查[34]。

4. 病理学检查

所获取的局部病灶组织学表现符合骨肉瘤所描述的定义，即原发于髓腔内的高度恶性肿瘤，肿瘤细胞可产生骨样组织。该定义说明两个问题：其一，肿瘤起源于髓腔，并且是高度恶性肿瘤；其二，肿瘤细胞能够产生骨样组织，不计量的多少[35]。当病变的临床表现和影像学表现都提示为比较典型的骨肉瘤时，常用穿刺活检确诊[36]。外科治疗前须行活检术，一般来说，没有遵循适当的活检程序可能导致不良的治疗结局。活检位置选择对以后的保肢手术非常重要，穿刺点必须位于最终手术的切口线部位，以便最终手术时能够切除穿刺道，因此建议在拟行外科治疗的医院由最终手术医师或其助手进行活检术。活检时注意避免骨折，推荐进行带芯针吸活检,穿刺活检失败后可行切开活检。尽量避免切除活检,不推荐冷冻活检。细针活检(fine needle biopsy)在某些骨肿瘤中心也作为常规的活检诊断方法,但需要有经验的病理科医师配合。活检应尽量获得较多的病变组织,以便病理科进行常规的病理检查,还可以对新鲜标本进行分子生物学分析[37]。

5.骨肉瘤的分期

目前临床上使用最为广泛的分期系统是 Enneking 提出的外科分期系统[38],此分期系统与肿瘤预后有很好的相关性,被美国骨骼肌肉系统肿瘤协会(Musculoskeletal Tumor Society,MSTS)及国际保肢协会采纳,又称 MSTS 外科分期。此系统根据肿瘤的组织学级别(低度恶性:Ⅰ期;高度恶性:Ⅱ期)和局部累及范围(A:间室内;B:间室外)对局限性恶性骨肿瘤进行分期,肿瘤的间室状态取决于肿瘤是否突破骨皮质;出现远隔转移(M1)的患者为Ⅲ期(表 10 - 1)。临床上肿瘤内科医生更为熟悉的分期系统是 2010 年美国癌症联合委员会提出的 TNM 分期系统[39](表 10 - 2)。该系统按照肿瘤大小(T)、累及区域(N)、远处转移(M)和病理学分级(G)进行分类。

表 10 - 2　美国癌症联合委员会(AJCC)骨肉瘤 TNM 分期系统(第 7 版)

原发肿瘤(T)	
Tx	原发肿瘤无法评估
T0	无原发肿瘤证据
T1	肿瘤最大径小于或等于 8 cm
T2	肿瘤最大径大于 8 cm
T3	原发部位的不连续肿瘤

续表 10 - 2

区域淋巴结(N)	
Nx	区域淋巴结不能评价
N0	无区域淋巴结转移
N1	区域淋巴结转移

远处转移(M)	
M0	无远处转移
M1	远处转移
M1a	肺转移
M1b	其他远处转移

病理学分级(G)	
Gx	不能估价病理学分级
G1	高分化
G2	中度分化
G3	低分化
G4	未分化

分期	
ⅠA 期	Gx, G1, 2, T1, N0, M0
ⅠB 期	Gx, G1, 2, T2, N0, M0
	Gx, G1, 2, T2, N0, M0
ⅡA 期	G3, 4, T1, N0, M0
ⅡB 期	G3, 4, T2, N0, M0
Ⅲ 期	G3, 4, T3, N0, M0
ⅣA 期	任何 G, 任何 T, N0, M1a
ⅣB 期	任何 G, 任何 T, N1, 任何 M
	任何 G, 任何 T, 任何 N, M1b

五、治疗与随访

【专家共识要点】 推荐术前化疗、疗效评估、外科手术和术后辅助化疗模式，由多学科医师共同治疗。治疗原则：①新辅助化疗对局限性病变有效；②不能耐受高强度化疗的骨肉瘤患者，建议即刻手术；③手术外科边界应较广泛（截肢或保肢）；④术后化疗可明显提高患者生存率；⑤广泛切除术术后病理证实术前化疗反应疗效好者，术后应继续术前化疗方案；⑥广泛切除术术后病理证实术前化疗反应疗效不好者，术后应改变化疗方案；⑦术前化疗后仍不能切除的肿瘤，可行放疗；⑧肺转移者经与胸外科医师分析讨论后认为可以完全切除者，预后接近未转移患者。

1. 术前化疗

（1）常用药物：常采用大剂量甲氨蝶呤（HD – MTX – CF）、异环磷酰胺（IFO）、阿霉素（ADM）和顺铂（DDP）等。

（2）给药方式：①序贯用药或联合用药；②选用两种以上药物；③动脉或静脉给药（MTX、IFO 不适合动脉给药）。

（3）药物强度：需维持总的药物剂量强度（推荐剂量），甲氨蝶呤 $8 \sim 10 \ g/m^2$/周期，异环磷酰胺 $15 \ g/m^2$/周期，阿霉素 $90 \ mg/m^2$/周期，顺铂 $80 \sim 120 \ mg/m^2$/周期，保证化疗剂量强度，同时积极防治药物毒性。

（4）疗效评估：采用 RECIST 1.1 版标准评价对术前化疗反应，评估应全面参考临床表现和影像学检查变化。临床表现变化：①症状变化；②肢体周径差变化。影像学检查变化：①X 线片上的影像变化：肿瘤的表现及累及范围变化；②CT 影像片变化：骨破坏程度变化；③MRI 影像变化：肿瘤局部累及范围、卫星灶、跳跃转移变化；④骨扫描：范围及浓集度变化。症状减轻、界限清晰、骨化完全、肿块缩小及核素浓集减低是术前化疗效果反应好的表现。

2. 外科手术

(1) 手术原则：①应达到广泛或根治性外科边界切除；②对于个别病例，截肢更能达到肿瘤局部控制的作用；③如能预测术后功能良好，应行保肢术；④化疗反应好是保肢治疗的前提；⑤无论是截肢还是保肢，术后都应进行康复训练。

(2) 保肢适应证：①ⅡA期肿瘤；②化疗有效的ⅡB期肿瘤；③重要血管神经束末受累；④软组织覆盖完好；⑤预计保留肢体功能优于义肢的远隔转移不是保肢的绝对禁忌证。

(3) 截肢适应证：①患者要求截肢；②化疗无效的ⅡB期肿瘤；③重要血管神经束受累；④缺乏保肢后骨或软组织重建条件；⑤预计义肢功能优于保肢。Ⅲ期患者不是截肢手术的禁忌证。

(4) 重建方法：重建包括骨重建和软组织重建，骨重建是为了重建支撑及关节功能，包括生物重建和非生物重建。软组织重建可提供动力，也可以为局部提供良好覆盖。

(5) 术后外科边界和肿瘤坏死率的评价：①标本外科边界：标本各方向均达到广泛以上的外科边界；②肿瘤坏死率评估（Huvos方法）：Ⅰ级：几乎未见化疗所致的肿瘤坏死；Ⅱ级：化疗轻度有效，肿瘤组织坏死率 >50%，尚存有活的肿瘤组织；Ⅲ级：化疗部分有效，肿瘤组织坏死率 >90%，部分组织切片上可见残留的存活的肿瘤组织；Ⅳ级：所有组织切片未见活的肿瘤组织。Ⅲ级和Ⅳ级为化疗反应好，Ⅰ级和Ⅱ级为化疗反应差。

3. 术后化疗

经典型骨肉瘤术后化疗常用药物常采用大剂量甲氨蝶呤、异环磷酰胺、阿霉素和顺铂等。

(1) 药物选择：①术前化疗反应好，维持术前化疗药物种类和剂量强度；②术前化疗反应差，更换药物或加大剂量强度。

(2) 给药方式：①序贯用药或联合用药；②选用两种以上药

物；③动脉或静脉给药（MTX、IFO 不适合动脉给药）。

（3）药物强度：需尽量保证总的药物剂量强度，推荐剂量：甲氨蝶呤 8～10 g/m^2/周期，异环磷酰胺 15 g/m^2/周期，阿霉素 90 mg/m^2/周期，顺铂 80～120 mg/m^2/周期。应注意积极防治化疗药物毒性。

4. 随访

（1）随访的基本原则：①多学科介入患者随访；②治疗结束即开始随访；③长期随访肿瘤转移、放化疗毒性作用及不良反应和手术并发症。

（2）随访要求：①最初 2 年，每 3 个月随访 1 次；②第 3 年，每 4 个月随访 1 次；③第 4、5 年，每 6 个月随访 1 次；④5 年后每年随访 1 次至术后 10 年。

（3）随访检查项目：体检、胸部 CT、摄局部 X 线片、骨扫描和功能评分等。

（4）复发治疗：①再次进行化疗；②广泛切除或截肢；③边缘阳性者应进行扩大切除手术或放疗进展病变；④进行姑息性切除或截肢；⑤不能切除者应进行放疗；⑥肿瘤远隔转移也可酌情考虑手术治疗；⑦支持对症治疗；⑧强烈建议自愿加入临床研究。

【专家共识解读】　目前骨肉瘤治疗通常采用术前化疗－外科手术－术后化疗，即新辅助化疗加手术的综合治疗模式，治疗也强调多学科协作。

1. 辅助化疗

尽管 20 世纪 60 年代就有学者进行试验性骨肉瘤化疗，但直到同年代 Rosen、Jaffe 等相继将这些药物联合用于骨肉瘤的术后治疗，骨肉瘤的辅助化疗（术后化疗）才真正拉开了序幕[40, 41]。多中心骨肉瘤协作组（Multi-Institutional Osteosarcoma Study，MIOS）和加州大学洛杉矶医院（Universityof California，Los Angeles，UCLA）进行了前瞻性的随机对照研究证实另外辅助化疗

的确切疗效,辅助化疗组和单纯手术组的 2 年生存率分别为 63%
和 12%($P < 0.01$)[42]。此后,众多数据均显示了辅助化疗能够
显著提高患者生存率[43, 44, 45],其主要原因在于化疗能够杀灭肺
微小转移灶或者延迟肺转移灶出现的时间。目前观点认为:①术
前化疗疗效好的患者,术后可维持术前化疗药物种类和剂量强
度;②术前化疗疗效不好的患者,则需更换药物或加大剂量强
度。建议骨肉瘤患者术后化疗维持总的药物剂量强度,用药时间
为 8 ~ 12 个月(12 ~ 18 个周期)。需要说明的是,国际上关于骨
肉瘤的化疗方案众多,包括多个版本的 T 方案[46, 47]、不同历史时
期的 COSS 方案[48, 49]和 Rizzoli 方案[50, 51]等。尽管不同的治疗中
心采用的具体方案各异,但由于使用类似的药物种类和剂量强
度,其治疗效果相似。因此,本章内专家共识与指南的版本并未
推荐化疗方案,只强调药物种类和剂量强度。应注意的是骨肉瘤
化疗剂量大、毒性强,各治疗中心均曾出现因化疗毒性作用及不
良反应从而导致患者死亡的情况。因此,应根据各自的情况和条
件,合理调整骨肉瘤化疗的剂量强度,以保障患者的治疗安全。

2. 新辅助化疗

20 世纪 70 年代,随着辅助化疗的疗效被进一步肯定,骨肉
瘤的外科技术也有了快速的发展,使得一部分患者可以接受人工
假体置换,从而避免截肢。但人工假体的个体化设计和生产在当
时需要 2 ~ 3 个月的时间,Rosen 等[52]为避免患者在等待手术这
段时间无治疗,设计了一个术前化疗方案 T5,即给予甲氨蝶呤
(200 mg/kg)、长春新碱(15 mg/m^2)和多柔比星(45 mg/m^2)化
疗,每种药物循环一次后手术,这就是最早的新辅助化疗方案。
后续美国儿童肿瘤协作组(Pediatric Oncology Group, POG)也设计
了一项随机对照研究[53],一组为诊断后立即手术,另一组患者术
前接受新辅助化疗,结果显示两组患者的生存率没有差异。同
样,德奥肉瘤协作组(The Cooperative Osteosarcoma Study Group,

COSS)[54]和 Sloan Kettering 纪念肿瘤中心的回顾性分析均证实,是否进行新辅助化疗并不影响生存率。另外,同样基于该研究结果,对于不能保肢的患者,则可以直接进行广泛外科边界以上的截肢手术治疗后再行化疗,患者的总生存率未因没有行术前化疗而受到影响。目前观点认为,新辅助化疗并不能在辅助化疗的基础上提高生存率,但至少有以下优点:①化疗期间有足够的时间进行保肢手术设计;②诱导肿瘤细胞凋亡,促使肿瘤边界清晰化,使得外科手术更易于进行;③有效的新辅助化疗可以有效地降低术后复发率,使得保肢手术可以更安全地进行[55-57]。对于术前化疗后仍不能切除的肿瘤,可行放射治疗。骨肉瘤术前化疗推荐药物为大剂量甲氨蝶呤、异环磷酰胺、阿霉素和顺铂[58,59],给药方式可考虑序贯用药或联合用药,每例患者选用两种以上药物,经动脉或静脉给药(MTX、IFO 不适合动脉给药)。我们推荐药物剂量的范围:甲氨蝶呤 $8 \sim 10$ g/m²(2w),异环磷酰胺 15 g/m²(3w),阿霉素 90 mg/m²(3w),顺铂 $80 \sim 120$ mg/m²(2w),用药时间达 $4 \sim 6$ 周期($2 \sim 3$ 个月)[60]。广泛切除术术后病理证实疗效好的患者,术后应继续术前化疗方案;广泛切除术术后病理证实疗效不好的患者,术后应改变化疗方案或增加剂量强度。

2014 年,骨肿瘤 NCCN 新版指南强调:对于进展的或难治性的骨肉瘤,还没有理想的最佳治疗方案。但如果发生进展,患者应该接受二线治疗。对于接受二线治疗肿瘤仍然进展的病例,应该考虑手术、姑息性放疗或者给予最佳的支持治疗。强烈建议经过标准治疗肿瘤仍进展的患者加入临床试验。基于索拉非尼的二线治疗结果,新版指南将其列为新的可供选择的二线治疗药物。因此新版指南推荐的二线治疗药物包括:多烯紫杉醇、吉西他滨、环磷酰胺、依托泊苷、拓扑替康、异环磷酰胺、卡铂、153Sm－EDTMP、索拉非尼。

3. 新辅助化疗的疗效评估

骨肉瘤患者术前需评估新辅助化疗疗效，从临床表现、肢体周径变化可以获取化疗疗效好坏的初步判断，后续需通过影像学检查（摄 X 线：影像片上可显示肿瘤的表现及累及范围变化；CT：影像片上可显示骨破坏程度变化；MRI：影像片上可显示肿瘤局部累及范围、卫星灶、跳跃转移变化；骨扫描：影像片上可显示范围及浓集度变化；PET - CT：影像片上可显示肿瘤局部累及范围及骨外病灶变化来进一步评估。术前化疗反应效果好，表现为症状减轻、影像学上肿瘤界限变清晰、骨化更完全、肿块缩小和核素浓集减低。骨肉瘤化疗疗效的评价包括了临床症状及体征、影像学、实验室检查和组织病理学等多方面的综合评定，其中最重要的是组织病理学对肿瘤坏死率的评估。研究人员以术后标本中肿瘤细胞的构成和坏死情况为基础，制定了多种病理评分标准，但都有一定的主观性，而且结果受取材部位的影响，因此要求多点、足量取材。关于肿瘤坏死率评估的具体技术方法和标准，文献报道各个中心不尽相同，其中 Huvos 评级系统是至今应用最为广泛的方法（表 10 - 3）[61]。肿瘤坏死率Ⅲ～Ⅳ级者为化疗反应好，推荐术后化疗采用与术前相同的化疗方案；肿瘤坏死率Ⅰ～Ⅱ级者为化疗反应差，提示远期预后差，术后应改变术前的化疗方案；术前化疗疗效持续不佳的患者应考虑外科手术治疗。由于挽救化疗（salvage chemotherapy）的疗效一直无严格的随机对照临床试验证实，因此尽管肿瘤坏死率评估有意义，但其临床价值明显小于科研价值。同时，由于中国国情，目前在国内广泛开展肿瘤坏死率评估是不现实的，因此其应用并没有在本章指南与专家共识的版本中详述。

表 10 – 3　Huvos 的评级系统

Ⅰ级：几乎未见化疗所致的肿瘤坏死

Ⅱ级：化疗获轻度有效，肿瘤组织坏死率 > 50%，尚存有肿瘤活组织

Ⅲ级：化疗获部分有效，肿瘤组织坏死率 > 90%，部分组织切片上可见残留的肿瘤活组织

Ⅳ级：所有组织切片未见肿瘤活组织

4. 外科治疗

（1）手术方式的选择：四肢骨肉瘤的外科治疗方式通常分为截肢术和保肢术两种。在 20 世纪 70 年代以前，由于局部复发率高且瘤段截除后缺乏有效的重建方法，临床上常采用截肢术，直至现在，截肢术仍然是治疗骨肉瘤的重要手段之一，包括经骨截肢和关节离断术。截肢的优点在于能够最大限度地切除原发病灶，手术操作简单，无需特别技术及设备，而且费用低廉，术后并发症少，术后可以尽快进行化疗以及其他辅助治疗控制和杀灭原发病灶以外的转移。截肢术的适应证包括患者要求截肢、化疗无效的ⅡB 期肿瘤、重要血管神经束受累、缺乏保肢后骨或软组织重建条件和预计义肢功能优于保肢[62]。目前大约 90% 的患者可接受保肢治疗。保肢适应证包括ⅡA 期肿瘤、化疗有效的ⅡB 期肿瘤、重要血管神经束未受累、软组织覆盖完好和预计保留肢体功能优于义肢。远隔转移不是保肢的禁忌证，因此对于Ⅲ期肿瘤也可以进行保肢治疗，甚至可以行姑息性保肢治疗。但是需要引起重视的是，化疗效果反应好仍然是保肢治疗的前提。

（2）保肢手术：包括肿瘤切除和功能重建两个步骤。对应的是骨肿瘤学所涵盖的两部分内容，即肿瘤学和骨科学。在对骨肉瘤的治疗上也要满足肿瘤学及骨科学两方面的要求，即完整、彻底地切除肿瘤（细胞学意义上的去除肿瘤）及重建因切除肿瘤所

造成的股骨肌肉系统功能病损（骨及软组织的重建）。普通骨科医生最常犯的错误是过分地重视肢体功能的保留及重建，而忽略了肿瘤的治疗，即以牺牲肿瘤治疗的外科边界为代价，保留维持良好功能所需的组织解剖结构。骨肉瘤的生物学行为是影响肢体是否保留和生存期长短的主要因素，而骨骼肌肉系统功能的优劣则影响患者的生存质量。如果肿瘤复发，其后果不仅仅是增加再截肢的风险以及加重患者的痛苦和医疗费用负担，它还使复发患者的肺转移率远远高于无复发患者，而绝大部分骨肉瘤患者死亡都是因为出现肺转移[63]。因此，只有保证生存，才能够考虑生存质量的好坏；倘若生存无法保证，再完美的功能也只是空谈。保肢手术的重建方法包括骨重建与软组织重建。骨重建即重建支撑及关节功能，软组织重建则是为了修复动力、提供良好的软组织覆盖。按照重建的 特点又可以分为生物重建和非生物重建。目前临床上可供选择的重建方法有：①人工假体，可以提供足够的稳定性和强度，允许早期负重行走，目前组配式假体功能良好，易于操作，但人工假体最主要的问题仍然是松动、感染和机械性损坏；②异体骨关节移植，既往的骨肉瘤治疗中曾经起过重要的作用，即使是现在，如果掌握好适应证，仍然是比较好的重建方法。其最大优点是可以提供关节表面、韧带和肌腱附着，但缺点是并发症的发生率高。有报道，包括感染、骨折等在内的并发症发生率高达40%~50%；③人工假体－异体骨复合体（APC），一般认为可以结合人工假体和异体骨两者的特点，肢体功能恢复快，但同样也结合了两种重建方式的缺点；④游离的带血管蒂腓骨或髂骨移植；⑤瘤段灭活再植术，该重建方式在历史上曾经广泛应用，在特定的历史时期发挥了很大的作用，但由于肿瘤灭活不确切、复发率高、无法进行术后化疗评估，并且死骨引起的并发症高，目前已基本弃用；⑥可延长式人工假体，适宜儿童患者，须定期实行延长手术；⑦旋转成型术，适宜于儿童患者，但年龄较大的患者容易存在心理接受方面的问题。无论是截肢还是保肢，术后都应积极进行康复训练。

在对转移性骨肉瘤进行的协作组临床研究中，发现化疗和对原发部位进行手术治疗后，如果能对转移灶进行切除，其长期生存率显著高于那些转移灶不能切除的病例，分别为48%和5%[64]。对肢体骨肉瘤诊断时即发生肺转移的病例，大剂量化疗联合对原发和转移性骨肉瘤同时进行手术切除的综合治疗，可以使预后得到明显改善[65]。因此，专家在新版指南中建议：对于转移灶（肺、内脏或骨）可切除的病例，推荐先行术前化疗，然后进行原发肿瘤的广泛切除，对转移灶的治疗方式包括化疗和手术切除；对于转移灶不可切除的病例，推荐先行化疗或化疗联合对原发灶的放疗，然后对原发灶再进行评估，选取恰当的方式进行局部控制。

（3）外科治疗的术前计划和术后评估：不管采取什么手术方法，外科手术切除的原则仍然是以最大限度上减少局部复发为首要目标，其次是最大限度地减少对功能的影响[66]。广泛切除意味着手术切缘为组织学阴性，以达到最佳的局部控制效果。对部分病例而言，截肢可能是达到这一目标的最适当的选择。然而，能够合理保全功能时，应首选保肢手术[67, 68]。在骨肉瘤的外科治疗中，一系列关于保肢治疗的处置方法最为人们所接受，并且在术前设计时首先被考虑。虽然在不同的专家之间，保肢治疗的方法可能存在相当大的差异，但对于外科切除，确实需要一个统一的评价标准。Enneking 第一个提出这个问题，并提出了外科边界评价的概念。然而，这个标准不够细化。Kawaguchi 对此进行了进一步研究[69]，在术前化疗后根据影像学的检查结果，判断肿瘤的具体位置、大小及其与重要解剖结构的关系，从而设计肿瘤切除所需要的外科边界。在这个评价方法中，外科边界分成4类：治愈性边界、广泛性边界、边缘性边界和囊内边界。

5.骨肉瘤患者的随访

骨肉瘤患者由于存在复发、转移、化疗或放疗相关合并症的危险,长期随访是必要的。长期生存患者还需要注意手术的潜在并发症以及放疗或化疗的潜在不良反应,如假体松动、心脏毒性、不育、继发恶性肿瘤等[70]。为了解患者生存状态,应安排一个多学科小组进行随访。治疗结束后即应开始随访。专家所制定的指南与专家共识推荐的随访时间间隔具体为:手术后最初2年,每3个月随访1次;第3年,每4个月随访1次;第4、5年,每6个月随访1次;5年后每年随访1次至术后10年。每次随访的内容包括:全面体检、摄局部X线片、骨扫描、胸部影像学检查(胸部CT)和功能评分。对于复发的骨肉瘤患者,建议行手术治疗,术后再次进行化疗。通常认为:对于复发时间间隔小于术后1年的患者,建议换二线化疗;复发时间间隔超过1年者可考虑原一线方案化疗;术后边缘阳性者,如果能够接受手术可考虑行扩大切除或截肢术,如果不能接受手术可考虑行局部放疗。对于进展期骨肉瘤患者建议进行姑息性切除或截肢,不能切除者应进行放疗,即使有远隔转移也应考虑手术治疗,并强烈建议加入临床试验研究。支持治疗是晚期患者多采用的治疗方案。转移性骨肉瘤的二线治疗是骨肉瘤化疗的难点,长期生存率不足20%[71],目前,对于骨肉瘤肺转移的治疗强调多学科协作,至少需要骨肿瘤外科、肿瘤内科及胸外科医生的积极参与。如果化疗有效,对肺转移瘤进行外科切除是非常必要的。但到目前为止,国际上尚无标准的骨肉瘤二线治疗方案,因此,在我国进行多中心随机对照临床试验,研究有效的二线治疗方案对于提高骨肉瘤的总体治疗水平非常重要。

六、小结

骨肉瘤是青少年最常见的骨原发恶性肿瘤,规范的治疗模式是术前化疗—外科手术—术后化疗（图 10 – 1）。骨肉瘤的诊断与治疗强调多学科协作，怀疑为骨肉瘤的患者应转诊至骨肿瘤专科医师就诊，需要接受规范化的新辅助化疗。对于接受外科手术治疗的骨肉瘤患者，应该制订术前计划，术中需严格实施，术后进行外科边界和化疗效果的评估，治疗结束后仍需长期的随访。当前对于我国骨肉瘤的诊断治疗迫切需要解决的是规范化问题，而国际上的热点是如何在现有基础上进一步提高生存率，提高患者生活质量。目前治疗肺癌、乳腺癌、肾癌的新药层出不穷，不论是化疗药物还是靶向药物，均使患者有不同程度的受益[72]，也极大地鼓舞了医生的士气。这些研究成果，很多是得益于全球多中心合作及随机对照临床试验的开展。为了进一步提高我国骨肉瘤的诊治水平，在我国进行骨肉瘤多中心协作、随机对照的临床试验迫在眉睫。

（吴宏伟　杨硕　李先安）

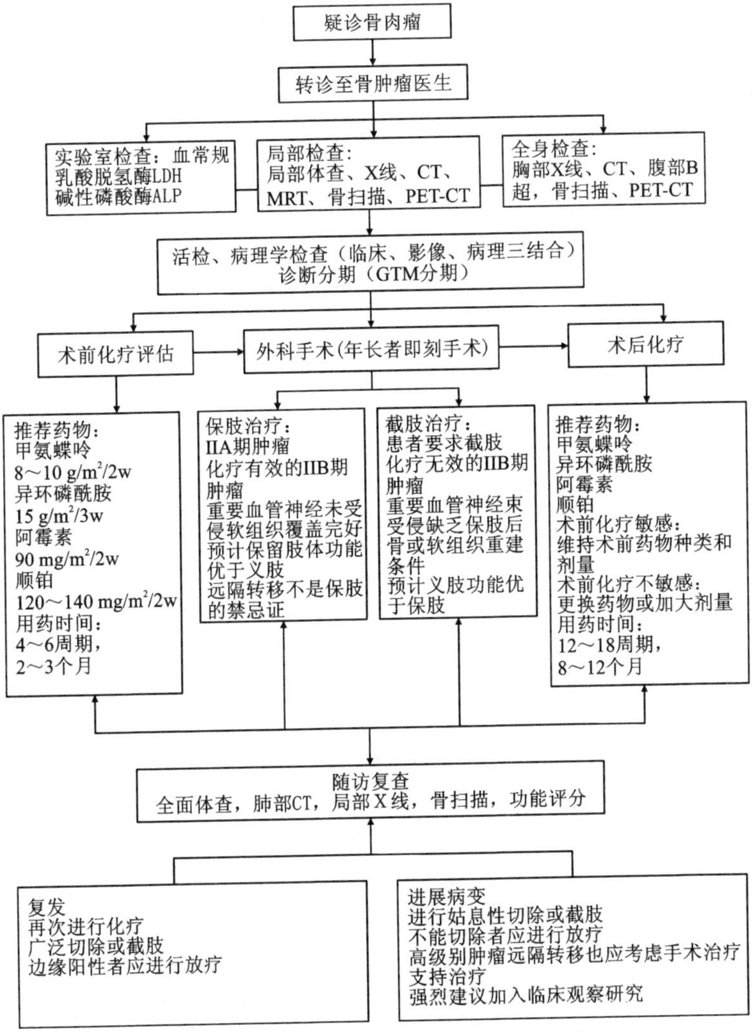

```
                    ┌──────────────┐
                    │  疑诊骨肉瘤    │
                    └──────┬───────┘
                           │
                    ┌──────▼───────────┐
                    │  转诊至骨肿瘤医生   │
                    └──────┬───────────┘
          ┌────────────────┼──────────────────┐
  ┌───────▼────────┐ ┌─────▼──────────┐ ┌──────▼─────────┐
  │实验室检查：血常规 │ │局部检查：       │ │全身检查：       │
  │乳酸脱氢酶LDH     │ │局部体查、X线、CT、│ │胸部X线、CT、腹部B│
  │碱性磷酸酶ALP     │ │MRT、骨扫描、PET-CT│ │超、骨扫描、PET-CT│
  └────────────────┘ └─────┬──────────┘ └────────────────┘
                           │
              ┌────────────▼─────────────────────┐
              │活检、病理学检查（临床、影像、病理三结合）│
              │诊断分期（GTM分期）                   │
              └────────────┬─────────────────────┘
```

疑诊骨肉瘤

转诊至骨肿瘤医生

实验室检查：血常规
乳酸脱氢酶LDH
碱性磷酸酶ALP

局部检查：
局部体查、X线、CT、
MRT、骨扫描、PET-CT

全身检查：
胸部X线、CT、腹部B
超、骨扫描、PET-CT

活检、病理学检查（临床、影像、病理三结合）
诊断分期（GTM分期）

术前化疗评估

外科手术（年长者即刻手术）

术后化疗

推荐药物：
甲氨蝶呤
8～10 g/m²/2w
异环磷酰胺
15 g/m²/3w
阿霉素
90 mg/m²/2w
顺铂
120～140 mg/m²/2w
用药时间：
4～6周期，
2～3个月

保肢治疗：
IIA期肿瘤
化疗有效的IIB期
肿瘤
重要血管神经未受
侵软组织覆盖完好
预计保留肢体功能
优于义肢
远隔转移不是保肢
的禁忌证

截肢治疗：
患者要求截肢
化疗无效的IIB期
肿瘤
重要血管神经束
受侵缺乏保肢后
骨或软组织重建
条件
预计义肢功能优
于保肢

推荐药物：
甲氨蝶呤
异环磷酰胺
阿霉素
顺铂
术前化疗敏感：
维持术前药物种类和
剂量
术前化疗不敏感：
更换药物或加大剂量
用药时间：
12～18周期，
8～12个月

随访复查
全面体查，肺部CT，局部X线，骨扫描，功能评分

复发
再次进行化疗
广泛切除或截肢
边缘阳性者应进行放疗

进展病变
进行姑息性切除或截肢
不能切除者应进行放疗
高级别肿瘤远隔转移也应考虑手术治疗
支持治疗
强烈建议加入临床观察研究

图10-1　骨肉瘤的诊疗流程

参考文献

［1］牛晓辉.中国骨肉瘤的规范化诊治势在必行［J］.中华肿瘤杂志,2013,35(3):161-163.

［2］牛晓辉.经典型骨肉瘤临床诊疗专家共识的解读［J］.临床肿瘤学杂志,2012,17(10):934-945.

［3］Meyers PA, Heller G, Healey JH, et al. Osteogenic sarcoma with clinically detectable metastasis at initial presentation［J］. J Clin Oncol, 1993, 11(3): 449-53.

［4］Ta HT, Dass CR, Choong PFM, et al. Osteosarcoma treatment: state of the art［J］. Cancer Metastasis Rev, 2009, 28(1-2): 247-263.

［5］谭平先,雍碧城,沈靖南,等.413例骨肉瘤化疗、手术和预后的10年随访研究［J］.中国骨科临床与基础研究杂志,2011,3(4):256-262.

［6］Ritter J, Bielack SS. Osteosarcoma［J］. Ann Oncol, 2010, 21(Suppl 7): 320-325.

［7］Marcove RC, Martini N, Rosen G. The treatment of pulmonary metastasis in osteogenic sarcoma［J］. Clin Orthop Relat Res, 1975, 111: 65-70.

［8］Pan KL, Chan WH, Ong GB, et al. Limb salvage in osteosarcoma using autoclaved tumor-bearing bone［J］. World J Surg Oncol, 2012, 10(1): 105.

［9］Harting MT, Lally KP, Andrassy RJ, et al. Age as a prognostic factor for patients with osteosarcoma: an analysis of 438 patients ［J］. J Cancer Res Clin Oncol, 2010, 136(4): 561-570.

［10］Sami SH, Rafati AH, Hodjat P. Tissue necrosis after chemotherapy in osteosarcoma as the important prognostic factor［J］. Saudi Medical J, 2008, 29(8): 1124-1129.

［11］Hagleitner MM, Hoogerbrugge PM, van der Graaf WT, et al. Age as prognostic factor in patients with osteosarcoma［J］. Bone, 2011, 49(6): 1173-1177.

［12］Ferrari S, Briccoli A, Mercuri M, et al. Postrelapse survival in osteosarcoma of the extremities: prognostic factors for long-term survival [J]. J Clin Oncol, 2003, 21(4): 710 - 715.

[13] Tabone MD, Kalif a C, Rodar y C, et al. Osteosar coma recurrences in pediatric patients previously treated with intensive chemotherapy[J]. J Clin Oncol, 1994, 12(12): 2614 - 20.

[14] 牛晓辉, 王涛, 李远, 等. 骨肉瘤区域淋巴结检查的临床意义[J]. 中国骨肿瘤骨病, 2005, 4(3): 131 - 132, 153.

[15] Bakhshi S, Radhakrishnan V. Prognostic markers in osteosarcoma [J]. Expert Rev Anticancer Ther, 2010, 10(2): 271 - 287.

[16] Bacci G, Briccoli A, Mercuri M, et al. Osteosarcoma of the extremities with synchronous lung metastases: long-term results in 44 patients treated with neoadjuvant chemotherapy[J]. J Chemother, 1998, 10(1): 69 - 76.

[17] Kager L, Zoubek A, P. tschger U, et al. Primary metastatic osteosarcoma: presentation and outcome of patients treated on neoadjuvant Cooperative Osteosarcoma Study Group protocols[J]. J Clin Oncol, 2003, 21(10): 2011 - 2018.

[18] Daw NC, Billups CA, Rodriguez-Galindo C, et al. Metastatic osteosarcoma [J]. Cancer, 2006, 106(2): 403 - 412.

[19] Bacci G, Briccoli A, Ferrari S, et al. Neoadjuvant chemotherapy for osteosarcoma of the extremities with synchronous lung metastases: treatment with cisplatin, adriamycin and high dose of methotrexate and ifosfamide [J]. Oncol Rep, 2000, 7(2): 339 - 346.

[20] Kansara M, Thomas DM. Molecular pathogenesis of osteosarcoma [J]. DNA Cell Biol, 2007, 26(1): 1 - 18.

[21] Ziewacz JE, Song JW, Blaivas M, et al. Radiation-induced meningeal osteosarcoma of tentorium cerebelli with intradural spinal metastases[J]. Surg Neuro Int, 2010, 1: 14.

[22] Mavrogenis AF, Pala E, Guerra G, et al. Post-radiation sarcomas. Clinical outcome of 52 patients[J]. J Surg Oncol, 2012, 105(6): 570 - 576.

[23] Federman N, Bernthal N, Eilber FC, et al. The multidisciplinary management of osteosarcoma[J]. Curr Treat Options Oncol, 2009, 10(1 -

2）：82 - 93.

[24] Jaffe N. Osteosarcoma：review of the past, impact on the future. The American experience[J]. Cancer Treat Res, 2009, 152：239 - 262.

[25] Anderson P, Salazar-Abshire M. Improving outcomes in difficult bone cancers using multimodality therapy, including radiation：physician and nursing perspectives[J]. Curr Oncol Rep, 2006, 8（6）：415 - 422. 49 - 56.

[26] Briccoli A, Rocca M, Salone M, et al. High grade osteosarcoma of the extremities metastatic to the lung：long-term results in 323 patients treated combining surgery and chemotherapy, 1985 - 2005[J]. Surg Oncol, 2010, 19（4）：193 - 199.

[27] Siegel HJ, Pressey JG. Current concepts on the surgical and medical management of osteosarcoma[J]. Expert Rev Anticancer Ther, 2008, 8（8）：1257 - 1269.

[28]张 清, 徐万鹏, 郭 卫, 等.我国骨肉瘤治疗现状及改进建议 - 17 家骨肿瘤治疗中心 1992 - 2008 年资料分析[J].中国骨肿瘤骨病, 2009, 8（3）：129 - 132.

[29] Nagarajan R, Weigel BJ, Thompson RC, et al. Osteosarcoma in the first decade of life[J]. Med Pediatric Oncol, 2003, 41（5）：480 - 4834, 8, 60 - 63.

[30] Ferrari S, Balladelli A, Palmerini E, et al. Imaging in bone sarcomas. The chemotherapist's point of view[J / OL]. Eur J Radiol, 2011[2012 - 08 - 10]. http：// www. ncbi. nlm. nih. gov /pubmed /22209429.

[31] Craft AW. Osteosarcoma：the European Osteosarcoma Intergroup （EOI） perspective[J]. Cancer Treat Res, 2009, 152：263 - 274.

[32] Guo J, Reddick WE, Glass JO, et al. Dynamic contrast-enhanced magnetic resonance imaging as a prognostic factor in predicting event-free and overall survival in pediatric patients with osteosarcoma[J]. Cancer, 2012, 118（15）：3776 - 3785.

[33] Meyer JS, Nadel HR, Marina N, et al. Imaging guidelines for children with Ewing sarcoma and osteosarcoma：a report from the Children's Oncology

Group Bone Tumor Committee[J]. Pediatr Blood Cancer, 2008, 51(2):
163 – 170.

[34] Pochanugool L, Subhadharaphandou T, Dhanachai M, et al. Prognostic
factors among 130 patients with osteosarcoma[J]. ClinOrthop Relat Res,
1997, 345: 206 – 214.

[35] Ferguson WS, Goorin AM. Current treatment of osteosarcoma [J]. Cancer
Invest, 2001, 19(3): 292 – 315.

[36] Ward WG Sr, Kilpatrick S. Fine needle aspiration biopsy of primary bone
tumors[J]. Clin Orthop Relat Res, 2000, 373: 80 – 87.

[37] Raymond AK, Simms W, Ayala AG. Osteosarcoma specimen management
following primary chemotherapy[J]. Hematol Oncol Clin North Am, 1995,
9(4): 841 – 867.

[38] Wolf RE, Enneking WF. The staging and surgery of musculo-skeletal
neoplasms[J]. Orthop Clin North Am, 1996, 27 (3): 473 – 481.

[39] Wunder JS, Healey JH, Davis AM, et al. A comparison of staging systems
for localized extremity soft tissue sarcoma[J]. Cancer, 2000, 88 (12):
2721 – 2730.

[40] Jaffe N, Traggis D, Cassady JR, et al. Multidisciplinary treatment for
macrometastatic osteogenic sarcoma[J]. Br Med J, 1976, 2(6043): 1039
– 1041.

[41] Rosenburg SA, Flye MW, Conkle D, et al. Treatment of osteogenic
sarcoma. II. Aggressive resection of pulmonary metastases [J]. Cancer
treatment reports, 1979, 63(5): 753 – 756.

[42] Link MP, Goorin AM, Horowitz M, et al. Adjuvant chemotherapy of high-
grade osteosarcoma of the extremity. Updated results of the Multi-
Institutional Osteosarcoma Study[J]. Clin Orthop Relat Res, 1991, 270: 8
– 14.

[43] Anninga JK, Gelderblom H, Fiocco M, et al. Chemotherapeutic adjuvant
treatment for osteosarcoma: where do we stand? [J]. Eur J Cancer, 2011,
47(16): 2431 – 2445.

[44] Bacci G, Longhi A, Ferrari S, et al. Prognostic factors in non-metastatic

Ewing's sarcoma tumor of bone: an analysis of 579 patients treated at a single institution with adjuvant or neoadjuvant chemotherapy between 1972 and 1998[J]. Acta Oncol, 2006, 45(4): 469 - 475.

[45] Meyers PA, Heller G, Healey J, et al. Chemotherapy for nonmetastatic osteogenic sarcoma: the Memorial Sloan-Kettering experience[J]. J Clin Oncol, 1992, 10(1): 5 - 15.

[46] Meyers PA, Heller G, Healey J, et al. Chemotherapy for nonmetastatic osteogenic sarcoma: the Memorial Sloan-Kettering experience[J]. J Clin Oncol, 1992, 10(1): 5 - 15.

[47] Rosen G, Marcove RC, Caparros B, et al. Primary osteogenic sarcoma: the rationale for preoperative chemotherapy and delayed surgery[J]. Cancer, 1979, 43(6): 2163 - 2177.

[48] Winkler K, Beron G, Kotz R, et al. Adjuvant chemotherapy in osteosarcoma-effects of cisplatinum, BCD, and fibroblast interferon in sequential combination with HD-MTX and adriamycin. Preliminary results of the COSS 80 study[J]. J Cancer Res Clin Oncol, 1983, 106 (Suppl): 1 - 7.

[49] Bielack SS, Kempf-Bielack B, Heise U, et al. Combined modality treatment for osteosarcoma occurring as a second malignant disease. Cooperative German-Austrian-Swiss Osteosarcoma Study Group [J]. J Clin Oncol, 1999, 17(4): 1164.

[50] Bacci G, Briccoli A, Ferrari S, et al. Neoadjuvant chemotherapy for osteosarcoma of the extremity: long-term results of the Rizzoli's 4th protocol [J]. Eur J Cancer, 2001, 37(16): 2030 - 2039.

[51] Bacci G, Ferrari S, Mercuri M, et al. Neoadjuvant chemotherapy for extremity osteosarcoma—preliminary results of the Rizzoli's 4th study[J]. Acta Oncol, 1998, 37(1): 41 - 48.

[52] Rosen G, Marcove RC, Caparros B, et al. Primary osteogenic sarcoma: the rationale for preoperative chemotherapy and delayed surgery[J]. Cancer, 1979, 43(6): 2163 - 2177.

[53] Goorin AM, Schwartzentruber DJ, Devidas M, et al. Presurgical chemotherapy compared with immediate surgery and adjuvant chemotherapy

for nonmetastatic osteosarcoma: Pediatric Oncology Group Study POG –
8651[J]. J Clin Oncol, 2003, 21 (8): 1574 –1580.

[54] Bielack SS, Kempf-Bielack B, Heise U, et al. Combined modality treatment
for osteosarcoma occurring as a second malignant disease. Cooperative
German-Austrian-Swiss Osteosarcoma Study Group [J]. J Clin Oncol,
1999, 17(4): 1164.

[55] Bacci G, Balladelli A, Palmerini E, et al. Neoadjuvant chemotherapy for
osteosarcoma of the extremities in preadolescent patients: the Rizzoli
Institute experience[J]. J Pediatr Hematol Oncol, 2008, 30 (12): 908
–912.

[56] Bacci G, Ferrari S, Bertoni F, et al. Neoadjuvant chemotherapy for
peripheral malignant neuroectodermal tumor of bone: recent experience at
the istituto rizzoli[J]. J Clin Oncol, 2000, 18(4): 885 –892.

[57] Bacci G, Longhi A, Forni C, et al. Neoadjuvant chemotherapy for
radioinduced osteosarcoma of the extremity: The Rizzoli experience in 20
cases[J]. Int J Radiat Oncol Biol Phys, 2007, 67 (2): 505 –511.

[58] 郭卫, 杨荣利, 汤小东, 等. 成骨肉瘤新辅助化学药物治疗的疗效分析
[J]. 中华医学杂志, 2004, 84 (14): 1186 –1190.

[59] 王臻, 黄耀添, 黄鲁豫, 等. 高危骨肉瘤的临床特点及治疗对策[J]. 第
四军医大学学报, 2002, 23(5): 465 –468.

[60] 牛晓辉, 蔡槱伯, 张清, 等. ⅡB 期肢体骨肉瘤 189 例综合治疗临床分
析[J]. 中华外科杂志, 2005, 43 (24): 1576 –1579.

[61] Rosen G, Marcove RC, Huvos AG, et al. Primary osteogenic sarcoma:
eight-year experience with adjuvant chemotherapy[J]. J Cancer Res Clin
Oncol, 1983, 106 (Suppl): 55 –67.

[62] Bielack S, Jürgens H, Jundt G, et al. Pediatric and adolescent osteosarcoma
[M]. Springer US, 2010: 125 – 145. Ferrari S, Palmerini E, Staals EL, et
al. The treatment of nonmetastatic high grade osteosarcoma of the extremity:
review of the Italian Rizzoli experience. Impact on the future[J]. Cancer
Treat Res, 2009, 152: 275 –287.

[63] Bacci G, Briccoli A, Rocca M, et al. Neoadjuvant chemotherapy for

osteosarcoma of the extremities with metastases at presentation: recent experience at the Rizzoli Institute in 57 patients treated with cisplatin, doxorubicin, and a high dose of methotrexate and ifosfamide[J]. Ann Oncol, 2003, 14(7): 1126 - 1134.

[64] Winkler K, Torggler S, Beron G, et al. Results of treatment in primary disseminated osteosarcoma. Analysis of the follow-up of patients in the cooperative osteosarcoma studies COSS - 80 and COSS - 82[J]. Onkologie, 1989, 12(2): 92 - 96.

[65] Bacci G, Mercuri M, Briccoli A, et al. Osteogenic sarcoma of the extremity with detectable lung metastases at presentation. Results of treatment of 23 patients with chemotherapy followed by simultaneous resection of primary and metastatic lesions[J]. Cancer, 1997, 79(2): 245 - 254.

[66] 牛晓辉. 恶性骨肿瘤外科治疗的术前计划及术后评估[J]. 中华外科杂志, 2007, 45(10): 699 - 701.

[67] Lascelles BD, Dernell WS, Correa MT, et al. Improved survival associated with postoperative wound infection in dogs treated with limb-salvage surgery for osteosarcoma[J]. Ann Surg Oncol, 2005, 12(12): 1073 - 1083.

[68] Li J, Wang Z, Guo Z, et al. Irregular osteotomy in limb salvage for juxta-articular osteosarcoma under computer-assisted navigation[J]. J Surg Oncol, 2012, 106(4): 411 - 416.

[69] Kawaguchi N, Ahmed AR, Matsumoto S, et al. The concept of curative margin in surgery for bone and soft tissue sarcoma[J]. Clin Orthop Relat Res, 2004, 419: 165 - 172.

[70] Fitzhugh CD, Wise B, Baird K, et al. Secondary supratentorial primitive neuroectodermal tumor following treatment of childhood osteosarcoma[J]. Pediatr Blood Cancer, 2009, 53 (3): 496 - 498.

[71] Bielack SS, Marina N, Ferrari S, et al. Osteosarcoma: the same old drugs or more?[J]. J Clin Oncol, 2008, 26 (18): 3102 - 3103.

[72] 孙燕. 临床肿瘤 50 年: 创新中发展[J]. 医学研究杂志, 2010, 39(4): 1 - 3.

第九章　黑色素瘤诊治指南解读

恶性黑色素瘤(黑色素瘤)是临床上较为常见的皮肤黏膜和色素膜恶性肿瘤,也是发病率增长最快的恶性肿瘤之一,年增长率为3%~5%。2010年全球黑色素瘤新发病例199 627例,死亡例数为46 372例。据统计,2008年发达地区黑色素瘤男性和女性发病率分别为9.5/10万人和8.6/10万人,病死率分别为1.8/10万人和1.1/10万人;欠发达地区的男女发病率分别为0.7/10万人和0.6/10万人,病死率均为0.3/10万人。虽然黑色素瘤在我国发病率较低,但近年来成倍增长,每年新发病例约2万例。因此,黑色素瘤已经成为严重危及我国人民健康的疾病之一,然而在我国长期以来不被人们认识,甚至一般的医疗工作者也很陌生。为了推动我国临床肿瘤学事业的发展,提高黑色素瘤多学科规范化综合治疗和研究水平,积极学习和应用国内、外的符合循证医学原则的高级别证据,中国的肿瘤学专家特制定了符合我国国情的《黑色素瘤临床诊治指南》(以下简称指南),为了更好地帮助临床医生对指南的理解,特对诊治指南进行解读。

一、流行病学

【指南要点】

(1)肢端和黏膜黑色素瘤为中国黑色素瘤的主要病理亚型。

(2)中国黑色素瘤患者的原发灶厚度较厚,多数合并溃疡。

(3)黑色素瘤的分期程度、厚度为中国黑色素瘤患者的预后不良因素，皮肤黑色素瘤预后好于黏膜黑色素瘤。

（4）KIT 基因和 BRAF 基因突变为皮肤黑色素瘤的独立预后不良因素，KIT 基因突变为黏膜黑色素瘤的独立预后不良因素。

近年来黑色素瘤已成为发病率增长最快的恶性肿瘤，年增长率为 3% ~ 5%。2010 年，全球黑色素瘤新发病例达到199 627 例，死亡例数为 46 372 例。2010 年美国黑色素瘤男女发病率分别为 12.6/10 万人和 9.5/10 万人。澳洲昆士兰地区和美国的南亚利桑那州为黑色素瘤的高发地区，发病率分别为 44/10万人和 26/10 万人。欧洲为 10 ~ 20/10 万人。我国和日本等亚洲国家的黑色素瘤发病率与欧美国家相比相对较低，但发病率增长较快。据国内资料统计，香港 2002 年男性发病率为 0.8/10 万人，女性 0.6/10 万人；上海市 2005 年分别为 0.5/10 万人和 0.4/10 万人；北京市 2004 年分别为 0.8/10 万人和 0.5/10 万人。在亚洲人和有色人种，原发于皮肤的恶性黑色素瘤占 50% ~ 70%，最常见的原发部位为肢端黑色素瘤，即足底、足趾、手指末端及甲下等部位，我国统计资料显示肢端黑色素瘤占所有黑色素瘤的41.8%；其次为黏膜黑色素瘤，如直肠、肛门、外阴、眼、口和鼻咽等部位，我国资料显示占所有黑色素瘤的 22.6%；原发灶不明黑色素瘤约占 10%。我国 522 例黑色素瘤患者统计资料显示男女比例为 1.12∶1，中位诊断年龄为 50 ~ 55 岁，≥65 岁的老年患者占 17.8%，多数合并原发灶溃疡（44.8%），原发病灶厚度较厚，≥4 mm 的占 40.6%，1 ~ 4 mm 为 44.4%，初诊时 II 期黑色素瘤最多，其余为 III 期和 IV 期患者，各占 25.1% 和 12.8%。生存期患者分析发现，黑色素瘤分期与生存明显相关（$P < 0.001$），I期、II 期、III 期和 IV 期黑色素瘤的 5 年生存率分别为 94%、44%、38% 和 4.6%；中位生存期（OS）分别为 5 年、4.25 年、2.83 年和1.42 年；原发病灶厚度与 OS 明显相关，≤1 mm 与 >4 mm 的黑

色素瘤 5 年生存率分别为 92% 和 43%；原发病灶溃疡情况与 OS
有一定相关性，但未达统计学差异，黑色素瘤无溃疡患者和有溃
疡患者的 5 年生存率分别为 69% 和 42%（$P = 0.08$）。对于基因
变异与生存预后关系的多因素分析显示，KIT 基因和 BRAF 基因
突变均是黑色素瘤的独立预后因素，危险系数分别为 1.989（95%
CI：1.263 ~ 3.131，$P = 0.003$）和 1.536（95% CI：1.110 ~ 2.124，
$P = 0.01$）。多因素分析还显示 KIT 基因是黏膜黑色素瘤的独立
预后因子，危险系数 2.696（95% CI：1.204 ~ 6.038，$P = 0.016$）。

二、黑色素瘤的病因和病理

【专家共识要点】

（1）根据基因特点对黑色素瘤进行的新分型，即肢端型、黏
膜型、慢性阳光损伤型和非慢性阳光损伤型（含原发灶不明型）；

（2）中国黑色素瘤基因突变情况：BRAF 突变率为 25.9%，
其中 87.3% 为 V600E 突变；CKIT 突变率为 10.8%，扩增率
为 7.4%。

皮肤黑色素瘤的病因目前唯一的证据是与过度接受紫外线照
射相关。日光中的紫外线灼伤皮肤并诱导 DNA 突变。紫外线中
的 UVA（Ultraviolet A）和 UVB（Ultraviolet B）都能诱导黑色素瘤
的发生，但 UVB 是对黑色素细胞中某种基因起破坏作用并诱导
发病的主要原因。UVA 还能抑制免疫系统的某些功能，从而加速
肿瘤的形成。白种人中黑色素瘤最常见的病理类型（浅表扩散型
和结节型）与长期或间歇性高强度的紫外线照射明确相关。另
外，光敏型皮肤易生雀斑，有大量普通痣或发育异常的痣以及皮
肤癌家族史等通常被认为是发病的高危人群。亚洲（包括我国）
和非洲地区黑色素瘤患者的原发病灶多位于足跟、手掌、指或趾
和甲下等接触紫外线极少的地方，其病因仍不明确。不恰当的处

理有可能诱发色素痣恶变和迅速生长,如刀割、绳勒、盐腌、激光和冷冻等局部刺激。内分泌、化学、物理因素对黑色素瘤的发生是否有影响还不得而知。

黑色素瘤的常见病理类型有浅表扩散型、结节型、恶性雀斑样、肢端雀斑样;少见类型有上皮样、促纤维增生性、恶性无色素痣、气球样细胞、梭形细胞和巨大色素痣恶性黑色素瘤等。白种人中浅表扩散型最多见,而黄色人种和黑色人种以肢端雀斑样黑色素瘤多见。

(一)浅表扩散型

浅表扩散型(superficial spreading melanoma),主要发生在普通皮肤的黑色素瘤亚型,以水平生长期为特点,表现为大的肿瘤性色素细胞在鳞状上皮之间呈铅弹样播散。肿瘤呈侧向型生长,发生于垂直浸润期之前,预后相对较好,见于年轻患者,位于间歇性接受日光照射部位的皮肤。白种人最常见,约占70%。好发于背部和女性的下肢。通常由痣或皮肤的色素斑发展而来,一般外观不规则,颜色各异,可呈棕黑色、粉色、白色、灰色甚至脱色素,边缘可伴瘙痒,直径多 >0.5 cm。

(二)结节型黑色素瘤

结节型黑色素瘤(nodular melanoma),常表现为快速生长的色素性结节(偶尔为无色素性结节性黑色素瘤),可以出血或形成溃疡,常位于接受间歇性日光照射的部位;约占15%,可发生在任何部位和任何年龄,但 >60 岁的老年人和男性更多见,呈半球形,有的像血性水疱。该类型恶性度高,生长迅速,诊断时一般浸润皮肤厚度较深。它多来源于痣,也可呈跳跃式生长,原发病灶处可以没有可疑的色素痣或损伤。

(三)恶性雀斑样黑色素瘤

恶性雀斑样黑色素瘤(lentigo maligna melanoma),表现为非

典型性黑色素瘤细胞沿真皮表皮 交界处呈线状或巢状增生,下延至毛囊壁和汗腺导管,并伴有严重的日光性损伤,同时有真皮内非典型性黑色素细胞浸润。较前两种少见,约占10%。通常发生于中老年人,在面部等常暴露于日光下的部位。该类型并不是由痣发展而来的,往往经暴晒后多年发病,早期表现为深色不规则的皮肤斑点,可被误认为"老年斑"或"灼伤斑"。

(四)肢端雀斑样黑色素瘤

肢端雀斑样黑色素瘤(acral lentiginous melanoma),白种人发病率低,约占5%,黏膜黑色素瘤也常归于此类,与紫外线关系不大。黄色人种和黑色人种以该类型最为多见,报道显示亚洲人高达58%,黑色人种占60%~70%。它好发于手掌、足跟、指趾、甲床和黏膜(鼻咽、口腔和女性生殖道等),由于发病部位特殊且隐匿,容易被忽视。近年来随着黑色素瘤的分子生物学特征、临床组织学特征和基因变异之间关系的研究不断深入,发现特定类型与特定的基因变异相关,新的分类法更有利于临床应用,包括分期、预后的判断以及治疗计划的确定等。

目前,国际上倾向于将黑色素瘤分为四种基本类型:肢端型、黏膜型、慢性日光损伤型(CSD)和非慢性日光损伤型(Non-CSD,包括原发病灶不明型)。其中日光损伤型主要包括头颈部和四肢黑色素瘤,日光暴露较多,高倍镜下可观察到慢性日光损伤小体,国外资料显示28%的黑色素瘤患者发生KIT基因变异(突变或拷贝数增多),10%发生BRAF变异,5%发生NRAS变异;肢端型和黏膜型发生KIT基因变异较多,其次为BRAF突变;非慢性日光损伤型,如躯干黑色素瘤,大部分发生BRAF基因V600E突变(60%)或NRAS突变(20%)。我国502例原发黑色素瘤标本KIT基因检测结果显示,总体突变率为10.8%,基因扩增率为7.4%;其中肢端型、黏膜型、慢性日光损伤、非慢性日光损伤型和原发病灶不明的分别为 11.9% 和 7.3%、9.6% 和 10.2%、20.7% 和 3.4%、8.1% 和 3.2% 及 7.8% 和 5.9%，这为我国患者使用 KIT 抑制药提供了理论基础。检测我国 468 例原发黑色素瘤标本，BRAF 突变率为 25.9%，肢端型和黏膜型黑色素瘤的突变率分别为 17.9% 和 12.5%，其中 BRAF - V600E 是最常见的突变位点(87.3%)，这为中国患者使用 BRAFV600E 抑制药(Vemurafenib)提供了理论基础。

三、黑色素瘤的诊断

【专家共识要点】　黑色素瘤的诊断包括病理学诊断标准和临床诊断标准。诊断方法主要包括查体、病理组织学检查和影像学检查(包括超声显像、CT、MRI 和 PET - CT)。强调早期诊断，NHMRC 更是指出"早期诊断即为挽救生命"。有条件时，可进行瘤组织的分子标志物检测，如 BRAF - V600E 和 CKIT 突变等。

典型的临床表现和体征是黑色素瘤诊断的常用方法。病理学检查是黑色素瘤确定诊断甚至分期的金标准，免疫组织化学染色是鉴别黑色素瘤的主要辅助手段。S100、HMB45 和波形蛋白(Vimentin)是诊断黑色素瘤的较特异指标，HMB45 在诊断恶性黑色素肿瘤方面比 S100 更具特异性。

(一)临床症状

皮肤黑色素瘤的早期临床症状可总结为"ABCDE 法则"：A：非对称(asymmetry)，色素斑的一半与另一半看起来不对称。B：边缘不 规则(border irregularity)，边缘不整或有切迹、锯齿等，不像正常色素痣那样具有光滑的圆形或椭圆形的轮廓。C：颜色改变(color variation)，正常色素痣 通常为单色，而黑色素瘤主要表现为污浊的黑色，也可有褐、棕、棕黑、蓝、粉、黑甚至白色等多种不同颜色。D：直径(diameter)，色素斑直径 >5 ~6 mm 或色素

斑明显长大时要注意；黑色素瘤通常比普通痣大，要留心直径 >
5 mm 的色素斑；直径大于 1 cm 的色素痣最好做活检评估。E：
隆起(elevation)，一些早期的黑色素瘤整个瘤体会有轻微的隆起。
"ABCDE 法则"的不足在于它没有将黑色素瘤 的发展速度考虑在
内。早期皮肤黑色素瘤进一步发展可出现卫星灶、溃疡、反复不
愈、区域淋巴结转移和移行转移。黏膜黑色素瘤，如口腔、会阴
部等可参考"ABCDE 法则"。晚期黑色素瘤根据不同的转移部位
症状不一，容易转移的部位为肺、肝、骨、脑。眼和直肠来源的黑
色素瘤容易发生肝转移。

（二）影像学诊断

影像学诊断必查项目包括区域淋巴结 B 超(颈部、腋 窝、腹
股沟、腘窝等)、胸部(X 线或 CT) 和腹部(B 超、CT 或 MRI)，根
据临床症状或经济情况可行全身骨扫描及头颅检查(CT 或
MRI)。有条件者，可做 PET - CT 全身扫描。对于原发于下腹部
皮肤、下肢或 会阴部的黑色素瘤，要注意行盆腔影像学检查(B
超、CT 或 MRI)，了解髂血管旁淋巴结情况。

（三）实验室检查

实验室检查包括血常规、肝肾功能和 LDH，LDH 越高预后越
差，有报道 LDH < 0.8 倍正常值的患者总生存期明显延长。黑色
素瘤尚无特异的血清肿瘤标志物。

（四）关于黑色素瘤的诊治流程

专家共识对黑色素瘤诊治流程和解读黑色素瘤诊治流程相关
内容可参见表 9 - 1 ~ 8。

表 9 – 1　黑色素瘤诊治流程

临床表现			病理报告 b	分期检查	确定临床分期
高度怀疑黑色素瘤	切除活检或活检 a	病理确诊	·肿瘤厚度 ·是否溃疡 ·有丝分裂率 ·有无脉管浸润 ·切缘 ·有无卫星灶 ·Clark 分级 ·免疫组化 ·基因突变情况	病 史 和 查体 ▷ ·注意局部和区域淋巴结 ▷ ·皮肤检查 ·影像学检查 c ·评估黑色素瘤危险因素	·0 期：原位癌 ·IA 期(无危险因素 d) ·IA 期(有危险因素) ·IB ~ IIA 期(中危) ·IIB ~ IIIA(高危) ·IIIB ~ IIIC 期(极高危)(区域淋巴结转移) ·IIIC 期(极高危)(移行转移) ·IV期(远处转移)

（1）注：a：对于临床初步判断无远处转移的黑色素瘤患者，切除活检一般建议完整切除，不主张穿刺活检或局部切除；如病灶面积过大或已有远处转移需要确诊的，可以行局部切除；b：病理报告中必须包括的内容为肿瘤厚度和是否溃疡，其余指标在有条件的单位尽量提供；c：区域淋巴结 B 超(颈部、腋窝、腹股沟、腘窝等)、胸部(X线或 CT)、腹部(B 超、CT 或 MRI)、全身骨扫描及头颅检查(CT 或 MRI)，对于原发于下腹部皮肤、下肢或会阴部黑色素瘤，要注意行盆腔影像学检查(B 超、CT 或 MRI)；d：危险因素包括厚度≥0.75 mm、有丝分裂率 1/mm^2、脉管浸润和 Clark 分级IV级。

表 9 - 2 黑色素瘤诊治流程

临床分期	治疗原则		辅助治疗
0 期	原发灶扩大切除 a		·定期查体
ⅠA 期	原发灶扩大切除 a 可考虑前哨淋巴结活检 b	前哨淋巴结阴性 前哨淋巴结阳性	·定期查体 参照Ⅲ期治疗
Ⅰ B ~ Ⅱ期	原发灶扩大切除 a ± 前哨淋巴结活检	前哨淋巴结阴性前哨淋巴结阳性	大剂量 α2b 干扰素 1 年或 1 月 (2b) 参照Ⅲ期治疗
ⅢA 期	原发灶扩大切除 a 区域淋巴结清扫 d	·大剂量 α2b 干扰素 1 年或 1 个月 (2b) e 或长效干扰素 5 年 (2b) ·淋巴结区放疗参照"辅助放疗原则"	随访 i
Ⅲ B ~ ⅢC 期	原发灶扩大切除 a 区域淋巴结清扫 d	临床试验 ·大剂量 a2b 干扰素 1 年 (2b) 或长效干扰素 5 年 (2b) f ·淋巴结区放疗参照"辅助放疗原则"	
ⅢC 期 (移行转移)	原发灶扩大切除 a	移行转移灶可以手术切除 移行转移灶不能手术切除	临床试验 ·大剂量 α - 2b 干扰素 (2b) 或长效干扰素 5 年 (2b) ILI (局部隔离肢体热灌注化疗) (2b)
黏膜黑色素瘤	原发灶手术	辅助放疗参照"辅助放疗原则"	辅助化疗 4 ~ 6 周期

注：a：扩大切除的切缘请参照"手术切缘（表5）"；b：有高危因素者可考虑行前哨淋巴结活检；c：在有条件的单位开展；d：参照"淋巴结清扫原则（表6）"；e：中国肢端黑色素瘤ⅡB～ⅢA期可考虑1月治疗（15MIU/m^2 d15×4w），1年治疗可按照国外标准剂量（20MIU/m^2 d15×4w，10MIU/m^2 tiw×48w）或中国患者治疗经验（15MIU/m^2 d15×4w，9MIU tiw×48w）；f：缺乏国内临床试验数据；g：参照"辅助放疗原则（表7）"；h：TMZ/DTIC 为主的全身化疗，鼻腔黑色素瘤还建议行局部放疗；i：参照"黑色素瘤诊治流程（4）"

表9－3　　黑色素瘤诊治流程

临床分期	治疗原则	一线或二线治疗	
Ⅳ期	单个转移灶或转移灶可完全切除的	·手术完整切除转移灶（2a） ·临床试验 ·大剂量 α－2b 干扰素（3）	
	转移灶不能手术切除	·临床试验 ·Ipilimumab（1）＊ ·Vemurafenib（BRAFV600E 抑制药）（1）＊ ·伊马替尼（KIT 抑制药）（2b） ·DTIC 或 TMZ 单药或联合治疗（2b） ·肝动脉介入化疗为主的全身治疗（肝转移）（3） ·紫杉醇 ＋铂类（二线）（2b）	随访

注：＊ 国内未上市，供参考，均已获得Ⅲ期临床结果；a：参照"黑色素瘤诊治流程（4）"

表 9 – 4 　黑色素瘤诊治流程

临床/病理分期	随访
0 期(原位癌)	·病史和查体(重点为皮肤和淋巴结)根据临床每年 1 次;对于可疑色素痣或痣,可定期拍照以作对照
Ⅰ A 期	·病史和查体(重点为皮肤和淋巴结)根据临床每 3 ~ 12 月 1 次,对于可疑色素痣或痣,可定期拍照以作对照 ·根据临床提示可行影像学检查,
Ⅰ B 期 ~ Ⅲ期	·病史和查体(重点为皮肤和淋巴结),对于可疑色素痣或痣,可定期拍照以作对照 >第 1 ~ 3 年每 3 ~ 6 月 1 次; >第 4 ~ 5 年每 4 ~ 12 月 1 次,以后根据临床 1 年 1 次 ·实验室检查:血常规,尿常规,大便常规,肝肾功能,LDH ·影像学检查:区域淋巴结 B 超(颈部、腋窝、腹股沟、腘窝等)、胸部(X 线或 CT)和腹部(B 超、CT 或 MRI),根据临床症状行全身骨扫描及头颅检查(CT 或 MRI),原发于下腹部皮肤、下肢或会阴部黑色素瘤,需行盆腔影像学检查(B 超、CT 或 MRI) >第 1 ~ 3 年每 3 ~ 6 月 1 次 >第 4 ~ 5 年每 6 ~ 12 月 1 次,以后根据临床 1 年 1 次
Ⅳ期	·病史和查体;实验室检查:血常规、尿常规、大便常规、肝肾功能、LDH ·影像学检查:区域淋巴结 B 超(颈部、腋窝、腹股沟、腘窝等)、胸部(X 线或 CT)和腹部(B 超、CT 或 MRI),根据临床症状或经济情况可行全身骨扫描及头颅检查(CT 或 MRI),对于原发于下腹部皮肤、下肢或会阴部黑色素瘤,要注意行盆腔影像学检查(B 超、CT 或 MRI)或 PET – CT >第 1 年每 3 月 1 次 >第 2 ~ 3 年每 6 月 1 次 >第 4 ~ 5 年每 6 ~ 12 月 1 次,以后根据临床 1 年 1 次。

表 9 – 5　黑色素瘤的手术切缘

肿瘤厚度	临床推荐切除边缘
原位	0. 5 cm
≤1. 0 mm	1. 0 cm(1 类)
1. 01 ~ 2 mm	1. 0 ~ 2. 0 cm(1 类)
2. 01 ~ 4 mm	2. 0 cm(1 类)
>4 mm	2. 0 ~ 3. 0 cm

注：(1) 切除边缘须根据解剖部位及美容需求调整，特殊部位(如脸部、耳部)等位置尽量保证切缘阴性即可；(2)对于原位恶性黑色素瘤，病理检查边缘阴性非常重要；(3) 切缘按照外科医师在术中测量为准。

表 9 – 6　黑色素瘤的淋巴结清扫原则

·区域淋巴结充分清扫

·受累淋巴结基部须完全切除；

·通常来说，切除和受检淋巴结个数如下：▷

　　腹股沟≥10 个；▷

　　腋窝≥15 个；▷

　　颈部≥15 个；

·在腹股沟区，如临床发现股浅淋巴结转移数≥3 个，选择性行髂窝和闭孔区淋巴结清扫；

·如果盆腔影像学提示或 Cloquet(股深) 淋巴结阳性需行髂窝和闭孔区淋巴结清扫

表 9 – 7 黑色素瘤的辅助放疗原则(3 类证据)

·原发灶由于特殊部位无法手术切净;

·淋巴结囊外侵犯;

·淋巴结直径≥3 cm;

·淋巴结受累 >3 个;

·颈部淋巴结转移≥2 个,直径≥2c,淋巴结清扫后局部再次复发;

·鼻咽、食管黏膜原发黑色素瘤的辅助放疗.

注:* :专家组认为目前缺乏中国循证医学证据,未达成广泛一致意见,故列为3 类证据。

表 9 – 8 黑色素瘤的姑息放疗原则

骨转移的放疗:姑息止痛、减压或预防病理性骨折

脑转移(首选立体定向治疗,如转移灶 >5 个,直径≥3 cm,可考虑全脑放疗);

脑转移灶切除后可行全脑放疗

四、黑色素瘤的治疗

黑色素瘤早期治疗以手术为主,手术方式为扩大切除,扩大切除范围根据肿瘤分期(浸润深度)决定。浸润深度≥1 mm 或伴原发灶溃疡建议行前哨淋巴结活检。前哨淋巴结活检阳性(淋巴结中肿瘤直径≥0.1 mm)或临床诊断为区域淋巴结转移的患者应行区域淋巴结清扫。对于移行转移的患者建议行隔离肢体热灌注化疗(ILP)或隔离肢体热输注化疗(ILI)。辅助治疗推荐 1 年高剂量 α – 2b 干扰素治疗,主要适应人群为 ⅡB 期以上(含 ⅡB 期)的高危术后患者,治疗剂量为 20 MIU/m^2,每日 2 次,连用 4 周(诱导期)和 10 MIU/m^2,每日 3 次,连用 48 周(维持期)。区域淋巴结转移≥3 个、区域淋巴结未能清扫彻底、转移淋巴结囊外侵犯或转移淋巴结直径≥3 cm 建议行区域淋巴结的辅助放疗。NCCN 在 2011 年已将 Ipillimumab(抗 CTLA4 单抗)列为标准治

疗，证据级别为 1 类。

（一）黑色素瘤的外科治疗

1. 活检

对于早期黑色素瘤一定要完整切除可疑病灶，获取准确的 T 分期，除颜面部等特殊部位的肿瘤可以考虑全层切取活检外，尽量避免局部活检或针吸活检。如果肿瘤巨大破溃，或已经明确发生转移，可进行病灶的穿刺或切取活检。

2. 扩大切除

早期黑色素瘤在活检确诊后应尽快行原发灶扩大切除手术。扩大切除的安全切缘是根据病理报告中的肿瘤浸润深度来决定的，具体如下：病灶厚度 ≤1.0 mm 时，安全切缘为 1 cm；厚度在 1.01～2 mm 时，安全切缘为 1～2 cm；厚度在 >2 mm 时，安全切缘为 2 cm。当厚度 >4 mm 时，有学者认为安全切缘应为 3 cm，但目前的循证医学证据还是支持安全切缘为 2 cm 就已足够。

3. 前哨淋巴结清扫

前哨淋巴结清扫（sentinel lymph node biopsy, SLNB）对于厚度 ≥1 mm 或有溃疡的患者推荐做前哨淋巴结活检，可与完整切除的同时或分次进行。前哨淋巴结活检有助于准确获得 N 分期，如果发现前哨淋巴结阳性，一般应及时进行淋巴结清扫。

4. 淋巴结清扫

不建议行预防性淋巴结清扫。前哨淋巴结阳性或临床诊断黑色素瘤为Ⅲ期的患者在扩大切除的基础上应行区域淋巴结清扫，要求受累淋巴结基部完全切除，腹股沟淋巴结清扫要求至少应在 10 个以上，颈部及腋窝淋巴结应至少清扫 15 个；在腹股沟区，如临床发现股浅淋巴结转移数 ≥3 个，应行髂窝和闭孔区淋巴结清扫。如果盆腔影像学提示 Cloquet 淋巴结阳性则应当行髂窝和闭孔区淋巴结清扫。

5. 黑色素瘤已发生转移病灶的处理

Ⅳ期黑色素瘤患者孤立的转移灶，或Ⅳ期黑色素瘤患者如果表现为孤立的转移灶，也可以考虑手术切除。

SWOG9430 研究发现Ⅳ期孤立转移的患者术后的中位总生存期(OS)可达到 19 个月，5 年生存率为 20%，远远超过以往Ⅳ期患者 6~8 个月的中位 OS。2008 年 ASCO 报告的一项回顾性研究，分析了从 1991 年至 2008 年的 900 例肝转移的黑色素瘤患者，共 54 例接受了手术，与未手术组相比，中位 OS 分别为 29 个月和 7 个月，5 年生存率分别为 33% 和 5%。

（二）黑色素瘤的辅助治疗

黑色素瘤术后患者的预后根据危险因素不同而不同。根据病灶浸润深度、有无溃疡、淋巴结转移情况等危险因素，一般将术后患者分为 4 类：①ⅠA 期(低危)；②ⅠB~ⅡA 期(中危)；③ⅡB~ⅢA 期(高危)；④ⅢB~Ⅳ期(极高危)。低危患者有可能长期存活，5 年生存率为 95% 左右。中危患者术后 5 年生存率为 80% 左右，高危和极高危患者的 5 年生存率 10%~50% 不等。不同危险度的患者应选择不同的辅助治疗。目前，对于低、中、高危患者的辅助治疗，已达成广泛共识，而极高危患者的辅助治疗还存在争议。某些特殊类型的黑色素瘤应区别对待。

1. 低危黑色素瘤患者

对于低危黑色素瘤患者未进行相关的临床试验，一项回顾性研究在随访 5 年后显示，厚度 <0.5 mm 的患者很少出现复发和死亡。目前无推荐的辅助治疗方案，更倾向于预防新的原发病灶的出现，以观察为主。

2. 中高危黑色素瘤患者

中高危患者 中高危黑色素瘤患者复发与死亡的危险明显升高，超过 25%。已进行了多个相关辅助治疗的临床试验，如黑色素瘤疫苗(包括全细胞疫苗、树突状细胞疫苗、肽疫苗、神经节苷脂疫苗、DNA 疫苗和病毒性疫苗等)、低中剂量干扰素、化疗、生物化疗、大剂量干扰素等，除大剂量干扰素(α-2b)以外，上述所有其他治疗均与安慰剂无显著差异。但多个Ⅲ期随机对照临床试验都证明了大剂量干扰素(α-2b)能延长患者的无复发生存和总生存,因此美国食品与药物管理局(FDA)在1995年批准了连用1年的高剂量IFN-α(20 MIU/m² d15×4w,10 MIU/m² tiw×48w)作为辅助治疗高危复发的黑色素瘤患者。2011年,FDA新批准长效α干扰素(治疗5年)作为高危黑色素瘤患者的推荐治疗,原发灶溃疡患者更为获益,但长效干扰素缺乏我国患者的应用经验。

3. 极高危黑色素瘤患者

极高危黑色素瘤患者的辅助治疗模式仍然在进一步尝试中,尚无标准治疗方案,但仍以高剂量干扰素治疗为主。

我国黑色素瘤患者应用α干扰素治疗的推荐剂量可以沿用国外的α干扰素的标准剂量(20 MIU/m² d15×4w,10 MIU/m² tiw×48w)治疗1年;2011年EJC杂志发表了147例中国肢端黑色素瘤应用高剂量α干扰素的结果,对于ⅢB~ⅢC期和转移淋巴结≥3个的极高危肢端黑色素瘤患者,也可选择(15 MIU/m² d15×4w,9 MIU tiw×48w)治疗1年方案,对于ⅡB~ⅢA期的高危肢端黑色素瘤患者也可使用治疗1个月方案(15 MIU/m² d15×4w)。

4. 黑色素瘤的放疗

一般认为黑色素瘤对放疗不敏感,但在某些特殊情况下放疗仍是一项重要的治疗手段。黑色素瘤的放疗分为辅助放疗和姑息放疗,前者主要用于淋巴结清扫和某些头颈部黑色素瘤(尤其是鼻腔)的术后补充治疗,可进一步提高局部控制率;后者主要用于黑色素瘤骨转移和脑转移(详见姑息放疗原则)。但由于缺乏国内的循证医学证据,专家组对此没有达成广泛一致意见。故本指南中作为推荐辅助放疗的3类证据。

5. 黑色素瘤的全身治疗

晚期黑色素瘤预后差,尚无有效的治疗手段,一般采用以内科治疗为主的综合治疗,并推荐患者参加新药临床试验。据统计，黑色素瘤 M1a 期中位总生存率(OS)为 15 个月，M1b 期为 8 个月，肝、脑转移者为 4 个月，骨转移为 6 个月。总体中位 OS 为 7.5 个月，2 年生存率 15%，5 年生存率约 5%。30 年来，FDA 仅批准了 DTIC 和高剂量 IL2 治疗晚期黑色素瘤，但有效率低，不能明显延长生存。近 2 年来，晚期黑色素瘤的治疗取得了突破性进展，个体化靶向治疗和免疫靶向治疗是目前研究的方向，并取得较好的疗效。

6. 关于采用 Ipilimumab 靶向治疗黑色素瘤

2011 年 3 月 25 日美国 FDA 批准了靶向免疫治疗药物。Ipilimumab(yervoy, Ipi)用于治疗晚期黑色素瘤，这是近 30 年来首个被证明能延长晚期黑色素瘤患者生存的药物，也是近 10 余年来唯一一个获得 FDA 批准用于晚期黑色素瘤治疗的药物 Ipi 能够得到批准，是由于刊登在《新英格兰医学杂志》的一项Ⅲ期随机对照临床研究的结果证实了 Ipi 能够延长晚期黑色素瘤患者的生存期。Ipi 是一种抗 CTLA4 单克隆抗体，CTLA4 是一种在 T 细胞膜表面表达的抑制性受体。正常情况下，T 细胞的激活依赖于第一信号(抗原 – 抗体复合物形成)和第二信号(B7 介导的活化信号)双活化。而 CTLA4 与 B7 结合将产生抑制性信号而抑制 T 细胞的活化。Ipi 能阻断 CTLA4 与 B7 的结合，使免疫抑制去除，从而调动特异性抗肿瘤免疫反应。Ipi 的这项Ⅲ期研究包含了 Ipi 组、Ipi + gp100 疫苗组和单纯 gp100 疫苗组，入组患者均为其他方法反复治疗失败的进展期黑色素瘤患者，最终结果显示 Ipi 单药组的中位总生存率(OS)最佳(10.1 个月)，较单纯疫苗组延长 3.7 个月($P = 0.002$)，降低死亡风险达 32% ~ 34%。目前推荐 Ipi 的剂量为 3 mg/kg，90 分钟内静脉滴注完毕，每 3 周重复静脉滴注 1 次，连续使用 4 个周期。Ipi 在国内未上市，还缺乏中国患者应用的经验。

7. 关于采用 Vemurafenib(BRAFV600E 抑制药)治疗黑色素瘤

在欧美白种人中 BRAFV600E 突变的黑色素瘤约占 50%，Vemurafenib(Zelboraf) 是近年来研制的 BRAFV600E 抑制药，对黑色素瘤Ⅰ期和Ⅱ期的患者临床试验已证实了其对 BRAFV600E 突变黑色素瘤患者的有效性，有效率为 60% ~ 80%。BRIM3 试验为一项多中心Ⅲ期随机对照研究，比较 Vemurafenib 与Ⅳ期黑色素瘤化疗的金标准单药达卡巴嗪(DTIC)在 BRAFV600E 突变患者中的疗效。在 103 个中心共入组 675 例不能手术切除的Ⅲ期或Ⅳ期的初治黑色素瘤患者，结果 Vemurafenib 组的客观有效率(RR)达到 48.4%，而 DTIC 组仅 5.5%，所有的亚组分析均证明 Vemurafenib 组均比 DTIC 组提高了无进展生存期(PFS)和 OS，其风险比分别是 0.26 和 0.37。Vemurafenib 在我国未上市，我国黑色素瘤中 BREFV600E 变异率接近 26%，虽然不如白种人约 50% 的变异率高，但仍然有可能通过这个药物解决 1/4 的黑色素瘤患者的问题，对于我国黑色素瘤的治疗也有着十分重要的意义，故在本指南中也将 Vemurafenib 作为 BREFV600E 突变患者的一类证据推荐。

8. 关于采用伊马替尼(KIT 抑制药)治疗黑色素瘤

针对 KIT 变异药物的临床研究中规模最大的是来自中国的一项Ⅱ期临床研究，该研究结果在 2011 年 6 月 20 日 JCO 杂志得以发表。43 例来自全国多个中心的 KIT 基因突变或扩增的晚期黑色素瘤患者接受了伊马替尼治疗，结果显示 6 个月的 PFS 率为 36.6%，中位 PFS 为 3.5 个月。相比其他外显子突变的患者，11 号或 13 号外显子突变患者的中位 PFS 更长，另外多发 CKIT 变异的患者较单发的 PFS 长(差异均无统计学意义)。10 例患者(23.3%)获 PR，13 例患者(30.2%)SD，20 例患者(46.5%)PD。虽然有效率不如 BRAFV600E 抑制药，但与目前大部分治疗缺乏明确预测疗效的因子相比，该研究的 1 年生存率达到 51.0%，中位 OS 达到 14 个月；并且获得 PR 或 SD 患者的中位 OS 为 15 个月，与疾病进展的患者相比，差异有统计学意义（$P = 0.036$）。故本指南也将伊马替尼作为 KIT 突变或扩增的晚期黑色素瘤患者的Ⅱ类证据推荐。

9. 黑色素瘤的化疗

由于 Ipi 和 Vemurafenib 尚未在国内上市，化疗药物仍然是重要的治疗手段。一线治疗推荐 DTIC 单药、替莫唑胺（TMZ）或 TMZ/DTIC 单药为主的联合治疗（如联合顺铂或福莫斯汀）；二线治疗一般推荐紫杉醇联合卡铂方案。长期以来，DTIC 是晚期黑色素瘤内科治疗的"金标准"，目前其他化疗药物在总生存上均未超越 DTIC。1998 年至 2006 年间 4 项Ⅲ期多中心随机对照研究显示，单药 DTIC 的有效率为 7.5% ~ 12.2%，中位 PFS 不到 2 个月，中位 OS 为 5 ~ 6 个月。新的化疗药物如 TMZ 和福莫斯汀，虽然在疗效上并未明显超越 DTIC，但两者能透过血脑屏障，治疗和预防脑转移，因此在欧洲和北美很多国家用于黑色素瘤的一线治疗。TMZ 为口服制剂，与 DTIC 结构相似，疗效不差于 DTIC，故 NCCN 推荐两者均可作为转移性黑色素瘤的一线治疗用药。2008 年 NCCN 黑色素瘤治疗指南（第 1 版）新增紫杉醇 ± 卡铂作为晚期黑色素瘤二线推荐治疗，主要证据来源于 Rao 等 2006 年发表的对既往接受卡铂 + 紫杉醇治疗的回顾性分析，总有效率约 26%，但缺乏与 DTIC 的对比研究结果。

五、总结

2008 年 NCCN 黑色素瘤治疗指南（第 1 版）的建议可作为临床实践的重要参考，但是具体患者的个体化治疗需要临床医生全面考虑多种因素，例如当地医疗条件、专业水平、患者的需求、愿望和期望等，应综合分析归纳而决定。

（吴宏伟　杨硕　李先安）

参考文献

[1] Ahmedin J, Freddie B, Melissa MC, et al. Global Cancer Statistics[J]. Ca Cancer J Clin, 2011, 61: 69 - 90.

[2] Boyle P, Ferlay J. Cancer incidence and mortality in Europe, 2004[J]. Ann Oncol, 2005, 16(3): 481 - 488.

[3] Rebecca S, Elizabeth W, Otis B, et al. The impact of eliminating socioeconomic and racial disparities on premature cancer deaths[J]. CA Cancer J Clin, 2011, 61: 212 - 236.

[4] Desmond RA, Soong SJ. Epidemiology of malignant melanoma[J]. Surg Clin North Am, 2003, 83(1): 1 - 29.

[5] 郭军主译. 黑色素瘤的预防、诊断和治疗[M]. (第2版). 北京: 北京大学医学出版社, 2008: 51 - 55.

[6] Essner R, Lee JH, Wanek LA, et al. Contemporary surgical treatment of advancedstage melanoma[J]. Arch Surg, 2004, 139(9): 961 - 966.

[7] Chun YS, Wang Y, Wang DY, et al. Prognostic value of S100B levels and LDH levels in melanoma patients[J]. J Clin Oncol, 2008, 26(Suppl): a9002.

[8] Lens M. Current clinical overview of cutaneous melanoma[J]. Br J Nurs, 2008, 17(5): 300 - 305.

[9] Ferlay J, Shin HR, Bray F, et al. Estimates of worldwide burden of cancer in 2008: GLOBOCAN 2008[J]. Int J Cancer, 2010, 127(12): 2893 - 2917.

[10] Leiter U, Garbe C Epidemiology of melanoma and nonmelanoma skin cancerthe role of sunlight[J]. Adv Exp Med Biol, 2008, 624: 89 - 103.

[11] High WA, Robinson WA. Genetic mutations involved in melanoma: a summary of our current understanding [J]. Adv Dermatol, 2007, 23: 61 - 79.

[12] Curtin JA, Busam K, Pinkel D, et al. Somatic activation of KIT in distinct subtypes of melanoma[J]. J Clin Oncol, 2006, 24 (26): 4340 - 4346.

[13] Curtin JA, Fridlyand J, Kageshita T, et al. Distinct sets of genetic

alterations in melanoma[J]. N Engl J Med, 2005, 353 (20): 2135
-2147.

[14] Ugurel S, Hildenbrand R, Zimpfer A, et al. Lack of clinical efficacy of
imatinib in metastatic melanoma[J]. Br J Cancer, 2005, 92(8): 1398
-1405.

[15] Wyman K, Atkins MB, Prieto V, et al. Multicenter phase II trial of high-
dose imatinib mesylate in metastatic melanoma: Significant toxicity with no
clinical efficacy[J]. Cancer, 2006, 106 (9): 2005 -2011.

[16] Mueller CS, Reichrath J. Histology of melanoma and nonmelanoma skin
cancer[J]. Adv Exp Med Biol, 2008, 624: 215 -226.

[17] Chang JW, Yeh KY, Wang CH, et al. Malignant melanoma in Taiwan: a
prognostic study of 181 cases[J]. Melanoma Res, 2004, 14(6): 537
-541.

[18] Hudson DA, Krige JE. Melanoma in black South Africans[J]. J Am Coll
Surg, 1995, 180(1): 65 -71.

[19] Lavie A, Desouches C, Casanova D, et al. Surgical management of
cutaneous malignant melanoma[J]. Ann Chir Plast Esthet, 2007, 52(1):
1 -13.

[20] Sebastian G. Cutaneous malignant melanoma. Excision margins and lymph
node dissections[J]. Hautarzt, 2006, 57(9): 756 -763.

[21] Lens MB, Dawes M, Goodacre T, et al. Excision margins in the treatment
of primary cutaneous melanoma: a systematic review of randomized
controlled trials comparing narrow vs wide excision[J]. Arch Surg, 2002,
137(10): 1101 -1105.

[22] Thomas JM, Newton-Bishop J, A'Hern R, et al. Excision margins in
highrisk malignant melanoma[J]. N Engl J Med, 2004 -861

[23] Veronesi U, Cascinelli N, Adamus J, et al. Narrow excision (1 cm
margin): a safe procedure for thin cutaneous melanoma. The results of an
international randomized clinical trial[J]. Arch Surg, 1991, 126(4): 438
-441.

[24] Joshua EL, Rory RD, Omar P, et al. Cutaneous melanoma: Detecting it

earlier, weigining management options[J]. J Fam Pract, 2007, 56(1): 18-28.

[25] Albertini JG, Elston DM, Libow LF, et al. Mohs micrographic surgery for melanoma: a case series, a comparative study of immunostains, an informative case report, and a unique mapping technique[J]. Dermatol Surg, 2002, 28(8): 656-665.

[26] Etzkorn JR, Cherpelis BS, Glass LF, et al. Mohs surgery for melanoma: rationale, advances and possibilities[J]. Expert Rev Anticancer Ther, 2011, 11(7): 1041-1052.

[27] Mocellin S, Hoon DS, Pilati P, et al. Sentinel lymph node molecular ultrastaging in patients with melanoma: a systematic review and meta-analysis of prognosis[J]. J Clin Oncol, 2007, 25(12): 1588-1595.

[28] Keijzer R, Bril H, van der Loo EM, et al. Important prognostic significance of a sentinel-node biopsy in patients with malignant melanoma[J]. Ned Tijdschr Geneeskd, 2004, 148(18): 884-888.

[29] Donald LM, Thompson JF, Alistair JC, et al. Sentinel-node biopsy or nodal observation in melanoma[J]. N Engl J Med, 2006, 355(13): 1307-1317.

[30] Lock-Andersen J, Horn J, Sjøstrand H. Prognosis after sentinel node biopsy in malignant melanoma[J]. Ugeskr Laeger, 2006, 168(25): 2457-2462.

[31] Mann GB, Coit DG. Does the extent of operation influence the prognosis in patients with melanoma metastatic to inguinal nodes? [J]. Ann Surg Oncol, 1999, 6(3): 263-271.

[32] Strobbe LJ, Jonk A, Hart AA, et al. Positive iliac and obturator nodes in melanoma: survival and prognostic factors[J]. Ann Surg Oncol, 1999, 6(3): 255-262.

[33] Karakousis CP. Therapeutic node dissections in malignant melanoma[J]. Semin Surg Oncol, 1998, 14(4): 291-301.

[34] Wells KE, Stadelmann WK, Rapaport DP, et al. Parotid selective lymphadenectomy in malignant melanoma[J. Ann Plast Surg, 1999, 43

(1): 1 - 6.

[35] Karakousis CP. The technique of popliteal lymph node dissection[J. Surg Gynecol Obstet, 1980, 151(3): 420 - 423.

[36] Smith TJ, Sloan GM, Baker AR. Epitrochlear node involvement in melanoma of the upper extremity[J. Cancer, 1983, 51(4): 756 - 760.

[37] Karakousis CP, Hena MA, Emrich LJ, et al. Axillary node dissection in malignant melanoma: results and complications [J. Surgery, 1990, 108 (1): 10 - 17.

[38] Karakousis CP, Goumas W, Rao U, et al. Axillary node dissection in malignant melanoma[J]. Am J Surg, 1991, 162(3): 202 - 207.

[39] Cascinelli N, Morabito A, Santinami M, et al. Immediate or delayed dissection of regional nodes in patients with melanoma of the trunk: A randomised trial. WHO Melanoma Programme [J] Lancet, 1998, 351 (9105): 793 - 796.

[40] Carling T, Pan D, Ariyan S, et al. Diagnosis and treatment of interval sentinel lymph nodes in patients with cutaneous melanoma [J]. Plast Reconstr Surg, 2007, 119(3): 907 - 913.

[41] Thompson JF, Hunt JA, Shannon KF, et al. Frequency and duration of remission after isolated limb perfusion for melanoma[J]. Arch Surg, 1998, 132(8): 903 - 907.

[42] Lienard D, Eggermont AM, Kroon BB, et al. Isolated limb perfusion in primary and recurrent melanoma: Indications and results [J]. Semin Surg Oncol, 1998, 14(3): 202 - 209.

[43] Lindner P, Doubrovsky A, Kam PCA, et al. Prognostic factors after isolated limb infusion with cytotoxic agents for melanoma[J]. Ann Surg Oncol, 2002, 9(2): 127 - 136.

[44] Buzzell RA, Zitelli JA. Favorable prognostic factors in recurrent and metastatic melanoma [J]. J Am Acad Dermatol, 1996, 34 (5): 798 - 803.

[45] Wong SL, Coit DG. Role of surgery in patients with stage IV melanoma[J]. Curr Opin Oncol, 2004, 16(2): 155 - 160.

[46] Petersen RP, Hanish SI, Haney JC, et al. Improved survival with pulmonary metastasectomy: an analysis of 1720 patients with pulmonary metastatic melanoma[J]. J Thorac Cardiovasc Surg, 2007, 133(1): 104 -110.

[47] Cascinelli N, Belli F, MacKie RM, et al. Effect of longterm adjuvant therapy with interferon alpha2a in patients with regional node metastases from cutaneous melanoma: a randomized trial [J]. Lancet, 2001, 358 (9285): 866 -869.

[48] Grob JJ, Dreno B, de la Salmoniere P, et al. Randomized trial of interferon alpha2a as adjuvant therapy in resected primary melanoma thicker than 1. 5 mm without clinically detectable node metastases. French Cooperative Group on Melanoma[J]. Lancet, 1998, 351(9120): 1905 -1910.

[49] Pehamberger H, Soyer H, Steiner A, et al. Adjuvant interferon alfa2a treatment in resected primary stage Ⅱ cutaneous melanoma. Austrian Malignant Melanoma Cooperative Group[J]. J Clin Oncol, 1998, 16(4): 1425 -1429.

第十章　甲状腺癌诊断与治疗专家共识

甲状腺癌是内分泌系统最常见的恶性肿瘤，约占所有恶性肿瘤的1%，甲状腺癌可以发生于任何年龄，但女性多见。甲状腺癌从病理学方面主要分为乳头状甲状腺癌、滤泡型甲状腺癌、髓样甲状腺癌及未分化甲状腺癌等4种类型。

一、流行病学

【专家共识要点】　甲状腺结节中甲状腺癌的患病率为7%～15%，而其中绝大多数（>90%）为分化型甲状腺癌（differentiated thyroid cancer，DTC），包括乳头状甲状腺癌（papillary thyroid carcinoma，PTC）和滤泡状癌（follicular thyroid carcinoma，FTC）。

【专家共识解读】　甲状腺癌是最常见的内分泌恶性肿瘤之一，虽只占全身恶性肿瘤的1%，但其发病率呈逐年上升的趋势[1,2]。2012年的国际癌症中心数据显示，全球男性甲状腺癌年龄标准化发病率为1.9/10万人，与2008年相比增长了26%，女性的发病率为6.1/10万人，增长了29.8%。在我国，同年的甲状腺癌年龄标准化发病率已达2.8/10万人，其中女性的发病率为4.4/10万人，居女性最常见恶性肿瘤第9位，男女发病率比例约为1:3.3[2]。在甲状腺癌中，绝大多数为滤泡上皮细胞来源，其中高分化的乳头状甲状腺癌（PTC）和甲状腺滤泡状癌（FTC）占总数的85%以上。[3]

二、发病因素

【专家共识要点】

（1）癌基因：目前的医学研究主要着眼于基因突变对甲状腺的影响，主要分子标记物包括 BRAF 基因和 RAS 基因点突变以及 RET/PET 和 PAX8/PPARγ 重排。

（2）电离辐射：放射线作为致甲状腺癌的因素之一，已经广为接受。因为放射线诱导细胞突变，并促使突变的细胞生长，在亚致死量下，可杀灭部分细胞而致减少 TSH 分泌，反馈到脑垂体的促甲状腺细胞，增加 TSH 的产生，从而促进具有潜在恶性的细胞增殖，癌变。

（3）碘（I）摄入：在甲状腺癌高发的地区夏威夷进行的一项研究发现，高碘摄入量是甲状腺癌的危险因素。

（4）性别与女性激素：甲状腺癌发病性别差异较大，女性明显高于男性。

（5）家族因素：在一些甲状腺癌患者中，也可见到一个家庭中一个以上成员同患甲状腺癌者。

【专家共识解读】

（1）癌基因：BRAF 基因可能作为一个判断甲状腺乳头状癌（PTC）预后的重要指标。研究发现，甲状腺癌中 BRAF 基因的突变率为 29%～83%，而点突变阳性 PTC 患者的肿瘤更具有侵袭性，且治疗后的复发率也更高[4]。一些研究显示，RAS 基因突变与甲状腺癌的侵袭行为、远处转移和不良的临床预后有关[5]。如 Garcia 等报道称，RAS 基因突变与肿瘤去分化、大体积肿瘤、血管侵袭、远处转移、生存率低相关[6]。

（2）电离辐射：人甲状腺癌的发生与放射线因素相关性，他们是 Duffy 与 Fitzgerald[7]1950 年首次提出，他们报道，28 例接受 X 线放射治疗的胸腺肥大小儿及青少年患者，10 年在放射后若干年，发生了甲状腺癌。在日本原子弹爆炸幸存者中甲状腺肿瘤的发病率明显增加，据 Tronko 等报道[8]，自 1986 年发生切尔诺贝利核电站事故后，1990—1997 年间，乌克兰幼儿及青少年甲状腺癌患病率明显上升，大多数发生在接受放射性 5Gy 地区内，甲状腺癌的危险性随接受辐射的年龄增加而降低，即幼儿较成人的危险性高。

（3）碘摄入：Kolonel 等[9]在甲状腺癌高发的地区夏威夷进行了病例对照研究，发现高碘摄入量是甲状腺癌的危险因素。

Knobel 等[10]认为，通过对流行病学资料的比较研究，即便不能确定高碘是否增加甲状腺癌的患病率. 但是可以肯定的是，在长期碘缺乏地区食物加碘后，引起了甲状腺癌组织类型的改变，即甲状腺乳头状癌的增加和甲状腺滤泡状癌的降低。国外相关报道. 奥地利实行普遍食盐加碘后，甲状腺癌的发病率由每年的 3.1/10 万人上升为 7.8/10 万人，其中乳头状癌占 54.4[11]，认为可能与低碘地区过度补碘或在碘充足地区盲目补碘有一定的关系。关海霞等[12]调查发现，自 1994 年以来，黄骅地区（高碘地区）甲状腺癌患病率明显高于碘充足和碘缺乏地区：低碘和碘超足量地区，甲状腺癌的发生率几乎为零，而水源性高碘的黄骅地区甲状腺癌的发病率高达 19.37/10 万人。显著高于甲状腺癌的国际发病水平，而且全部病例都是甲状腺乳头状癌[13]。朱有志等[14]研究了不同碘营养水平地区分化型甲状腺癌的流行病学特征，其结果显示：高碘地区甲状腺癌的发病率远高于适碘地区，其中主要是乳头状癌（95%），未分化癌非常罕见（0.1%）。

（4）性别与女性激素：甲状腺癌发病性别差异较大，女性明显高于男性。

激素相关癌在美国约占全部恶性肿瘤的 30%，来自动物实验和人类流行病学和内分泌学研究的数据，支持一下论点：激素可控制靶器官的正常生长，也创造一个适宜肿瘤转化的环境。今年研究显示，雌激素也影响甲状腺的生长，主要是促使垂体释放 TSH 而作用于甲状腺，因而当血清雌激素水平升高时，TSH 水平也升高。至于雌激素是否直接作用于甲状腺，尚不清楚。

（5）家族因素：在一些甲状腺癌患者中，也可见到一个家庭中一个以上成员同患甲状腺癌者。

Stoffer 等报道，甲状腺乳头状癌家族中 3.5% ~ 6.2% 同患甲状腺癌[15]，尤其来源于滤泡旁细胞的家族性甲状腺髓样癌和来源于滤泡细胞的家族性非甲状腺髓样癌。

三、临床表现

【专家共识要点】

（1）症状：甲状腺不规则实性或者囊实性肿块，无疼痛，多在无意中或体检时发现。随着肿块进一步增大，患者可出现不同程度的声音嘶哑、呼吸困难或者吞咽困难。一部分患者，因颈部转移性肿物或肺部、骨等其他部位的转移灶为就诊原因。

（2）体征：甲状腺部可扪及到肿块，质地硬，边界不清，表面欠光滑，可随吞咽上下活动，如果肿块侵犯气管或周围组织时则位置较为固定。

【专家共识解读】

甲状腺乳头状癌患者以女性为多，男女比例约 1∶3，年龄 6 – 72 岁，20 岁后明显增多，31 ~ 40 岁组患病最多，占 30%，50 岁后明显减少。甲状腺乳头状癌淋巴结转移机会多，临床触不到淋巴结的患者，经选择性颈清扫术后，病理检查结果有 46% ~ 72% 的病例有淋巴结转移[16]。有些患者以颈部淋巴结肿大来就诊，甲状腺内肿物可能已经数月或数年。因甲状腺内肿物发展较慢，且无特殊体征，常被误诊为良性，肿物可以很小，仅 0.5 ~ 1.0 cm。晚期可以明显肿大，直径可达 10 cm 以上。呈囊性或部分呈囊性，侵犯气管或其他周围器官时肿物固定。侵犯喉返神经出现声音嘶哑，压迫气管移位或肿瘤侵入气管内出现呼吸困难。淋巴结转移多至颈深中组及颈深下组，晚期可转移至上纵隔。血行转移较少，约4%～8%，多见于转移至肺或骨[17]。

四、实验室及辅助检查

【专家共识要点】　甲状腺癌最常规的检查方法是行甲状腺B超和甲状腺功能检测。如果甲状腺肿物较大或者位于胸骨后方，出现呼吸或者吞咽困难，就需要行颈部及胸部的增强CT和纤维喉镜检查。如果考虑存在骨转移，就需要进行骨扫描检查。细针穿刺活检（FNA）是目前较安全、可靠的甲状腺肿瘤术前诊断方法。

【专家共识解读】

（1）颈部正侧位X线片：可用于对甲状腺肿块的定位，并观察有无胸骨后扩展、气管受压或钙化等。X线片上如表现肿瘤中出现钙化：①体积较大且外形完整的致密钙化，多为生长多年的结节性甲状腺肿；②细小或小絮片状，显影较淡的散在钙化，常为恶性。气管受压官腔变窄超过内径一半以上时，应排除恶性。颈部侧位片显示椎前软组织明显增厚时，常为肿瘤向气管后延伸的表现，手术时应采取谨慎态度。

（2）胸部及骨骼X线片：常规胸片观察有无转移病灶，必要时行骨骼摄片。本病可发生骨转移，以颅骨较多，次为胸骨柄、锁骨、肋骨、脊椎等。骨转移一般表现为溶骨性破坏，无骨膜反应，可侵犯临近软组织。

（3）CT：CT检查对大多数病例可提出良恶性诊断依据，而且可明确显示病变范围及淋巴结转移情况，尤其对胸内扩展的病变范围以及邻近大血管的关系，为制定治疗方案提供可靠依据。

（4）超声诊断：彩色B型超声（简称彩超）检查应作为首选常规检查，由于彩超在国内普及率广，且经济、无创、易被患者接受，因此在甲状腺癌的临床诊断中具有独到的优势，为了更准确地确定病变范围，建议对考虑甲状腺肿瘤的恶性者，在术前应对甲状腺体及颈部淋巴结进行超声检查。甲状腺彩超检查有助于诊断，腺瘤的声像图，一般显示圆或椭圆形肿物，边界清楚，实性者，内部回声高于正常甲状腺，呈均匀性强回声光团；囊腺瘤则呈不均匀回声或无回声。恶性肿瘤超声检查，边界不清，内部回声不均匀，多数呈实质性低弱回声，后方回声减弱，瘤体内常见钙化强回声。

（5）细针穿刺活检（FNA）：对甲状腺肿瘤的诊断准确率可超过90%，其中假阴性率小于5%。因此对于甲状腺可疑肿块，可以通过FNA来进行诊断。FNA对肿块大小在1~4 cm的病灶诊断准确率最高，但如肿物过小（<1 cm）或过大（>4 cm）都因不利于取材而造成诊断准确率下降。此外，FNA的诊断准确率还与肿瘤的病理类型有关，临床上有15%~25%的FNA无法提供明确诊断，此时亦可在超声引导下再次行FNA穿刺检查以提高取材准确率。也可以对小于1 cm的肿块进行定期随访观察

五、治疗

【专家共识要点】

1. 外科治疗

（1）甲状腺癌原发病灶的外科治疗

甲状腺癌肿块限于一侧腺体，目前所采用的术式有两种：全甲状腺切除术或近全甲状腺切除术及患侧腺叶合并峡部切除术。两种术式的选择处决于是否存在高危因素。双侧腺体受累或有多发癌灶，此种情况需施行全甲状腺切除术或近全甲状腺切除术。癌累及甲状腺外组织的甲状腺癌与周围组织粘连，一般见于两种情况，一为癌周纤维组织粘连，另为癌侵犯。前一种情况，术中如可分离，应尽量保留被粘连的器官，如果器官确受侵犯，则需牺牲受累的组织或器官，与肿瘤一并彻底切除。

（2）颈淋巴结转移癌的外科治疗

对临床发现中央区淋巴结转移证据的患者，应行全甲状腺切除术加治疗性颈中央区淋巴结清扫术（强烈推荐，中等质量证据）。对临床无中央区淋巴结转移（cN0）的 PTC 患者，如原发肿瘤处于进展期（T3～T4）、伴临床侧颈部淋巴结转移（cN1b）或需要了解淋巴结转移情况以制定下一步治疗方案，应考虑行预防性颈中央区（单侧或双侧）淋巴结清扫术（轻度推荐，低质量证据）。活检证实有侧颈部淋巴结转移的患者应行治疗性颈侧方淋巴结清扫术。

2. ^{131}I 治疗

对甲状腺癌高危分层患者强烈推荐^{131}I 治疗；对中危分层患者推荐^{131}I 治疗，但因其中有镜下甲状腺外侵犯，但癌灶较小或淋巴结转移个数少，受累直径小且不伴高侵袭性组织亚型或血管侵犯等危险因素的中危患者经^{131}I 治疗后未能改善总体预后，不建议行^{131}I 治疗；对低危分层患者，不推荐行^{131}I 治疗。

3. 内分泌治疗

TSH 抑制治疗不仅可以补充甲状腺激素的生理需要量，还可以预防肿瘤的复发及转移。当高危复发组 TSH 抑制至 0.1 mU/L以下、低危复发组 TSH 抑制于 0.1～0.5 mU/L 时，肿瘤复发转移显著降低，总体预后显著改善。

【专家共识解读】

1. 甲状腺癌的外科治疗

（1）甲状腺癌原发病灶的外科治疗

彻底的手术治疗是分化型甲状腺癌（PTC）最主要的治疗手段。PTC 属于低度恶性肿瘤，手术是治疗的首选，包括原发病灶的切除及颈淋巴结的处理，术后可辅以内分泌治疗或放射性碘治疗。对于肿瘤最大径 <1 cm，无腺体外侵犯且，无明显临床淋巴结转移（cN0）的患者选择手术治疗时应考虑甲状腺腺叶切除术，

除非有明确的指征才切除对侧腺叶。腺叶切除术对小的、单发的、局限于腺体内，且无既往头颈部射线暴露史、无甲状腺癌家族史或无临床淋巴结转移的甲状腺癌患者是足够的[18]。

对于肿瘤最大径为 1 ~ 4 cm，无腺体外侵犯，无明显临床淋巴结转移(cN0)，初始手术可采取双侧手术(甲状腺近全切除术或全切除术)，也可采取单侧手术(甲状腺腺叶切除术)。仅行甲状腺腺叶切除术对低危 PTC 和 FTC 也许已足够，但也可选择甲状腺全切除术以利于术后^{131}I 治疗及加强随访。

对肿瘤最大径 > 4 cm，或肉眼可见腺体外侵犯(cT4)，或临床有明显的淋巴结转移(cN1)或淋巴结远处转移(cM1)，除非有禁忌证，初始手术应行甲状腺近全切除术或全切除术，并切除所有肉眼可见原发肿瘤。

对于年龄 > 45 岁、对侧腺叶存在结节、有头颈部放疗史或DTC 家族史的患者，从便于接受^{131}I 治疗、便于进行随访和同时处理双侧可疑疾病的角度出发，均推荐双侧甲状腺切除术。

发音和甲状旁腺的围手术期处理：神经和甲状旁腺损伤为甲状腺手术中常见的并发症，术前手术医生应与患者在知情同意的过程中就手术风险(包括神经和甲状旁腺损伤等)进行交流，并与相关医生包括麻醉师就术前检查的重要发现进行交流沟通(强烈推荐，中等质量证据)。作为术前体格检查的一部分，所有行甲状腺手术的患者都应行术前发音评估，包括患者对发音改变的描述和医生对发音的评估(强烈推荐，中等质量证据)。对下列患者术前应行喉部检查：①有术前发音异常(强烈建议，中等质量证据)；②有致喉返神经或迷走神经损伤风险的颈部或上胸部手术史(强烈建议，中等质量证据)；③已知甲状腺癌超出腺体向后方浸润或中央区淋巴结广泛转移(强烈建议，低质量证据)。手术切除过程中均需肉眼暴露鉴别喉返神经，在切除甲状腺上极时也要采取步骤保护喉上神经外侧支(强烈建议，中等质量证据)。可以考虑术中神经刺激(用或不用神经监测)以利于神经鉴别和证实神经功能(轻度建议,低质量证据)。甲状腺手术过程中应保护甲状旁腺及其血供(强烈建议,高质量证据)。患者术后应行发音评估,如果发音异常则应行正规的喉部检查(强烈建议,中等质量证据)。手术医生应与患者及其他参与患者术后管理的医生就术中重要发现和术后管理的细节进行沟通(强烈建议,低质量证据)。

(2)甲状腺癌有颈淋巴结转移的外科治疗

对临床发现中央区淋巴结转移证据的甲状腺癌患者,应行全甲状腺切除术加治疗性颈中央区淋巴结清扫(强烈推荐,中等质量证据)。对临床无中央区淋巴结转移(cN0)的 PTC 患者,如原发肿瘤处于进展期(T3～T4)、伴临床侧颈部淋巴结转移(cN1b)或需要了解淋巴结转移情况以制定下一步治疗方案,应考虑行预防性颈中央区(单侧或双侧)淋巴结清扫术(轻度推荐,低质量证据),不再以侧颈淋巴结转移作为治疗性中央区清扫的指征,而将其作为预防性中央区清扫的指征。对于肿瘤较小(T1～T2)、非侵袭性、临床无淋巴结转移(cN0)的 PTC 及大部分 FTC,可以只行甲状腺切除而不行预防性颈中央区淋巴结清扫,推荐级别为"强烈推荐,中等质量证据"。

活检证实有侧颈部淋巴结转移的甲状腺癌患者应行治疗性颈侧方淋巴结清扫术(强烈推荐,中等质量证据),淋巴结出现转移与否对总体生存期的影响很小,而且与年龄相关,年龄较大的患者这一影响更明显。临床普遍对 cN1 期甲状腺癌患者行治疗性淋巴结清扫术,但对 cN0 患者常规行预防性中央区淋巴结清扫的价值尚不清楚。基于有限的研究结果,我们可以认为预防性淋巴结清扫可以延长患者的生存期,减少局部复发,降低术后甲状腺球蛋白水平。清扫后得到的淋巴结病理结果有助于更科学地进行 TNM 分期,进而决定是否需要进行^{131}I 治疗,提高复发风险分层的准确性。但也有一些研究结果显示,预防性淋巴结清扫并不改善患者的长期预后，却会增加短期并发症，如低钙血症的发生率。相当一部分 cN0 患者通过中央区淋巴结清扫证实为 pN1，但对长期预后的影响很小。对具有较好预后特征的患者，如果拟行双侧甲状腺切除术，或淋巴结分期信息将会用于制定辅助治疗方案，临床医生可能会选择行预防性中央区淋巴结清扫术。当然，也可以仅对基于术前体格检查、放射学检查或术中探及中央区淋巴结转移的患者(cN1)，有选择地在初次手术时行中央区淋巴结清扫术。

2. ^{131}I 治疗

^{131}I 治疗主要用于治疗甲状腺癌的远处淋巴结转移[19]，少数也有用于辅助治疗者[20]，一般需先行甲状腺全切除术或近全切除术，以增强转移癌对碘的浓聚，然后进行 ^{131}I 治疗。癌组织的吸碘能力与其病理组织结构有关，一般癌组织中含滤泡结构愈多，愈完整，胶质愈多，其浓聚碘的能力愈高；癌细胞分化愈差，吸碘愈少，未分化几乎不吸碘，滤泡状甲状腺癌吸碘较多，次为乳头状甲状腺癌、髓样甲状腺癌。

(1)清甲治疗(remnant ablation)：清除手术残留的甲状腺组织，以便于在随访过程中通过血清 Tg 水平或 ^{131}I 全身显像(whole body scan，WBS)监测病情进展，利于对 DTC 进行再分期。

(2)辅助治疗(adjuvant therapy)：探测并清除术后潜在的微小残留的甲状腺组织癌灶，以降低甲状腺癌复发及肿瘤相关死亡风险。

(3)清灶治疗(therapy)：治疗无法手术切除的局部或远处转移病灶，以改善疾病相关生存率及无病生存率。

^{131}I 治疗决策制定主要基于 TNM 分期及术后复发风险分层，《2009 版甲状腺癌诊断与治疗指南》强烈推荐伴有远处转移(M1)、肉眼可见甲状腺外侵犯(T4)及病灶直径大于 4 cm(T3)者

行[131]I 治疗；而对癌灶小于 1 cm、局限于甲状腺内且不伴其他高危因素者(T1aN0M0)不推荐行[131]I 治疗，其他类型的甲状腺癌患者是否可从[131]I 治疗中获益仍存在争议。《2015 版甲状腺癌诊断与治疗指南》通过回顾近年有关不同复发风险分层患者经[131]I 治疗获益的研究，在[131]I 治疗适应证中，对高危分层患者强烈推荐[131]I 治疗；对中危分层患者推荐[131]I 治疗，但因其中有镜下甲状腺外侵犯但癌灶较小或淋巴结转移个数少、受累直径小且不伴高侵袭性组织亚型或血管侵犯等危险因素的中危患者经[131]I 治疗后未能改善总体预后，不建议行[131]I 治疗；对低危分层患者，不推荐行[131]I 治疗。在《2009 版甲状腺癌诊断与治疗指南》中，对中危人群中淋巴结受累小于或等于 5 个(无节外侵犯、累及小于 0.2 cm)者，已不再推荐行[131]I 治疗。但若从便于通过监测血清 Tg 水平及 WBS 后续随访的角度来看，可行[131]I 清甲治疗。

3. 内分泌治疗

DTC 肿瘤细胞起源于甲状腺滤泡上皮细胞，为激素依赖性肿瘤. 其细胞膜上存在钠碘同向转运体[21]。TSH 是 DTC 细胞的刺激生长因子，TSH 浓度增高可以加快 DTC 肿瘤的生长。TSH 抑制治疗是利用甲状腺激素负反馈作用，使血清 TSH 处于较低水平，削弱 TSH 的刺激作用，从而抑制肿瘤复发及转移[22]。因此，患者术后口服甲状腺素，不仅可以补充甲状腺激素的生理需要量，还可以预防肿瘤的复发及转移。对晚期甲状腺癌有一定的治疗作用。一般认为，对生长缓慢甲状腺分化型癌疗效较好，而对生长迅速的未分化癌无明显疗效。TSH 抑制治疗当高危复发组 TSH 抑制至 0.1 mU/L 以下、低危复发组 TSH 抑制于 0.1 ~ 0.5 mU/L 时，肿瘤复发转移显著降低，总体预后显著改善[23]。

(彭小伟　李赞)

参考文献

[1] Jung KW, Park S, Kong HJ, et al. Cancer statistics in Korea: incidence, mortality, survival, and prevalence in 2009[J]. Cancer Res Treat, 2012, 44 (1): 11 -24.

[2] Yu GP, Li JC, Branovan D, et al. Thyroid cancer incidence and survival in the national cancer institute surveillance, epidemiology, and end results race/ethnicity groups[J]. Thyroid, 2010, 20(5): 465 -473.

[3] Shibuya K, Gilmour S, Oshima A. Time to reconsider thyroid cancer screening in Fukushima[J]. Lancet, 2014, 383(9932): 1883 -1884

[4] Nikiforov YE, Ohori NP, Hodak SP, et al. Impact of mutational testing on the diagnosis and management of patients with cytologically indeterminate thyroid nodules: a prospective analysis of 1056 FNA samples[J]. J Clin Endocrinol Metab, 2011, 96(11): 3390 -3397.

[5] McFadden DG, Dias-Santagata D, Sadow PM, et al. Identification of oncogenic mutations and gene fusions in the follicular variant of papillary thyroid carcinoma[J]. J Clin Endocrinol Metab, 2014, 99(11): E2457 -E2462.

[6] Lang BH, Wong KP, Cheung CY, et al. Evaluating the prognostic factors associated with cancer-specific survival of differentiated thyroid carcinoma presenting with distant metastasis[J]. Ann Surg Oncol, 2013, 20(4): 1329 -1335.

[7] Duffy B J, et al. Thyroid cancer in childhood and adolescence: a report on 28 cases[J]. Cancer, 1950, 3: 1013.

[8] Tronko M D, et al. Throid carcinoma in children and adolescents in Ukraine after Chernobyl unclear accident stastistical data and clinicomorphologic characteristics[J]. Cancer 1999, 86: 149.

[9] Kolonel LN, Hankin JH, Wilkens LR, et al. An epidemiologic study of thyroid cancer in Hawaii[J]. Cancer Causes Control, 1990, 1(3): 223 -234.

[10] Knobel M, Medeiros-Note G. Relevance of iodine intake as a reputed predisposing factor for thyroid cancer[J]. Arq Bras Endocrinol Metabol, 2007, 51(5): 701 -712.

[11] Bacher-Stier C, Riccabona G, Totsch M, et al. Incidence and clinical characteristics of thyroid carcinoma after iodine prophylaxis in all Endemic goiter country[J]. Thyroid, 1997, 7(5): 733 -741.

[12] 关海霞, 滕卫平, 单忠艳, 等. 不同碘摄人量地区甲状腺癌的流行病学研究[J]. 中华医学杂志, 2001, 81(8): 457 -458.

[13] 滕晓春, 滕笛, 单忠艳, 等. 碘摄人量增加对甲状腺疾病影响的五年前瞻性流行病学研究[J]. 中华内分泌代谢杂志, 2006, 22(6): 512 -517.

[14] 朱有志, 陈祥锦, 张惠灏, 等. 不同碘营养水平地区分化型甲状腺癌的流行病学研究[J]. 中国普通外科杂志, 2013, 22(11): 1450 -1455.

[15] Stoffer S S, et al. Familial papillary carcinoma of the thyroid [J]. Am J Med Genet, 1986, 25: 775.

[16] 徐本义, 高明, 张艳, 等. 甲状腺乳头状癌颈淋巴结清扫术[J]. 耳鼻咽喉 - 头颈外科, 1998, 5(增刊): 55 -58.

[17] 刘复生, 刘彤华. 肿瘤病理学. 北京: 北京医科大学中国协和医科大学联合出版社.1997, 1318 -1319.

[18] Haugen BR, Alexander EK。Bible KC, et al. 2015 American Thyroid Association Management Guidelines for Adult Patients with Thyroid Nodules and Differentiated Thyroid Cancer [J/OL]. Thyroid, 2015.

[19] Maxon H R, et al. Radioiodine - 131 in diagnosis and treatment of metastatic well differentiated thyroid cancer[J]. Endocrinol and Metab Clin N Am, 1990, 19: 685.

[20] Wong J B, et al. Ablative radioactive iodine therapy for apparently localized thyroid carcinoma[J]. Endocrinol Metab Clin N Am, 1990, 55: 794.

[21] 赵咏桔. 分化型甲状腺癌的个体化 TSH 抑制治疗: 双风险评估治疗目

标[J]. 外科理论与实践, 2014, 19(03): 208.213.

[22] 吕坤祥, 宋智明, 朱利国, 等. 促甲状腺激素、甲状腺球蛋白浓度在甲状腺良、恶性结节诊断中的价值[J]. 标记免疫分析与临床, 2014, 21(01): 74 - 76.

[23] Carling T, Udelsman R. Thyroid cancer[J]. Annu Rev Med, 2014, 65: 125 - 137.

第十一章　口腔癌的专家共识解读

口腔是头颈部的重要组成部分,分为固有口腔(狭义)和广义口腔(包括口咽)。固有口腔以口裂为界可分为口裂上下两部分,上部分包括上唇、上牙龈、硬腭及上颌窦,下部分包括下唇、舌、颊、下牙龈、磨牙后区及口底。口腔癌是口腔颌面部最常见的恶性肿瘤,其中口腔鳞状细胞癌占90%以上。普遍认为口腔鳞状细胞癌(以下简称口腔鳞癌)治疗后5年生存率为50%~60%[1, 2]。

一、流行病学

【专家共识要点】　从世界范围看,口腔与咽癌的发生率较高,位居全身恶性肿瘤的第6位,每年新发病例超过50万人。在发展中国家,口腔与咽癌位居男性恶性肿瘤的第3位,女性恶性肿瘤的第4位。我国人口中的口腔癌发病率相对较低,在全身各部位恶性肿瘤的排位上在10位之后。

【专家共识解读】　就全球范围的癌症疾病而言,口腔癌属十大癌瘤之一。不同的国家和不同地区其癌瘤谱也很不一致。世界上口腔癌患病率最高的国家为南亚地区,例如印度及斯里兰卡的口腔癌可占全身癌瘤的40%以上。我国的口腔癌发病率相对较低,但近年来呈现出上升势头。高静等对上海市1973—2005年口腔及唾液腺恶性肿瘤发病趋势的分析指出,从20世纪90年代起,其发病率呈现上升趋势,从1973年开始,发病率为1.92/10万人,而2005年的发病率为3.27/10万人。胡尚英分析中国32个肿瘤登记地区2003—2007年口腔和咽喉癌的发病率,结果显示，口腔和咽喉癌的发病率是 3.15/10 万人[8]，我国台湾的口腔癌增长率近年更高，已列为台湾十大癌症的第 4 位。据称，我国台湾男性居民 1.5/10 为咀嚼槟榔者，如不改变这一现状，其口腔癌发病率还会上升。同样，我国湖南也是口腔癌的高发地区。

口腔癌可发生于所有人群，但成年人好发。据统计，口腔癌的好发年龄为 50～70 岁，中位年龄为 60 岁左右。

二、发病因素

【专家共识要点】

（1）吸烟：口腔癌的发病与吸烟直接有关，其危险性与吸烟的时间和量呈正比。

（2）嗜酒：长期积累的临床资料表明，饮酒与口腔癌的发生呈正相关。

（3）咀嚼槟榔：在印度、巴基斯坦等南亚国家以及我国台湾、湖南一些地区，有长期咀嚼槟榔的习惯。调查表明，这些国家和地区口腔癌发病率高，与咀嚼槟榔有很大关系。

（4）口腔卫生不良和异物刺激：口腔卫生不良或口腔内有残根、残冠、不良修复体等尖锐刺激的损伤，常在舌边缘或颊黏膜形成创伤性溃疡，或慢性炎症性溃疡。长期不愈的慢性溃疡可发生癌变，尤以舌癌最常见。

（5）环境因素：唇癌和皮肤癌与光照射有关已众所周知，紫外线的反复照射易引起下唇黏膜的萎缩性改变，最终发展为唇癌，通常为高分化鳞癌。放射性物质也有明显致突变作用，空气污染也是致癌因素之一。

（6）免疫和营养缺陷：维生素缺乏与口腔癌的发生有关。缺铁可导致口腔黏膜严重萎缩，发生溃疡而致颊黏膜癌和舌癌。

（7）潜在恶性病变：包括口腔白斑、红斑和其混合病变，

（8）生物因素：主要是病毒，与口腔癌密切相关的是人乳头

状瘤病毒，还可能与梅毒有关。

【专家共识解读】

（1）吸烟：口腔癌的发病与吸烟直接有关，其危险性与吸烟的时间和量呈正比。吸烟人群口腔癌的发病率比不吸烟者高 2 ～ 3 倍，吸烟同时嗜酒者，比单独吸烟或单独饮酒者患口腔癌的危险性增加 2.5 倍。吸烟习惯和方式与发病也有明显关系。咀嚼生烟草、干烟草，再加上其他刺激性调料，其口腔癌的发生率更高。

（2）嗜酒：长期积累的临床资料表明，饮酒与口腔癌的发生呈正相关。饮酒主要增加舌癌和口底癌的危险性，因酒与舌、口底黏膜反复接触，引起黏膜损伤，并增加对致癌物质的吸收。

（3）咀嚼槟榔：在印度、巴基斯坦等南亚国家以及我国台湾、湖南一些地区，有长期咀嚼槟榔的习惯。调查表明，这些国家和地区口腔癌发病率高，与咀嚼槟榔有很大关系。最常发生的部位是口腔颊部，患颊癌的危险性是不咀嚼槟榔者的 70%。

（4）口腔卫生不良和异物刺激：口腔卫生不良或口腔内有残根、残冠、不良修复体等尖锐刺激的损伤，常在舌边缘或颊黏膜形成创伤性溃疡，或慢性炎症性溃疡。长期不愈的慢性溃疡可发生癌变，尤以舌癌最常见。

（5）环境因素：唇癌和皮肤癌与光照射有关已众所周知，紫外线的反复照射易引起下唇黏膜的萎缩性改变，最终发展为唇癌，通常为高分化鳞癌。放射性物质也有明显致基因突变作用，空气污染也是致癌因素之一。

（6）免疫和营养缺陷：维生素缺乏与口腔癌的发生有关。许多口腔癌患者的排泄物中，B 族维生素的含量很少；76.2% 的口腔癌患者血清检验时，发现维生素 A 含量很低。缺铁可导致口腔黏膜严重萎缩，发生溃疡而致颊黏膜癌或舌癌。

（7）潜在恶性病变和状态：潜在恶性病变包括口腔白斑、红斑和其混合病变，潜在恶性状态包括缺铁性咽下困难、糜烂型扁平苔藓、口腔黏膜下纤维性变、盘状红斑狼疮、三期梅毒和光化性角化症。

（8）生物遗传因素：生物因素主要是病毒，与口腔癌密切相关的是人乳头状瘤病毒。还可能与梅毒有关，Martin 等发现，24% 的梅毒患者患有口腔癌。研究证明，口腔癌发生早期即可出现染色体等位基因的丢失、突变等。

三、临床表现

【专家共识要点】

（1）在口腔某些部位有肿块、结节出现。

（2）在口腔某些部位有白色、平滑式鳞状斑块状出现。

（3）在口腔某些部位有红色斑块、溃疡、炎症区等症状而且较长时期不能痊愈者。

（4）口腔中无明显原因的反复出血。

（5）口腔中无明显原因的麻木、灼热或干燥感。

（6）说话或吞咽时发生困难或不正常。

【专家共识解读】

（1）舌癌：舌癌约 85% 以上发生于舌体，在舌体癌中发生于舌侧缘中 1/3 者约占 70% 以上，其次可发生于舌腹（约 20%）、舌背（约 10%），发生于舌前 1/3 及舌尖部者较少。舌癌一般表现为溃疡型或浸润型，外生型多来自乳头状瘤恶变。患者主诉常为舌痛，有时放射至颞部或耳部。病变生长快，浸润性较强，常波及舌肌，导致伸舌受限，发生语音、进食及吞咽功能障碍。晚期舌癌的侵犯可直接超越中线，侵及口底及颌骨，进一步可延伸及舌根或咽前柱、扁桃体和咽侧壁，使全舌固定，严重运动障碍或完全受限。早期可发生淋巴结转移，文献报道可高达 60% ~ 80%，转移部位以颈深上淋巴结群最多，以后依次为颌下淋巴结、颈深中淋巴结群、颏下淋巴结及颈深下淋巴结群。累及中线或原发于舌背者可发生双侧淋巴结转移。晚期可发生肺部或其他部位的远处转移。

(2)牙龈癌：下颌牙龈癌较上颌牙龈多见，好发于前磨牙及磨牙区，前牙区少见。牙龈癌在临床上可表现为溃疡型或外生型，但以溃疡型多见。牙龈癌多起源于牙间乳头或龈缘，溃疡表浅，呈淡红色，一般生长缓慢。牙龈癌肿块早期即可侵犯牙槽突及颌骨，使骨质破坏，引起牙松动、移位和疼痛。上颌牙龈癌可侵犯上颌窦及腭部；下颌牙龈癌可侵犯口底及颊部，向后发展到磨牙后区及咽部时，可致张口受限。

(3)腭癌：常先发生于腭部一侧，之后迅速向牙槽侧及对侧蔓延，多呈外生型肿块，边缘外翻，被以渗出和结痂，触之易出血。有时呈溃疡型。腭癌一般生长缓慢，早期常侵犯腭部骨质，引起腭部穿孔。晚期腭癌肿块向上可蔓延至鼻腔及上颌窦，向两侧发展可侵及牙龈及牙槽骨，引起牙松动、脱落。软腭癌多为溃疡型，生长速度较快，常侵及咽侧及翼腭窝，引起吞咽疼痛及张口受限。

(4)口底癌：易发生于口底前份舌系带两侧，早期以溃疡型多见，以后逐渐向深部组织浸润。口底癌向前可侵及牙龈和下颌骨舌侧骨板，累及骨松质后可致下前牙松动、移位、甚至脱落；向后侵犯舌肌，引起舌运动受限，出现语言和吞咽困难。晚期口底癌常侵犯口底诸肌群、舌下腺、颌下腺、下颌骨等，使舌完全固定于口内，多有自发性疼痛及流涎。

(5)颊癌：好发于咬合线上下，以磨牙为界分为前后，我们可以根据其初发部位分为前上、前下、后上及后下。前颊癌可侵犯上下牙槽及上下唇；而后颊癌则较为复杂，它可以向后下扩展到磨牙后区、嚼肌间隙及咽旁间隙，亦可以向后上侵犯至颞下及颞肌间隙。较晚期的颊癌可破坏上下颌骨[9]。

四、辅助检查

【专家共识要点】　口腔癌患者就诊时，准确而严密的病史采集，规范的全身及头颈部体格检查、纤维喉镜检查、病理检查(细针穿吸细胞学检查、组织活检等)、B 超、胸片、增强 CT、增强 MRI、ECT、PET - CT 全景片有利于提高临床诊断正确性。对口腔癌患者术前麻醉评估、气道评估、营养、吞咽、发音功能的评估、多学科会诊都是很有必要的。

【专家共识解读】　B 超检查可以帮助了解颈部淋巴结的情况，还可以判断腹部脏器是否存在异常的病灶。胸片或者胸部CT 检查可以肺部是否存在转移灶的可能。对于原发灶的辨认，MRI 显影更为清晰，所以一般情况下，建议 MRI 检查。如果是牙龈癌，为了判断肿块与上下颌骨的关系，侵犯的深度，CT 具有更好的优势。ECT 不是口腔癌术前的常规检查，但是如果患者出现腰椎、四肢等处疼痛，或者 X 线、CT、MRI 提示骨转移时，需要行ECT 检查了解骨转移的情况。对于可疑有全身多脏器转移的患者，可用 PET - CT 全身扫描。一旦发现口腔内可疑病损，需要进行活组织检查。无论是切取活检还是切除活检，都是诊断的金标准[10]。

五、治疗

【专家共识要点】　一旦发现并确诊为口腔癌的患者，手术切除是首选的治疗方法。

1. 手术原则

根治性切除口腔癌肿块原发病灶是治疗的基本原则，手术应严格掌握安全缘，提倡精确的"解剖切除"。根治口腔癌一般主张同期进行原发灶 - (颌) - 颈联合根治术。

2. 放疗原则

强调对临床晚期口腔癌患者一般建议行术后放疗。

3.化疗原则

目前尚未提出明确针对口腔癌的公认化疗方案(术前诱导化疗和术后化疗),针对明确有远处转移或低分化、未分化癌症的化疗方案还处于研究阶段,尤其是在头颈鳞癌诱导化疗 PF 方案基础上提出的 TPF 方案。

【专家共识解读】 一旦发现并确诊为口腔癌的患者,手术根治性切除是首选治疗方法。手术治疗是口腔癌治疗的基础,总的治疗原则见图 11-1、图 11-2。

危险因素:包膜外侵犯、切缘阳性、原发灶 T3、T4 的病变、淋巴结 N2、N3 转移或Ⅳ、Ⅴ区转移、神经或者血管侵犯。

不同部位口腔癌的手术方案存在各自的特殊性,如舌癌、口底癌及舌侧下牙龈癌的外科治疗,不能忽略舌下口底淋巴结的处理;颊癌及颊侧下牙龈癌的手术治疗则应重视颌上(面)淋巴结的清扫。在此,我们以舌体鳞癌和颊黏膜鳞癌为例,对其手术规范进行讨论。

1.舌体鳞癌(舌癌)

舌癌在口腔黏膜鳞状细胞癌中比较常见,不少文献称之为口腔第一癌。舌是重要的口腔运动和感觉器官,参与语音、咀嚼、吞咽等诸多功能。舌的解剖结构较为特殊,全舌为肌性组织,其运动主要由舌下神经支配,表面黏膜布满味蕾;舌的血运极为丰富,主要由双侧舌动脉供血,但舌中线两侧较少交通吻合支;舌淋巴系统的分布与引流有其规律性,了解这些解剖特点有助于选择准确与合理的术式,确保手术的根治性。

舌癌根治术往往涉及到口底和下颌骨的处理问题。"舌下口底间隙清扫术"在中晚期舌癌治疗时不能疏忽,舌旁甚至舌中隔淋巴结的清扫是根治术的重要步骤[11,12];下颌骨的处理包括颏孔前截开、牙槽部帽檐状切除和下颌骨节段性切除,需根据具体情况合理应用。

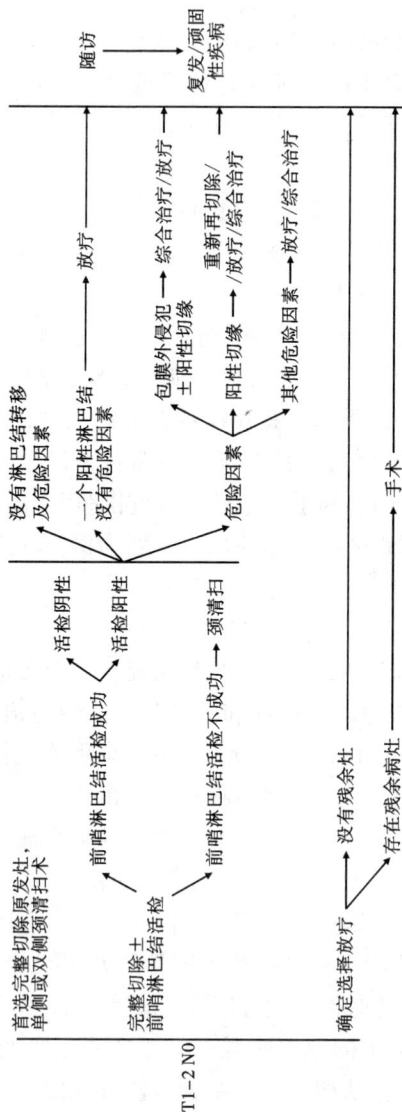

图11-1　T1-2 N0口腔癌治疗指南

T3, N0
T1-3, N1-3
T4a, 任何N

手术

或

各种形式的临床试验

N0, N1
N2a-b
N3 → 原发灶的切除或单侧颈清扫

N2c → 原发灶的切除双侧颈清扫

无危险因素 → 可以考虑放疗 → 随访 → 复发/顽固性疾病

存在危险因素
- 包膜外侵犯和/或切缘阳性 → 综合治疗/再次手术/放疗
- 其他的危险因素 → 放疗/综合治疗

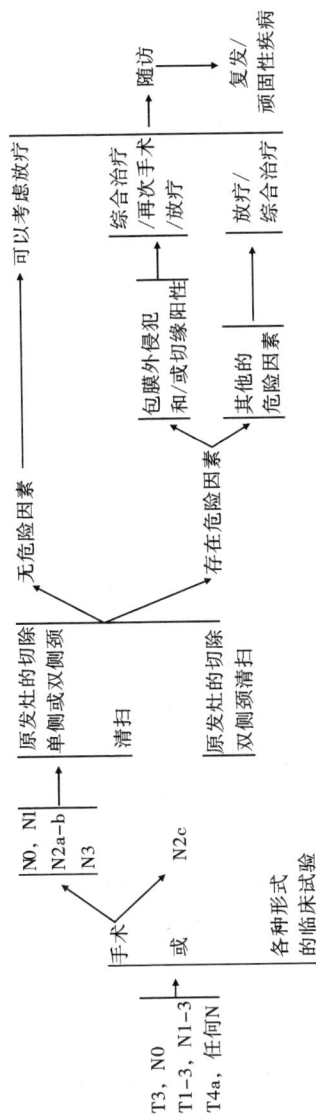

图11-2 T3 N0及T1-3N1-3及T4a口腔癌治疗指南

近年来口腔癌颈清术的观念和术式不断更新与发展，尤其是cN0 口腔癌的颈部处理原则更趋合理。舌癌的淋巴结转移有其特殊性，尤其是前部舌癌，有转移至较低平面颈部淋巴结的特点，在临床上应予以重视。舌癌术后缺损的修复重建对于患者的功能康复意义重大[13]。虽然近年来这方面取得令人可喜的成就，但离理想的动力性功能修复还有较大距离，需要更多的基础和临床研究，需要更多新技术的引入。舌癌的手术处理须遵照以下原则。

（1）原发病灶的处理原则：舌癌原发灶的切除应该有 1.5 cm 的安全缘，切除范围包括口底舌下间隙（其中有口底黏膜、舌下腺、下颌舌骨肌以及该间隙中的淋巴组织）。原发灶较晚期应切除患侧舌骨及相对应的舌骨上肌群。为了将原发灶和口底的淋巴引流通道一并整块切除，可以裂开下颌骨，也可以不裂开下颌骨，将舌肿块自口底拉出至颈部，连带舌下腺、颌下腺、口底肌及颈清扫淋巴结缔组织标本一并整体切除。

（2）下颌骨的处理：根据口底的侵犯情况以及牙列的完整程度，可选择牙槽部的边缘切除术（或方块切除术）、下颌骨颏孔前截开术和下颌骨节段性切除术。①牙槽部边缘切除术：舌癌对应牙位为残冠残根等病灶牙，而且舌癌较局限时，术中需拔除病灶牙，并降低牙槽骨或直接行牙槽边缘切除术；②下颌骨颏孔前截开术：舌癌原发灶较局限，牙列健康完好时，截骨线一般选择尖牙与双尖牙之间，尽量避免直线截骨，骨面不可用骨蜡止血，以免影响骨愈合；③下颌骨节段性切除术：当舌癌病灶为晚期，口底组织受侵犯，原则上应进行相应区域下颌骨节段性切除术。

（3）颈清问题：原则上，cN0 的患者进行Ⅰ、Ⅱ、Ⅲ区清扫，根据快速病检结果，再补行Ⅳ、Ⅴ区改良根治性颈清术；cN+ 患者采用改良根治性颈清扫或经典根治性颈清术。如舌癌原发灶越过中线，则行双侧颈清术，患侧采用根治性手术，健侧可选择改良根治性或肩胛舌骨上清扫术。

（4）舌缺损的修复与重建：对于早期病变，原发灶行楔形扩大切除后，可以将舌缺损前后拉拢缝合，如果缺损大，难以直接拉拢缝合，或者缝合后将导致伸舌困难，则需要进行皮瓣的修复，常用的游离皮瓣包括股前外侧肌皮瓣、前臂皮瓣等，对于口底组织缺如较多的病例，需要肌皮复合组织瓣，在修复舌缺损的同时，填充口底，进行口底的修复，可以减少口底漏的发生。

2. 颊黏膜鳞癌（颊癌）

颊癌好发于咬合线上下，以磨牙为界分为前后，我们可以根据其初发部位分为前上、前下、后上及后下。前颊癌可侵犯上下牙槽及上下唇；而后颊癌则较为复杂，它可以向后下扩展到磨牙后区、嚼肌间隙及咽旁间隙，亦可以向后上侵犯至颞下及颞肌间隙。较晚期的颊癌可破坏上下颌骨。在制定颊癌治疗方案的过程中，还应根据 T 分类综合考虑，包括是否需要淋巴结清扫，是否需要综合治疗等，淋巴结清扫术中不能忽视颌上（面）淋巴结的切除。

颊癌术后所导致的颊部缺损需进行相应的修复重建。后颊部较小缺损者可考虑植皮或邻近转瓣术，其余颊部缺损应行皮瓣修复术，否则易导致术后张口受限，影响患者生存质量。

颊癌的手术处理须遵照以下原则：肿瘤外 1.5 cm，若原发病灶位于磨牙前颊黏膜，切除后形成洞穿性缺损；若原发病灶位于磨牙后颊黏膜，切除范围根据情况可适当保留皮肤。如肿瘤侵犯颊肌或累及皮下组织者，皮肤不能保留。如肿瘤累及上颌骨，则根据范围行上颌骨牙槽突、上颌骨次全或全部切除。如肿瘤累及下颌骨，则根据侵犯程度行下颌骨方块或节段性切除。

3. 放疗原则

早期口腔癌（T1、T2）放疗和手术的效果近似。但考虑到放疗的并发症和患者如果再发或复发肿瘤无法再次进行放疗，因此对于早期肿瘤，多首选手术治疗。体积较大的肿瘤（T3、T4）对单纯放疗反应较差。术前放疗的目的是使肿瘤缩小，但是肿瘤的缩小并不是向心性的，而且岛状肿瘤细胞有可能遗留在新的肿瘤范围之外。理论上外科医生手术时应该按照最初的肿瘤范围进行。

放疗在口腔癌治疗中最主要的作用是如果手术中怀疑存在肿瘤细胞残留，术后需要予以放疗。

4. 化疗原则

到目前为止，还没有研究能够证实术后化疗对患者一定有益。目前化疗只适用于那些无法手术切除，已经发生远处转移或复发的口腔癌患者，常常与放射治疗联合使用。

5. 复发肿瘤

对可切除的复发病灶，推荐救治性手术治疗。如尚未行放疗，可结合放疗。如复发灶不可切除，且患者前期未行放疗，可根据患者全身情况行放化疗。

（彭小伟　李赞）

参考文献

［1］Neville BW, Day TA. Oral cancer and precancerous lesions［J］. CA Cancer J Clin, 2002, 52(4): 195 - 215.

［2］Parkin DM, Bray F, Ferlay J, et al. Global cancer statistics, 2002［J］. CA Cancer J Clin, 2005, 55(2): 74 - 108.

［3］温玉明, 华成舸, 王昌美, 等. 口腔癌的综合治疗［J］. 中华口腔医学杂志, 2003, 38(1): 73 - 75.

［4］Posner MR, Hershock DM, Blajman CR, et al. Cisplatin and N Engl J Med, 2007, 37(17): 1705 - 1715.

［5］Vermorken JB, Remenar E, van Herpen C, et al. Cisplatin, fluorouracil, and docetaxel in unresectable head and neck cancer［J］. N Engl J Med, 2007, 357(17): 1695 - 1704.

［6］Forastiere AA, Goepfert H, Maor M, et al. Concurrent chemotherapy and radiotherapy for organ preservation in advanced laryngeal cancer［J］. N Engl J Med, 2003, 349(22): 2091 - 2098.

［7］Foote RL, Foote RT, Brown PD, et al. Organ preservation for advanced laryngeal carcinoma［J］. Head Neck, 2006, 28(8): 689 - 696.

［8］胡尚英, 陈万青, 赵方辉, 张思维, 郑荣寿, 乔友林. 中国 2003—2007 年口腔和咽喉癌发病与死亡分析［J］. 中华流行病学杂志, 2013, 34(2): 164 - 167.

［9］刘思海, 赵作勤, 田传兴. 常见恶性肿瘤的临床诊疗［M］. 北京: 军事医学科学出版社, 2010: 72 - 79.

［10］蔡志刚译. 口腔颌面外科学［M］. 北京: 人民卫生出版社, 2011: 593 - 603.

［11］胡永杰, 曲行舟, 徐立群, 等. 口底区域淋巴组织清扫术在舌癌根治术中的应用［J］. 中国口腔颌面外科杂志, 2005, 3(1): 29 - 33.

[12] Dutton JM, Graham SM, Hoffman HT. metastatic cancer to the floor of mouth: the lingual lymph nodes [J]. Head Neck, 2002, 24 (4): 401 -405.

[13] 张陈平, 张志愿, 邱蔚六, 等. 口腔颌面部缺损的修复重建 -1973 例临床分析[J]. 中国修复重建外科杂志, 2005, 19(10): 774 -776.

第十二章 喉癌诊断与治疗专家共识解读

喉癌是头颈部常见的恶性肿瘤,在我国男性发病率较高,而且发病原因也不十分清楚。98%的喉癌患者为鳞状细胞癌,早期发现及时治疗,能使患者有较好的生活质量。

一、流行病学

【专家共识要点】 喉癌是头颈部常见的恶性肿瘤,96% ~ 98%为鳞状细胞癌,其他病理类型少见。男性患病约占男性肿瘤的2.4%,男女比例约(7~9):1。近年来喉癌的发病率有明显增加的趋势,发病年龄以40~60岁最多。

【专家共识解读】 喉癌的发病率在世界各地范围内不同地区差别很大,世界三大高发区是意大利的瓦雷泽(16.5/10万人)、巴西的圣保罗(17.7/10万人)、印度的孟买(15.5/10万人),而日本、新加坡、希腊、澳大利亚、我国的上海、瑞典及挪威均较低发病率,分别为10万人分之40,1.9,2.0,19~3.7,4.4,3.1及3.0。近年全球癌症分析资料显示,2002年新发159 000病例,90 000例死亡。男性患病优势,约占男性肿瘤的2.4%,男女比例约(7~9):1。近年来喉癌的发病率有明显增加的趋势,发病年龄以40~60岁最多。喉癌的发病情况有种族和地区的差异。我国虽然缺乏大规模流行病学调查资料,但学者公认,华北和东北地区的发病率远高于江南各省[1,2]。城市发病率远高于农村,说明喉癌发病与城市污染有关[3-5]。

二、发病因素

【专家共识要点】 喉癌的病因至今仍不十分明确，流行病资料证实与吸烟与饮酒、病毒感染、环境与职业因素、放射线、微量元素缺乏、性激素代谢紊乱等因素有关，常为多种致癌因素协同作用的结果。

【专家共识解读】

1. 吸烟因素

95%的喉癌患者有长期吸烟史，而且开始吸烟年龄越早、持续时间越长、数量越大、吸粗制烟越多、吸入程度越深和不戒烟者的发病率越高。一般估计，吸烟者患喉癌的危险度是非吸烟者的3~39倍。研究认为，烟中的主要致癌性化合物——多环芳烃（PAH）并无直接致癌活性，但其进入人体后在芳烃羟化酶（AHH）的作用下被激活为性质活跃的致癌物，再与细胞中的DNA、RNA及蛋白质大分子共价结合，从而使细胞中的基因物质发生变异。苯并芘（BaP）属于多环芳烃类致癌物中最著名的一种[6,7]。

2. 饮酒因素

50%的声门上型喉癌患者有饮酒史，75%~92%的喉癌患者经常饮酒，其中62%是重度饮酒者[8]，说明乙醇摄入与喉癌发生有一定相关性。乙醇会损伤黏膜上皮，可使核黄素缺乏，影响免疫球蛋白的合成，使营养不良及抑制免疫功能，加速癌变。

3. 病毒感染因素

成年型喉乳头状瘤是由人乳头状瘤病毒（HPV）引起的病毒性肿瘤，高危的 HPV - 16、HPV - 18 与喉癌的发生关系比较密切。

4. 职业与环境因素

多种环境因素可能与喉癌的发生有关，长期接触铜、铅、铝、铬、石棉、砷等的工人是发生喉癌的高风险人群[9]。各种有机化合物(多环芳香羟、亚硝胺)、化学烟雾(氯乙烯,甲醛)、生产性粉尘和废气(二氧化硫、重金属粉)以及烷基化合物(芥子气)等,具有一定的致癌性。

5. 放射线因素

长期接触镭、铀、氡等放射性核素可引起恶性肿瘤。

6. 性激素因素

喉癌多发于男性,实验证明雌激素能够抑制喉癌生长;睾丸酮可促进喉癌细胞株的生长[10]。

7. 微量元素缺乏因素

许多微量元素在一些生物活动中,通过金属蛋白质激活或抑制酶反应对生物发生影响,许多研究提示金属阳离子与核酸相互作用,影响基因配对和组合,而导致细胞癌变。

三、临床表现

【专家共识要点】

1. 症状

声门上癌:早期表现为咽部不适感及异物感,晚期表现为呼吸困难、吞咽困难、咳嗽、痰中带血或者咳血。

声门癌:早期为声音改变,晚期出现呼吸困难、吞咽困难、咳嗽频繁、咳痰困难及口臭症状。

声门下癌:早期症状不明显,晚期出现刺激性咳嗽、声嘶、咯血和呼吸困难。

2. 体征

应用间接喉镜、硬管喉镜、直接喉镜或纤维喉镜等仔细检查喉的各个部分。特别应注意会厌喉面、前联合、喉室及声门下区等比较隐蔽的部位可见喉部有菜花样、结节样或溃疡性新生物。应注意观察声带运动是否存在受限或固定。还要仔细触摸会厌前间隙是否饱满，颈部有无肿大淋巴结，喉体是否增大，颈前软组织和甲状腺有无肿块。

【专家共识解读】

1. 症状

喉癌的发生部位及扩展范围不同，其临床表现也不一样。

声门上癌：声门上癌多发生于会厌，其次为室带及杓会厌襞。声门上癌常感咽部有异物感不适，晚期有呼吸困难，吞咽困难，咳嗽、咳血或痰中带血。

声门区癌：声门区癌好发于声带膜部游离缘，肿瘤很小就可影响声门闭合及发声，所以早期就可出现声音嘶哑，肿瘤逐渐发展约20%～25%向前累及前联合，20%向上累及室带下半，20%向声门下扩展超过5 mm，15%～20%向后扩展累及声带突及杓状软骨[11]。随着肿瘤长大，声嘶逐渐加重。如堵塞声门或使双侧声带麻痹就可引起呼吸困难。晚期可有吞咽困难、疼痛及颈部或喉前淋巴结转移。

声门下癌：声门下区较隐蔽，原发性声门下癌早期症状不显著，间接喉镜检查不易发现。如癌肿溃破可发生痰中带血。癌肿向上侵犯声带，则有声嘶。癌肿长大，可堵塞声门下区发生气短、喉鸣及疼痛，常有单侧声带麻痹。40%以上的患者来诊时已有颈部淋巴结转移和甲状腺受累。

2. 体征

声门上癌：会厌喉面癌，会厌不易抬举，癌肿被遮盖，不易看到，可用会厌拉钩拉起会厌，即可看到癌肿。会厌癌易侵入会厌前间隙，可看到会厌谷有结节状肿块，并可向舌根部扩展。喉室带癌主要为一侧喉室带红肿呈结节样或菜花样，有时表现出有溃疡，可向前侵犯会厌基部及绕至对侧。由于室带肿物遮盖，同侧声带多不能看到。喉室癌可见喉室隆起，表面光滑、被覆正常黏膜，活检多不易取到癌组织。

声门区癌：早期病变为声带膜部角化、乳头状、疣状、慢性增生状、肥厚充血等病变，声带活动多正常，但闭合不紧密，声带病变逐渐发展，则成为乳头状或团块状，可向前发展超越前联合累及对侧声带；向后累及杓区，使声带运动受限，最后声带固定。

声门下癌：早期不易看到肿块病变。癌肿逐渐长大，可在声门下看到乳头状或块状肿物。

四、治疗前评估

【专家共识要点】

1. 全身情况评估

对患者全身状况的评估应结合病史、体格检查、实验室检查、重要器官功能评估及与疾病相关的特殊检查。了解全身情况与疾病的性质关系，重视疾病引起的全身状况改变，明确目前全身状况对疾病本身及预计手术的影响。

2. 专科评估

专科评估在肿瘤术前诊断和综合评论中占有重要地位，是获得肿瘤基本信息的重要手段。病史、症状及体征收集：应仔细询问主诉和相关医学问题、个人史（尤其是吸烟、饮酒的时间和数量）以及家族恶性肿瘤史。通过仔细地询问病史和症状及体征收集以及完整的系统回顾，常可以初步判断病变部位和侵犯范围。

【专家共识解读】

1. 全身情况评估

喉癌确诊后，一般都需手术治疗，喉癌手术对全身情况是否适应手术的要求比较高。手术前，需要评估患者的营养状况，并及时进行调整，防止因营养不良，导致伤口的延迟愈合。注意纠正贫血、脱水等较短时间内能够纠正的不良因素，心血管系统常见问题有心脏病、心律失常、心功能衰竭、高血压等，必须控制到合理程度与水平。通过评估肺功能了解患者肺的代偿储备功能，由于大部分喉癌术后需要进行气管切开，术后需要患者有足够的肺活量进行咳嗽排痰，因此，肺功能检查是非常重要的。还应注意患者有无肾功能损害。消化系统主要评估内容是肝功能，严重的肝功能受损会使患者的手术耐受力明显下降。内分泌系统评估主要是针对高血糖，必须将血糖水平控制后方可进行手术。血糖高，常常与咽漏的发生密切相关，所以围手术期需要很好地控制血糖。

2. 专科评估

详细地询问病史及家族史，可以初步分析和判断患者患病的诱发因素，根据收集的信息，与患者及其亲属进行沟通，让他们远离和避免一些诱发因素的接触。根据患者的体查情况，对患病的轻重缓急进行判断，如果患者出现了呼吸困难，需要做好气管切开的准备。喉镜检查，需要关注病变的范围和大小，为手术的范围和术式的选择提供重要的参考。对于病变范围较大，或者靠近梨状窝的肿瘤，需要行胃镜检查，以排除食管种植转移的可能性。

五、辅助检查

【专家共识要点】 内镜检查、病理学检查和影像学检查。
【专家共识解读】

1. 内镜检查

内镜辅助检查最重要的是观察病变部位、肿瘤的总体表现和生长模式，评估舌根、会厌、会厌谷、杓会厌皱襞、杓状软骨、杓间区、假声带、喉室、真声带、声门下以及下咽的部分解剖亚区的受累情况。电子(纤维)喉镜可以与动态喉镜结合应用，还可直接观察喉内结构、黏膜改变及声带活动情况，并通过活检作出病理诊断。

2. 病理学检查

尽管喉部鳞状细胞癌占喉部新生物的绝大多数，但在最终确定治疗方案前，仍需通过活检获得最可靠的病理学诊断依据。如果临床高度怀疑恶性，需要反复活检。

3. 影像学检查

影像学检查主要包括超声检查、CT、MRI 和 PET 检查等。对于肿瘤分期来说，影像检查可以提供有价值的解剖学信息，还可以帮助制定手术计划，对原发肿瘤可切除性作出初步判定。

(1) 超声检查：具有操作简便无创、实时动态、价格低廉等优点，高频探头近场干扰小，具有较高的图像分辨率，可以确定颈部肿瘤的起源部位、病变性质，能较准确反映颈淋巴结的大小（分辨率可达 2 mm 以上）、形状和范围，还可从横向、纵向或斜向观察肿瘤与血管的关系。

(2) CT 检查：是喉癌术前诊断和临床分期的主要评价方法之一，能直接显示喉内软组织及声门旁间隙、会厌前间隙、声门下区、喉外颈部的结构形态变化，并确定软骨是否破坏，对肿瘤术前分期和诊断颈部淋巴结转移的准确性都有很大帮助。CT 增强扫描在喉癌的评价方面尤为重要。

(3) MRI 检查：上自颅底下至锁骨的 CT 或 MRI 检查都可作为影像学检查的初始选择。做加权的 MRI 检查可以敏感地发现会厌前间隙和声门旁间隙的黏膜下受侵。CT 与 MRI 相比，对于甲状软骨受累的诊断特异度高，敏感度低。虽然 MRI 影像检查有帮助判断血管及软组织结构受累情况，但不作为术前常规检查应用。

(4) PET - CT 检查：在肿瘤发生远处转移和复发患者，有条件时可行 PET - CT 检查。由于 PET - CT 结合了 CT 显示解剖细节和 PET 显示新陈代谢细微变化的优点，可以发现同期或转移病灶，并且有针对性地对新陈代谢活跃区域进行活检，以最终明确肿瘤性质。

六、治疗

【专家共识要点】

1. 手术治疗

手术切除是治疗喉癌的主要手段,其原则是在彻底切除肿瘤的前提下,尽可能保留或重建喉的功能,以提高患者的生存质量。喉癌的手术包括喉全切除术和各种喉部分切除术。喉部分切除的术式很多,不同术式的选择主要根据肿瘤的部位、范围及患者的全身状况等因素而定。

2. 放射治疗

(1)单纯放疗:主要适用于:①早期声带癌,肿瘤向前未侵及前连合,向后未侵及声带突,声带活动良好;②位于会厌游离缘,比较局限的声门上癌;③全身情况差、不宜手术者;④晚期肿瘤、不宜手术的各期病例,可采用姑息放疗。

(2)术前放疗:对病变范围广,涉及喉咽且分化差的肿瘤,常采用放疗加手术切除的方式,术前放疗的目的是使肿瘤缩小,癌细胞活力收到限制,更有利于彻底手术切除。

(3)术后放疗:原发灶肿瘤已侵及喉癌或颈部软组织;多个颈部淋巴结转移或肿瘤已侵透淋巴结包膜;手术切缘十分接近瘤缘或病理证实切缘有肿瘤残留,可采用术后放疗。

3. 化学治疗

喉癌中98%左右为鳞状细胞癌,常对化疗不敏感,化疗在喉癌的治疗中仍不能作为首选治疗方法。

【专家共识解读】

1. 原位喉癌

早期原位喉癌一般选择内镜下切除或者放疗,无需其他辅助治疗(见图12-1)。

2. T1～T2 期喉癌

对于喉癌 T1 期及 T2 期病变，放疗、内镜下激光治疗及手术切除三类治疗方法中，应以激光治疗为首选，因为经激光治疗后生存率好，治疗时间短(激光治疗 1～2 周，放疗者需要 6 周)，花费少，术后功能好[12]。这是生在临床治疗中经全面衡量及实践得出的结果，当然，患者有选择权。事实上，T1b 期及 T2 期病变放疗的疗效(生存率)严格对比，已经不如外科，总体说来，如果放疗控制，治疗后声音质量比外科手术较好，但也应该考虑足量放疗对有些患者喉部、颈部软组织的后遗症问题。如果选择根治性放疗，放疗后无需其他辅助治疗，复发者可行挽救性手术(图 12-2)。

3. T1～T3 期喉癌、N0-3 M0 期喉癌

对 T1～T3 期喉癌、N0-3 M0 期喉癌如果选择手术，术后需根据有无淋巴结转移及危险因素情况考虑进行综合治疗[13]；如果是 N0 期喉癌或者无危险因素的存在，一般选择观察，无需其他辅助治疗，如果有一个阳性淋巴结但无危险因素，可以选择术后放疗；如果有危险因素(如包膜外侵犯)或者 N2～3 期喉癌患者，要根据具体的情况选择放疗或者放化疗[14-15]。另外，如果首选同步放化疗或者单纯放疗，治疗后根据病灶的反应情况，若病灶完全缓解，则治疗后只需观察随访[16]；如果原发病灶有肿瘤残留则考虑行挽救性手术，如果单纯颈部淋巴结残留则选择颈淋巴清扫术[14,17](图 12-3～4)。

4. T4aN0-3 M0 期喉癌

T4aN0-3M0 首选手术，术后进行放疗，存在危险因素者则需放化疗[14,18]；若患者拒绝手术，可选择同步放化疗或诱导化疗方案(图 12-5)。诱导化疗后需根据患者的反应情况决定下一步治疗：如果原发病灶完全缓解或部分缓解，可以选择根治性放疗或同步放化疗；如果原发病灶无缓解或治疗后残留，则行手术治

疗[14, 16, 19];颈淋巴结转移癌依据治疗结果决定是否行颈淋巴清扫术;T4bN0 - 3M0 或者不可切除的淋巴结病灶及不适合手术者,一般选择同步放化疗和根治性放疗或联合靶向药物治疗等非手术方案[20-22](图 12 -6)。

5. 复发或者病变持续存在的喉癌

对于局灶复发(包括局部复发和区域复发),尽量选择手术治疗,如果患者还存在危险因素,则术后加放疗或放化疗[13-15]。若无法切除者,则行放化疗或再次放化疗,或者单纯化疗[20-23]。

6. 伴有远处转移的喉癌

伴有远处转移的喉癌患者可以行单药化疗或者联合化疗或者铂类 +5 - 氟尿嘧啶(5 - Fu) + 西妥昔单抗的化疗方案[14, 24]。

7. 伴有复发危险因素的喉癌

伴有复发危险因素的喉癌患者,应尽量采用联合放化疗或单药化疗,其中包括淋巴结包膜外侵犯,阳性切缘,病理 T4 期病变,淋巴结转移病理阳性,≥2 个颈部淋巴结转移灶[14]。

(彭小伟　李赞)

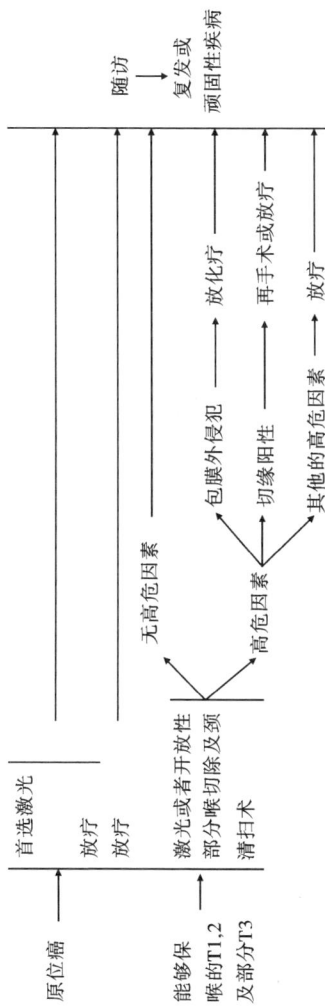

图12-1 声门型早期原位喉癌的治疗指南

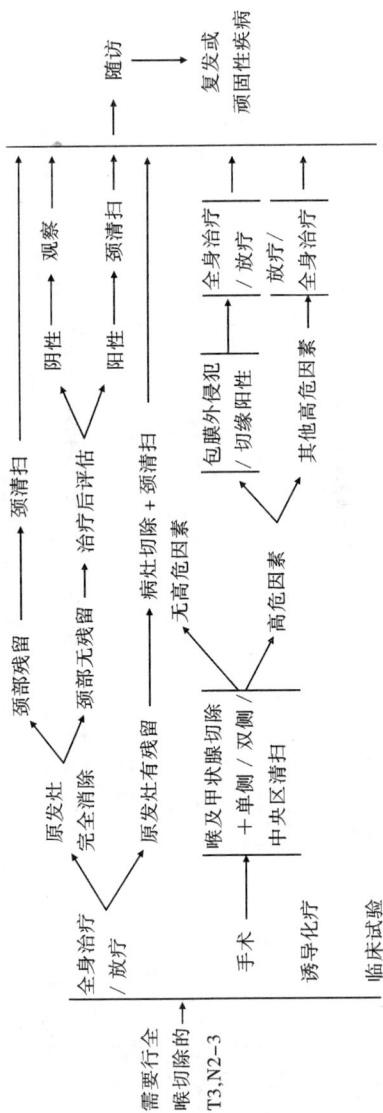

图12-2　T3、N2-3声门型喉癌的治疗指南

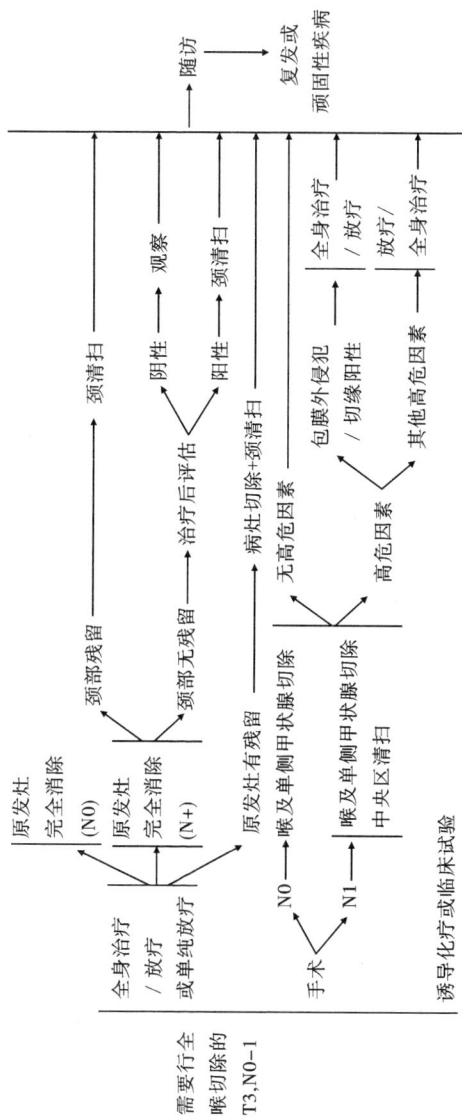

图12-3　T3、N0-1声门型喉癌的治疗指南

诱导化疗
├─ 原发灶CR ──→ 放疗 ──→ 颈部残留 ──→ 颈清扫
│   └─ 颈部无残留 ──→ 治疗后评估 ──→ 阴性 ──→ 观察
│   └─ 阳性 ──→ 颈清扫
├─ 原发灶PR ──→ 放疗或全身治疗 ──→ CR ──→ 观察
│   └─ 病灶有残留 ──→ 手术
└─ 原发灶<PR ──→ 手术 ──→ 无高危因素 ──→ 放疗
                      └─ 包膜外侵犯/切缘阳性 高危因素 ──→ 全身治疗/放疗
                      └─ 其他高危因素 ──→ 放疗或全身治疗/放疗

──→ 随访 ──→ 复发或顽固性疾病

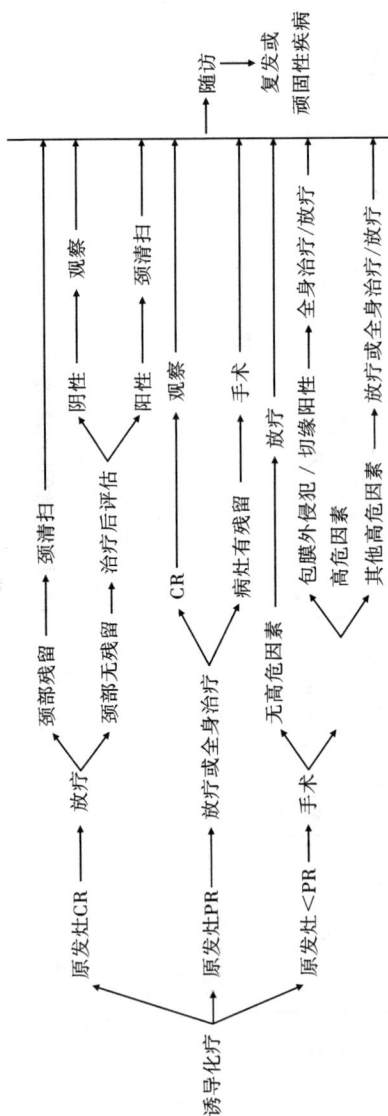

图12-4 诱导化疗在声门型喉癌中的应用指南

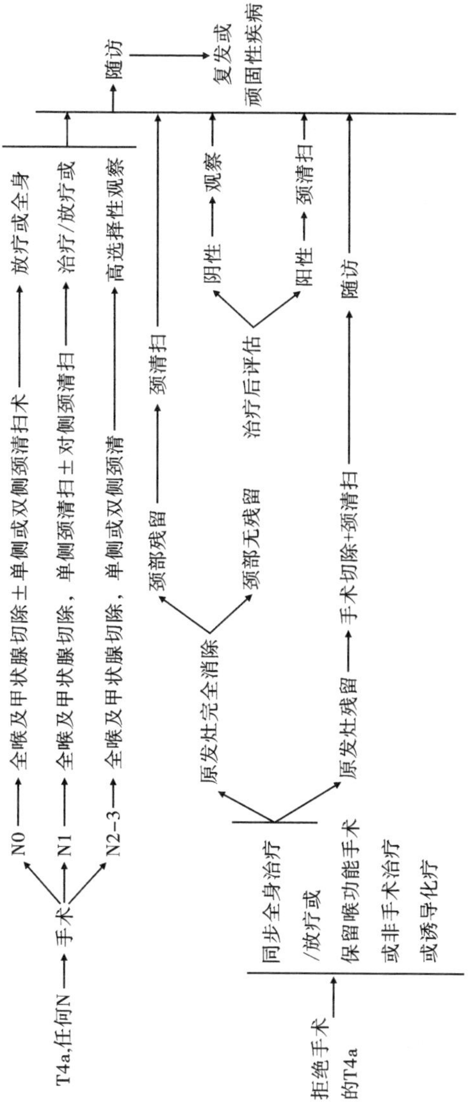

图12-5　**T4a声门型喉癌的治疗指南**

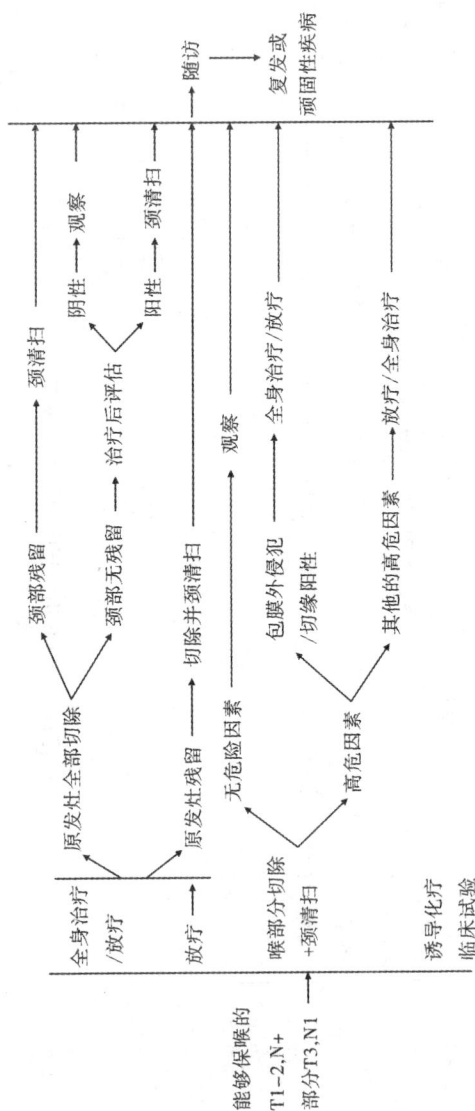

图12-6　能够保喉的声门上型喉癌治疗指南

需要全喉切除的T3, N2-3

- 全身治疗/放疗 → 原发灶全部切除 → 颈部残留 → 颈清扫 → 随访
- 全喉及一侧甲状腺切除+颈清扫 → 原发灶残留 → 治疗后评估
  - 颈部无残留 → 阳性 → 观察 → 随访
  - 阴性 → 观察
  - 阳性 → 颈清扫 → 复发或顽固性疾病
- 诱导化疗
  - 无危险因素 → 切除并颈清扫
  - 高危险因素
    - 包膜外侵犯/切缘阳性 → 放疗 → 复发或顽固性疾病
    - 其他的高危因素 → 全身治疗/放疗 → 随访
- 临床试验 → 放疗/全身治疗 → 复发或顽固性疾病

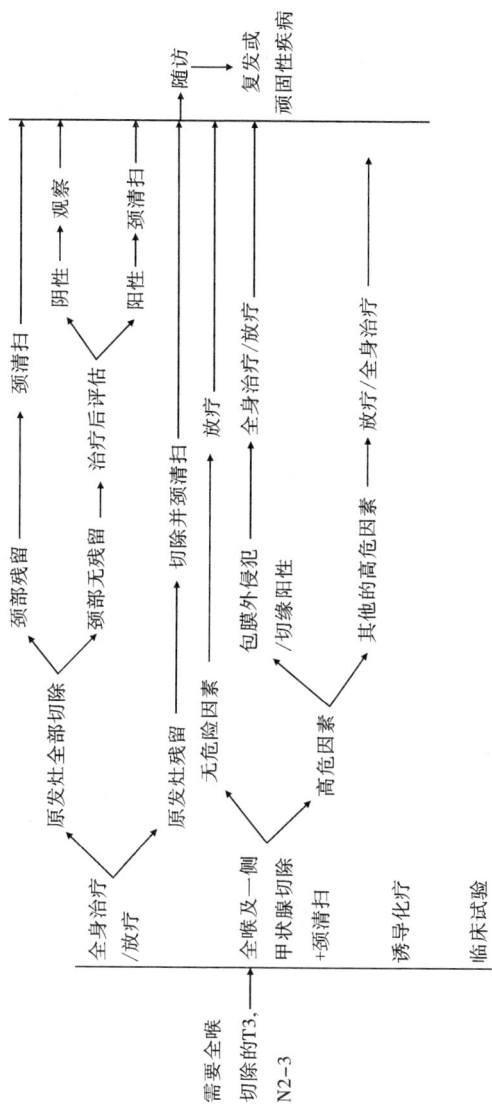

图12-7　需要全喉切除的声门上型喉癌治疗指南

参考文献

[1] Waterhouse J. Cancer Incidence in Five Contenent. Lyon IARC, 4th ed, 1985. 75 – 276.

[2] Iwamoto H. An epidemiological study of laryngeal cancer in Japan. Laryngoscope(St Louis), 1975, 85: 11562 – 1172.

[3] 费声重, 郭星. 喉癌流行病学. 中国医科大学论文集（1958 – 1998）, 1998.

[4] Martensson B. Epidemiological aspect on laryngeal carcinoma in Scandinavia, Laryngoscope(St Louis), 1975, 85: 1185 – 1189.

[5] Ramadan M F, Morfon R P, Stell P M, et al. Epidemiology of laryngeal cancer. Clin Otolaryngol, 1982, 7: 417 – 428.

[6] U. S. Dept of Health. Education and Welfare. The health consequence of smoking – 1974, U. S. Goverment Printing office. Washington. D. C, 1974.

[7] Holfmann D, Hecht S S, Ornaf R M, et al. Chemical studies on tobacco smoke. XL. II. Nitrosornicotine: Presence in tobacco, formation and carcinogenicity, Larc sci publ, 1976, 307 – 320.

[8] Lowry W S. Alcoholism in cancer of the head and neck. Laryngoscope(st louis), 1975, 85: 1275 – 1280.

[9] Cowles S R. Cancer of the larynx: Occupational and environment association. Southern Med J, 1983, 76: 894.

[10] Taylor R F. Late recurrence of cancer in the larynx and hypopharynx after irradiation. ORL J Otorhinolaryngol relat Spec, 1973, 39: 251 – 256.

[11] Neel H B Ⅲ, et al. Laryngofissure and cordectomy for early cordal carcinomas: Outcome in 182 patients. Otolaryngol Head Neck Surg, 1980, 88: 79 – 84.

[12] 屠规益主编. 现代理论与临床. 济南: 山东科学技术出版社, 2002: 168 – 178.

[13] Cooper JS, Pajak TF, Forastiere AA, et al. Postoperative concurrent

radiotherapy and chemotherapy for high-risk squamous-cell carcinoma of the head and neck[J]. N Engl J Med, 2004, 350(19): 1937 – 1944.

[14] NCCN clinical practice guidelines in oncology. Head and neck cancers, version I. 2012.

[15] Bernier J, Domenge C, Ozsahin M. et al. Postoperative irradiation with or without concomitant chemotherapy for locally advanced head and neck cancer[J]. N Engl J Med, 2004, 350(19): 1945 – 1952.

[16] Forastiere AA, Zhang Q, Weber RS, et al. Long-term results of RTOG 91 – 11: a comparison of three nonsurgical treatment strategies to preserve the larynx in patients with locally advanced larynx cancer[J]. J Clin Oneol, 2013, 31(7): 845 – 852.

[17] 李晓明, 宋琦. 喉癌喉咽癌的辅助与综合治疗[J]. 中国耳鼻咽喉头颈外科, 2009, 16(10): 555 – 557.

[18] 屠规益, 徐国镇. 头颈晚期肿瘤的围手术期放射治疗[J]. 中华耳鼻咽喉头颈外科杂志, 2005, 40(11): 801 – 804.

[19] Adelstein DJ, Li Y, Adams GL, et al. An intergroup phase III comparison of standard radiation therapy and two schedules of concurrent chemoradiotherapy in patients with unresectable squamous cell head and neck cancer[J]. J Clin Oncol, 2003, 21(1): 92 – 98.

[20] Garden AS, Harris J, Vokes EE, et al. Preliminary results of Radiation Therapy Oncology Group 97 – 03: a randomized phase ii trial of concurrent radiation and chemotherapy for advanced squamous cell carcinomas of the head and neck[J]. J Clin Oncol, 2004, 22(14): 2856 – 2864.

[21] Gibson MK, Li Y, Murphy B, et al. Randomized phase III evaluation of cisplatin plus fluorouracil versos cisplatin plus paclitaxel in advanced head and neck cancer (E1395): an intergroup trial of the Eastern Cooperative Oncology Group[J]. J Clin Oncol, 2005, 23(15): 3562 – 3567.

[22] Bonner JA, Harari PM, Giralt J. et al. Radiotherapy plus cetuximab for locoregionally advanced head and neck cancer: 5 – year survival data from a phase 3 randomised trial, and relation between cetuximab-induced rash and survival[J]. Lancet Oncol, 2010, 11(1): 21 – 28.

[23] Burtness B, Goldwasser MA, Flood W, et al. Phase Ⅲ randomized trial of cisplatin plus placebo compared with cisplatin plus cetuximab in metastatic/recurrent head and neck cancer: an Eastern Cooperative Oncology Group study[J]. J Clin Oncol, 2005. 23(34): 8646 - 8654.

[24] Pointreau Y, Garaud P, Chapet S, et al. Randomized trial of induction chemotherapy with cisplatin and 5 - fluorouracil with or without docetaxel for larynx preservation[J]. J Natl Cancer Inst, 2009, 101(7): 498 - 506.

第十三章 鼻咽癌诊断与治疗专家共识及解读

鼻咽癌是最常见的头颈部恶性肿瘤之一，虽然在解剖病理上归属于头颈部鳞状细胞癌，但是它具有独特的生物学行为及治疗模式策略，不同人种和不同地区之间的发病率和病死率有很大差别。高发区主要位于中国南方和东南亚、北美洲的阿拉斯加地区和加拿大西部、非洲东部和北非的部分国家，尤其是中国南方广东省和香港地区是最为高发的地区。鼻咽癌在欧洲、北美洲和大洋洲国家的发病率不足 1/100 000[1]，但在中国广东省，标化发病率达 20 – 30/100 000[2]。因鼻咽癌的解剖结构复杂、周围有很多的重要组织及器官、鼻咽癌细胞的高放疗敏感性，故放射治疗是其主要的治疗方法，与化疗结合是其主要治疗模式，随着目前对头颈部鳞状细胞癌中表皮生长因子受体(以下简称 EGFR)的认识，EGFR 抑制药也加入到鼻咽癌的治疗模式中[3]。鼻咽癌准确的临床分期、规范合理的治疗模式、应用先进的分子生物学技术发现有效肿瘤标记物、预测鼻咽癌肿瘤细胞的放射生物学特性、研究正常组织的射线照射耐受限量是鼻咽癌诊治今后需要努力的方向，以进一步提高患者的疗效和生存质量。

一、流行病学

【专家共识要点】 鼻咽癌的发病存在明显的地域性和种族差异，并存在家族高发倾向。

【专家共识解读】 据世界卫生组织调查报道，全球有80%的鼻咽癌患者在中国。在我国，鼻咽癌呈南高北低趋势，如广东、广西、海南、港澳、江西、湖南、福建等省较多，特别是在广东中部和西部的肇庆、佛山和广州地区更高，其发病率可高达30～50/10万人，而华北、西北少见，最北方的发病率不到2～3/10万人。在世界四大人种中以蒙古族人种高发，典型例子是同属蒙古族人种但已世代居住在北极地区的爱斯基摩人鼻咽癌发病率高，男性达10/10 000人，女性达4/10 000人。中山大学肿瘤医院相关资料显示，在200例鼻咽癌组中有癌家族史的33例，其中鼻咽癌14例，而对照组200例中癌家族史的10例，其中鼻咽癌2例，两组有明显差异。而在中国发患者群中，男女发病率之比为2.4～2.8∶1。

二、病因学

【专家共识要点】 鼻咽癌的病因尚不明确，认为它是一种多基因遗传病，涉及多个基因之间或基因与环境之间的交互作用。目前比较肯定的致病因素：EB病毒感染、化学致癌因素（如高浓度的亚硝胺及其多种化合物、咸鱼）、高镍低硒环境、遗传因素等。

【专家共识解读】

1. EB病毒感染

有充分证据表明，EB病毒感染与鼻咽癌发病关系密相关。非角化型鼻咽癌患者中EB病毒滴度升高，且病例多为未分化癌，容易出现局部晚期病变和远处转移。

2. 化学致癌因素

鼻咽癌发病的地区聚集性反映了同一地理环境和相似生活饮食习惯中某些因素致癌的可能性。例如，高发区人群喜食的咸鱼、腌肉、腌菜中致癌物质亚硝酸盐的含量非常高，烹饪中析出高浓度的亚硝胺及其多种化合物，其中的二亚硝基哌嗪已被证实诱发小鼠鼻咽癌黏膜上皮增生、原位癌、浸润癌，诱发率高达40%。

3. 高镍低硒环境

已证实高镍低硒促进癌的发病,过量的摄入镍,可以促进亚硝胺诱发实验动物鼻咽癌。调查发现,广东鼻咽癌高发区的土壤、水、大米中镍的含量高于其他地区,鼻咽癌患者头发中镍的含量亦较高。

4. 遗传因素

鼻咽癌发病的种族特异性和家族高发倾向现象,提示鼻咽癌发病可能与血缘或遗传有关。鼻咽癌易感基因可能存在于 4 号染色体短臂,目前仍在进一步研究中。

三、鼻咽癌的应用解剖

【专家共识要点】　鼻咽的解剖位置深在、隐蔽,周围结构复杂,毗邻许多重要的组织器官。基于鼻咽癌细胞的生物学特性,极易沿着周围孔道及间隙浸润性生长,故特别注意咽旁间隙、翼腭窝、海绵窦等解剖结构。

【专家共识解读】

1. 鼻咽腔

鼻咽腔位于咽的上三分之一,位于颅底与软腭之间,连接鼻腔和口咽,为呼吸的通道,鼻咽多以骨为支架,除软腭外,其余各壁结构均不能做大幅度活动,因此鼻咽腔的大小相对恒定,为一接近立方形六面体,上下径、左右径、前后径分别 3 ~ 4 cm、3 ~ 4 cm、2 ~ 3 cm。鼻咽腔六壁分别为顶壁、后壁、左右两侧壁、前壁及底壁,其中顶壁和后壁相互连接,呈倾斜形或圆拱形,合称为顶后壁。

(1)前壁:双侧后鼻孔、鼻中隔后缘。

(2)顶壁:蝶骨体底。

(3)顶后壁:枕骨体。

(4)后壁:第 1 颈椎、第 2 颈椎及其前方软组织。

（5）底壁：软腭背面。

（6）侧壁：由耳咽管及其周围软组织形成，包括耳咽管隆突（前唇、后唇，圆枕），咽鼓管咽口、咽隐窝组成。

2. 咽旁间隙

咽旁间隙包括咽侧间隙和咽后间隙，这两个间隙的解剖结构如下。

（1）咽侧间隙：包括①茎突前间隙，内有上颌动脉、三叉神经下颌支穿行；②茎突后间隙，内有颈内动脉、颈内静脉和后四对颅神经（第Ⅸ－Ⅻ对颅神经）、颈交感神经和颈深上淋巴结的最上淋巴结组。

（2）咽后间隙：其内淋巴结分为内侧组和外侧组，其中位于第一颈椎附近的咽后外侧组淋巴结称为 Rouviere's 淋巴结。咽后淋巴结的定义：①任何可见的咽后淋巴结内侧组；②咽后淋巴结外侧组的最短径≥5 mm；③无论淋巴结大小，只要淋巴结内部出现坏死者。

3. 翼腭窝

翼腭窝由上颌骨后壁、蝶骨翼突与腭骨垂直板所构成，呈锥形，上部较宽下部较窄，内有蝶腭神经节与蝶腭动脉、静脉穿行。

翼腭窝为一重要的解剖结构，通过以下结构与周围重要组织、器官相通。

（1）圆孔：与中颅窝相通。

（2）眶下裂：与眼眶相通。

（3）蝶腭孔：与鼻腔相通。

（4）腭鞘管：与鼻咽相通。

（5）翼管：与破裂孔相通。

（6）翼上颌裂：与颞下窝相通。

（7）腭大、小管：与口腔相通。

4. 海绵窦

海绵窦位于颅中窝蝶鞍两侧，是硬脑膜两层之间不规则的腔隙。海绵窦内有颈内动脉和第Ⅲ～Ⅵ对颅神经通过，因此鼻咽癌容易侵犯海绵窦引起前组相关脑神经麻痹的症状和体征，其中尤以外展神经(Ⅵ)最容易受侵。

四、病理分型

【专家共识要点】　鼻咽癌的组织学类型独特。根据 WHO 2005 年病理分型，鼻咽癌主要分为角化性鳞状细胞癌(Ⅰ型)、非角化性鳞状细胞癌(Ⅱ型)、基底细胞样鳞状细胞癌(Ⅲ型)。

【专家共识解读】　鼻咽癌按以上分型后，其中非角化性鳞状细胞癌又分为分化型(Ⅱa 型)和未分化型(Ⅱb 型)两种。鼻咽癌非高发区Ⅰ型占比例数较高，高发区以Ⅱb 型为主，而且Ⅱb 型咽癌与 EB 病毒感染有关。

五、临床表现

【专家共识要点】　鼻咽癌生长部位隐蔽，早期无典型的临床症状，常被患者和医生忽视；鼻咽部周围重要的组织器官众多，且肿瘤容易侵犯相邻的组织器官造成临床症状复杂多样。常见临床表现：回吸性血涕、耳鸣及听力下降、进行性加重的鼻塞鼻堵、不明原因的持续性或进行性加重的头痛、面麻、复视、眼部异常(眼球外展受限、眼球固定、上眼睑下垂)、张口困难或颈部发现无痛性包块。

【专家共识解读】　耳鼻症状、头痛、面麻、复视、颈部肿块是鼻咽癌患者最常有的主诉。由于肿瘤的原发部位、大小、外侵及转移部位情况的不同，可有不同程度复杂多变的临床表现。

1. 原发癌引发的临床表现

早期鼻咽癌可无症状，仅在常规体检或普查时检出，或直到颈部淋巴结转移时才被发现，鼻咽癌常见临床表现：

(1)血涕：回缩性血涕占初发症状的 18%～30%，确诊时超过70%的鼻咽癌患者有此症状。

（2）耳鸣及听力下降：原发于鼻咽侧壁的肿瘤引发咽鼓管通气及内耳淋巴液循环障碍，造成鼓室负压，出现一侧耳闷、堵塞感、耳鸣及听力下降。鼻咽癌好发于咽隐窝，因此引起单侧耳闭、耳鸣是较早的临床表现之一，占初发症状的17%～30%，确诊时80%的鼻咽癌患者有此症状。

（3）鼻堵：原发于鼻咽顶壁、侧壁的肿瘤逐渐增大可堵塞或侵入后鼻孔和鼻腔，引起进行性加重的单侧、双侧鼻堵，占初发症状10%～20%，确诊时40%的鼻咽癌患者有此症状。

（4）头痛：鼻咽癌初发症状为头痛的患者约占20%，确诊时约50%～70%的鼻咽癌患者伴有头痛。头痛部位、严重程度与病变侵犯的部位和程度相关。头痛的原因为：①合并感染，原发肿瘤表面溃疡、坏死合并感染，刺激颅底骨膜所致；②肿瘤侵犯筋膜、骨膜、颅底骨质、三叉神经脑膜支、鼻窦、血管（血管受压）、颅内、颈椎等。

（5）面部麻木：有15%～27%的鼻咽癌患者出现面部麻木，与三叉神经受侵、受压有关。

（6）复视及眼部表现：出现复视及眼部症状的鼻咽癌患者占10%～16%，因肿瘤侵犯颅底、海绵窦、眶尖、眶内及眼外肌支配神经所致。

（7）张口困难：张口困难为晚期症状，一般为肿瘤侵犯翼内外肌、翼腭窝所致。

2. 颅底受侵引发的颅神经麻痹综合征

鼻咽癌一旦侵及颅底或颅内，则易造成颅底或颅内相邻结构受损，除了表现为头痛外，也可能出现颅神经损伤导致的综合征。

（1）眶上裂综合征：眶上裂是第Ⅲ、Ⅳ、Ⅵ1、Ⅵ对颅神经出颅处，表现为复视、眼球活动障碍、上睑下垂、瞳孔缩小、光反射消失，三叉神经眼支（Ⅵ1）支配区麻木触痛感觉减退，多伴有明显头痛。

（2）眶尖综合征：肿瘤侵犯眶尖视神经管一带，依次出现视力下降、复视、失明等，一旦失明，表现为患眼固定性眼盲，部分或全部眶上裂综合征、头痛。

（3）垂体蝶窦综合征：侵及蝶窦后筛窦，Ⅲ、Ⅳ颅神经先受累，继而Ⅴ1、Ⅱ对颅神经损伤至失明。

（4）岩蝶综合征：又称为海绵窦综合征或破裂孔综合征，肿瘤侵及破裂孔、岩骨尖后继续向前外卵圆孔、海绵窦一带发展，首先出现外展神经麻痹，继而顺次出现三叉神经下颌支（V3）→三叉神经上颌支（V2）→三叉神经眼支（V1）、Ⅲ、Ⅳ、Ⅱ颅神经麻痹。

（5）颈静脉孔综合征：肿瘤从破裂孔岩骨尖往后发展，侵犯颈静脉孔一带，出现第Ⅸ、Ⅹ、Ⅺ对颅神经麻痹症状，表现为软腭活动障碍，咽反射减弱或消失，吞咽困难，声嘶、明显头痛。

（6）舌下神经孔征：Ⅻ对颅神经损伤，表现为舌肌麻痹、舌活动障碍，影响说话、咀嚼、吞咽活动。

（7）软腭麻痹：因鼻咽部肿瘤侵犯耳咽管周围，造成腭帆张肌、腭帆提肌功能损害，导致软腭不能上抬。

3. 鼻咽癌淋巴结转移引发的临床表现

鼻咽癌淋巴结转移发生率高，初诊时以颈部肿块为主诉的达40%～50%，检查发现颈部淋巴结转移高达70%以上。鼻咽癌淋巴结转移的特点按站转移，自上至下依次转移，跳跃性转移相对较少见，最常见的淋巴结转移部位为咽后淋巴结、颈深淋巴结和颈后淋巴结，但颌下淋巴结、颏下淋巴结转移率少见。若颈部淋巴结大，或曾经经放疗、手术者可逆行转移到颌下淋巴结、颏下淋巴结，甚至转移达腮腺淋巴结、耳前淋巴结。

4. 全身症状

鼻咽癌患者可有发热、贫血、消瘦乏力及血行转移到不同器官（包括骨、肝脏、肺等）所发生的相应临床症状。

六、诊断流程

【专家共识要点】 鼻咽癌是一个典型的诊治分离型疾病，患者首次一般多在综合性医院的耳鼻咽喉科或者其他非典型症状相关科室，这些科室的医生几乎不参与鼻咽癌的治疗，对该疾病不够重视或认识不足。鼻咽癌的诊断流程包括病史的详细询问、专科查体(特别强调颅神经征检查、颈部查体)、实验室及影像学检查、鼻咽镜活检等。

【专家共识解读】

1. 专科体格检查

患者出现上述症状之一或多项临床表现，临床怀疑或考虑鼻咽癌时，可行专科体格检查，具体应做以下体格检查：

(1)五官检查，包括眼、耳、鼻、口腔、颈部检查。

(2)十二对颅神经的检查。

(3)间接鼻咽镜、前鼻镜检查。

2. 实验室及影像学检查

(1)实验室检查：血常规、血生化(肝肾功能、电解质等)检查，凝血功能、传染病系列、EBV – DNA 测定。

(2)影像学检查：鼻咽鼻窦＋颈部 CT/MRI 平扫及增强扫描、胸部 X 片或胸部 CT、腹部 B 超、全身骨 ECT、全身 PET – CT(有条件者实施，不常规推荐)

3. 病理活检诊断

电子纤维鼻咽镜下鼻咽部组织活检获取病理学诊断，特别强调以下几点：①肿瘤组织病理检查是确诊鼻咽癌的唯一定性手段，无论初治还是复治，治疗前必须取得病理证实；②鼻咽、颈部均有肿物时，活检取材部位首选鼻咽，若一次阴性，重复再检；③鼻咽部重复病检病理阴性时，或鼻咽镜未发现原发病灶时才行颈部淋巴结活检，颈部淋巴结活检应取单个估计能完整切除的淋巴结，淋巴结切取活检或穿刺活检可能会增加远处转移率，影响预后。

七、鉴别诊断

【专家共识要点】　鼻咽癌常需要与鼻咽恶性淋巴瘤、纤维血管瘤、颅底脊索瘤、鼻咽结核、鼻咽慢性炎症增殖性病变、腺样体等疾病相鉴别。

【专家共识解读】

1. 恶性淋巴瘤

恶性淋巴瘤起源于鼻咽及颈部的非霍奇金淋巴瘤，临床在鼻咽和颈部也可发现肿物，但发病常较年轻，少见头痛、颅神经麻痹但常伴有发热、肝脾大等全身症状和体征。鼻咽肿块多为黏膜下球形隆起、光滑，少有溃疡及坏死，颈部肿大淋巴结中等硬或呈韧性感或偏软，单个或者多个融合呈分叶状较大但仍能推移，可同时伴有多处淋巴结肿大或者骨髓象异常。病理免疫组化可最后确诊，取材部位以取淋巴结为主，因为取病灶的淋巴结比取鼻咽组织的诊断率及可靠性高，故病理活检部位首选淋巴结。

2. 纤维血管瘤

纤维血管瘤这是鼻咽部最常见的良性肿瘤，瘤体由致密结缔组织、大量弹性纤维和血管组成，因而与一般纤维瘤的构成不同。青少年多见，以鼻咽反复出血为特征，常无淋巴结肿大，少见头痛和脑神经麻痹。鼻咽肿物血管丰富呈暗紫色，如紫红葡萄样，极易出血。CT/MRI 增强扫描或者 MRA 可基本确诊。经后鼻镜咬取该部位组织做活检应慎重，以免大出血，必要时可在手术室活检或经手术切除后病理确诊。

3. 颅底脊索瘤

颅底脊索瘤是胚胎发育残存的脊索发生的肿瘤，属于低度恶性肿瘤，生长慢，以局部侵袭性生长为主，可见溶骨性破坏。颅底脊索瘤在诊断时肿瘤常较大，容易累及周围脑神经，使大动脉移位或包绕并侵及海绵窦。免疫组化显示 S－100、Keratin、EMA、Vimentin 等阳性，CEA 阴性。CT/MRI 显示明显骨质破坏，瘤体内可有钙化，经鼻咽肿物活检或者立体定位穿刺活检可明确诊断，诊断仍不明确而又高度怀疑颅底脊索瘤的可能，可直接手术切除。

4. 其他

鼻咽结核、鼻咽慢性炎症增殖性病变、腺样体肥大等都是需与鼻咽癌相鉴别的疾病。

八、临床分期

【专家共识要点】　2008 年 12 月，中国鼻咽癌临床分期委员会对国内鼻咽癌 1992 临床分期进行修改，目前国内均采用 2008 鼻咽癌临床分期方法[5]，但该分期方法的合理性和准确性尚待验证。为方便不同研究中心之间数据和结果的比较以及国际间交流，专家共识采用《2010 年 AJCC 第 7 版鼻咽癌临床分期的标准》[6]。作为鼻咽癌临床分期的标准。

【专家共识解读】　准确的临床分期是指导治疗、判断预后以及学术交流的基础。2017 年 7 月 1 日，中国鼻咽癌临床分期工作委员会在福建南平召开了中国鼻咽癌分期修订工作会议，一致认为采纳鼻咽癌中国 2008 分期和 UICC/AJCC 分期第 7 版各自优势基础上做了更新的 UICC/AJCC 分期第 8 版更为合理，推荐新的中国鼻咽癌分期 2017 版与 UICC/AJCC 分期第 8 版保持一致。自 2018 年 1 月 1 日开始执行 UICC/AJCC 第 8 版/中国 2017 版鼻咽癌分期。[7]

1. 中国 2008 鼻咽癌临床分期

T 分期

T1　局限于鼻咽

T2　侵犯至鼻腔、口咽、咽旁间隙

T3　侵犯颅底、翼内肌

T4　侵犯颅神经、鼻窦、翼外肌及以外的咀嚼肌间隙、颅内

（海绵窦、脑膜等）

N 分期

N0　影像学检查及体检无淋巴结转移

N1a　咽后淋巴结转移

N1b　单侧 I b、Ⅱ、Ⅲ、Ⅴa 区转移淋巴结且直径≤3 cm

N2　双侧 I b、Ⅱ、Ⅲ、Ⅳa 区转移淋巴结；或直径 > 3 cm；或淋巴结包膜外侵犯

N3　Ⅳ、Ⅴb 区转移淋巴结

M 分期

M0　无远处转移

M1　有远处转移（包括颈部以下淋巴结转移）

（注：N3 行胸部 CT 检查排除纵隔淋巴结和肺转移）

综合以上，将中国 2008 鼻咽癌临床分期方法（广州）例表 13 -1 如下。

表 13 - 1　中国 2008 鼻咽癌临床分期（广州）

临床分期	T	N	M
Ⅰ	T1	N0	M0
Ⅱ	T1	N1	M0
	T2	N0	M0
Ⅲ	T1 - 2	N2	M0
	T3	N0 - 2	M0
Ⅳa	T4	任何 N	M0
	任何 T	N3	M0
Ⅳc	任何 T	任何 N	M1

2.2010 年 AJCC 第 7 版鼻咽癌分期

T 分期

T1　局限于鼻咽腔，或肿瘤侵犯鼻腔和（或）口咽但不伴有

咽旁间隙侵犯

    T2　侵犯咽旁间隙

    T3　侵犯颅底骨质和(或)鼻窦

    T4　侵犯颅内和/或颅神经、下咽、眼眶或颞下窝、咀嚼肌间隙

    N 分期

    N0　无区域淋巴结不能评估

    N1　单侧颈部淋巴结转移,最大直径≤6 cm,淋巴结位于锁骨上窝以上部位,和(或)单侧或双侧咽后淋巴结转移,最大直径≤6 cm

    N2　双侧颈部淋巴结转移,最大直径≤6 cm,淋巴结位于锁骨上窝以上部位

    N3　淋巴结*最大直径>6 cm 和(或)锁骨上窝淋巴结转移

    N3a　淋巴结最大直径>6 cm

    N3b　锁骨上窝转移**

    *:中线淋巴结认为是同侧淋巴结;**:锁骨上窝这个三角区域的定义,包括3点:①胸骨锁骨连接处的上缘;②锁骨外侧端(肩峰端)的上缘;③颈肩连接处。M 分期:M0 无远处转移;M_1 有远处转移。

    综合以上,将2010年 AJCC 第7版鼻咽癌临床分期例表13-2如下。

表13-2　2010年 AJCC 第7版鼻咽癌临床分期

临床分期	T	N	M
Ⅰ	T1	N0	M0
Ⅱ	T1	N1	M0
	T2	N0	M0
Ⅲ	T1-2	N2	M0
	T3	N0-2	M0
Ⅳa	T4	N0-2	M0
Ⅳb	任何 T	N3	M0
Ⅳc	任何 T	任何 N	M1

3. UICC／AJCC 第 8 版／中国 2017 版鼻咽癌分期

T　分期

Tx　原发肿瘤无法评估

T0　未发现肿瘤，但有 EBV 阳性且有颈部转移淋巴结

T1　局限于鼻咽、或侵犯口咽和／或鼻腔，无咽旁间隙受累

T2　肿瘤侵犯咽旁间隙，和／或邻近软组织受累（翼内肌、翼外肌、椎前肌）

T3　肿瘤侵犯颅底骨质结构、颈椎、翼状结构，和／或鼻旁窦

T4　肿瘤侵犯至颅内，有颅神经、下咽、眼眶、腮腺受累，和／或有超过翼外肌的外侧缘的广泛软组织侵犯

N　分期

Nx　无法评估区域淋巴结

N0　无区域淋巴结转移

N1　单侧颈部和／或咽后淋巴结转移（不论侧数）：最大径≤6 cm，且位于环状软骨下缘以上区域

N2　双侧颈部淋巴结转移：最大径≤6 cm，且位于环状软骨下缘以上区域

N3　颈淋巴结转移（不论侧数）：最大径＞6 cm 和／或位于环状软骨下缘以下区域

M　分期

M0　无远处转移

M1　有远处转移

综合以上，将 UICC／AJCC 第 8 版／中国 2017 版鼻咽癌临床分期列表 13 – 3 如下。

表 13 - 3　UICC/AJCC 第 8 版/中国 2017 版鼻咽癌临床分期

临床分期	T	N	M
0	Tis	N0	M0
I	T1	N0	M0
II	T0 - 1	N1	M0
	T2	N0 - 1	M0
III	T0 - 2	N2	M0
	T3	N0 - 2	M0
IVa	T0 - 3	N3	M0
	T4	N0 - 3	M0
IVb	任何 T	任何 N	M1

九、鼻咽癌的治疗

【专家共识要点】　鼻咽癌各期的治疗原则有所不同，总体来说，早期病例采用单纯放疗可以取得很好的疗效，晚期病例选择以放化疗为主的综合治疗已成为治疗的规范。中国专家共识 2013 版中针对鼻咽癌的治疗推荐如下：

早期病变的治疗：针对 $T_{1\sim2}$N0M0 期的鼻咽癌病例，单纯根治性放疗可以取得较好的疗效；而对于 $T_{1\sim2}$N1M0 鼻咽癌患者是否需要化疗目前仍有争议，单纯根治性放疗或以铂类药物为主的同步放化疗均可以采用，并建议进行前瞻性临床研究明确化疗的作用。

鼻咽癌局部晚期病变的治疗：目前仍推荐放疗 +/ - 含铂类药物的同步放化疗作为标准，尽管目前有临床研究显示，对于局部晚期(III - IVb 期)多西他赛 + 顺铂/多西他赛 + 顺铂 + 氟尿嘧啶方案诱导化疗后加顺铂同步放化疗较单纯放化疗有生存获益，仍需进一步验证。

转移性/复发鼻咽癌的治疗：建议参加多学科协作组会诊、

治疗，特别鼓励参加临床研究。一般情况好（PS评分0-1）的患者，全身治疗为主，局部治疗为辅，全身治疗推荐以铂类为基础的联合化疗加上EGFR单克隆抗体；对于功能较差（PS评分＞2）的患者推荐最佳支持治疗。

【专家共识解读】　鼻咽癌的治疗效果取决于明确的临床诊断、准确的临床分期、合理的治疗策略以及制定恰当的随访要求。在科学技术迅猛发展的时代，按照循证医学的原则制定相应的诊治指南并根据最新的信息不断进行更新，有助于临床医生进行诊治的决策，也可以帮助患者进行恰当的治疗选择。现根据2013年亚洲国家头颈部肿瘤治疗共识推荐（头颈部肿瘤严太共识）、2013年头颈部鳞癌综合治疗中国专家共识、2013年欧洲肿瘤内科学会（ESMO）头颈部肿瘤指南、2017年美国国家肿瘤研究所（NCCN）头颈部肿瘤指南中的鼻咽癌诊治部分解析如下：

1. Ⅰ期鼻咽癌的治疗原则

Ⅰ期鼻咽癌的治疗原则，各专家共识及指南均作出明确一致的推荐：鼻咽部行单纯高剂量根治性放疗，颈部引流区域行选择性放疗，并指出优先使用调强放疗（intensity modulated radiotherapy，IMRT），不同点在于放疗剂量推荐方面有所不同，见下表13-4。

表13-4　鼻咽癌放射治疗剂量

指南或共识	鼻咽部根治放疗剂量（Gy）	颈部放疗剂量（Gy）
《2013年头颈部肿瘤亚太共识》	66~70	50~60
《2013年ESMO头颈部肿瘤指南》	70	50~60或40~60
《2017年NCCN头颈部肿瘤指南》	66~70(2 Gy/次)或69.96(2.12 Gy/次)	44~60(2 Gy/次)或54~63(1.6~1.8 Gy/次)

2. Ⅱ期鼻咽癌的治疗原则

Ⅱ期鼻咽癌的治疗原则：Ⅱ期鼻咽癌推荐同步放化疗，且均明确提出顺铂是同步放化疗中优先使用的化疗药物。各指南、专家共识推荐的化疗方案不尽相同，且辅助化疗和诱导化疗的使用方面争议较多。Ⅱ期鼻咽癌的治疗原则如表13-5所示：

表13-5　Ⅱ期鼻咽癌的治疗原则

指南或共识	治疗原则
《2013年头颈部肿瘤亚太共识》	同步放化疗（优先） 或同步放化疗 + 辅助化疗* 或诱导化疗 + 同步放化疗**
《2013年头颈部鳞癌综合治疗中国专家共识》	T2N0M0 单纯放疗 T1-2N1M0 同步放化疗或单纯放疗
《2013年ESMO头颈部肿瘤指南》	同步放化疗
《2017年NCCN头颈部肿瘤指南》	没有单独对Ⅱ期鼻咽癌进行治疗推荐 初治： 　MDT（多学科会诊） 　同步放化疗 + 辅助化疗 　同步放化疗（2B类证据） 　诱导化疗 + 同步放化疗（3类证据） 　初治后颈部淋巴结残留，建议颈部淋巴结清扫

＊注释：代表取决于临床经验

＊＊注释：代表取决于患者相关因素例如体力状态、耐受性

3. Ⅲ期及Ⅳa、Ⅳb期鼻咽癌的治疗原则

对于这部分局部晚期患者，《2017年NCCN头颈部肿瘤指南》强调了化放疗及手术治疗的使用，《2013年ESMO头颈部肿瘤指南》仍推荐化放疗的使用，2013年亚太共识、中国专家共识在强调了放化综合治疗的基础上，重点阐述了EGFR单抗隆抗体的使用。

2017 年 NCCN 指南指出，Ⅲ - Ⅳb 期鼻咽癌患者的推荐与Ⅱ期患者相同，如果初治后颈部仍有残余肿瘤，则给予颈部淋巴结清扫术；同时建议联合化放疗后序贯辅助化疗。2013 年 ESMO 头颈部肿瘤指南推荐局部晚期鼻咽癌患者采用同步放化疗治疗，并提到基于顺铂的诱导化疗可用于这部分患者，尽管诱导化疗并非标准疗法。同时指出，在任何情况下，诱导化疗都不能影响同步放化疗的最佳实施。

2013 年亚太共识、中国专家共识指出，对于局部晚期鼻咽癌患者，西妥昔单抗联合顺铂和 IMRT 显示耐受性非常好，疗效很有前景，EGFR 单克隆抗体已列入共识(Ⅱb 类证据)。鼻咽癌细胞中 EGFR 表达率高达 80% ~ 90% 以上[8-11]，已有较多的基础研究证明 EGFR 单克隆抗体单独使用、与放疗联合使用或与放疗 + 化疗联合使用均可明显地抑制鼻咽癌细胞株的生长、增殖以及增加细胞对放疗和化疗的敏感性[12-14]。目前已有 EGFR 单克隆抗体西妥昔单抗治疗局部晚期鼻咽癌的多中心、非对照Ⅱ型临床研究显示较好的近期疗效及对治疗的良好耐受性[15-16]。

Ⅲ期、Ⅳa 期、Ⅳb 期鼻咽癌的治疗原则总结如表 13 -6 所示：

表 13 -6　Ⅲ期、Ⅳa 期、Ⅳb 期鼻咽癌的治疗原则

指南或共识	治疗原则
《2013 年头颈部肿瘤亚太共识》	同步放化疗 + / - EGFR 单克隆抗体(优先) 同步放化疗 + / - 辅助化疗
《2013 年头颈部鳞癌综合治疗中国专家共识》	1. 同步放化疗 + / - EGFR 单克隆抗体 2. 诱导化疗(多西他赛/顺铂) + 同步放化疗

表 13 - 6

指南或共识	治疗原则
《2013 年 ESMO 头颈部肿瘤指南》	1. 同步放化疗 +/ - 辅助化疗 2. 若放疗实施有困难(肿瘤邻近脑干、视交叉等),可诱导化疗 + 同步放化疗
《2017 年 NCCN 头颈部肿瘤指南》	没有单独对Ⅲ、Ⅴa、Ⅴb 期鼻咽癌进行治疗推荐 初治: 　MDT(多学科会诊) 　同步放化疗 + 辅助化疗 　同步放化疗(2B 类证据) 　诱导化疗 + 同步放化疗(3 类证据) 　初治后颈部淋巴结残留,建议颈部淋巴结清扫

4. Ⅳc 期鼻咽癌的治疗原则

对于Ⅳc 期鼻咽癌,各指南和专家共识推荐均认为全身化疗是标准治疗选择之一,所涉及的药物包括铂类、紫杉醇类等。此外,EGFR 抑制药西妥昔单抗在晚期疾病中的治疗推荐更多。其治疗原则如表 13 - 7 所示:

表 13 - 7　Ⅳc 期鼻咽癌的治疗原则

指南或共识	治疗原则
《2013 年头颈部肿瘤亚太共识》	优先使用铂类和紫杉类联合化疗
《2013 年头颈部鳞癌综合治疗中国专家共识》	以铂类为基础的化疗 + EGFR 单克隆抗体(如西妥昔单抗)

表 13 - 7

指南或共识	治疗原则
《2013 年 ESMO 头颈部肿瘤指南》	1. 以铂类为基础的联合化疗作为一线治疗 2. 其他可选择：紫杉醇、多西他赛、吉西他滨、卡培他滨、伊立替康、长春瑞滨、异环磷酰氨、多柔比星、奥沙利铂，可单药或联合化疗，但联合化疗疗效优于单药化疗
《2017 年 NCCN 头颈部肿瘤指南》	1. 临床试验研究（优先） 2. 以铂类为基础的化疗后针对原发灶、颈部放疗或放化疗同步化放疗 3. 同步化放疗

5. 复发鼻咽癌的治疗原则

对于初治后局部复发或远处转移鼻咽癌的患者，部分指南和专家共识也给出了详细的诊治推荐，复发鼻咽癌的治疗原则如表 13 - 8 所示：

表 13 - 8　复发鼻咽癌的治疗原则

指南或专家共识	治疗原则
《2013 年头颈部肿瘤亚太共识》	①不适合接受再次放疗的局部复发患者，优先使用铂类和紫杉醇类联合化疗 ②既往未放疗的局部复发患者，同步放化疗或单独放疗优于手术 ③既往已接受放疗的局部复发及第二原发肿瘤患者，如果 1 年后复发则考虑再程放疗 ④对于仅有颈部淋巴结复发患者，优先采用颈部淋巴结清扫术

续表 13 - 8

指南或共识	治疗原则
《2013 年头颈部鳞癌综合治疗中国专家共识》	1. 根据复发部位选择手术或单纯放疗或以铂类药物为基础的同步放化疗或以铂类药物为基础的单独化疗 2. 以铂类为基础的联合化疗 + 西妥昔单抗(ⅡB 类证据) 3. 鼻咽癌复发手术治疗仅限于 rT1 期(无咽后淋巴结转移) 和部分局限的 rT2 期(无咽后淋巴结转移及咽旁间隙侵犯)病例 4. 颈部淋巴结复发首选手术治疗
《2017 年 NCCN 头颈部肿瘤指南》	复发头颈部肿瘤的治疗推荐： 1. 既往未接受放疗的局部复发, 如可切除, 给予手术或化放疗; 如不可切除, PS0 - 1 者推荐同步化放疗 2. 对于既往接受放疗的局部复发或第二原发肿瘤, 若可切除, 给予手术 + / - 再次放疗 + / - 化疗; 若不可切除, 给予再次放疗 + / - 化疗或单纯化疗 3. 对于治疗后远处转移的患者, 铂类 + 5 - FU + 西妥昔单抗是 PS 0 - 1 患者的优先疗法(1 类推荐) 4. 符合以上任何一种情况, 均特别鼓励参加临床研究

十、中国鼻咽癌适形调强放疗临床实践指引

【专家共识要点】 鼻咽癌是治疗手段较特殊的肿瘤, 放射治疗是鼻咽癌首选而且十分有效的治疗方法。随着放射治疗技术及设备的提高更新, 调强放疗的开展, 放疗生存率明显提高, 但其对医务人员的技术和规范要求也越来越高, 规范有效的治疗不仅

是治疗疗效的保证，也是治愈者生活质量的保证。为规范放射治疗，中国鼻咽癌临床分期工作委员会特设计了《鼻咽癌临床实践指引》供参考。

【专家共识解读】　适形调强放射治疗(IMRT)技术的使用可以显著提高鼻咽癌的局部区域控制率及更好地保护周围正常组织，提高长期存活患者的生活质量[17-18]，建议有条件的单位尽可能采用 IMRT 作为鼻咽癌的主要放疗技术。中国鼻咽癌临床分期工作委员会的专家经充分酝酿，认为目前我国鼻咽癌 IMRT 技术日趋成熟，有必要制定中国鼻咽癌 IMRT 临床实践指引，尽量统一和细化靶区命名和勾画原则，最大限度减少差异；同时规定统一处方剂量范围、危及器官限定剂量、治疗计划评估和 IMRT 质量控制的基本原则和要求，以保证该精确放疗技术得到准确、有效实施，提高我国鼻咽癌 IMRT 整体水平。

（一）放疗前准备

1. 影像学检查

鼻咽癌患者进行放疗前必须做鼻咽鼻窦及颈部 MRI 平扫 + 增强扫描，为确保 MRI 扫描质量，建议参照鼻咽癌 2008 分期 MRI 扫描规范和要求[19]。

2. 固定装置

建议采用头颈肩热塑面膜固定。

3. 定位 CT 检查

（1）扫描要求：扫描方式为平扫 + 增强扫描；扫描范围为头颈至胸骨切迹下 2 cm；层厚、层距为≤3 mm，靶区外≤5 mm。

（2）图像处理要求：勾画靶区尽可能采用 MRI、CT 的融合图像（有条件单位）进行靶区勾画。

（二）靶区定义

1. 靶区命名

（1）肿瘤靶区(gross tumor volume, GTV)：GTVnx 影像学及临

床检查可见的原发肿瘤部位及其侵犯范围；GTVrpn 咽后转移淋巴结；GTVnd 颈部转移淋巴结。

（2）临床靶区（clinical target volume，CTV）CTV1 包括 GTVnx ＋GTVrpn＋5～10 mm（外放范围根据临床和解剖结构特殊适当调整）＋相应鼻咽腔黏膜及黏膜下 5 mm，CTV2 涵盖 CTV1，同时根据肿瘤侵犯位置和范围适当考虑包括鼻腔后部、上颌窦后部、翼腭窝、部分后组筛窦、咽旁间隙、颅底、部分颈椎和斜坡（主要根据鼻咽解剖及肿瘤的生物学行为确定相应 CTV2）。具体：①前界：鼻腔后部及上颌窦后部前 5 mm；②后界：前 1/3 椎体和斜坡；③上界：部分后组筛窦、颅底区（蝶窦底壁、破裂孔和卵圆孔）；④下界：第 2 颈椎椎体下缘；⑤侧界：包括翼突区、咽旁间隙，颅底层面包括卵圆孔外缘，CTVnd 包括 GTVnd＋需预防照射的颈部淋巴结引流区。

（3）计划靶区（planning target volume，PTV）：上述对应各靶区外扩 2～5 mm（外扩数据按各单位摆位误差确定）。

2. 淋巴结预防照射的靶区设置

（1）咽后淋巴结：咽后淋巴结紧邻原发灶，不论咽后淋巴结包膜是否外侵，局部预防照射靶区按照 CTV1、CTV2 界定。

（2）CTVnd（颈部淋巴引流区的临床靶区）：颈部淋巴结分期 N0 时，靶区勾画分两种情况：①无任何肿大或可疑转移淋巴结时，CTVnd 包括双侧颈部 Ⅱ、Ⅲ、Ⅴa 区。②影像学检查发现颈部肿大淋巴结但未达到转移淋巴结诊断标准，若临床上考虑高危淋巴结，CTVnd 应该包括高危淋巴结的同侧颈部 Ⅱ－Ⅴ区和对侧颈部 Ⅱ、Ⅲ、Ⅴa 区；若双侧均存在高危淋巴结，则 CTVnd 应该包括双侧颈部 Ⅱ－Ⅴ区。

（3）颈部 Ⅰb 区淋巴结：鼻咽癌 CTVnd 预防照射原则上不包括颈部 Ⅰb 区，但存在下述情况时，我们需要包括颈部 Ⅰb 区：①Ⅰb 区有转移性淋巴结，或该区域阳性淋巴结切除术后；②Ⅱa

区转移性淋巴结包膜外受侵或直径≥3 cm；③同侧全颈部多个区域(≥4 个区域)有转移淋巴结；④鼻咽肿瘤侵犯鼻腔≥后 1/3、软硬腭、齿槽等。

（4）注意事项：①除淋巴结术后或皮肤受侵，CTVnd 的 PTV 不应超出皮肤，距离皮肤 2~3 mm；②行计划性新辅助化疗后，MRI 确认肿瘤缩小明显者，以化疗前的病灶影响勾画 CTVnd；鼻咽腔内突出部分肿瘤可按化疗后勾画；GTVrpn、GTVnd 包膜未受侵按化疗后实际退缩情况勾画，包膜受侵者要包括化疗前影像显示的外侵区域。

（三）放疗照射剂量推荐与计划评估要求(参照 RTOG0615 规定)[20]

（1）放疗照射剂量定义：95% 的 PTV 所接受的最低吸收放疗照射剂量。

（2）放疗照射剂量推荐：不同的放射治疗靶区，其照射剂量不同；不同靶区所投照的剂量推荐见表 13-9 所示。

表 13-9　不同靶区放疗照射剂量

靶区	单次剂量范围(Gy)	总剂量范围(Gy)
PGTVnx、PGTVrpn	2.10-2.25	66-76
PCTVnd	2.00-2.25	66-70
PCTV1	1.80-2.05	60-62
PCTV2	1.70-1.80	50-56

说明：有条件单位可实施分段多次计划，并参照一次性计划相应给量。

（3）计划评估要求：①PTV 接受≥110% 处方照射剂量的体积 <20%；②PTV 接受≥115% 处方照射剂量的体积 <5%；③PTV 接受 <93% 处方照射剂量的体积 <1%。

（4）危及器官限制照射剂量推荐与计划评估要求：①有计划危及器官体积的危及器官限定照射剂量推荐与计划评估要求见表

13 - 10 所示；②无计划危及器官体积的危及器官限定照射剂量推荐与计划评估要求[24-29]见表 13 - 11 所示。

表 13 - 10　有计划危及器官体积的危及器官限定
照射剂量推荐与计划评估要求

危及器官	最高剂量	外扩边界	限定剂量
脑干	54 Gy	≥1 mm	>60 Gy≤1%
脊髓	45 Gy	≥5 mm	>50Gy≤1%
视神经	50 Gy	≥1 mm	55 Gy
视交叉	50 Gy	≥1 mm	55 Gy

说明：

①脑干照射 >64 Gy 时，发生严重的放射性损伤的风险显著增加[21]。②分割剂量为 2 Gy 时，脊髓照射的总剂量为 50、60、69 Gy 时，脊髓病的发生率分别 0.2%、6%、50%[22]。③视神经、视交叉照射 55~60 Gy 时，放疗诱导的视神经病变发生风险 3%~7%；>66 Gy 时，放疗诱导的视神经病变发生风险为 7%~20%[23]。

表 13 -11　无计划危及器官体积的危及器官
限定照射剂量推荐与计划评估要求

危及器官	最高剂量
颞叶	≤60 Gy 或 >65 Gy 的体积≤1%
眼球	≤50 Gy
晶体	≤9 Gy(国内)
下颌骨	≤70 Gy，若不能实现，则 >75 Gy 的体积≤1 cm³
颞下颌关节	≤70 Gy，若不能实现，则 >75 Gy 的体积≤1 cm³
臂丛神经	≤66 Gy
危及器官	平均剂量
垂体	≤50 Gy

续表 13-11

危及器官	最高剂量
腮腺	<20 Gy(至少单侧)或双侧<25 Gy,靶区复杂时腮腺剂量尽量低
口腔	≤40 Gy
声门喉	≤45 Gy
环后区咽	≤45 Gy
食管	≤45 Gy
下颌下腺	<35 Gy
单侧耳蜗	≤45 Gy
舌下腺	尽可能减少受照射剂量

注明:RTOG 0615 晶体的剂量限制为最高剂量≤25 Gy,RTOG 0225 中规定晶体的受量尽可能低,国内推荐晶体限量为最高剂量≤9 Gy。当口咽受侵,未能达到该限制剂量要求时,建议参照 QUANTIC 规定尽量减少≥60 Gy 的照射体积,可能的话尽量减少口咽≥50 Gy 的照射体积。

附录

附录1　鼻咽癌的诊治与流程(见附录图1)。

诊断和分期

- 头颈部检查
- 鼻咽间接镜/内镜检查
- 鼻咽部活检
- 头颈部MRI及CT检查
- 胸腹部影像学检查(X线片、B超)
- 血液学检查(血常规、和血生化(肝肾功能)、血清EB病毒DNA定量)
- 心电图检查
- 放疗前口腔处理
- KPS评分

针对N2-3或远处转移可疑患者加下列检查:
- 胸腹部ECT检查
- 全身骨ECT检查
- ECT显示骨转移则行相应部位MRI(首选)或CT检查
- PET-CT检查(有条件者)

分期:
- T1-2N0M0
- T1-2N1M0
- T1-4N2-3M0 T3-4N0-1M0
- T1-4N0-3M1

治疗方法

- 鼻咽肿瘤根治性放疗+颈部预防放疗
- 鼻咽肿瘤和颈部转移性淋巴结根治性放疗+颈部预防放疗±以铂类药物为基础的同步化疗
- 鼻咽肿瘤和颈部转移性淋巴结根治性放疗+颈部预防放疗以铂类药物为基础的同步化疗±EGFR单克隆抗体
- 以铂类药物为基础的诱导化疗±EGFR单克隆抗体(IIb)
- 含铂类药物的辅助化疗
- 鼻咽肿瘤和颈部淋巴结转移放疗±以铂类药物为基础的同步化疗
- 鼻咽肿瘤根治性放疗+颈部预防放疗以铂类为基础的同步化疗
- 完全缓解,部分缓解或病情稳定
- 鼻咽和颈部根治性放疗或姑息放疗,或继续化疗

随访

治疗后随访时间:
- 3年内:每3个月1次
- 3~5年:每半年1次
- 5年以上:每年1次

检查项目:
- 鼻咽间接镜或内镜检查
- 详细体检

治疗后3~6个月及每年:与治疗前诊断检查项目相同

可疑或远处转移征象:ECT或MRI

可疑或远处转移CT或骨ECT,有条件者行全身骨PET-CT检查

复发:
单纯复发:根据复发部位选择单纯手术*或放疗,或放疗±以铂类药物为基础的单独化疗

复发合并远处转移:以铂类药物为基础的联合化疗±西妥昔单抗(IIb)

附录图1　鼻咽癌的诊治流程

以上推荐除有标注者外,均为Ⅱa类或以上证据级别。对Ⅱb类证据类型的推荐方案鼓励继续进行临床研究。

*注释:颈部淋巴结复发首选手术治疗,鼻咽原发灶复发的手术治疗仅限于rT1(无咽后淋巴结转移)和部分局限的rT2(无咽后淋巴结转移及咽旁间隙侵犯)病例。

附录2　鼻咽癌的放疗流程(见附录图2)。

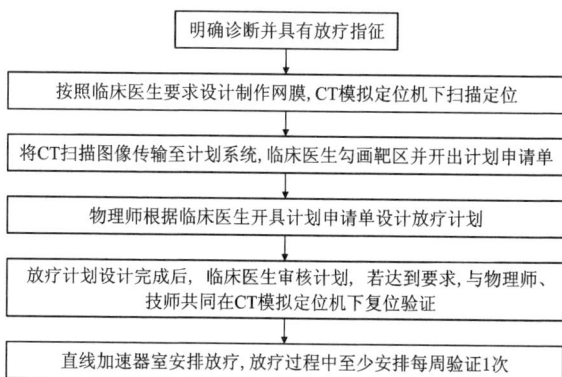

附录图2　鼻咽癌放疗定位流程

(娄　繁　金和坤)

参考文献

[1] Parkin DM, Bray F, Ferlay J, Pisani P. Global cancer statistics, 2002. CA Cancer J. Clin. 55, 74 – 108(2005).

[2] Parkin DM, Whelan SL, Ferlay J et al. Cancer Incidence in Five Continents, vol. VIII. IARC Scientific Publication No.155. International Agency for Research on Cancer, Lyon, France (2002).

[3] 18 Chen C, Zhao C, Gao L et al. An open-labeled, multicentric clinical study of cetuximab combined with intensity-modulated radiotherapy (IMRT) plus concurrent chemotherapy in locoregionally advanced (LA) nasopharyngeal carcinoma (NPC): a 2 - year follow-up report. J. Clin. Oncol. 30(Suppl.), Abstract 5535 (2012).

[4] Thompson L. Update on nasopharyngeal carcinoma. Head Neck Pathol. 1, 81 -86(2007).

[5] China Working Committee on Clinical Staging of Nasopharyngeal Cancer. Revision report on 1992 NPC staging. Chin. J. Radiat. Oncol. 18, 2 - 6 (2009).

[6] Edge SB, Byrd DR, Compton CC et al. AJCC Cancer Staging Manual (7th Edition). Springer, NY, USA (2010).

[7] 中国鼻咽癌分期 2017 版(2008 鼻咽癌分期修订专家共识). 中华放射肿瘤学杂志 2017, 26: (10). Clin J Radiat Oncol, October 2017, Vol. 26, No. 10.

[8] Ma BB, Poon TC, To KF et al. Prognostic significance of tumor angiogenesis, Ki 67, p53 oncoprotein, epidermal growth factor receptor and HEB2 receptor protein expression in undifferentiated nasopharyngeal carcinoma-a prospective study. Head Neck 25, 864 -872(2003).

[9] Fu J, Zhao B, Hu X et al. Clinical pathological significance of the expression of epidermal growth factor receptor in nasopharyngeal carcinoma. Chinese Journal of Otorhinolaryngology-Skull Base Surgery 10, 271 -273 (2004).

[10] Chua DT, Nicholls JM, Sham JS, Au GK. Prognostic value of epidermal growth factor receptor expression in patients with advanced stage nasopharyngeal carcinoma treated with induction chemotherapy and radiotherapy. Int. J. Radiat. Oncol. Biol. Phys. 59, 11 -20 (2004).

[11] Leong JL, Loh KS, Putti TC, Goh BC, Tan LK. Epidermal growth factor receptor in undifferentiated carcinoma of the nasopharynx. Laryngoscope 114, 153 -157 (2004)。

[12] Zhu XF, Liu ZC, Xie BF et al. EGFR tyrosine kinase inhibitor AG1478 inhibits cell proliferation and arrests cell cycle in nasopharyngeal carcinoma

cells. Cancer Lett. 169, 27 - 32 (2001).

[13] Sung FL, Poon TC, Hui EP et al. Antitumor effect and enhancement of cytotoxic drug activity by cetuximab in nasopharyngeal carcinoma cells. In Vivo 19, 237 - 245 (2005).

[14] Huang SM, Bock JM, Harari RM. Epidermal growth factor receptor blockade with C225 modulates proliferation, apoptosis, and radiosensitivity in squamouscell carcinomas of the head and neck. Cancer Res. 59, 1935 - 1940 (1999).

[15] Lu TX, Zhao C, Chen CY et al. An open multicenter clinical study on cetuximab combined with intensity modulated radiotherapy (IMRT) plus concurrent chemotherapy in nasopharyngeal carcinoma (NPC): preliminary report. Presented at: 46th ASCO Annual Meeting. Chicago, IL, USA, 4 - 8 June 2010 (Abstracy 42212).

[16] Ma BB, Kam MK, Leung SF et al. A Phase II study of concurrent cetuximab-cisplatin and intensity-modulated radiotherapy in locoregionally advanced nasopharyngeal carcinoma. Ann. Oncol. 23, 1287 - 1292 (2012).

[17] Wolden SL, Chen WC, Pfister DG et al. Intensity-modulated radiation therapy (IMRT) for nasopharynx cancer: update of the Memorial Sloan-Kettering experience. Int. J. Radiat. Oncol. Biol. Phys. 64, 57 - 62 (2006).

[18] Lin S, Pan J, Han L et al. Nasopharyngeal carcinoma treated with reduced-volume intensity-modulated radiation therapy: report on the 3 - year outcome of a prospective series. Int. J. Radiat. Oncol. Biol. Phys. 75, 1071 - 1078 (2009).

[19] 中国鼻咽癌临床分期工作委员会. 鼻咽癌 92 分期修订工作报告. 中华放射肿瘤学杂志, 2009, 18: 2 - 6。

[20] Radiation Therapy Oncology Group. A phase II study of concurrent chemoradiotherapy using three—dimensional conformal radiotherapy (3D - CRT) or intensity—modulated radiation therapy (IMRT) + Bevacizumab (BV) for locally or regionally advanced nasopharyngeal cancer, RTOG 0615 [2011 - 03 - 05]. http://208.251.169.72/members/protocols/0615/0615.pdf.

[21] Mayo C, Yorke E, Merchant TE. Radiation associated brainstem injury. 1nt J Radiat Oncol Biol Phys, 2010, 76(Suppl 3): 36 – 41.

[22] Kinrkpatrick JP, Van Der Kogel AJ, Schultheiss TE. Radiation dose-volume efects in the spinal cord. Int J Radiat Oncol Biol Phys, 2010, 76(Suppl 3): 4249.

[23] Mayo C, Martel MK, Marks LB, et al. Radiation dose—volume effects of optic nerves an d chiasm. Int J Radiat Oneol Biol Phys. 2010, 76(Suppl 3): 28 – 35.

[24] Radiation Therapy Oncology Group. A phase ll study of concurrent chemo-radiotherapy using three—dimensional conformal radiotherapy(3D – CRT) or intensity—modulated radiation therapy(IMRT) + Bevacizumab(BV) for locally or regionally advanced nasopharyngeal cancer, RTOG 0615 [2011, 03 – 05]. http: //208. 251. 169. 72/members/protoeols/O615/0615. pdf.

[25] Radiation Therapy Oneology Group. A phase II study of intensity modulated radiation therapy (IMRT) +/– chemotherapy for nasopharyngeal cancer, RTOG 0225 [2011, 03 – 05]. http: //208. 251. 169. 72/members/protoeols/0225/pdf_ file. html.

[26] Deasy JO, Moiseenko V, Marks L, et al. Radiotherapy dose—volume effects on salivary gland function. Int J Radiat Oncol Biol Phys. 2010, 76(Suppl 3): 58 – 63.

[27] Rancati T, Schwarz M, llen AM, et al. Radiation dose—volume effects in the larynx and pharynx. Int J Radiat Oncol Biol Phys, 2010, 76(Suppl 3): 64 – 69.

[28] Wasik MW, Yorke E, Deasy J, et al. Radiation dose—volume effects in the esophagus. Int J Radiat Oncol Biol Phys, 2010, 76(Suppl 3): 86 – 93.

[29] Bhandare N, Jackson A, Eisbrueh A, et al. Radiation therapy and hearing loss. Int J Radiat Oncol Biol Phys, 2010, 76(Suppl 3): 50 – 57.

第十四章　恶性肿瘤中医诊疗指南解读

恶性肿瘤是严重危害人类健康的疾病，中医药治疗在恶性肿瘤治疗中占有重要地位，鉴于中医辨治肿瘤临证中缺乏规范，中国中西医结合学会肿瘤专业委员会、中国抗癌协会肿瘤传统医学专业委员会组建了中医肿瘤诊疗协作组，自 2008 年初起，历经 6 年组织编写了《恶性肿瘤中医诊疗指南》(简称指南)。该指南分为总论和分论两部分，总论介绍与恶性肿瘤治疗相关的基本知识，分论共拟定了 13 个肿瘤的诊疗指南，内容十分丰富，由于篇幅有限，本章仅对总论并以肺癌为例对指南进行解读，希望能以点带面，有助于临床医生理解指南的内涵。

一、专业术语及定义

【指南要点】

(1)辨证论治：又称辨证施治，是理、法、方、药运用于临床的过程。是中医学术的基本特点。所谓辨证，即通过四诊八纲、脏腑、病因、病机等中医基础理论对患者表现的症状、体征进行综合分析，辨别病证。所谓论治，即通过辨证的结果，确定相应的治疗方法。

(2)辨病论治：根据不同疾病的各自特征，作出相应的疾病诊断，并针对不同疾病，进行相应的或特异的治疗。

【指南解读】 "证"是对机体在疾病发展过程中某一阶段病理反应的概括，反映了这一阶段病理变化的本质。辨证论治是中医学理论体系中的核心内容，是根据四诊(望诊、闻诊、问诊、切诊)所收集的资料，通过分析、综合，辨清疾病的病因、性质、部位，以及邪正之间的关系，作出包含当前疾病的位置和性质信息的诊断即"证"，并定出治则、方药的思维过程。临床上最显著的体现是同病异治，即当同一种病症发生在不同人身上的时候，由于个体状况和环境的差异，其临床表现可能各不相同，因此需要用不同的方法进行治疗。辨证论治必须遵循的一个重要原则是"三因制宜"，即根据人体的体质、性别、年龄以及发病季节、地理环境的不同以制定适宜的治疗方法，又称因人、因时、因地制宜。充分体现了中医学重视患者个体化差异的特点。"辨证论治"被认为是中医最具特色的学术精髓，而且作为一种原则、一种指导思想几乎支配着中医临床实践的全过程。

"病"是对疾病的整体概括，反应了在特定的病因作用下疾病发生发展的全部演变过程及规律。由于历史的原因，中医习惯上以病症为病名，造成了病症混杂，如肠梗阻、肠癌、肠炎等均可出现腹痛症状，中医均归属在"腹痛"病，客观造成了分属不同疾病的同一症候有可能被放在一起进行辨证，由于病种的本质不同其病机也存在差异，这种情况下的"同病异治"实际上是"异病异治"，这也反应了临床实施辨证论治的缺陷，导致中医的疗效的重复性差。因此，当中医面对单一疾病时，通过深入辨析其病因病机，在辨病论治指导下确立针对该疾病的治疗大法，才能把握好真正的"同病辨治"规律。辨病论治也是中医学传统的临床思维模式，清代名医徐灵胎指出"一病必有主方，一方必有主药"。中医临床现实中，面临大量经现代医学确诊的各种疾病，辨病论治是中医临床医学当前的发展方向。

中医学自古以来就一贯重视辨病与辨证的有机结合，通过辨病论治，抓住疾病的基本规律及共性达到同病同治的目的，通过辨证论治则达到同病异治、个性化治疗的目的，两者相辅相成，是提高中医治疗肿瘤等难治性疾病临床疗效的中医途径。

二、恶性肿瘤中医病因

【指南要点】　恶性肿瘤的病因包括原发性病因、继发性病因、先天及体质因素三大类，原发性病因指外邪因素（风、寒、暑、湿、燥、火六淫和癌毒）、七情内伤、饮食劳伤；继发性病因指痰浊、瘀血；先天及体质因素，指先天禀赋不足或受之于父母的肿瘤易感体质。

【指南解读】

1. 原发性病因

原发性病因是肿瘤发生的始动因素，其中外邪因素主要是指风、寒、暑、湿、燥、火六种致病邪气以及癌毒。六种致病邪气被称为"六淫"，可通过口鼻、肌肤等多途径侵入人体，与季节、气候、居住环境有关。如《灵枢.九针》指出"四时八风之客于经络之中，为瘤病者也。"《百病始生篇》云："积之始生，得寒乃生，厥乃成积也。"《灵枢.五变》云："邪气留止，积聚乃生……蓄积留止，大聚乃起。"又如《诸病源候论.肿病诸侯》提出："恶核者，肉里忽有核，累累如梅李，小如豆粒……此风邪挟毒所成。"六淫致癌需留止，至久至盛，往往挟毒而致癌；"癌毒"属毒邪的一种，是指在内外多种环境中导致肿瘤产生的特异因素。癌毒既可外侵，又可因情志失调、饮食不当、脏腑亏虚等而诱生。现代医学中生物性致癌物、物理性致癌物和化学性致癌物均属于中医外侵性癌毒的范畴。

七情内伤是指喜、怒、忧、思、悲、恐、惊七种情志的过度变化。不良情志变化可使神经－内分泌－免疫轴功能障碍，引起一系列循环、代谢、免疫、心理行为乃至基因表达的变化。当情志应激原刺激持续或反复存在，可引起多系统、器官、组织和细胞功能异常，从而引起疾病甚至肿瘤。例如忧思（抑郁）目前被证明与肝癌、乳腺癌的发病存在一定的联系。

　　饮食因素包括饮食不节、饮食不洁、饮食偏嗜。过食肥甘厚味、辛辣刺激之品、过热过冷饮食刺激等不仅导致癌毒通过饮食途径损伤机体，而且可诱发内生癌毒的产生。饮食因素已被证实与食管癌、胃癌、大肠癌、肝癌等消化道肿瘤密切相关。如过食腌制食品与食管癌，过食霉烂食物与肝癌（黄曲霉毒素）、高脂饮食与大肠癌等等。

　　另外，肿瘤还与劳伤（劳力、劳神、房劳等）密切相关，一些劳力伤如劳累过度与肿瘤等有关，其他劳神伤及房劳过度，也能耗伤正气，使机体气血失调、阴阳失衡，最终气滞血瘀、津枯痰结，形成肿瘤。

　　2. 继发性病因

　　继发性病因包括痰浊和瘀血，即是原发性病因产生的病理产物，又为肿瘤发展提供了内环境，成为继发性致病因素。广义的痰指内痰，内痰的形成主要是机体内的体液在致病因素的影响下，失去了正常的运行途径和规律，逐步停蓄凝结成为一种黏稠状的、有害的物质而留伏在体内产生病变。"痰随气行，无处不到"，因而可产生各种病证。肿瘤病势缠绵，顽固多变、易转移等生物学行为与痰浊的流动性、黏滞性相吻合。《丹溪心法》云"凡人身上中下有块者，多属痰"。沈金鳌《杂病源流犀烛·痰饮》描述道"痰之为物，流动不测，故其为害，上至巅顶，下至涌泉，随气升降，周身内外皆到，五脏六腑皆有。"与痰关系密切的肿瘤有肺癌、食道癌、淋巴瘤等及各种转移癌等。瘀血是各种因素导致血液流动不畅，或积于脉内，或溢于脉外，或形成血栓，或血流成分发生改变者。血瘀是肿瘤极为常见的基本病变和共同病态。《医林改错·膈下逐瘀汤所治之症目》论述："无论何处，皆有气血……气无形不能结块，结块者必有形之血也，血受寒则凝结成块，血受热则煎熬成块。"中医认为血瘀贯穿了肿瘤发生发展的整个过程，肿瘤患者的高凝状态、肿瘤内部不完善的新生血管系统、以及肿瘤转移及对化疗药物的抵抗都与血瘀相关。

3. 先天及体质因素

先天禀赋不足或先天易感体质是肿瘤发生的内在因素。现代医学认为肿瘤是基因的疾病，与遗传缺陷有关。除一些遗传性肿瘤外，很多肿瘤具有家族聚集性以及地区和种族差异性，均说明遗传背景或遗传倾向性等先天体质因素在肿瘤发病中的重要作用。

三、恶性肿瘤中医病机

【指南要点】　正气不足是肿瘤发生的内在因素，邪气是肿瘤发病的重要条件，恶性肿瘤中医病机主要为以下五个方面：①正虚邪实；②脏腑失调；③气滞血瘀；④痰湿凝聚；⑤毒热内结。

【指南解读】　正气不足是肿瘤发生的内在因素。《素问遗篇·刺法论》曰"正气存内，邪不可干"，《素问　评热病论》云"邪之所凑，其气必虚"，说明正气的强弱在肿瘤的发生发展及转归中起着主导作用。正气不足导致：①抗邪无力使包括癌毒在内的外邪乘虚侵入，免疫力下降使机体免疫监视和修复机能降低致内生癌毒产生；②机体对外界情志刺激等应激的适应能力下降，③对脏腑、经络功能的推动和调节能力下降，功能紊乱，精、血、津液代谢失常，产生痰饮、瘀血等继发致癌病理因素。

邪气是肿瘤发病的重要条件。这里的邪气是广义的邪气，涵盖了原发和继发病因。邪气影响肿瘤发病的部位、发病特点及病情的轻重。如呼吸道摄入的致癌邪毒易导致呼吸系统肿瘤，不同邪毒致病临床表现出各自邪气性质的特征，邪气轻则病情轻，邪气重则病情重等等。

肿瘤是一类病因多样、发病部位广泛、症状变化多端，表现不一的复杂性疾病。根据其病情演变和临床表现，认为它们的病机总体上是正虚邪实，进一步可归纳为脏腑失调、气滞血瘀、痰湿凝聚、毒热内结：①正虚邪实：正与邪相争贯穿了肿瘤发生发展的始终。肿瘤的发展呈现正消邪长的趋势，早期正虚邪浅，中期正虚邪实，晚期正衰邪盛。晚期肿瘤患者常因虚致病、因病致虚，形成恶性循环；②脏腑失调：脏腑指五脏六腑。五脏即心、肝、脾、肺、肾，六腑为胆、胃、小肠、大肠、膀胱、三焦。脏腑失调在肿瘤病机变化中起着十分重要的作用。《诸病源候论.积聚》指出："积聚者，由阴阳不和，脏腑虚弱，受于风邪，搏于脏腑之气所为也。"《疡科心得集.辨瘰疬瘿瘤论》认为："瘿瘤者，非阴阳正气所结肿，乃五脏瘀血浊气痰滞而成。"③气滞血瘀：《黄帝内经》认为："百病皆生于气"，《医林改错》指出："肚腹有块，必有形之血"均揭示出气血是肿瘤发生中的关键物质。气郁不舒，血行不畅，导致气滞血瘀，瘀结日久，必成癥瘕积聚。④痰湿凝聚：痰湿是机体水液代谢障碍的病理产物，多由外感邪气、内伤七情、脏腑功能失调，而致脾失健运，肺失肃布，聚湿为痰，痰湿凝结，着于脏腑为阴毒，结于体表为瘿瘤瘰疬。⑤毒热内结：毒热指火热之邪，耗气灼阴，腐蚀血肉发为痈肿疮疡。《外科正宗.瘰疬论》云："热毒者，天时亢热，暑中三阳，或内食膏粱厚味，酿结为患。"指出瘰疬所生，是外感热毒，或内伤饮食，毒热内结，痰阻气滞，酿结而成。《医宗金鉴》记载；"失荣证，……由忧思恚怒，气郁血热与火凝结而成"。

　　总之，虚、痰、瘀、毒是肿瘤发生发展过程中最常见的病理机制，各病机不是单独孤立的，而是相互关联和复合在一起，大多数患者表现为虚实夹杂证候，因此临证时应具体分析，抓住每个肿瘤患者的病机特点，有针对性的予以诊断和治疗。

四、恶性肿瘤的中医辩证

　　【指南要点】　中医辨证构建了肿瘤证候要素内涵，规范了肿瘤证候要素辨证方法，建立了肿瘤不同阶段复合证候要素辨证分型。

【指南解读】　中医传统辨证包括八纲辨证、脏腑辨证、气血津液辨证、经络辨证等多种方法，各有其优点和局限性。证素辨证是在整合八纲、脏腑、气血津液、六经辨证等实质内容的基础上，构建了以"病位""病性"为核心证素辨证因子的新的辨证体系。证素辨证思维过程是"依据证候、辨别证素、组成证名"的过程，其中辨别证候是基础，辨识证素是关键，辨定证名是目的。病证标准化、规范化是证素辨证的前提。2008 指南基于证素辨证的三个环节，构建了 13 个常见肿瘤的证素辨证内涵（包括主症、主舌、主脉、或见症、舌、脉等症状、体征的病理信息），规范证素辨证的方法，并建立肿瘤的不同阶段的复合证候要素辨证分型，为临床上提供了一种切实可行的统一、简化的辨证方法。

五、恶性肿瘤的中医治疗

【指南要点】

（1）治疗原则：中医治疗原则包括早诊早治、既病防变；辨证论治、三因制宜；中西结合综合治疗；以人为本、身心兼顾。

（2）治疗模式：指中医防护治疗、中医加载治疗、中医巩固治疗、中医维持治疗和单纯中医治疗 5 种中医治疗肿瘤模式。

（3）治法：中医治法以内治法为主，以外治法为辅。常用内治法包括：①扶正培本：具体有益气健脾法、滋阴补血法、养阴生津法、温肾壮阳法；②攻邪抑瘤：具体有理气活血法、祛湿化痰法、清热解毒法、软坚散结法、以毒攻毒法。常用外治法包括敷贴、灌肠、腔内注药、针灸等。

【指南解读】　肿瘤的治疗原则包括了：①早诊早治、既病防变；②辨证论治、三因制宜；③中西结合综合治疗；④以人为本、身心兼顾。肿瘤发生的早期，病情较轻，病位较浅，正气未衰，相对易治，治疗疗效较好，在防治疾病的过程中，做到早期诊断，及时而有效地治疗，将有利于疾病的早日痊愈，因此重视早诊早治是每个肿瘤临床医生应该具备的理念。传变，是指疾病在机体脏腑、经络及组织中的转移和变化。对于已经患病的，掌握好不同肿瘤的发生发展及传变规律，及时给予正确的治疗：或损其有余、或补其不足，或先安未受邪之地，来终止疾病的发展，是控制疾病传变与恶化的重要措施。由于肿瘤的自身特点（包括部位、病理类型、预后等）多样化，患者的性别、年龄、体质、心理素质、经济条件也有个体差异以及所处的治疗阶段不同，在具体治疗实施时，必须根据患者的临床表现和各种具体因素综合分析，遵循辨证论治、因人、因地、因时的三因制宜原则，制定出适宜的治法与方药。因人制宜临床上主要体现在根据患者年龄、性别、体质、营养与嗜好、情志状况等制定相应的治疗措施；因地制宜的运用不仅要注意地区、气候的影响，还需重视环境与机体的动态平衡；因时制宜是以四时气候为中心，根据季节气候的不同特点考虑处方用药，临床运用的"时辰用药"及针灸的"子午流注针法"等就是因时制宜的体现。西医治疗肿瘤主要采用手术、放疗、化疗、介入、内分泌治疗、免疫治疗、分子靶向治疗等治疗手段。这些治疗手段各具特色及优势，同时也有局限性，如手术能达到局部根治，对早中期肿瘤疗效好，但仍存在术后复发、及晚期病例不适合等问题；放化疗、介入治疗有一定疗效，但同时也面临严重的不良反应；分子靶向治疗对患者选择性高，也有毒性作用和不良反应及价格昂贵等限制。这些都为中医中药在肿瘤治疗中的应用提供了空间，中医药治疗肿瘤缩瘤效果虽弱于手术、放化疗等，但能减毒增效、改善症状、提高生活质量、加强抗癌作用、增强免疫功能、防止复发转移、延长生存时间，且毒性作用及不良反应低，具有"带瘤生存"的特点，在现今西医治疗技术快速发展的时期，提倡中西结合、综合治疗是中医药治疗的重要原则。随着医学向生物 – 医学 – 社会 – 心理模式转化及肿瘤治疗慢病化，治疗目的也从"以瘤为本"转变为"以人为本"，中医治疗应注重身心兼顾，在治疗疾病的同时，最大化改善患者的生活质量，并给患者以心灵关怀和支持。

2008 指南提出 5 种中医治疗肿瘤模式：①中医防护治疗；②中医巩固治疗；③中医加载治疗；④中医维持治疗；⑤单纯中医治疗。中医防护治疗是在手术、放疗、化疗、靶向治疗期间，同步运用中药减轻其不良反应，促进机体恢复，治疗上以扶正为主。中医巩固治疗是针对早期肿瘤术后不需要辅助治疗或术后辅助治疗已完成的患者，以扶正祛邪的中药防止肿瘤复发；中医加载治疗是指在部分不能耐受联合化疗而选用单药治疗或联合化疗耐受性好的患者中，运用扶正祛邪中药，配合化疗或靶向治疗同步运用，以提高化疗的疗效；中医维持治疗是针对中晚期肿瘤放化疗治疗后带瘤生存的患者，采用扶正祛邪中药控制肿瘤生长，延缓疾病进展；单纯中医治疗对于因体质较差或者基础疾病不能接受手术、放化疗等治疗的患者以及不愿意接受现代手段治疗的患者，采用扶正祛邪的单纯中药治疗，以控制肿瘤生长、延长生存期、改善生活质量。临床上应根据患者所处不同的治疗阶段分别选择相适宜的治疗模式。

中医治法以内治法为主，以外治法为辅。内治法主要是辨证使用汤药、中成药、中药注射液等，用药途径主要为口服、静脉注射；外治法具体手段有贴敷、灌肠、腔内注药、涂抹、熏洗、坐药、含漱、针刺、灸法、离子透入、磁疗、超声药物透入、毫米波等，其中针刺、灸法治疗形式多样，有体针、耳针、电针、穴位注射等。

中医认为肿瘤的形成、生长过程是机体内部邪正消长的过程，所以肿瘤的具体治法，不外乎扶正固本和攻邪抑瘤两大类。

扶正固本是以扶助正气，提高机体抗癌能力，充分调动机体自身抗癌因素，以补助攻，达到祛除癌肿的目的，即所谓"培本疗法"，它不单指应用补益强壮的方药，还包含了调节机体阴阳平衡和气血津液、脏腑经络的平衡，即中医的"补、调、和、益"的范畴。攻邪抑瘤主要的目的是祛除实邪，攻伐癌肿，清除或控制肿瘤的发展。临床上扶正培本常用治法有益气健脾、滋阴补血、养阴生津、温肾壮阳等。常用治法有理气活血法、祛湿化痰法、清热解毒法、软坚散结法、以毒攻毒法。扶正培本治疗适用于中医防护、巩固、加载、维持、单纯治疗各个阶段。如手术前可采用补气养血、健脾益气、滋补肝肾以调整患者气血阴阳及脏腑功能，尽可能接近"阴平阳秘"状态，使手术顺利，减少正气损耗，术后采用补气养血、健脾和胃，使手术所造成的耗气伤血、脾胃失调得以恢复，有助术后康复及尽早接受后续治疗，减少复发转移；恶性肿瘤患者或素体阴血亏虚，或热毒伤阴，或化疗后脾胃受损，气血化源不足，常有阴血亏虚的表现，滋阴补血法可通过增强人体阴血，调节阴阳平衡，改善晚期癌症患者阴血受损或暗耗所致的营养障碍、代谢紊乱甚至全身衰竭；晚期癌症患者，尤其是在放疗和化疗过程中或治疗后，往往出现阴津耗伤证候，运用养阴生津法可有效的减轻症状；化疗药物的毒性作用主要表现在骨髓造血功能的抑制、消化道反应、免疫功能低下等，有些还会导致心脏、肾脏、肝脏以及神经组织的损害，多见脾胃失和、气血亏虚、肝肾不足的证候，中药通过健脾和胃、益气养血、滋补肝肾之大法，使患者反应症状减轻，骨髓、脏腑、免疫等功能恢复。

攻邪抑瘤治疗适用于单纯中医治疗及中医维持和加载治疗。

肿瘤的发病多与气滞和血瘀有关，如乳腺癌"由肝脾两伤，气郁凝结而成。"(《医宗金鉴》)，尤其是无论原发灶或转移灶体内形成明显瘤块，且质地坚硬者，均有气滞、血瘀的表现，因此理气活血是中医治疗肿瘤的重要大法之一。除了气滞血瘀，痰湿凝聚也是肿瘤的主要成因，痰凝湿聚成核成块，如许多无名肿块，不痛不痒，经久不消，逐渐增大增多，多系痰核所致，针对这类肿瘤如淋巴瘤、甲状腺癌等，祛湿化痰是常用治法；恶性肿瘤患者常有邪热瘀毒蕴结体内，尤其是中晚期患者病情不断发展时，肿瘤局部炎症或坏死导致毒蕴热化，或伴有发热、灼痛、口渴、便秘、黄苔、舌质红绛、脉数等热性证候，均适宜采用清热解毒法治疗；软坚散结法具有一定的软化坚块作用，临床上适宜各种肿瘤有明显瘤块病灶者，但该法涵盖了清热散结、解毒散结、化痰散结、理气散结、化瘀散坚等不同治法，应注意辨证运用；以毒攻毒法采用一定毒性的中药，具有攻坚蚀疮、破瘀散结、消肿除痛的作用，如蟾素制剂、斑蝥制剂等，确有一定抑制肿瘤的功效，但因其毒性的存在，使用时应注意"无使过之，伤其正也"，必须慎重掌握有效剂量。

六、肺癌的中医治疗

（一）中医病证诊断

【指南要点】　根据 1997 年颁发的《中华人民共和国国家标准 – 中医临床诊疗术语疾病部分》将原发性支气管肺癌统一诊断为"肺癌"。肺癌的中医辨证采用证素辨证法。临床上气虚证、阴虚证、痰湿证、血瘀证、热毒证是肺癌常见的 5 种证素，2008 指南构建了肺癌 5 种证型的证素辨证内涵，包括主症、主舌、主脉，结合或见证、或见舌、或见脉，规范了证素辨证方法（表 14 – 1），并列举了手术、化疗、放疗、靶向治疗、单纯中医治疗等肺癌不同治疗阶段的常见复合证型（表 14 – 2）。

表 14 – 1 肺癌证素辨证表

	气虚证	阴虚证	痰湿证	血瘀证	热毒证
主症	神疲乏力、少气懒言、咳喘无力	五心烦热、口干咽燥、干咳少痰	胸闷脘痞、恶心纳呆、咳吐痰涎	胸部疼痛、刺痛固定、肌肤甲错	口苦身热、尿赤便结、咳吐黄痰
主舌	舌淡胖	舌红少苔	舌淡苔白腻	舌质紫黯或有瘀斑、瘀点	舌红或绛、苔黄而干
主脉	脉虚	脉细数	脉滑或濡	脉涩	脉滑数
或见症	面色淡白或㿠白、自汗、纳少、腹胀、气短、夜尿频多、畏寒肢冷	痰中带血、盗汗、大便干、小便短少、声音嘶哑、失眠	胸闷喘憋、面浮肢肿、脘腹痞满、头晕目眩、恶心呕吐、大便稀溏、痰核等	肢体麻木、出血、健忘、脉络瘀血（口唇、爪甲、肌表等）、皮下瘀斑、癥积	面红目赤、口苦、便秘、小便黄、出血、疮疡痈肿、口渴饮冷、发热
或见舌	舌边齿痕、苔白滑、薄白苔	舌干裂、苔薄白或薄黄而干、花剥苔、无苔	舌胖嫩、苔白滑、苔滑腻、苔厚腻、脓腐苔	舌胖嫩、苔白滑、苔滑腻、苔厚腻、脓腐苔	舌有红点或芒刺、苔黄燥、苔黄厚黏腻
或见脉	脉沉细、脉细弱、脉沉迟	脉浮数、脉弦细数、脉沉细数	脉浮滑、脉弦滑、脉濡滑、脉濡缓等	脉沉弦、脉结代、脉弦涩、脉沉细涩、劳脉	脉洪数、脉数、脉弦数

证素辨证方法：

①符合主症 2 个，并见主舌、主脉者，就可以辨为本证。

②符合主症 2 个，或见症 1 个，任何本证舌、脉者，就可以辨为本证。

③符合主症 1 个，或见症不少于 2 个，任何本证舌、脉者，就可以辨为本证。

表14-2　肺癌不同阶段证型表

治疗阶段	手术阶段	化疗阶段	放疗阶段	靶向治疗阶段	单纯中医治疗阶段
辨证分型	气血亏虚	脾胃不和	气阴两虚	血热毒盛	肺脾气虚
	脾胃虚弱	气血亏虚	热毒瘀结	脾虚湿盛	痰湿瘀阻
		肝肾阴虚			热毒壅肺
					气阴两虚

【指南解读】　中国古代文献无"肺癌"病名，根据症状和体征，原发性支气管肺癌归属于肺积、咳嗽、喘息、胸痛、劳嗽、痰饮等病证范畴[1]。1997年颁发的《中华人民共和国国家标准-中医临床诊疗术语疾病部分》进行了中医病名规范，将原发性支气管肺癌统一诊断为"肺癌"。

国内对肺癌的中医辨证分型尚无统一标准，但很多医家在探讨肺癌中医辨证规律及方法方面开展了大量研究，陈涛等对1994—2005年国内公开报道的有关原发性支气管肺癌中医辨证分型的68篇文献进行了总结，共包含了6320例肺癌患者，统计分析显示气阴两虚型、阴虚内热型、气虚型、脾虚痰湿型、气血瘀滞型为原发性支气管肺癌临床常见证型[2]。李萍等对1997—2007年国内公开报道的有关肺癌中医辨证分型的文献进行统计分析，结果显示气阴两虚、阴虚内热、脾虚痰湿、气血瘀滞、气虚为肺癌临床常见证型[3]。随着证素辨证的提出，为肺癌辨证提供了一种相对标准化、规范化的方法，也相继出现了一些肺癌证素方面的研究，如李丛煌等开展的283例中晚期非小细胞肺癌患者的回顾性调查显示气虚证、阴虚证、痰湿证、血瘀证构成中晚期非小细胞肺癌患者的基本证候要素[4]。黎敬波等研究了417例肺癌患者的证素组成情况，结果显示肺癌中医证候由气虚、痰热、痰湿、阴虚、气滞血瘀、阳虚 6 个基本因素组合而成[5]；2008 指南在既往研究基础上，结合文献报道及国内中医肿瘤专家意见，采用证素辨证作为肺癌的中医辨证方法，拟定气虚证、阴虚证、痰湿证、血瘀证、热毒证为肺癌常见的 5 种证素要素，构建了肺癌 5 种证型的证素辨证内涵包括主症、主舌、主脉结合或见证、或见舌、或见脉，规范了证素辨证方法（表 14 - 1），并列举了手术、化疗、放疗、靶向治疗、单纯中医治疗等肺癌不同治疗阶段的常见复合证型（表 14 - 2）。建立了较完整的肺癌证素辨证体系。

（二）肺癌的中医治疗

【指南要点】

1. 按西医诊断依据拟定中西医结合和单纯中医治疗方案

根据肺癌的组织细胞分型、病情的分期、治疗的阶段及患者体能状态拟定相应的中西医结合及单纯中医治疗途径（图 14 - 1、图 14 - 2）。

2. 治疗手段

1）中西医结合治疗

（1）手术结合中医治疗

①辨证汤药（均为 C 级推荐）

A. 气血亏虚：八珍汤加减或当归补血汤加减

B. 脾胃虚弱：补中益气汤加减

②常用中成药：a. 围手术期防护治疗：参芪扶正注射液（A 级推荐）、贞芪扶正胶囊等（B 级推荐）、八珍颗粒、生脉注射液、补中益气丸等（C 级推荐）；b. 术后巩固治疗：金富康口服液、消癌平片/注射液、平消胶囊等（B 级推荐）。

（2）放射治疗结合中医治疗

①辨证汤药（均为 C 级推荐）

A. 热毒瘀结：清气化痰汤合桃红四物汤加减

B. 气阴亏虚：百合固金汤加减

注：
- ■ 中医防护治疗
- 中医加载治疗
- 中医巩固治疗
- 中医维持治疗
- □ 单纯中医治疗

初始治疗

I～III期
- 肿瘤可切除 → 手术（围手术末期）中医防护治疗 补气养血、健脾和胃
- 肿瘤不可切除 → 根治性同步放化疗 中医防护治疗（化疗期间）补气养血、健脾和胃、滋补肝肾 中医防护治疗（放疗期间）益气养阴、清热凉血、活血解毒

辅助治疗

- I期 → 观察 中医巩固治疗 益气养血、活血、解毒
- I～III期 → 化疗+放疗 中医防护治疗（化疗期间）补气养血、健脾和胃、滋补肝肾 中医防护治疗（放疗期间）益气养阴、清热凉血、活血解毒

一线治疗

- EGFR突变阳性或ALK突变阳性 PS(0-4):靶向治疗 中医防护治疗（靶向期间）健脾利湿、温肠止泻、凉血解毒
- EGFR、ALK突变阴性或未知，PS(0-2):化疗 中医防护治疗（化疗期间）补气养血、健脾和胃、滋补肝肾
- ECFR、AEK突变阴性或未知 PS(3-4):最佳支持治疗 单纯中医治疗

缓解或稳定 →

维持治疗
- 化疗 中医防护治疗（化疗期间）补气养血、健脾和胃
- 靶向治疗 中医防护治疗（靶向期间）健脾利湿、温肠止泻、凉血解毒
- 观察 中医维持治疗 益气养血、活血、解毒解毒散结

缓解或稳定 →

进展 →

复发或转移 →

二线或三线治疗

PS0~2
- 化疗 中医防护治疗（化疗期间）补气养血、健脾和胃、滋补肝肾
- 靶向治疗 中医防护治疗（靶向期间）健脾利湿、温肠止泻、凉血解毒

PS3~4
- 靶向治疗 中医防护治疗（靶向期间）健脾利湿、温肠止泻、凉血解毒
- 最佳支持治疗 单纯中医治疗

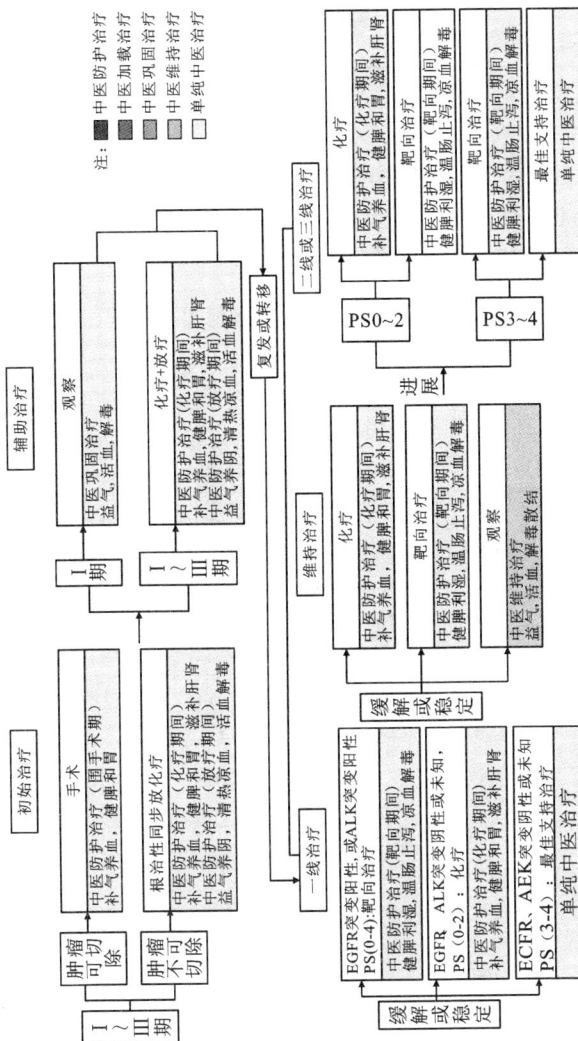

中医加载治疗：有合并症、老年PS评分≥2，不能耐受多药化疗时选择单药化疗的患者；对于体质状况好，适合放疗、靶向治疗的患者，可根据具体情况和治疗手段，妥善应用中医加载治疗，但必须有充足的循证医学证据

单纯中医治疗见"原发性支气管肺癌单纯中医治疗途径"图

图14-1　非小细胞肺癌中西医结合治疗途径

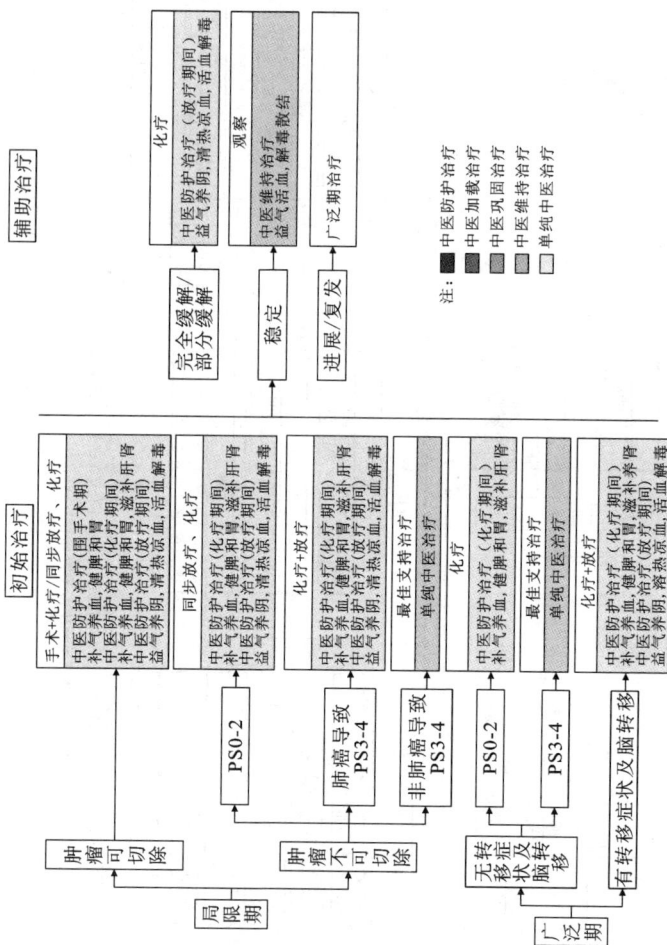

图 14-2　小细胞肺癌中西结合治疗途径

辨证		治法		处方
肺脾气虚	→	健脾补肺，益气化痰	→	六君子汤加减
痰湿瘀阻	→	化痰祛湿，化痰散结	→	二陈汤合三仁汤加减
热毒壅肺	→	清热解毒	→	千金苇茎汤加减
气阴两虚	→	益气养阴	→	生脉散合沙参麦冬汤加减

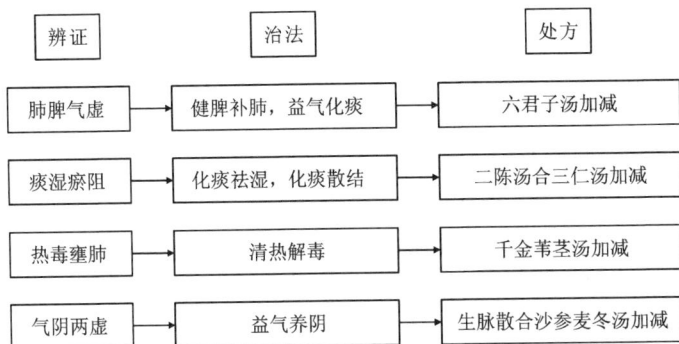

图 14-3　原发性支气管肺癌单纯中医治疗途径

②常用中成药：加载治疗：康莱特注射液、康艾注射液等（B级推荐）；防护治疗：安多霖、养阴生血合剂（B级推荐）、养阴清肺膏、生脉注射液等（C级推荐）。

（3）化疗结合中医治疗

①辨证汤药（均为 C 级推荐）

A. 脾胃不和：旋覆代赭汤加减

B. 气血亏虚：八珍汤加减或者十全大补汤加减

C. 肝肾阴虚：六味地黄丸加减

②常用中成药：加载治疗：参一胶囊（A级推荐）、金复康口服液、咸麦宁胶囊等（B级推荐）；防护治疗：参芪扶正注射液（A级推荐）、贞芪扶正胶囊、健脾益肾颗粒（B级推荐）、生脉注射液、当归补血丸、十全大补丸、补中益气丸、八珍颗粒等（C级推荐）

（4）生物靶向治疗结合中医治疗

①辨证汤药（均为 C 级推荐）

A. 血热毒盛：清瘟败毒饮加减

B. 脾虚湿盛：参苓白术散加减

2）单纯中医治疗

①辨证汤药（均为 C 级推荐）

A. 肺脾气虚：六君子汤加减

B. 痰湿瘀阻：二陈汤合三仁汤加减

C. 热毒壅肺：千金苇茎汤加减

D. 气阴两虚：生脉散合沙参麦冬汤加减

②常用中成药（均为 B 级推荐）

A. 祛邪：复方苦参注射液、消癌平注射液、榄香烯注射液、华蟾素注射液、鸦胆子油乳注射液等

B. 扶正：参芪扶正注射液、贞芪扶正胶囊、参一胶囊、健脾益肾颗粒/冲剂、金水宝胶囊/片、百令胶囊、参芪片、黄芪注射液等

C. 扶正祛邪：平消胶囊/片、金复康口服液、康艾注射液、艾迪注射液、康莱特注射液、益肺清化颗粒/膏、威麦宁胶囊、复方斑蝥胶囊、参莲胶囊/颗粒等

3）其他治疗（仅列举有证据支持者）：耳穴止痛（A 级推荐）

【指南解读】　中医药治疗是肺癌综合治疗的重要组成部分。林洪生开展的 5432 例非小细胞肺癌的中医循证医学研究证实手术联合中医药可促进机体康复，降低术后复发转移率；中医药与放化疗结合，可发挥其增效减毒的作用；对于晚期、老年、不适宜放化疗治疗的患者，中药治疗可改善其相关症状，延长生存时间[6]。为充分发挥中医药优势，规范中医药在肺癌治疗中的运用，2008 指南针对肺癌不同的治疗阶段制定了相应的中医治疗途径及治疗方法。

非小细胞肺癌的治疗目前以手术、放疗、化疗、分子靶向治疗为主。针对 I～Ⅲ期可切除的手术患者，予以围手术期的中医防护治疗，以及 I 期患者后续的中医巩固治疗和 Ⅱ～Ⅲ 期患者后续放化疗期间的中医防护治疗；对不可切除的局部晚期患者（主要为 Ⅲ 期），予以根治性放化疗期间的中医防护治疗；针对 Ⅲ～

Ⅳ期肺癌包括术后复发或转移患者一线治疗期间，如 EGFR、ALK 基因突变阳性接受靶向治疗者行靶向期间中医防护治疗，PS 评分 0~2 化疗的患者行化疗期间防护治疗，PS 评分 3~4 仅能接受最佳支持治疗患者考虑予以单纯中医治疗；一线治疗后缓解或稳定者可考虑继续化疗或靶向维持治疗配合中医防护治疗，或行中医维持治疗；一线治疗疾病进展，PS 评分 0~2 予以二线或三线化疗或靶向治疗配合期间中药防护治疗，PS 评分 3~4 可行靶向配合中药防护治疗或单纯中医治疗联合最佳支持治疗（详见非小细胞肺癌中西医结合治疗途径及原发性支气管肺癌单纯中医治疗途径）。

　　小细胞肺癌西医以化疗及放射治疗为主，仅少数极早期患者（T1~T2N0M0）选择手术。初始手术治疗的患者围手术期间行中医防护治疗及术后辅助化疗或放疗期间中医防护治疗；其他局限期小细胞肺癌行同步放化疗（PS 评分 0~2）或序贯化放疗（PS 评分 3~4）期间配合中药防护治疗，对于非肺癌导致 PS 评分 3~4 的患者仅能接受最佳支持治疗者可考虑予以单纯中医治疗；初始治疗完全或部分缓解患者接受预防性全脑放疗同时予以中医防护治疗，初始治疗病情稳定患者后续予以中医维持治疗，初始治疗病情进展或复发及广泛期小细胞肺癌患者无脑转移 PS 评分 0~2 的肺癌可选择后线化疗及期间中医防护治疗，PS 评分 3~4 的肺癌只能接受最佳支持治疗者予以单纯中医治疗，如有脑转移接受化疗及颅脑放疗的患者化、放疗期间配合中医防护治疗。（详见小细胞肺癌中西医结合治疗途径及原发性支气管肺癌单纯中医治疗途径）。

　　另外，中医加载治疗是在扶正培本基础上加强了抗肿瘤治疗作用，主要针对肺癌（包括非小细胞和小细胞肺癌）患者有合并症、老年 PS 评分 2、不能耐受多药化疗而选择单药化疗。对于体质状况好，适合放化疗和靶向治疗的患者，需根据具体情况和治疗手段，妥善运用中医加载治疗，以不增加化、放疗、靶向治疗期间不良反应为运用指征。

肺癌手术期间的中医药防护治疗是以减少术后并发症、促进术后康复、增强体质，为术后辅助治疗创造条件为目的，而中医巩固治疗则为了提高机体免疫功能，防治肿瘤复发转移。气血亏虚及脾胃虚弱是肺癌术后常见表现，辨证用药方面，补气养血的八珍汤、十全大补汤、当归补血汤和健脾和胃的补中益气汤分别是临床治疗气血亏虚及脾胃虚弱的基本方剂。临床和实验研究也显示八珍汤、当归补血汤能明显升高肿瘤患者血红蛋白和红细胞数量[7]，此外当归补血汤还能降低胸外科术后深静脉血栓形成率（12.96% VS 23.64%）[8]，补中益气汤在改善术后疲乏、胃肠功能紊乱方面具有一定作用[9]。中成药方面益肺清化颗粒和参一胶囊是明确对肺癌术后具有辅助作用的中成药。一项纳入360例Ⅰ～Ⅲa型非小细胞肺癌术后患者采用多中心、大样本、随机对照的临床试验，结果显示益肺清化膏辅助治疗非小细胞肺癌术后可明显改善患者生存质量及临床症状，调节患者免疫功能[10]。张清琴等采用前瞻性随机对照研究观察参一胶囊主要原料人参皂苷 Rg3 对非小细胞肺癌（NSCLC）术后长期生存的影响，结果显示非小细胞肺癌（NSCLC）根治术后单药应用人参皂苷 Rg3 治疗具有抗肿瘤及延长无病生存期的作用[11]。基于上述证据，本指南将益肺清化颗粒和参一胶囊推荐为肺癌术后使用的中成药（A 级推荐）。余常用中成药如八珍颗粒、贞芪扶正胶囊、参芪扶正注射液、生脉注射液、补中益气丸、金匮肾气丸等对肺癌术后症状改善及抑制肿瘤复发方面也有一定作用，也推荐作为肺癌术后药物。

肺癌放疗的主要副反应包括局部食管、正常肺脏等器官的急性放射性损伤和慢性炎症、纤维化以及全身乏力、疲倦、食欲减退、骨髓抑制等。在放疗期间辅助中药防护治疗可减少放疗引起的食管、肺组织的急性炎症反应和细胞损伤，减轻食管、咽喉、肺脏急性炎症带来的不适症状，改善患者疲乏、食欲减退等症状而提升患者生活质量。放疗引起的炎症主要引起各种"火""热"症状，实证表现热毒炽盛、虚证表现为气阴两虚，针对该阶段中药主要予以益气养阴、清热解毒以减轻放疗引起的各种损伤。一项小样本随机对照临床研究显示清气化痰汤[12]对急性放射性肺炎改善有效率达到96%，且能提升患者 KPS 评分、保护患者肺功能。一项纳入10篇临床随机对照试验共计640例患者的 Meta 分析评价了百合固金汤[13]联合抗生素及激素治疗放射性肺炎的临床疗效。结论显示百合固金汤联合抗生素及激素治疗放射性肺炎疗效显著优于单纯抗生素及激素治疗，并可更好地改善患者生活质量，提高肺功能。因此本指南推荐具有益气养阴、清热凉血、活血解毒之中医经典方清气化痰汤和百合固金汤用于肺癌的放疗期间治疗的中药方剂。其余具有相似作用的中成药如养阴清肺膏、生脉注射液、安多霖、养阴生血合剂等中成药因其增效减毒效应也被推荐用于肺癌放疗期间的防护治疗。

　　肺癌化疗常见的毒性作用及不良反应包括骨髓抑制、全身乏力、消化道反应、肝肾功能损伤等。化疗期间常见的证型包括气血亏虚、脾胃不和、肝肾阴虚，辨证汤药推荐采用旋覆代赭汤、橘皮竹茹汤加减以健脾和胃，八珍汤加减或者十全大补汤加减以补气养血，六味地黄丸加减以滋补肝肾，这些方剂均为中医经典方药，安全有效。中成药方面，参一胶囊治疗Ⅱ期肺癌的随机对照临床试验结果显示参一胶囊能提高化疗疗效（33.3% VS 12.9%），能改善气虚证的中医证候积分和临床症状、提高患者免疫功能和生存质量。其随后的Ⅲ期肺癌临床试验也显示参一胶囊配合 NP 方案化疗有提高化疗近期有效率（33.3% vs 14.5%）、延长患者平均生存期（15.3个月与9.7个月）和中位生存期（10.0个月与8.0个月）的作用[14-15]。一项纳入12个临床随机对照试验，共928例患者的参芪扶正注射液联合 GP 方案治疗非小细胞肺癌的 Meta 分析显示参芪扶正注射液联合 GP 方案治疗非小细胞肺癌可显著提高化疗的有效率和改善患者的生活质量，减少化疗毒性作用及不良反应[16]。基于上述数据，参一胶囊、参芪扶正注射液作为具有高级别证据的药物推荐用于化疗的防护治疗及维持治疗中。其余具有益气养血作用的生脉注射液、八珍颗粒、补中益气丸、十全大补丸均可用于化疗联合治疗。

肺癌靶向治疗药物包括吉非替尼、埃克替尼、厄洛替尼、克唑替尼等，常见的不良反应包括皮疹、腹泻、乏力等，表现为血热毒盛（皮疹）和脾虚湿盛（腹泻）症候，2008 指南推荐分别采用凉血解毒及健脾利湿、温肠止泻的中医经典方药清瘟败毒饮、参苓白术散加减进行治疗，有助于减轻靶向药物的毒性作用及不良反应，文献报道参苓白术颗粒联合靶向治疗可改善患者生活质量，能降低腹泻不良反应发生率[17]。

肺癌单纯中医治疗适宜于无手术指征的晚期患者，或无靶向治疗指征，或放疗或化疗、靶向治疗无效，或由于各种原因放弃放化疗及靶向治疗的患者，尤其适宜于体能状况差、老年、多线治疗后进展的患者。对于这类不适合或不接受手术、放化疗、靶向的患者，单纯中药治疗是最佳选择。晚期肺癌患者临床常见肺脾气虚、痰湿瘀阻、热毒壅肺、气阴两虚 4 种证型，根据辨证施治的原则，2008 指南推荐肺脾气虚型采用六君子汤加减健脾补肺；痰湿瘀阻型采用二陈汤合三仁汤加减化痰祛湿，化瘀散结；针对热毒壅肺型，建议采用千金苇茎汤加减以清热解毒；针对气阴两虚型，采用生脉散合沙参麦冬汤加减以益气养阴。这些方药均来自中医经典著作，临床运用确有一定疗效，且无明显不良反应。

中成药在治疗肺癌方面根据治法分为祛邪类、扶正类、扶正祛邪类 3 大类。祛邪类常用药物有复方苦参注射液、消癌平注射液、华蟾素注射液、鸦胆子油乳注射液等，有控制肿瘤、延缓病情进展、缓解症状的作用。

高平等运用复方苦参注射液治疗包括肺癌在内的晚期肿瘤 300 例，结果显示复方苦参注射液能有效的缓解患者癌性疼痛、咯血症状、改善食欲、提高患者生活质量[18]。

杨宗艳等回顾分析了消癌平注射液治疗 121 例老年晚期非小细胞肺癌患者，结果显示消癌平注射液治疗肿瘤的稳定率为 70.25%；治疗进展时间为(2.65 ± 0.53)个月；并能提高患者的生活质量($P < 0.05$)、改善中医临床症状($P < 0.01$)，且无明显毒副反应，提示消癌平注射液对老年晚期非小细胞肺癌患者具有较好的临床疗效[19]。

邵国荣运用华蟾素注射液治疗中晚期肺癌 33 例，结果显示部分缓解 8 例，瘤体稳定率达 81.8%，明显改善症状，提高生存质量，且不良反应轻[20]。

邢秋月等观察鸦胆子油乳注射液对化疗失败的晚期非小细胞肺癌的疗效，结果显示鸦胆子油乳注射液治疗 NSCLC 有一定疗效，并能提高患者的生活质量，增强患者的免疫功能，且毒副作用低，可作为 NSCLC 化疗失败后的补救治疗[21]。

扶正类常用中成药有参芪扶正注射液、贞芪扶正胶囊、参一胶囊、健脾益肾颗粒或冲剂、金水宝胶囊或片剂、百令胶囊、参芪片、黄芪注射液，均具有调节免疫，缓解虚弱症状、延缓病情进展等作用。

张辛等研究结果显示参芪扶正注射液在晚期肿瘤患者的应用是安全的、疗效是确切的，能改善患者的一般情况，如睡眠、饮食、乏力及精神状况和生活质量，提升患者的血红蛋白及免疫功能[22]。

周岱翰等观察金水宝胶囊对 36 例晚期癌症免疫功能的影响，结果显示金水宝胶囊有提高患者机体的抗肿瘤免疫细胞数量，改善患者生活质量的作用[23]。

黄志庆[24]等采用黄芪注射液治疗晚期恶性肿瘤患者 27 例，结果显示黄芪注射液治疗后与治疗前相比，大部分患者 KPS 评分和体重稳定或提高，疲乏、纳差、疼痛等主要症状较治疗前改善。

扶正祛邪类常用药物有平消胶囊或片剂、金复康口服液、康艾注射液、艾迪注射液、康莱特注射液、益肺清化颗粒或膏剂、威麦宁胶囊、复方斑蝥胶囊、参莲胶囊或颗粒，上述药物主要发挥扶正固本兼控制肿瘤、延缓疾病进展、缓解症状的作用。

方建龙使用平消胶囊治疗晚期恶性肿瘤 278 例，有效率 27%，症状减轻 195 例（70.1%），生活质量改善 218 例（78.4%），表明平消胶囊对晚期恶性肿瘤有较好的治疗作用和症状缓解作用[25]。

何伟星等采用随机对照双盲法，将 80 例包括肺癌在内的晚期肿瘤患者分为两组，每组病例 40 例，治疗组为康艾注射液 + 对症支持治疗，对照组安慰剂 + 对症支持治疗，结果显示康艾注射液可明显改善晚期恶性肿瘤患者临床症状，使患者食欲、睡眠改善，乏力、疼痛减轻，生活质量明显提高[26]。

唐以军等观察艾迪注射液对高龄晚期非小细胞肺癌患者的生存质量的影响，结果治疗组治疗后第 1、3 个月临床症状、日常功能活动、情绪状态均较对照组相应时间点比较有明显改善（$P < 0.05$）[27]。

肺癌的中医维持治疗及中医加载治疗可参照肺癌的单纯中医治疗的用药选择。在中成药治疗方面虽然通过掌握大的分类可以在一定程度上化繁为简，指导临床用药，但由于中成药成分也是来源各类中药，也有寒热温凉的药物偏性，甚至有的组分药物可能还有一定毒性，临床使用时不能脱离辨证的原则，针对适合人群严格按适宜症对证用药，将有助提高中成药治疗肺癌的疗效，尽可能避免不良反应。

肺癌的其他中医治法如外治法及针灸等非药物疗法目前还在

探索中，循证依据不足，目前比较认可的是腔内注药和耳穴治疗。腔内注药主要有胸腹腔注药，孙蕾采用 Meta 分析的方法探讨中药提取物榄香烯（LX）胸腔内注射治疗肺癌恶性胸腔积液的临床疗效，共纳入 12 项临床研究 679 例肺癌胸腔积液患者（LX 组：349 例，对照组 330 例）。Meta 分析结果显示中药提取物 LX 治疗肺癌胸腔积液的近期疗效明显好于其他药物组（$P < 0.01$）。亚组分析显示，LX 胸腔内注射近期临床疗效显著高于顺铂和高糖组（$P < 0.05$）；而与博来霉素和白介素 - 2 比较差异无统计学意义（$P > 0.05$）[28]耳穴止痛，即通过针刺或者压迫耳廓相关穴位达到减轻身体疼痛的一种治疗方式，常选用的穴位是耳廓疼痛反应点（即阿是穴）。周杰等开展的一项 Meta 分析显示耳针联合药物治疗癌痛能有效减轻疼痛及减少便秘的发生[28]。Alimi D 运用耳穴刺激治疗 90 例癌痛患者的随机对照研究显示，与安慰剂对照组相比，接受耳穴刺激 2 个月后疼痛强度下降了 36%[29]。

七、小结

中医药在中国乃至世界医疗保健体系中占有重要地位，中医药治疗肿瘤在中国具有十分悠久的历史，中医药防治肿瘤的作用也得到了医患的广泛认可，但其疗效缺乏高质量证据的支撑，严重阻碍了中医药行业的发展和国际化进程。循证医学的兴起，使中医药面临更严峻的挑战，同时带来了解决问题的新理念和方法。近 50 年来，中医肿瘤领域逐步开展了部分高水平的循证医学研究，摸索出了中医药与手术、放疗、化疗、免疫治疗等相结合的治疗规律，掌握了许多中医治疗的途径与方法，提高和明确了中医药治疗肿瘤的疗效。《恶性肿瘤中医诊疗指南》是首部集合中医肿瘤领域专家力量，基于现有证据制定，根据国际循证医学证据分级标准推荐的诊疗方案。该指南采用 WHO（世界卫生组织）天然药物与食品应用指南证据分级标准：一类证据（Class

1)：①有上市后再评价数据；②经过严格的临床对照试验证实；③在临床上对其长期毒性作用及不良反应进行了观察。二类证据（Class 2）：①有详细药品注册信息；②经队列研究等临床试验证实；③在临床上对其长期毒性反应进行了观察。三类证据（Class 3）：①广泛认可的经典著作论述；②草药和处方记录于国家药典等法定文件；③公认较安全的草药。推荐等级标准：①A级推荐（Glade A）：最少一个一类证据；②最少两个二类证据加一个三类证据。B级推荐（Glade B）：①一个二类证据；②一个二类证据加一个三类证据。C级推荐（Glade B）：最少两个三类证据。另外，如已上市的中成药如果未检索到公开发表文献，或未检索到某病种或治疗阶段研究的公开发表文献，均根据专家共识意见制定推荐级别。

中医治疗肿瘤具有独特的理论和诊疗体系，该指南不仅对中医治疗肿瘤的理论进行了阐述，还系统梳理10余种常见恶性肿瘤的中医诊断、治疗途径、治疗方案和治疗研究成果，内容丰富，涉及面广，对很多基层临床医生和西医医生来说很难在短时间内领会其精髓。本章着重选取了恶性肿瘤中医诊疗指南的总论和以肺癌为代表进行解读，旨在传播中医治疗恶性肿瘤理念，加深临床医生对中医治疗肿瘤理论的理解，并以肺癌为例，对中医治疗途径、治疗模式、治疗方法三个层面进行了较深入诠释，希望能为临床医生理解指南并规范使用中医药治疗肿瘤提供帮助。

（梁慧　王云启）

参考文献

[1] 何裕民. 现代中医肿瘤学[M]. 北京：中国协和医科大学出版社，2005. 12 – 26.

[2] 陈涛，陈茂华. 原发性支气管肺癌临床证型的文献统计分析[J]. 时珍

国医国药, 2006, 17(5): 854 - 855.

[3] 李萍, 舒琦瑾.肺癌中医辨证分型的文献分析[J] 中华中医药学刊,
2008, 26(12): 2694 - 2696.

[4] 李丛煌, 花金宝.283 例首治中晚期非小细胞肺癌患者证候要素研究
[J].辽宁中医杂志 2009, 36(11): 1844 - 1845.

[5] 黎敬波, 张征, 林丽珠. NSCLC 417 例证候分布的临床研究[J].广州中
医药大学学报, 2009, 26(1): 73 - 77.

[6] 林洪生, 张英.非小细胞肺癌的中医循证医学研究[J].世界科学技术 -
中医药现代化 2008, 10(04): 121 - 125.

[7] 张玉峰.八珍汤治疗癌性贫血 49 例临床观察[J].实用中医内科杂志
2015, 11(02): 52 - 54.

[8] 孙振卿, 郭强, 李鹤飞.当归补血汤对预防胸外科术后深静脉血栓形成
的疗效观察[J].中华中医药学刊. 2016, 34(04): 912 - 914.

[9] 周楠.补中益气汤加减治疗肿瘤相关性乏力疗效观察[J].北方药学,
2015, 12(11): 40 - 41.

[10] 李道睿, 花宝金, 张培彤.益肺清化膏辅助治疗非小细胞肺癌术后患者
多中心随机对照临床研究[J], 中医杂志, 2016.57(5): 396 - 399.

[11] 张清琴, 寇小格, 田小军, 等..人参皂苷 Rg3 对肺癌术后长期生存的
影响观察[J], 中国医疗前沿, 2010, 5(4): 42 - 43.

[12] 岳玉仁.清气化痰汤加减联合泼尼松片治疗急性期放射性肺炎效果观
察[J].现代中西医结合杂志 2016, 25(18): 2030 - 2031.

[13] 葛劲松, 刘传, 范源, 等.百合固金汤联合抗生素及激素治疗放射性肺
炎的 Meta 分析[J]..甘肃医, 2015, 34(08): 566 - 570.

[14] 林洪生; 朴炳奎; 李树奇.参一胶囊治疗肺癌Ⅱ期临床试验总结[J]中
国肿瘤临床, 2002, 29 (4): 276 - 279.

[15] 孙燕, 林洪生, 朱允中, 等.长春瑞滨合并顺铂(NP)加参一胶囊或安
慰剂治疗晚期非小细胞肺癌的多中心双盲随机临床研究报告[J], 中
国肺癌杂志, 2006, 9(3): 254 - 258.

[16] 盛蕾, 等.参芪扶正注射液辅助化疗治疗晚期非小细胞肺癌的系统评
价[J], 中国新药与临床杂志, 2013, 32(1): 1 - 9.

[17] 张琇文, 邵怿, 张欣欣, 等.参苓白术颗粒联合吉非替尼/厄罗替尼治

疗脾气虚型晚期非小细胞肺癌临床研究[J]，新中医 2014，46(01)
127-129.

[18] 高平，陈秀珍，复方苦参注射液治疗晚期肿瘤 300 例[J].中医杂
志，2001，42(6)：378.

[19] 杨宗艳，胡传国.消癌平注射液治疗老年晚期非小细胞肺癌 121 例疗
效观察[J]，安徽医药，2010，14(12)：1470-1471.

[20] 邵国荣.华蟾素注射液治疗中晚期肺癌 33 例临床观察[J]，天津中医，
2001，18(3)：46.

[21] 邢秋月，贾晨光，刘欣燕，等.鸦胆子油乳注射液治疗晚期非小细胞肺
癌疗效观察，河北医药，2008，30(7)：963-964.

[22] 张辛，张均.参芪扶正注射液对晚期肿瘤患者生活质量及免疫功能影
响的临床研究，河北医药，2005，27(9)：662-663.

[23] 周岱翰，林丽珠.金水宝胶囊对 36 例晚期癌症患者免疫功能的影响
[J].中国中西医结合杂志，1995，15(8)：476-478.

[24] 黄志庆，田华琴.黄芪注射液对晚期恶性肿瘤患者生存质量、肿瘤坏死
因子和免疫功能的影响[J]，河南中医学院学报，2004，16(03)：89
-90.

[25] 方建龙，赵安兰，朱智斌，等.平消胶囊治疗晚期恶性肿瘤 278 例临床
观察，现代肿瘤医学，2003，11(4)：309-310.

[26] 何伟星，朱艳仪，李洪胜.康艾注射液提高晚期恶性肿瘤患者生存质量
的临床研究[J]，中药材，2007，30(8)：1045-1047.

[27] 唐以军，卢进昌，罗强，等.艾迪对高龄晚期非小细胞肺癌患者生存质
量改善效果的观察，临床肺科杂志，2012，17(8)：1454-1456.

[28] 周杰，梁宜，陈勤。等.耳针治疗癌痛随机对照研究的 Meta 分析[J]中
华中医药学刊，2014，32 (10)：2326-2330.

[29] Alimi D, RubinoC, Pichard-Leandri E, et al. Analgesci effect of auricular
acupuncture for cancer pain: a randomized, blinded, controlled trial[J].
Clin Oncol, 2003, 21(22)：4120-4126.

[30] 孙蕾.榄香烯胸腔内注射治疗肺癌恶性胸腔积液的 Meta 分析[J].中国
中医急症，2013，22(9)：1494-1495，1529.

第十五章　心理社会肿瘤学

心理社会肿瘤学是一门新兴的交叉学科，既涉及肿瘤学的内容，又涉及心理学、社会学以及伦理学的内容。

一、心理社会肿瘤学的基本概念和内容

1. 什么是心理社会肿瘤学

心理社会肿瘤学（psycho-oncology）始于 20 世纪 70 年代中期，是一门新兴的交叉学科，研究的是恶性肿瘤患者及其亲属在疾病发展的各阶段所承受的压力和他们所出现的心理反应，以及心理、行为因素在恶性肿瘤的发生、发展及转归中的作用。

随着医学模式的转变，传统的生物医学模式正逐渐被新的生物－心理－社会医学模式所取代。临床工作者要提供高质量的医疗服务，就必须将患者作为一个完整的人来看待，而不仅仅只是关注疾病本身。因此，将心理社会领域的内容整合到恶性肿瘤的临床治疗和护理当中也就成了医学发展的必然。

2. 心理社会肿瘤学的主要内容

在过去的 40 年里，心理社会肿瘤学已经成为肿瘤学的一个亚学科，并拥有了自己的理论体系，为恶性肿瘤患者及其亲属提供了很多帮助。心理社会肿瘤学主要研究以下两个方面的问题：①恶性肿瘤患者和他们的亲属在疾病发展的各阶段所承受的压力以及他们所出现的心理反应；②导致恶性肿瘤发生和促进恶性肿瘤转归的心理、社会、行为因素。

二、心理社会肿瘤学的发展历史

心理社会肿瘤学最早是从西方兴起。作为一门新兴学科，从产生到现在不过几十年的时间，而且每一步都突破了重重阻碍，充分显示出其生命力和价值。目前，这一学科在发达国家的发展已经初具规模，不管是肿瘤学家还是心理学家都越来越重视这一学科。越来越多的国家和专业人员开始加入科研和临床队伍。我们国家的发展起步较晚，但是在很多学者和医务工作者的努力下，我国的心理社会肿瘤队伍也在不断壮大。

20 世纪 70 年代中期，在西方开始有人提出：肿瘤患者应该在第一时间知道自己的诊断结果，并宣泄自己的情绪，而在那之前，"癌症"还是一个不能说出口的词。首先是病耻感的问题，这种病耻感来自于两方面，一方面是对癌症本身的病耻感；另一方面是对于心理或精神疾病的病耻感——即使这些心理或精神问题是由躯体疾病所引起的。

其次，早期的医疗水平落后，这也是大家不能公开讨论恶性肿瘤的一个原因。那时，人们对于癌症的病因和治疗都知之甚少，告知患者癌症诊断就等于对其判了死刑，使其失去了生的希望，这是十分残酷的。因此向患者隐瞒诊断是一种善意的谎言，是可以理解的。

20 世纪初，随着外科学和麻醉学的发展，人们发现，如果能早期发现肿瘤，并在其发生扩散前彻底切除病灶，是能够治愈癌症的。而后来出现的化疗、放疗等治疗方法，让更多的癌症患者看到了生存的希望。人们开始意识到向大众普及癌症知识的必要性，并鼓励公众及时对出现的可疑症状进行咨询。公众对癌症的看法变得比以前乐观了，癌症生存者日益增多，他们开始在公众面前坦言自己的抗癌成果和治疗经历，也不再像以前那样，因为病耻感和害怕复发而对"癌症"闭口不提。

20 世纪以来，心理社会因素和肿瘤之间关系的研究逐渐增多。20 世纪 30—50 年代，由于在综合医院出现了各种心理咨询机构，心理学家开始关注临床患者包括肿瘤患者的心理咨询。

在中国，随着心理学的复苏，心理社会肿瘤学也于 20 世纪 90 年代逐步得到发展，多家综合性医院和肿瘤医院成立了肿瘤心理科。在学习与借鉴国外心理社会肿瘤学经验的过程中，我们清醒地意识到自身的不足。在临床医疗技术方面，国内外的发展相差不是很大，长期生存肿瘤患者的比例不断提高。但在庞大的人口基数下，中国肿瘤幸存者的巨大需求与中国心理社会肿瘤学在临床研究、人员培训、经济支持、服务开展等方面的亟须发展形成了强烈的反差。这给中国的心理社会肿瘤学家们带来了前所未有的压力和挑战。

三、癌症发生与心理社会因素

癌症是身心疾病，人们越来越重视心理社会因素在癌症发生、发展及转归过程中的作用。人格特点和应对方式、生活事件和负性情绪、社会经济地位和社会支持与癌症关系的研究比较常见。

1. 生活事件

生活事件是指人一生中的遭遇，大致包括人际关系、学习、工作、生活、健康、婚姻家庭，子女等方面的问题，意外事件以及童幼年的经历等。国内外不少研究发现，癌症患者发病前的生活事件发生率较高，其中尤以家庭不幸等方面的事件，例如丧偶、近亲死亡、离婚等为显著。肿瘤症状出现前的最明显心理因素是对亲密人员的感情丧失。

2. 应对、情绪反应

进一步的研究还证明，生活事件与癌症发生的关系，取决于个体对生活事件的应对方式。那些不善于渲泄生活事件造成的负性情绪体验者，即习惯于采用克己、压抑的应对方式者，其癌症发生率较高。癌症患者对挫折的消极情绪反应比对照组明显。

3. 个性特征

某些个性特征例如过分谨慎、细心、忍让、追求完美、情绪不稳而又不善于疏泄负性情绪等，往往使个体在相同的生活环境中更容易"遇到"生活事件，在相似的不幸事件中也容易产生更多的失望、悲伤、忧郁等情绪体验。这些个性特征被证明与癌症的发生有联系。

4. 心理社会因素与癌症生存期

具有以下心理行为特点的癌症患者，平均生存期明显延长：

(1)能始终抱有治愈或康复的希望和信心。

(2)能及时表达或发泄自己的负面情感。

(3)能积极组织和参与有意义的和有快乐感的活动。

(4)能与周围人保持密切人际联系。

前面讨论的关于生活事件、应对、情绪、个性特征等因素与癌症发生的关系，其资料大多来自回顾性研究。能否肯定这些因素就是癌症发生的原因而不是结果（即因为患癌症才报告较多的消极因素），目前尚难定论。相比之下，关于肿瘤的生长和扩散过程及癌症的发展和转归受患者的心理行为特征的影响问题，则结论比较肯定。

四、肿瘤患者病情告知方法和技巧

病情告知指的是在医疗过程中，由于医疗行为的特殊性，患者将自己的生命健康依托于医务人员，同时由于缺乏足够的医学知识，对手术、检查、疗效、价格都不甚了解，所以需要医务人员为其提供做决定所需的足够信息（如病情、诊疗方案及可能出现的危害等），保证患者"知情"。病情告知对医务人员是义务，而患者有权利知晓自己的病情，并可以对医务人员所采取的治疗方案进行取舍。

告知癌症病情是医务人员为癌症患者提供医疗和护理服务的最基本内容。告知患者真实病情是欧美发达国家的成熟做法。然而在东方文化背景下，将癌症真实病情告知家属再由家属决定是否将病情告知患者，是中国医护人员常采用的方式。近年来，虽然我国对患者自主权和知情同意的倡议以及法律和《医疗事故处理条例》等文件的要求，临床医务人员已开始思考并逐渐接受癌症患者的"知情权"。

如何既能如实告知癌症患者病情又不至于引起不良后果，成为国内医务人员普遍面对的一个复杂的技术性的难题。医护人员有必要掌握技巧去谨慎地传达坏消息，让患者获得支持而减少损害。

（一）在不同场合下讨论癌症诊断原则

【确诊之前】

1. 通过检查发现身体异常时

（1）患者此时心情复杂，既希望被告知"你没有得癌症"，又对"我可能得癌症"感到焦虑。

（2）检查结果要用简明的语言描述。此外还应该说明需要哪些进一步的检查，以及这些检查能怎样帮助诊断。

（3）说明进一步检查的疾病名称，需要讨论到癌症的可能性。

2. 当症状明显时

（1）患者在承受痛苦时，过于紧张时可能无法理解医生给出的诊断和解释。在这种情况下，有必要给出更细心的解释。

（2）解释症状所表示的可能的病理改变，提及可能的诊断。

（3）对作出诊断之前的检查和程序作出解释。与此同时，医护人员要积极对疼痛，发热，咯嗽咯咳等症状进行处理。

【确诊之时】

（1）根据报告，从最初问诊到癌症确诊的期间，患者的焦虑水平会在被告知癌症前突然达到峰值。告知病情时需关注患者的情绪状态。

（2）当检查确认有癌细胞时，不应使用"非正常细胞"等模糊词汇。应该清楚地说明"通过检查发现癌细胞，你患有癌症。"

（3）当癌症确诊时，不要毫无必要地增加患者的焦虑，例如说"你应该尽快接受事实，不然状况会更加严重。"患者需要时间接受现实。

（二）癌症患者病情告知的基本原则

（1）任何时候必须和患者亲属达成一致。

（2）尽可能地让同一位医生来主治患者，制定从初诊到最终的治疗的方案。

（3）必须慎重选择和患者交谈的地点，提供隐私环境以便患者能充分表达情绪。

（4）一旦告知病情，医生应该持续地告诉患者信息。

（5）尽管有必要进行准确的解释，也不要不顾患者的状态而告知大量事实。

（6）医生应该意识到，他们的言语和态度既能带来希望也会导致绝望。医生应该强调其他正面的部分，比如支持性疗法，而不能把患者抛弃在负面的状态里。

（7）医生如果选择在门诊时告知病情，应该留有足够的时间来解释并处理后续情况。当患者非常焦虑时，应咨询精神科医生。完成门诊告知以后，在其他场合再次交谈或者电话鼓励有时会非常有效果。

（8）患者有时对医生抱有保留态度或者是害怕。在这种情况下，医生和护士之间的配合非常重要。

（9）不要急于在一时之间解释所有的细节。建议和患者进行多次交谈，循序渐进的讨论诊断。

（10）重要的是，要设身处地为患者考虑，不要过早评价患者的反应。

（三）癌症患者亲属病情告知的的原则

（1）区别病情轻重：如果疾病恶性程度较低，可以如实告知；如果恶性程度较重，应当有计划地告知，在告知前应做好充分的思想准备，在告知时讲究方法和策略，给患者一个思想上接受的过程。

（2）因人而异：对于不同性格的患者，应该采取不同的策略。对于性情乐观、心理承受能力较强的患者，可视情况如实告知；对于性情悲观、心理承受能力较差的患者，可向其逐步渗透病情信息，使其有心理适应的过程，切不可一下将全部实情说出。

（3）逐渐渗透：对于癌症晚期这样的情况，逐渐地把信息透露给患者，有利于患者的顺利接受现实，同时密切的观察，根据患者的反应调整进程和方法。

（4）留有希望：在告知不幸消息的同时，要试图提供一些积极的消息。尽管癌症是一种很难治愈的疾病，但也要告诉患者树立积极的心态的重要性。让患者意识到，医护人员、亲人们都在给予其最好的照顾和关怀等，帮助患者确定活下去的希望和理由。

（5）不要轻易说谎：对于年纪较大癌症患者，即使想做到用善意的谎言保护患者，也绝不能将真相完全封锁。否则谎言破灭患者会对身边的人产生强烈的不信任感，甚至让患者病情加重。要在一个关怀和支持的环境中，真诚地有技巧地逐步告知病情，让患者感受到亲情的存在。

（6）与医护人员密切配合：可事先与医护人员商讨告知病情的步骤与方法，必要时由医护人员在场一同告知病情。在传达坏消息后，所有家人应相互理解和配合，争取态度一致，密切陪护，随时观察患者的反应。

（四）心理支持和心理医生的角色

医生清楚地应该告诉患者疾病诊断的情况，还需要准备关怀患者的心理状态。当患者的有下列情况者，需要联系心理医生进行合理的评估。

（1）当患者有精神疾病病史。

（2）自杀风险性高。

（3）药物也无法控制的失眠。

（4）态度或者行为相比以前发生了变化。

（5）患者抱怨抑郁，无望或绝望，焦虑或者易怒。

（6）患者对预后非常担忧。

五、癌症患者心理反应及心理问题

癌症虽然不是不治之症，但确是难治之症。随着医学科学的发展，癌症治愈率也在不断提高，当前先进国家总治愈率已超过60%以上。因此，癌症患者经治疗后有三种可能的结果：①永久性治愈；②治疗后经过一段明显的缓解期后，肿瘤复发、转移或出现新的病灶，经再治疗病情控制、稳定或带瘤生存、或被治愈；③癌症继续不可遏制地发展而导致死亡，治疗没有能消灭癌肿，此类患者在发现癌症时或就诊时多为中晚期。第一、二类的患者因各种治疗带来的躯体功能损害、不良反应和高额的治疗费用会给他（她）们造成肉体和精神上的痛苦，在社会人群中形成一个特殊的群体。老年患者，除了有老人的一般心理特征外，还易由孤独感发展为与世隔绝、抛弃感，由衰老感发展为绝望感和濒死感。他们普遍希望得到尊重和重视，怕遭嫌弃等。中年患者多为家庭生活的支柱，工作的主力，牵挂和顾虑多，疾病不仅对个人，而且对家庭有重大影响。因此心理障碍严重，发生率高。青年患者，担心学习、工作、前途和婚姻等问题，容易产生痛苦忧虑、紧张急躁、悲观失望的心理。

（一）癌症患者的心理反应

1. 发现期心理反应

以极度恐惧心理和急于证实是否患了恶性肿瘤的焦虑、不安情绪为基本表现。因此，患者及其亲属四处奔波于多家医院，检查确诊，希望能早期发现早期治疗或者是虚惊一场，这种矛盾心理状态，一直持续到获得疾病的真相为止，忽视了患肿瘤时应保持良好的心态。

2. 确诊期心理反应

（1）休克恐惧心态：有的医生把诊断结果直接了当告诉患者（此方法不可取），患者获悉后立即表现面色苍白，恐惧不安，悲伤痛苦，经过一段时间好似从噩耗中清醒，不思茶饭、失眠，甚至精神异常。

（2）否认怀疑心态：当从恐惧心态平静后开始怀疑诊断正确与否，患者坐卧不安，直至弄清真相为止。

（3）愤怒沮丧心态：当患者明确自己患的是恶性肿瘤会变得愤怒沮丧、悲观绝望、精神完全崩溃，病情急剧恶化。

（4）接受适应心态：随着时间推移，情绪开始慢慢平静，长时期表现抑郁和悲伤。

3. 治疗期的心理反应

随着患者角色的适应，紧张抑郁悲伤的心态可以暂时缓解，但随着治疗过程中的不良反应或病情变化而出现新的心理问题，患者的情绪也往往随之变化：①当确定是恶性肿瘤还没有转移时，手术切除是首选方法。患者愿意接受手术治疗，感到自己的疾病通过手术可以治疗，感到希望就在眼前，充满信心，十分愿意配合医生把自己的肿瘤切除以解脱出来；②当接受化疗、放疗由于严重的治疗反应、毒性作用及不良反应；如恶心呕吐、乏力、脱发、白细胞和血小板减少，肝肾功能受损等表现又会导致不良心理反应。患者不想受化疗之罪，而产生轻生念头对治疗失去信心；③有些患者虽经手术治疗，放化疗，由于种种原因，复查时又出现转移病灶或原发病灶增大了，发生更严重的心理问题，怀疑药物的疗效，担心自己没有治疗的希望而更加绝望；④患了恶性肿瘤，由于家庭经济问题，继续治疗的花费巨大，而产生心理问题，担心人财两空，拒绝治疗；⑤患者本人求生愿望很强，要求治疗，但由于家境贫困、儿女虽多，无法继续治疗而绝望。上述种种心理问题都会影响抗肿瘤治疗的疗效，要及时获知，予以疏导解决。

4.康复期的心理反应

癌症康复者一般指完成癌症治疗五年而没有复发迹象的人。初步治疗后，康复期的患者主要的心理反应仍然表现为焦虑。这种焦虑会随着时间的推移而慢慢消退，但当复查日期接近，这种焦虑会与日俱增。它还会在与癌症有关的重要日子出现，如确诊的日期，手术的日期。

(二)癌症患者常见的心理问题

1.焦虑

大多数肿瘤患者，从发现不适的症状或忍受诊断性检查开始，持续至完成治疗，一直处于十分紧张焦虑的心理状态中。焦虑性精神障碍常见的症状和体征涉及躯体的各个系统。焦虑的程度与个人的心理素质、受教育程度、生活体验以及应对能力有关。焦虑程度严重时，可能会出现惊恐发作。可有如下具体表现：

(1)表情：面容绷紧和愁眉苦脸。

(2)行为：言语忧郁、坐立不安、双拳紧握、玩弄手指、吸烟。

(3)精神：注意力不集中、记忆力下降、日常兴趣减退、失眠、噩梦、嗜睡。

(4)神经：头痛、细微震颤、肢体麻木、协调性差、手掌潮湿、多汗。

(5)心血管系统：心悸、窦性心动过速、收缩压升高、心前区疼痛。

（6）呼吸系统：过度呼吸、呼吸困难、窒息感。

（7）胃肠道系统：厌食、腹泻、烧灼感、嗳气。

（8）生殖泌尿系统：阳痿、性冷淡、尿频尿急、排泄不畅、经期疼痛、月经紊乱。

2. 恐惧

恐惧是人类最基本的情感之一，也是一种重要的适应性心理反应。患者往往高估了恶性肿瘤的病死率，低估了其治愈率，而且视恶性肿瘤为最令人惊恐的疾病。肿瘤患者的恐惧可有以下具体表现：

（1）情绪：恐慌。

（2）行为：警惕、哭泣、挑衅性行为、冲动行为、行为失控。

（3）生理功能改变：如皮肤苍白、出汗、寒颤、心悸、心率加快、血压升高、呼吸急促、尿频、尿急等。

3. 悲哀

由于对丧失身体健康或将丧失生命的恐惧，肿瘤患者在获知诊断后，往往出现悲哀情绪，这是一种正常的心理反应。患者一般呈现淡漠、缄默不语或抑郁状态。其具体表现可有以下类型。

（1）悲痛型：表现为放声大哭，痛不欲生。

（2）悲切型：即不论遭遇多大悲痛，也不愿大哭，只是整天悲悲切切，伤心不已。

（3）悲郁型：一般不轻易流泪，而是愁眉苦脸，悲观消极。

（4）悲愤型：表现为欲哭无泪，悲中含愤，愤中藏悲。

此外，悲哀可伴随有心悸、气促、血压升高、胃肠道症状等生理功能改变。

4. 抑郁

据相关资料显示，50% 的肿瘤患者伴有抑郁情绪，可有以下具体表现：

（1）精神：患者情绪低落，心境悲观，对自身感觉不良，对日常生活兴趣缺乏，多伴有睡眠障碍。

（2）身体：食欲缺乏严重，并导致机体免疫功能降低，加重已有的病情。抑郁情绪还可以使机体神经系统或内分泌功能发生紊乱，从而破坏内环境的平衡，此时被抑制的癌细胞将再度处于活跃状态。

5. 绝望

随着病情加重，患者体重下降以及各种治疗不良反应的产生，患者会感到万念俱灰，丧失希望。可有以下具体表现：

（1）轻者抑郁寡欢，沉默少语，不愿与人接触，失去治疗信心。

（2）重者听不进医护人员、亲属和朋友的劝说，易怒、对立情绪、不服从、挑衅、不遵从医嘱等。

（3）更甚者可能消极厌世，产生自杀行为。

（4）也有的患者有认识能力和自我评价能力，不给他人增加烦恼和痛苦，表现得较为平静。

6. 依赖

表现为自己能做的也要亲属做，过分依赖亲属，希望亲属及医护人员给予更多关注。情感脆弱，意志衰退。依赖是一种消极情绪，可降低患者的自身免疫功能，损害抵御疾病的信心和能力。

六、精神障碍

精神障碍（mental disorder）是一类具有诊断意义的大脑功能障碍，表现为认知、情绪和行为等方面的改变，可伴有痛苦体验和社会功能障碍。国际上将精神障碍分为 10 大类，数百个病种诊断。目前缺乏可用于支持精神障碍诊断的形态学依据和特征性的生物学改变诊断，主要依赖于临床晤谈。国际上通常根据官方诊断标准对精神障碍进行诊断，国内影响较大的是 ICD - 10（第

五版），DSM - IV(5)和 CCMD - 3 等标准。精神障碍的诊断必须
同时符合四大标准：①症状学标准；②严重程度标准；③病程标
准；④排除标准。

肿瘤患者的精神障碍最常见的是适应性障碍、抑郁障碍、焦
虑障碍、谵妄等，精神病性障碍较少见。

精神障碍从病因的角度，大致可以分为四类：①应激和生活
改变所致的精神障碍，这是最主要的一类；②肿瘤的生物学行为
导致的精神障碍；③各种治疗所致的精神障碍；④患病前精神障
碍及其发展。

（一）适应性障碍

适应性障碍是指有明显的生活事件（应激）为诱因，精神障碍
在事件发生后 3 个月发生，有理由推断生活事件和人格特征起着
同样重要的作用，以情绪障碍为主要临床表现，同时又适应不良
行为和生理功能障碍。患者社会功能受损，病情至少 1 个月，最
长不超过 6 个月。常见的危险因素：自信心、自尊心不强；被动
型或逃避型的应对方式；缺乏正确的决策信息支持；缺乏社会支
持，人际沟通问题；伴侣的紧张程度较高；缺乏应对的灵活性。

常见的治疗包括：支持性治疗与咨询；行为与认知治疗；对
症药物治疗，抗抑郁药治疗或苯二氮䓬类药物的应用。预后包括
恢复或发展为重性抑郁障碍。

（二）重性抑郁障碍

重性抑郁障碍是一组以持续的心境低落为主要特征的精神障
碍。4.5% ~58% 的恶性肿瘤患者有某种程度的抑郁，包括重性
抑郁障碍、心境恶劣和伴有抑郁心境的适应性障碍；1% ~38%
有重性抑郁障碍。这对恶性肿瘤患者的生活质量、治疗依从性、
预后等具有重要的影响。

拥有下列症状中至少有 5 项者应视为重性抑郁障碍：①心境
低落；②缺乏兴趣或快感；③明显的体重下降，不能用其他疾病、

饮食或疼痛解释;④失眠或过度睡眠;⑤精神运动性激越或迟滞;⑥容易疲劳或精神不好;⑦感到没有价值或过度自责、自罪;⑧思维能力下降;⑨自杀意念。其中①②中必有一项。抑郁心境或缺乏兴趣持续两周,影响社会功能,需要排除其他疾病诊断。

重性抑郁的危险因素躯体方面:疼痛;活动有限代谢(包括电解质异常,维生素 B_{12}、叶酸、甲状旁腺激素、胸腺激素、ACTH、肾上腺皮质激素水平异常),恶病质,癌症伴随综合征;脑部肿瘤,血管异常,帕金森氏病,路易体病;药物:皮质激素,干扰素 2,长春新碱,长春花碱,甲基苄肼,紫杉醇;抑郁、自杀和物质滥用史;其他:近期生活事件,亲人去世,年轻,独居,缺乏社会支持,经济困难。

治疗包括:支持性治疗;认知与行为治疗;抗抑郁剂治疗(在采用抗抑郁治疗时应注意百忧解不宜与他莫西芬合用)。治疗过程中注意自杀危险性。预后一般较好。终末期患者抑郁可能难以逆转。

(三)焦虑性障碍

恶性肿瘤患者中,焦虑症状常常伴随抑郁障碍、适应性障碍、谵妄等情况。恶性肿瘤患者的常见焦虑症状包括持续的紧张和担忧,惊恐发作,心悸。广泛性焦虑症(generalized anxiety disorders)的患病率比抑郁障碍低。

常见躯体症状:肌肉酸痛与疲劳;坐立不安;发抖,震颤;肌肉跳动,战战兢兢;紧张性头痛;自主神经系统过度兴奋:心悸、出汗、眩晕、口干、恶心、腹泻、咽喉部异物感、手心湿冷、体感异常、怕冷怕热;身体不能放松。

常见心理症状包括:对将来和可能的死亡感到害怕;担忧;恐惧,想得过多;对自己和别人的厄运感到恐惧;精神上不能放松;易激惹;注意力难以集中;难以入睡,夜惊;错误地理解躯体感觉。

焦虑是对下列信息的反应：①听到坏消息；②知道自己即将死亡；与家庭成员或医务人员关系不好，害怕、不确定疾病。与治疗相关的焦虑：疼痛，相关代谢物质的影响，谵妄，治疗处置导致不舒适。药物导致的焦虑：如支气管扩张药，止吐药，干扰素，激素，这些药物的撤除其他危险因素。病前性格，心境障碍史或家族史，物质滥用，有生活事件，缺乏社会支持等也与焦虑有关。

焦虑性障碍治疗包括：支持性环境；心理治疗，如放松训练；药物治疗，如苯二氮䓬类，抗抑郁剂等，一般预后较好。

（四）谵妄

谵妄，又称为急性脑综合征，表现为意识障碍、行为紊乱、没有目的、注意力无法集中。51%的恶性肿瘤患者在手术后有谵妄，88%的肿瘤终末期患者会产生谵妄。

主要表现：急性起病，病程反复；漫不经心，魂不守舍；思维紊乱，意识水平改变。

常见产生原因：①恶性肿瘤相关的原因：脑部肿瘤或转移瘤，癌症伴随综合征，产生激素的异位肿瘤（ACTH，ADH，胰岛素样，甲状旁腺激素）；②恶性肿瘤治疗相关的原因：化疗，激素，头部化疗，阿片类止痛药，抗抑郁药，兴奋剂，苯二氮䓬类，抗胆碱能药物，酒精等；感染；③代谢紊乱：缺氧，高碳酸血症，血糖过高，维生素 B_{12} 和叶酸缺乏，电解质失衡，贫血，脱水，营养不良，肝肾功能衰竭；④环境原因：住院，限制活动，导尿。

谵妄的处理方法：①降低危险因素：一旦谵妄形成，应尽快明确其产生的原因；及时对患者进行定向力指导；提供合适和安全的治疗环境；指导患者亲属；②药物干预：短程抗精神病药物治疗（奥氮平等）。抗精神病药物治疗，注意与抗癌药物的合用问题。

七、肿瘤患者的心理社会干预

对于常见病和多发病，患者一般能够适应社会和接受心理安抚。如果得知身患癌症，特别是癌症晚期时，患者心理一时难以应付和处理，可产生认知偏见，出现"肿瘤危机"。如出现焦虑，否认，愤怒，无助，轻生等症状。咨询和危机干预可以通过纠正患者的认知偏见，支持和帮助患者适应，接受现实，减轻焦虑，放弃轻生念头。心理工作者首先应该了解患者最担心的是什么，最关心的是什么？最怕失去的是什么？鼓励患者表达出自己的感受，再根据情况给予必要的安慰和适当的保证，以解决患者的"肿瘤危机"。

肿瘤患者心理社会干预常用的方法：

1. 教育性干预

教育性干预是指通过提供有关化验、诊断、治疗、治疗不良反应、预后、医疗费用等信息；向患者解释疾病可能引起的强烈负性情绪反应；介绍不同的应对方式、不同的社会支持利用状况等对癌症的影响等知识；澄清患者的一些错误认识，并给予一定的保证、支持，使患者减轻因癌症及其治疗而出现的适应不良。

2. 认知行为治疗

所谓"认知"是指一个人对某个对象或对某件事情的认识和看法，如对环境的认识、对事件的见解，对自己、对他人的看法等。个体认知的产生总是离不开自身的情感、意志、动机、行为。同时它又反过来强有力地影响着个体的情绪、行为等等。

认知行为治疗是帮助来访者识别他们的歪曲信念和负性自动思维，并用他们自己或他人的实际行动来挑战这些歪曲信念和自动思维，其目的在于帮助患者解决心理社会应激性问题，改善情绪，更好的面对现实，适应生活。

有些癌症患者认为得了肿瘤，就是被判了死刑，面对婚姻家庭、社会地位、事业前途方面出现心理危机。医护人员可以用大量的事实告诉患者：随着科学技术的进步，癌症并不等同死亡；有些肿瘤可以通过治疗治愈，有些肿瘤可以通过治疗延长时间，有些肿瘤与高血压，糖尿病一样，虽不能治愈，但可以长期带瘤生存，从而加强患者的信心。

认知行为治疗常用策略：共情（empathy）：①从患者的角度理解患者，通过倾听和交谈，了解患者的认知问题，当前主要应激，可能出现的危险行为等；②引导患者发现自己的认知问题，而不是将自己的想法强加于患者；③帮助患者改变错误的认知，而不是代替患者做决定；④帮助患者作出合理的计划并坚持执行。

3. 正念减压训练

正念是指自我调整注意力到即刻的体验中，更好地觉察当下的精神活动。对当下的体验保持好奇心并怀有开放的态度。正念减压训练是所有正念疗法中研究最多的，也是最成熟的一种治疗方法，该疗法能够帮助患者舒解压力，从认知上完全接纳自己，因此适用于所有类别和分期的恶性肿瘤患者。

4. 叙事疗法

叙事疗法是在叙事理论的基础上形成的，关注来访者带到叙事过程中的故事、观点、词汇以及这些故事、词汇和观点对于患者本人及周围人的影响。目前叙事疗法被应用于儿童，青少年和老年恶性肿瘤患者，恶性肿瘤患者团体治疗，居丧团体以及对医生和护士进行指导。

5. 尊严治疗

尊严是一种有价值、被尊重或尊敬的生活状态，对于濒死的患者来说，尊严还意味着要维持身体舒适、功能自主、生命意义、灵性慰藉、人际交往和归属关系。尊严疗法是对生存期很短暂的患者所面临的现实困难和心理社会痛苦施予帮助，其独特性在于鼓励患者追忆生命中重要的和难忘的事件，并以此提高他们的生活质量增强患者尊严感。尊严疗法更多地用在接受姑息治疗的晚期肿瘤患者中。

6. 支持-表达性团体干预

支持-表达性团体干预最初为转移性乳腺癌患者设计的，主要目的是帮助这些患者应对生存危机的严峻考验。目前此疗法除了主要用于乳腺癌患者外，也被应用于其他类型的恶性肿瘤患者，是一种密集的，每周一次的团体心理治疗，处理恶性肿瘤患者面临的最基本的生存、情绪及人际关系问题。

7. 意义中心团体

意义中心团体本质上还是一种教育性团体，通过让患者学习Frank 关于意义的概念，并把意义转化为自己应对晚期恶性肿瘤的一种资源，其目的在于改善患者的灵性幸福和意义感，并减少焦虑和对死亡的渴求。该治疗主要用于预后不良的晚期恶性肿瘤患者，且身体状况允许患者参加团体活动（卡氏评分在 50 以上）。如果患者有中等强度以上心理痛苦，且主要为情绪和灵性或信仰问题，该疗法尤为适用。

8. 哀伤辅导

最为常见的是以家庭为中心的哀伤疗法模型，这一模型特别适用于功能不良的家庭。该干预适用于两种功能失调的家庭，其中一种是敌对家庭，其特点是高冲突、低凝聚力和低表达力，且往往拒绝帮助；另一种是沉闷家庭，这种家庭在沟通、凝聚力和解决冲突方面也存在障碍，而且他们的愤怒是无声的，但他们愿寻求帮助。

9. 放松疗法

放松疗法主要是利用渐进的身心放松法、音乐治疗、气功、太极拳等方式，或组织患者观看轻松、愉快的文艺演出，解除患者心理上的压力，缓解精神紧张，克服情绪上波动，从而促进患者的康复。有条件时，还可以组织病情缓解而稳定的患者到海滨、山区或其他安静的风景区短期休假和疗养，这对于肿瘤患者的康复也是有益的。

10. 集体疗法

所谓集体疗法，也就是对肿瘤患者以集体、群体为对象给予心理治疗。这种集体疗法，除了利用心理医生、肿瘤专科医生的作用外，还通过肿瘤患者的相互影响，使患者明白什么是对，什么是错，从而矫正自己的心理障碍与不良行为。抗癌俱乐部就是一种比较典型的集体疗法。目前认为这种集体疗法为肿瘤患者提供了互相帮助的场所和交流信息的机会，有利于塑造良好的行为，促进同命运人之间的相互支持。使对癌症的恐慌心理逐渐减轻，情绪好转，渐渐鼓起生活的信心和勇气。

八、精神药物的使用

在肿瘤科，精神药物的使用频率比较低，主要原因是肿瘤科医生对精神症状和精神药物不熟悉。事实上，适当使用精神药物对解决患者的焦虑、抑郁等精神症状是非常有益的。

(一)抗焦虑药

焦虑的治疗首先使用苯二氮䓬类，其应用指征为：急性焦虑症状，焦虑的身心症状明显，有应激诱因，抑郁症状和人际矛盾不严重；未使用过抗焦虑药物；如果使用过，效果明显；本人求医心切。在手术前后、内镜检查前和某些特殊境遇时用药，有稳定情绪、解除紧张的作用，这一类药物品种甚多，各具特点。对间断发作的焦虑(手术前焦虑)选用短效药物，如咪达唑仑、阿普唑仑、氯硝安定。对持续的焦虑状态则应选用中长效药物，如地西泮、硝基安定、氟基安定等。

本类药物相对较安全，除对药物过敏和有依赖性者外，无特殊禁忌证。有严重心血管、肝、肾疾病及嗜酒者慎用。不宜长期服药，以免产生药物依赖性，一般不超过 2 周，慢性焦虑症患者也不宜超过 6 周。如病情需要时，可采用药理作用相近的抗焦虑药交替使用。

（二）抗抑郁药

抗抑郁药可消除病理性情绪低落、提高情绪，用以治疗抑郁症性疾病。它不同于精神兴奋药，只能消除病理性抑郁情绪，并不提高正常人的情绪。所有抗抑郁药物对抑郁症的有效率为 60% ~ 80%。

1. 三环类抗抑郁药（TCA）

TCA 主要有阿米替林、丙咪嗪、多虑平和氯丙咪嗪等。马普替林虽为四环结构，但药理作用与三环类抗抑郁药一致。

TCA 临床应用时间最长，药理作用研究得也最多最充分，简言之，其主要药理作用为：抑制 5 - HT 和去甲肾上腺素突触前膜的再摄取，具有抗胆碱作用，适用于各种抑郁症。不良反应有口干、视力模糊、便秘、尿潴留、青光眼加剧、最严重的是心脏毒性。

2. 选择性 5 - HT 再摄取抑制药（SSRI）

SSRI 具有抗抑郁和抗焦虑双重作用，多用于脑内 5 - HT 减少所致的抑郁症。本类药物镇静作用小，也不损伤精神运动功能，对心血管和自主神经系统功能影响很小。在世界各地均是抗抑郁症的首选药。

（1）氟西汀：原研药商品名"百忧解"，为第一个准入美国市场的 SSRIs。氟西汀是唯一获准治疗进食障碍的 SSRIs。半衰期长 1 ~ 4 天，达稳态时间为 1 ~ 2 个月；具有非线性药代学特点。最常见的不良反应是中枢神经系统（头痛、失眠和类似静坐不能的焦虑、紧张、激越震颤），胃肠道（厌食、恶心）以及性功能障碍。

（2）帕罗西汀：原研药商品名"赛乐特"。起效快，尤其适用于伴有焦虑症状的抑郁症。常见不良反应有嗜睡、乏力、失眠、头昏、头痛、震颤、便秘、腹泻，也可出现口干、排尿困难和性功能障碍。

（3）舍曲林：原研药商品名"左洛复"。主要治疗抑郁症和强迫症。不良反应轻，不良反应主要为恶心、厌食、腹痛、腹泻或便秘、嗜睡或失眠、口干、出汗、头晕、震颤。

（4）氟伏沙明：原研药商品名"兰释"。是第一个被美国FDA批准用于治疗强迫症的抗抑郁药，不良反应主要以胃肠症状多见，其他不良反应有嗜睡或失眠、头昏、疲乏、紧张不安、震颤、出汗等，可引起氨基转移酶升高，发生率约1%。

（5）西酞普兰：原研药商品名"喜普妙"。最常见的不良反应有恶心、出汗增多、流涎减少、头痛，嗜睡、失眠、震颤也较多见。

3. 5-HT再吸收促进药物

噻奈普丁，原研药商品名"达体郎"。比较适合老年人，对躯体不适，尤其是伴随焦虑症和心境紊乱有关的胃肠道不适有明显效果，不良反应罕见。

4. 选择性5-HT和去甲肾上腺素再摄取抑制药物

（1）文拉法辛：原研药商品名"怡诺思"。有较强的抗抑郁作用，不良反应主要有恶心、口干、出汗、乏力、焦虑、震颤、性功能障碍等，大剂量时血压可能轻度升高。

（2）度洛西汀：原研药商品名"欣百达"。对伴有疼痛性躯体症状的抑郁症效果好。最常见的不良反应包括恶心、口干、便秘、食欲下降、疲乏、嗜睡、出汗增加。也可出现尿急、血压升高等。

（3）曲唑酮：原研药商品名"每素玉"。抗抑郁和镇静作用明显，且具有抗焦虑作用，适用于老年抑郁症。

5. 去甲肾上腺素和选择性5-羟色胺受体拮抗药

米氮平，原研药商品名"瑞美隆"。米氮平是新型抗抑郁药中仅有的一个 H1 受体强拮抗药，会导致镇静和食欲增加，其不良反应主要有镇静、嗜睡、头晕、疲乏无力、食欲增加、体重增加，可加强乙醇的镇静作用，少数患者可出现直立性低血压，少见有出现粒细胞缺乏症和中性粒细胞减少症。

6.其他药物

氟哌噻吨美利曲辛片：原研药商品名"黛力新"，是一种复合制剂，由氟哌噻吨和美利曲辛组成。氟哌噻吨是一种抗精神病药，小剂量具有抗抑郁和抗焦虑作用；美利曲辛是一种抗抑郁药，小剂量应用具有兴奋性。在中国被批准用于治疗轻中度焦虑－抑郁－虚弱；神经衰弱、心因性抑郁，抑郁性神经症，隐匿性抑郁，心身疾病伴焦虑和情感淡漠，更年期抑郁，嗜酒及药瘾者的焦躁不安及抑郁。不良反应有短暂的不安和失眠，长期使用可能会出现锥体外系反应；不适用于过度兴奋或活动过多的患者。

九、恶性肿瘤患者的临终服务

临终服务（palliative care）也有人翻译为临终关怀和姑息治疗。WHO 将临终服务定义为：通过早期识别和全面评估，预防和缓解痛苦，治疗疼痛和其它躯体、心理社会和心灵问题，以改善危及生命的疾病的患者及其亲属生活质量的服务。

临终服务起源于临终关怀中心（hospice）。在公元 4 世纪，hospice 是供旅行者的休息场所。19 世纪，伦敦和爱尔兰为临终患者建立 hospice。1840 年法国里昂建立一个临终关怀中心，1967 年，英国伦敦克里斯米夫安宁院的建立标志着现代临终关怀的开始。1974 年，美国康州建立了第一个临终关怀中心。中国的临终关怀服务开始较晚。1987 年，中国老龄事业发展基金会建立了北京松堂关怀医院。

1972 年，Weisman 提出"优质死亡"的四项标准：①尽量降低内心冲突，例如害怕失去控制；②维持患者的个人认同感；③加强或至少维持关键的人际关系，可能的话，应能够解决人际冲突；④设立和尝试实现有意义的目标，如毕业，婚礼，生小孩，以提供与未来的连续感。

WHO 提出"优质死亡"的 3 特征：①患者、亲属和照料者免于可避免的烦恼和痛苦；②患者和亲属的愿望得到大体上的满足；③与临床、文化和伦理标准保持协调关系。

晚期癌症患者常见的心理问题：

1. 终末期的焦虑障碍

常见症状：害怕、担心和恐惧等。患病率为 15% ~28%。

药物治疗包括：苯二氮䓬类为一线治疗药物，但要注意其可能的呼吸抑制和改变精神状况；低剂量抗组胺药物要注意可能导致虚弱患者的谵妄。抗抑郁药的问题是起效慢。抗精神病药物没有得到过系统评估。阿片类主要用于缓解疼痛，但对缓解焦虑和激越也有效。

非药物治疗包括：支持性心理治疗对于心理危机的缓解和生命价值之类的问题有效。支持－表达群体治疗被证明对乳腺癌患者有效。放松训练、引导想象和催眠治疗可以帮助缓解焦虑。心理治疗应争取患者家人的参与。

2. 晚期癌症患者的抑郁障碍

常见症状：丧失兴趣，丧失信心，无价值感等。患病率：9% ~26%。产生的主要原因：躯体问题；心理问题。评估主要依靠心理症状，而不是躯体症状。

如果患者与临终还有 2 ~3 个月时间，使用抗抑郁药。如果患者的生命少于 3 周，使用兴奋药，如低剂量哌醋甲酯（利他林）。如果患者的存活期在几小时到几天之内，可用镇静药和阿片类。非药物治疗包括支持性心理治疗，认知行为治疗，宗教服务。

3.晚期癌症患者的谵妄

谵妄通常是死亡的先兆，谵妄的活动下降亚型、不可逆转和严重认知功能损害预示患者将在数天或数周内死亡。尽管是最常见的神经心理学问题，但无论识别率还是治疗率都很低，导致患者、患者亲属和医务人员的烦恼。在终末期患者中谵妄的发生率为52%～88%，谵妄的活动下降亚型最为常见，其特征为精神运动性迟滞、昏睡，对周围环境的感知能力下降。

美国FDA没有批准任何治疗谵妄活动下降亚型的药物，常需要使用抗精神病药物和镇静药控制症状。氟哌啶醇仍然是一线治疗药物，氯丙嗪可作为备选；非典型抗精神病药物也有人使用，但没有证据表明优于氟哌啶醇。对于谵妄活动下降亚型，可以单独使用精神兴奋药，或者合并使用抗精神病药物。抗精神病药物不能控制时，可能需要使用镇静药，如咪达唑仑等。

支持性治疗包括：患者亲属守护，帮助患者定向，纠正听觉和视觉损害，纠正脱水，安静的环境，熟悉的事物都会对患者有所帮助。

十、恶性肿瘤患者亲属的照顾

亲属照顾恶性肿瘤患者的过程中，心理上往往要经历和患者相同的历程，从否认事实到非常悲伤。由于亲人之间接触密切，距离近，患者与家人之间的坏情绪容易进入一个恶性的相互影响的过程，这对患者的医治和康复都是非常不利的。亲属可能觉得自己一无所知（对医疗方法、患者的反应、心理的变化起伏等）；分身乏术（身心疲惫）；孤单（没人知道你的苦衷）；情绪起伏波动很剧烈。亲属如何帮助自己，有以下方法可供参考。

1.减轻精神上的压力

（1）吸收正确的知识并采取开放的态度，例如参加医疗讲座和研读正确的抗癌资料。

(2)知道自己的能力有限，而不背负不必要的罪恶感。

(3)与患者诚实相待，保持公开的交流，并让真情可以坦然流露。

(4)帮助患者自己作决定，并尊重他所作的决定。

2. 寻找帮助

(1)请求别人帮助处理一些琐事，让自己有时间休息或做更重要的事。

(2)参加癌症患者亲属的互助座谈会，从其他癌症患者亲属中或辅导员那里得到帮助，或分享自己的感受和心得。

(3)必要时，可以参加访谈或心理辅导。

3. 一些实际的建议

(1)照顾自己，给自己留些时间做平日喜欢做的事。

(2)做一些松弛身心的活动，例如祷告和默想、健身运动、散步、看幽默或悲伤的电影来疏导情绪。

(3)重新调整你生活上的优先顺序，弹性处理期望。

(4)设立一些合理可完成的目标。

(5)注意其他家人的感受，尤其是年长的父母和年幼的儿女。

(6)容许心中的忧伤和愤怒合理地表达。

(7)当癌症进入末期时，帮助患者完成他的心愿并作好心理准备。

(8)藉著信仰，扩展心灵的领域并锻炼意志力和信心。

(9)在患者面临人生终点时，在盼望中互相安慰。

（邹然　杨辉　黄旭芬　彭望连　童菲　文峜霓）

参考文献

［1］沈雁英，代宏，朱建国. 肿瘤心理学［M］，北京：人民卫生出版社，2010.

［2］唐丽丽，王建平. 心理社会肿瘤学［M］，北京：北京大学医学出版社，2012.

［3］唐丽丽，癌症患者心理治疗手册［M］，北京：北京大学医学出版社，2016.

［4］李金祥，姑息医学–癌性疼痛与症状处理［M］，成都：四川科学技术出版社，2009.

［5］李嘉诚基金会【人间有情】全国宁养医疗服务计划办公室，纾缓医学–晚期肿瘤的宁养疗护［M］，北京：高等教育出版社，2013.

图书在版编目（CIP）数据

恶性肿瘤常见疾病最新诊治指南解读／刘湘国，刘晓红主编. --长沙：中南大学出版社，2019.6
ISBN 978 - 7 - 5487 - 3643 - 1

Ⅰ.①恶… Ⅱ.①刘… ②刘… Ⅲ.①癌—诊疗
Ⅳ.①R73

中国版本图书馆 CIP 数据核字（2019）第 105133 号

恶性肿瘤常见疾病最新诊治指南解读

刘湘国　刘晓红　主编

□责任编辑	谢新元	
□责任印制	易红卫	
□出版发行	中南大学出版社	
	社址：长沙市麓山南路	邮编：410083
	发行科电话：0731 - 88876770	传真：0731 - 88710482
□印　　装	长沙印通印刷有限公司	

□开　　本	880×1230　1/32	□印张 16	□字数 413 字
□版　　次	2019 年 6 月第 1 版	□2019 年 6 月第 1 次印刷	
□书　　号	ISBN 978 - 7 - 5487 - 3643 - 1		
□定　　价	68.00 元		